BECOMING
Mi historia

MICHELLE OBAMA

BECOMING
Mi historia

Traducción de
Carlos Abreu Fetter, Efrén del Valle Peñamil,
Gabriel Dols Gallardo y Marcos Pérez Sánchez

PLAZA JANÉS

Título original: *Becoming*
Primera edición: noviembre de 2018

© 2018, Michelle Obama
Publicado por acuerdo con Crown Publishing Group, una división de Penguin Random House LLC,
Nueva York, Estados Unidos
© 2018, Penguin Random House Grupo Editorial, S. A. U.
Travessera de Gràcia, 47-49. 08021 Barcelona
© 2018, de la presente edición en castellano:
Penguin Random House Grupo Editorial USA, LLC.
8950 SW 74th Court, Suite 2010
Miami, FL 33156
© 2018, Carlos Abreu Fetter, Efrén del Valle Peñamil,
Gabriel Dols Gallardo y Marcos Pérez Sánchez, por la traducción

Adaptación de la cubierta de Christopher Brand: Penguin Random House Grupo Editorial
Fotografía de la cubierta: © Miller Mobley

Créditos de las imágenes en las páginas 525 y 526

Printed in USA — Impreso en Estados Unidos

ISBN: 978-1-947783-77-5

Compuesto en La Nueva Edimac, S. L.

Penguin
Random House
Grupo Editorial

A todos los que me han ayudado a ser lo que soy:
las personas que me criaron, Fraser, Marian y Craig,
y mi numerosa familia;
mi círculo de mujeres fuertes, que siempre me levantan;
y mis leales y devotos empleados,
que siguen haciendo que me sienta orgullosa.

A los amores de mi vida:
Malia y Sasha, mis garbancitos más queridos
y mi razón de ser,
y a Barack, que siempre me prometió un viaje interesante.

Índice

Prefacio

Marzo de 2017

Cuando era niña, mis aspiraciones eran simples. Quería un perro. Quería una casa con escalera, de dos plantas para una familia. Por alguna razón, quería una furgoneta de cuatro puertas en lugar del Buick de dos que era el tesoro de mi padre. Siempre decía a la gente que cuando fuese mayor sería pediatra. ¿Por qué? Porque me encantaban los niños y no tardé en darme cuenta de que era una respuesta gratificante para los adultos. «¡Ah, médico! ¡Qué buena elección!» Por aquel entonces llevaba coletas, mangoneaba a mi hermano mayor y, costara lo que costase, sacaba siempre sobresalientes en el colegio. Era ambiciosa, aunque no sabía exactamente a qué aspiraba. Ahora creo que es una de las preguntas más inútiles que un adulto puede formular a un niño: «¿Qué quieres ser de mayor?». Como si hacerse mayor tuviera un punto final. Como si en algún momento te convirtieras en algo y ahí se acabara todo.

Hasta el momento he sido abogada. He trabajado como subdirectora de un hospital y como directora de una organización sin ánimo de lucro que ayuda a gente joven a labrarse una carrera profesional seria. He sido estudiante negra de clase trabajadora en una elegante universidad cuyo alumnado es mayoritariamente blanco. He sido la única mujer, la única afroamericana, en lugares de todo tipo. He sido novia, madre primeriza estresada e hija desgarrada por la tristeza. Y hasta hace poco fui la primera dama de Estados Unidos, un trabajo que, si bien oficialmente no lo es, me ha brindado en cualquier caso una plataforma que nunca habría imaginado. Para mí fue un desafío y una lección de humildad, me elevó y me empequeñeció, a veces todo al mismo tiempo. Apenas he empezado a procesar lo sucedido durante estos últimos años, desde que en 2006 mi marido planteó la posibilidad de aspirar a la presidencia hasta la fría mañana de invierno en que me subí en una limusina con Melania Trump y la acompañé a la investidura de su esposo. Ha sido un viaje trepidante.

Cuando eres primera dama, Estados Unidos se muestra ante ti en todos sus extremos. He asistido a galas benéficas en viviendas privadas que más bien parecen museos de arte, casas en las que la gente tiene bañeras hechas con piedra noble natural. He visitado a familias que lo perdieron todo con el huracán Katrina y, entre lágrimas, agradecían tener una nevera y un fogón que funcionaran. He conocido a personas a las que considero superficiales e hipócritas, y a otras (profesores, cónyuges de militares y muchas más) cuyo espíritu es tan profundo y fuerte que resulta asombroso. Y también he conocido a niños (infinidad de ellos y en todo el mundo), con los que me desternillo de risa, que me llenan de esperanza y que, por suerte, se olvidan de mi título en cuanto empezamos a hurgar en la tierra de un jardín.

Desde mi reticente incursión en la vida pública he sido aupada como la mujer más poderosa del mundo y también apeada a la categoría de «mujer negra malhumorada». A veces he sentido la tentación de preguntar a mis detractores qué parte de esa frase les molestaba más: ¿«Malhumorada», «negra» o «mujer»? He posado sonriente con personas que profieren insultos horribles a mi marido en la televisión nacional, pero que aun así quieren un recuerdo enmarcado para la repisa de su chimenea. He oído hablar de los lodazales de internet que lo cuestionan todo sobre mí, incluso si soy una mujer o un hombre. Un congresista estadounidense en activo se ha burlado de mi trasero. He sentido dolor y rabia, pero casi siempre he intentado tomármelo con humor.

Todavía desconozco muchas cosas sobre Estados Unidos, sobre la vida y sobre lo que me depara el futuro, pero me conozco a mí misma. Mi padre, Fraser, me enseñó a trabajar duro, a reírme a menudo y a cumplir mi palabra. Mi madre, Marian, me enseñó a pensar por mí misma y a utilizar mi voz. Juntos, en nuestro atestado apartamento del South Side de Chicago, me ayudaron a reconocer el valor de nuestra historia, de mi historia, en la historia más general de nuestro país, incluso cuando no es hermosa o perfecta, incluso cuando es más real de lo que te gustaría. Tu historia es lo que tienes, lo que siempre tendrás. Es algo que debes hacer tuyo.

Durante ocho años viví en la Casa Blanca, un lugar con tantas escaleras que no podría contarlas, además de ascensores, una bolera y una floristería. Dormía en una cama con sábanas italianas. Las comidas las preparaba un equipo de chefs de fama internacional mundial y las servían profesionales con más formación que los de cualquier restaurante u hotel de cinco estrellas. Frente a la puerta había agentes del Servicio Secreto, con sus auriculares y una expresión deliberadamente imperturbable, haciendo cuanto podían por no inmiscuirse en la vida privada de nuestra familia. Al final nos acostumbramos, más o menos, a la extraña majestuosidad de nuestro nuevo hogar y a la presencia constante y silenciosa de otras personas.

La Casa Blanca es donde nuestras dos hijas jugaban a la pelota en los pasillos y trepaban por los árboles del jardín sur. Es donde Barack se quedaba hasta muy tarde repasando informes y borradores de discursos en la sala de los Tratados y donde Sunny, uno de nuestros perros, a veces defecaba en la alfombra. Yo podía salir al balcón Truman y observar a los turistas posando con sus paloselfis y asomándose a la verja de hierro para intentar atisbar qué sucedía dentro. Algunos días me agobiaba tener que cerrar las ventanas por seguridad, no poder respirar aire fresco sin causar revuelo. Otras veces me quedaba asombrada con las magnolias blancas que florecían en el exterior, con el ajetreo cotidiano de los asuntos de gobierno y con el esplendor de una recepción militar. Hubo días, semanas y meses en los que detesté la política. Y hubo momentos en los que la belleza de este país y sus gentes me abrumaba tanto que me quedaba sin palabras.

Y entonces se acabó. Aunque lo veas venir, aunque las últimas semanas estén llenas de despedidas emotivas, ese día sigue siendo difuso. Una mano se posa sobre una Biblia; se repite un juramento. Los muebles de un presidente salen y entran los de otro. Se vacían armarios y vuelven a llenarse en cuestión de horas. Y, como si tal cosa, hay otras cabezas reposando en las almohadas nuevas, nuevos temperamentos, nuevos sueños. Y cuando termina, cuando sales por última vez de la dirección más famosa del mundo, en muchos sentidos tienes que encontrarte otra vez a ti mismo.

Así que permíteme empezar con una pequeña anécdota que sucedió no hace mucho. Me encontraba en la casa de ladrillo a la que mi familia y yo nos hemos mudado recientemente. Nuestro nuevo hogar está en una calle tranquila situada a unos tres kilómetros del anterior. Todavía no hemos acabado de instalarnos. En el salón, los muebles siguen organizados igual que en la Casa Blanca. Por todas partes hay objetos que nos recuerdan que aquello fue real: fotos de los días que pasamos en Camp David, recipientes de cocina artesanales hechos por estudiantes nativos americanos y un libro firmado por Nelson Mandela. Lo raro de aquella noche es que no había nadie. Barack estaba de viaje, Sasha había salido con unos amigos y Malia vive y trabaja en Nueva York, donde está terminando su año sabático antes de empezar sus estudios universitarios. Estaba sola con nuestros dos perros, en una casa silenciosa y vacía como no había visto en ocho años.

Y tenía hambre. Salí del dormitorio y bajé la escalera con los dos perros siguiéndome. Cuando llegué a la cocina, abrí la nevera. Encontré un paquete de pan, saqué dos rebanadas y las puse en la tostadora. Luego abrí un armario y cogí un plato. Sé que suena raro, pero coger un plato de una estantería de la cocina sin que nadie insistiera en hacerlo por mí y estar allí sola mirando cómo se doraba el pan en la tostadora es lo más parecido a un retorno a mi antigua vida que he tenido hasta el momento. O puede que mi nueva vida justo esté empezando.

Al final no preparé unas simples tostadas, sino que metí las rebanadas en el microondas y fundí unas gruesas lonchas de goteante cheddar entre ellas. Luego llevé el plato al jardín. No tuve que informar a nadie de dónde iba. Simplemente fui. Llevaba pantalones cortos e iba descalza. El frío invernal había remitido por fin. Los crocos empezaban a florecer en los parterres del muro trasero y el aire olía a primavera. Me senté en los escalones del porche y sentí el calor del sol atrapado aún en la losa que tenía bajo los pies. A lo lejos, un perro se puso a ladrar y los míos, confusos, se detuvieron a escuchar. En aquel momento caí en que para ellos debía de ser un sonido estremecedor, ya que en la Casa Blanca no teníamos vecinos, y menos aún vecinos de su especie. Para ellos todo era nuevo. Mientras exploraban el perímetro del jardín correteando, me comí las tostadas en la oscuridad, sintiéndome sola en el mejor de los sentidos. No pensaba en el grupo de guardias armados que se encontraban a menos de cien metros en el puesto de mando construido en el garaje, o en que todavía no puedo salir a la calle sin servicio de seguridad. No pensaba en el nuevo presidente y, de hecho, tampoco en el antiguo.

Por el contrario, pensaba en que al cabo de unos minutos volvería a entrar en casa, lavaría el plato en el fregadero y me iría a la cama, y tal vez abriría una ventana para sentir el aire primaveral. Qué momento tan maravilloso. También pensaba en que esa quietud me estaba ofreciendo la primera oportunidad real para reflexionar. Cuando era primera dama, al concluir una semana ajetreada tenían que recordarme cómo había comenzado. Pero el tiempo empieza a parecer diferente. Mis niñas, que llegaron a la Casa Blanca con sus Polly Pocket, una manta llamada Blankie y un tigre de peluche llamado Tiger, ya son adolescentes, mujeres jóvenes con planes y voz propia. Mi marido también está adaptándose a la vida después de la Casa Blanca, recobrando el aliento. Y yo, en este nuevo lugar en el que estoy, siento que tengo muchas cosas que contar.

Mi historia

1

Pasé casi toda mi infancia oyendo el sonido del esfuerzo. Llegaba en forma de música mediocre, o al menos música amateur, que se colaba por los tablones del suelo de mi habitación: el golpeteo de las teclas del piano de mi tía abuela Robbie a manos de sus alumnos mientras aprendían lenta, rudimentariamente las escalas. Mi familia vivía en South Shore, un barrio de Chicago, en una pulcra casa de ladrillo propiedad de Robbie y su marido Terry. Mis padres alquilaron un apartamento en la segunda planta, y mis tíos abuelos vivían en la primera. Robbie era tía de mi madre y durante muchos años había sido generosa con ella, pero a mí me parecía terrorífica. Remilgada y seria, dirigía el coro de la iglesia local y era también la profesora de piano oficial de nuestra comunidad. Llevaba unos tacones discretos y unas gafas de lectura colgadas del cuello con una cadena. Tenía una sonrisa burlona, pero, a diferencia de mi madre, no le gustaba el sarcasmo. A veces la oía reprender a sus alumnos por no haber estudiado lo suficiente o a sus padres por haberlos llevado tarde a clase.

«¡Buenas noches!», exclamaba en pleno día con la misma exasperación con la que uno diría «¡Por el amor de Dios!». Al parecer, pocos satisfacían las expectativas de Robbie.

Sin embargo, el sonido del esfuerzo se convirtió en la banda sonora de nuestras vidas. Había golpeteo por las tardes y por las noches. En ocasiones venían señoras de la iglesia a practicar himnos, y su devoción atravesaba las paredes. Según las normas de Robbie, los niños que asistían a clases de piano no podían trabajar en más de una canción a la vez. Desde mi dormitorio los oía intentarlo, nota incierta a nota incierta, para ganarse su aprobación y dar el salto de «Hot Cross Buns» a la «Canción de cuna» de Brahms, pero solo después de muchas tentativas. La música nunca resultaba molesta, tan solo persistente. Subía por el hueco de la escalera que separaba nuestro apartamento del de Robbie. En verano entraba por las ventanas abiertas y acompañaba mis pensamientos mientras jugaba con mis Barbies o edificaba pequeños reinos con bloques de construcción. El único respiro lo teníamos cuando mi padre llegaba a casa al acabar el primer turno en la planta de filtración de aguas de la ciudad y ponía el partido de los Cubs en el televisor, a tal volumen que acallaba todo lo demás.

Era finales de los años sesenta en South Side de Chicago. Los Cubs no eran malos, pero tampoco excelentes. Me sentaba en el regazo de mi padre, él en su butaca reclinable, y lo escuchaba explicar que el equipo sufría el habitual agotamiento del término de la temporada o por qué Billy Williams, que vivía en Constance Avenue, muy cerca de nosotros, bateaba tan bien desde el lado izquierdo de la base. Fuera de las canchas de béisbol, Estados Unidos se hallaba sumido en un enorme e incierto proceso de transformación. Los Kennedy estaban muertos. A Martin Luther King Jr. lo habían asesinado en un balcón de Memphis, lo cual desencadenó disturbios en todo el país, incluida Chicago. La Convención Nacional Demócrata de 1968 se tiñó de sangre cuando la policía persiguió a los manifestantes contrarios a la guerra de Vietnam con porras y gas lacrimógeno en Grant Park, situado unos quince kilómetros al norte de donde vivíamos. Entretanto, las familias blancas abandonaban la ciudad en tropel, atraídas por los barrios residenciales, la promesa de mejores escuelas, más espacio y probablemente también más blancura.

Yo no me daba cuenta de nada de todo aquello. Era solo una niña que jugaba con sus Barbies y sus bloques de construcción, que tenía dos progenitores y un hermano mayor que cada noche dormía con la cabeza a unos noventa centímetros de la mía. Mi familia era mi mundo, el centro de todo. Mi madre me enseñó muy pronto a leer; me llevaba a la biblioteca pública y se sentaba a mi lado mientras yo pronunciaba en voz alta las palabras impresas en una página. Cada día, mi padre iba a trabajar enfundado en un uniforme azul de empleado municipal, pero por la noche nos enseñaba lo que significaba amar el jazz y el arte. De niño había estudiado en el Art Institute of Chicago, y en la secundaria pintaba y hacía esculturas. En la escuela también había participado en competiciones de natación y boxeo, y de adulto era aficionado a todos los deportes televisados, desde el golf profesional hasta la NHL, la liga nacional de hockey. Le gustaba ver triunfar a la gente fuerte. Cuando mi hermano Craig se interesó por el baloncesto, mi padre dejaba monedas encima del marco de la puerta de la cocina y lo animaba a saltar para cogerlas.

Todas las cosas importantes se hallaban en un radio de cinco manzanas: mis abuelos y mis primos; la iglesia de la esquina, donde no asistíamos mucho a catequesis; la gasolinera a la que en ocasiones me enviaba mi madre a comprar un paquete de Newport; y la licorería, que también vendía pan Wonder, caramelos a un centavo y leche por litros. En las cálidas noches de verano, Craig y yo nos dormíamos con los vítores de los partidos de sófbol de la liga de adultos que se disputaban en el parque público cercano, donde de día nos encaramábamos a los columpios y jugábamos al pilla-pilla con otros niños.

Craig y yo nos llevamos menos de dos años. Él ha heredado la mirada tierna y el espíritu optimista de mi padre y la implacabilidad de mi madre. Siempre hemos estado unidos, en parte gracias a la lealtad inquebrantable y un tanto inexplicable que desde el principio Craig pareció sentir hacia su hermana pequeña. Hay una vieja fotografía familiar en blanco y negro en la que aparecemos los cuatro sentados en un sofá, mi madre sonriendo conmigo en el regazo y mi padre serio y orgulloso con Craig en el suyo. Llevamos ropa de misa, o tal vez de boda. Yo tengo unos ocho meses y llevo un vestido blanco planchado, y soy una matona rechoncha y seria con pañales que parece estar a punto de zafarse de las garras de su madre y mira a la cámara como si fuera a comérsela. A mi lado está Craig, un caballero con una pequeña pajarita, americana y expresión sobria. Tenía dos años y, con el brazo extendido hacia el mío y sus dedos protectores rodeando mi muñeca regordeta, ya era la viva imagen de la vigilancia y la responsabilidad fraternal.

Cuando se hizo la foto vivíamos al otro lado del pasillo de mis abuelos paternos en Parkway Gardens, un complejo de edificios de estilo modernista con apartamentos de protección oficial, asequibles, situado en el South Side. Fueron construidos en los años cincuenta y se habían diseñado como propiedad cooperativa para aliviar la escasez de viviendas entre las familias negras de clase trabajadora después de la Segunda Guerra Mundial. Más tarde se deteriorarían a causa de la pobreza y la violencia de las bandas, y la zona se convertiría en una de las más peligrosas de la ciudad. Sin embargo, mucho antes, cuando yo todavía era una niña, mis padres, que se habían conocido de adolescentes y se habían casado cuando rondaban los veinticinco años, aceptaron una oferta para mudarse a la casa de Robbie y Terry en un bonito barrio situado unos kilómetros más al sur.

En Euclid Avenue éramos dos familias viviendo bajo un techo no muy grande. A juzgar por la distribución, la segunda planta probablemente era un apartamento anexo para una o dos personas, pero encontramos la manera de meternos cuatro. Mis padres ocupaban el único dormitorio y Craig y yo compartíamos una zona más amplia que supongo que correspondía al salón. Cuando fuimos más mayores, mi abuelo, Purnell Shields, el padre de mi madre, un carpintero más voluntarioso que hábil, trajo unos revestimientos de madera baratos y construyó una partición improvisada para dividir la sala en dos espacios semiprivados. Luego instaló una puerta en acordeón en cada uno y creó una pequeña zona común en la que podíamos guardar nuestros juguetes y libros.

Me encantaba mi habitación, donde había el espacio justo para una mesa estrecha y una cama individual. Tenía todos mis animales de peluche encima de la cama y cada noche los colocaba meticulosamente alrededor de mi cabeza como un ritual para estar más cómoda. Al otro lado de la pared, Craig llevaba una especie de existencia gemela en una cama arrimada a los paneles de madera en paralelo a la mía. La partición era tan endeble que podíamos hablar desde el lecho, y a menudo nos lanzábamos una pelota hecha con un calcetín por el hueco de veinticinco centímetros que había entre la pared y el techo.

La zona de la tía Robbie, en cambio, era como un mausoleo. Tenía los muebles tapados con unos plásticos que me resultaban fríos y pegajosos cuando osaba sentarme encima de ellos con las piernas desnudas. Las estanterías estaban abarrotadas de figuritas de porcelana que no podíamos tocar. A veces yo pasaba la mano por una colección de adorables caniches de cristal (una madre de aspecto delicado y tres cachorritos), pero luego la apartaba por temor a la ira de Robbie. Cuando no había clase, en la primera planta reinaba un silencio sepulcral. El televisor y la radio siempre estaban apagados. Ni siquiera sé si conversaban mucho. El nombre completo del marido de Robbie era William Victor Terry, pero por alguna razón nos dirigíamos a él solo por su apellido. Terry era como una sombra, un hombre de aire distinguido que llevaba traje todos los días de la semana y apenas hablaba.

Llegué a concebir las dos plantas como universos diferentes gobernados por sensibilidades rivales. Arriba éramos ruidosos y no sentíamos remordimientos por ello. Craig y yo nos lanzábamos la pelota y nos perseguíamos por el apartamento. Rociábamos el suelo del pasillo con Pledge, un abrillantador para muebles, a fin de deslizarnos más lejos y más rápido con los calcetines, y a menudo chocábamos contra las paredes. En la cocina celebrábamos combates de boxeo entre hermanos y utilizábamos los dos pares de guantes que mi padre nos había regalado por Navidad, junto con instrucciones personalizadas para lanzar buenos golpes. Por la noche, nos entreteníamos todos con juegos de mesa, nos contábamos historias y chistes y poníamos discos de los Jackson 5 a todo volumen. Cuando

Robbie se hartaba, empezaba a pulsar con insistencia el interruptor de la escalera común, que también controlaba la bombilla del pasillo del piso de arriba; era su manera de pedirnos educadamente que bajáramos la voz.

Robbie y Terry eran más mayores. Se habían criado en otra zona y tenían intereses distintos. Habían visto cosas que nuestros padres no habían visto, cosas que Craig y yo no podíamos ni imaginar en nuestra bulliciosa niñez. Esto es una versión de lo que mi madre decía si nos alterábamos demasiado por la irritabilidad del piso de abajo. Aunque desconocíamos el contexto, nos pedían que recordáramos que ese contexto existía. En el mundo, nos explicaban, todas las personas llevan a cuestas una historia invisible y solo por eso merecen cierta tolerancia. Según descubrí muchos años después, Robbie había denunciado a la Universidad Northwestern por discriminación; en 1943 se había matriculado en ella para asistir a un taller de música coral y le negaron una habitación en la residencia de mujeres. Le indicaron que podía alojarse en una pensión de la ciudad, un lugar «para gente de color». Terry, por su parte, había trabajado de maletero en una línea ferroviaria nocturna con llegada y salida en Chicago. Era una profesión respetable, aunque mal remunerada y desempeñada siempre por negros, que mantenían sus uniformes inmaculados mientras cargaban equipajes, servían comidas y satisfacían las necesidades de los pasajeros, lo cual incluía abrillantarles los zapatos.

Años después de jubilarse, Terry seguía viviendo en un estado de anestesiada formalidad, vestido de forma impecable y con un carácter un tanto servil, sin reivindicarse en ningún sentido, al menos que yo apreciara. Era como si hubiera renunciado a una parte de él para sobrellevar las cosas. Lo veía cortando el césped bajo el calor estival con zapatos de cordones, tirantes, un sombrero de ala estrecha y las mangas de la camisa pulcramente remangadas. Se permitía un solo cigarrillo al día y un cóctel al mes y, aun así, no se soltaba como hacían mis padres después de tomar un whisky con soda o una cerveza Schlitz, algo que, en su caso, ocurría varias veces al mes. Parte de mí quería que Terry hablara, que desvelara los secretos que guardaba. Imaginaba que tenía muchas historias interesantes sobre las ciudades que había visitado y sobre el comportamiento de la gente rica en los trenes, o tal vez no, pero en todo caso no oímos ninguna. Por alguna razón, nunca contaba nada.

Tendría unos cuatro años cuando decidí que quería aprender a tocar el piano. Craig, que estaba en primer curso, tocaba todas las semanas el instrumento de pared de Robbie y volvía relativamente ileso, así que me sentía preparada. De hecho, estaba bastante convencida de que ya sabía tocar por osmosis directa después de todas las horas que me había pasado escuchando cómo otros niños interpretaban torpemente sus canciones. Ya tenía la música en la cabeza. Solo quería bajar y demostrarle a mi exigente tía abuela el talento que poseía, y que convertirme en su alumna estrella no entrañaría para mí ningún esfuerzo.

El piano de Robbie se encontraba en una pequeña habitación cuadrada en la parte trasera de la casa, cerca de una ventana con vistas al patio. En una esquina tenía una maceta con una planta y en la otra una mesa plegable en la que los alumnos podían rellenar las hojas de ejercicios. Durante las clases se sentaba muy erguida en una butaca con respaldo alto, marcando el ritmo con un dedo e inclinando la cabeza, atenta a cada error. ¿Le tenía miedo a Robbie? No exactamente, pero había algo temible en ella y representaba una autoridad rígida que no había visto en ningún sitio. Exigía excelencia a todos los niños que se sentaban en la banqueta del piano. Yo la veía como una persona a la que debías ganarte o tal vez conquistar de algún modo. Con ella parecía que siempre había algo que demostrar.

En la primera clase me colgaban las piernas de la banqueta; eran tan cortas que no me llegaban al suelo. Robbie me regaló un cuaderno de iniciación a la música, lo cual me encantó, y me enseñó a colocar correctamente las manos sobre las teclas.

«Muy bien, presta atención —dijo regañándome antes de que hubiera empezado siquiera—. Busca el do central.»

Cuando eres niño te parece que el piano tiene mil teclas. Solo ves una extensión negra y blanca inabarcable para dos brazos pequeños. Pronto aprendí que el do central era el punto de referencia, la línea territorial que separaba la mano derecha de la izquierda, la clave de sol de la de fa. Si podías colocar el pulgar sobre el do central, todo lo demás encajaba de manera automática. Las teclas del piano de Robbie eran sutilmente desiguales tanto en color como en forma, y con el paso del tiempo habían saltado algunos fragmentos de marfil, de modo que parecían una dentadura descuidada. Al do central le faltaba una esquina, un trozo del tamaño de mi uña, lo cual siempre me ayudaba a ubicarlo.

Descubrí que me gustaba el piano. Sentarme delante de él me parecía natural, algo que debía hacer. Mi familia estaba plagada de músicos y melómanos, sobre todo del lado de mi madre. Un tío mío tocaba en una banda profesional y varias de mis tías cantaban en coros eclesiásticos. Tenía a Robbie, que además del coro y las clases dirigía algo denominado Operetta Workshop, un humilde programa de teatro musical para niños al que Craig y yo asistíamos todos los sábados por la mañana en el sótano de la iglesia. Sin embargo, el epicentro musical de la familia era mi abuelo Shields, el carpintero, que además era el hermano menor de Robbie. Era un hombre despreocupado y barrigudo con una risa contagiosa y una barba entrecana y desaliñada. Cuando era más joven vivía en la zona oeste de la ciudad y Craig y yo lo llamábamos «Westside», pero se trasladó a nuestro barrio el mismo año que empecé con las clases de piano y lo rebautizamos «Southside».

Southside se había separado de mi abuela hacía décadas, cuando mi madre era adolescente. Vivía con mi tía Carolyn, la hermana mayor de mi madre, y mi tío Steve, su hermano menor, a solo dos manzanas de distancia, en una acogedora casa de una planta que el abuelo había cableado de arriba abajo para instalar altavoces en todas las habitaciones, incluido el cuarto de baño. También fabricó un mueble para el salón donde guardaba el equipo de música, gran parte del cual encontró en mercadillos. Tenía dos tocadiscos desparejados, dos viejos magnetófonos de bobina y unas estanterías repletas de discos que había coleccionado a lo largo de los años.

Había muchas cosas en el mundo de las que Southside desconfiaba. Era una especie de teórico de la conspiración de la vieja escuela. No confiaba en los dentistas, motivo por el cual apenas le quedaban dientes. No confiaba en la policía y no siempre confiaba en los blancos, ya que era nieto de un esclavo de Georgia y había pasado sus primeros años de infancia en Alabama durante la época de Jim Crow, antes de instalarse en Chicago en los años veinte. Cuando tuvo hijos, Southside se dejó la piel para protegerlos, asustándolos con historias reales e imaginarias sobre lo que les podía suceder a unos niños negros si se adentraban en el barrio equivocado e insistiendo en que debían evitar a la policía.

Al parecer, la música era un antídoto para sus preocupaciones, una manera de relajarse y espantarlas. A veces, cuando cobraba un jornal por su trabajo de carpintero, Southside se daba el lujo de comprar un disco nuevo. Solía organizar fiestas para la familia en las que la música lo dominaba todo, lo cual nos obligaba a alzar la voz. Celebrábamos la mayoría de los acontecimientos importantes de la vida en su casa, así que desenvolvíamos los regalos navideños al ritmo de Ella Fitzgerald y soplábamos las velas de cumpleaños al son de Coltrane. Según mi madre, cuando Southside era más joven intentó inculcar la afición por el jazz a sus siete hijos y despertaba a todo el mundo al amanecer poniendo uno de sus discos a un volumen atronador.

Su amor por la música era contagioso. Cuando Southside se mudó a nuestro barrio, me pasaba tardes enteras en su casa, donde cogía discos aleatoriamente y los reproducía en su equipo. Cada uno de ellos era una aventura fascinante. Aunque era pequeña, no me prohibía tocar nada. Más tarde me regaló mi primer disco, *Talking Book* de Stevie Wonder, que guardaba en su casa en una estantería especial que asignó a mis álbumes favoritos. Si tenía hambre, me preparaba un batido o freía un pollo entero para los dos mientras escuchábamos a Aretha, Miles o Billie. Para mí, Southside era tan grande como el cielo. Y el cielo, tal como yo lo imaginaba, tenía que ser un lugar rebosante de jazz.

En casa yo seguía haciendo progresos como músico. Sentada frente al piano de pared de Robbie, no tardé en aprender las escalas (lo de la osmosis resultó ser real) y me lancé a hacer los ejercicios de repentización que me daba. Puesto que nosotros no teníamos piano, me veía obligada a ensayar con el suyo en el piso de abajo. Esperaba a que no hubiera ningún alumno y a menudo arrastraba a mi madre para que se sentara en el sillón tapizado a escucharme tocar. Aprendía una pieza del cancionero y después otra. Probablemente no era mejor que los otros estudiantes de la tía Robbie, titubeaba igual, pero estaba motivada. Para mí, aprender era algo mágico y me procuraba una emocionante satisfacción. En primer lugar, entendía la sencilla y alentadora correlación entre el tiempo que ensayaba y lo que conseguía. Y también percibí algo en Robbie: estaba demasiado enterrado para calificarlo de placer absoluto pero, aun así, emanaba de ella algo más liviano y alegre cuando ejecutaba una canción sin equivocarme, cuando mi mano derecha hilvanaba una melodía mientras la izquierda tocaba un acorde. Lo notaba al mirarla de reojo: desfruncía ligeramente los labios y su dedo rebotaba un poco al marcar el ritmo.

Aquella sería nuestra luna de miel, que tal vez se habría prolongado si yo hubiera sido menos curiosa y más reverente con su método pianístico. Pero el libro de lecciones era tan grueso y mis progresos con las primeras canciones tan lento que me impacienté y empecé a saltarme páginas, y no unas pocas. Leía los títulos de las canciones más avanzadas e intentaba tocarlas durante mis prácticas. Cuando estrené orgullosa uno de aquellos temas delante de Robbie, ella echó por tierra mi hazaña con un despiadado «¡Buenas noches!». Me abroncó igual que había abroncado a muchos alumnos antes que a mí. Yo solo quería aprender más cosas y más rápido, pero Robbie lo interpretó como un delito rayano en la traición. No la impresioné lo más mínimo.

A pesar de todo, no escarmenté. Era una niña a la que le gustaba obtener respuestas concretas a sus preguntas y razonar las cosas hasta un final lógico, aunque resultara agotador. Era mandona y tendía a lo dictatorial, como podría atestiguar mi hermano, a quien frecuentemente ordenaba salir de nuestra zona de juego común. Cuando creía tener una buena idea sobre algo no aceptaba un no por respuesta. Y así fue como mi tía abuela y yo acabamos enfrentadas, ambas coléricas e inflexibles.

—¿Cómo puedes enfadarte conmigo por querer aprender una canción nueva?

—No estás preparada. Así no se aprende a tocar el piano.

—Sí que estoy preparada. Acabo de tocarla.

—No se hace así.

—Pero ¿por qué?

Las clases de piano se convirtieron en algo épico y complicado, sobre todo por mi negativa a seguir el método prescrito y por la negativa de Robbie a ver algo bueno en mi espontánea interpretación de su cancionero. Según recuerdo, había discusiones semana tras semana. Las dos éramos testarudas. Yo tenía mi punto de vista y ella el suyo. Entre disputa y disputa, yo seguía tocando el piano y ella seguía escuchando y ofreciendo un alud de correcciones. Yo apenas le atribuía ningún mérito por mi mejora como intérprete y ella apenas me atribuía ningún mérito por mejorar. Aun así, las clases continuaron.

En el piso de arriba, a mis padres y a Craig les resultaba muy divertido. Se desternillaban durante la cena cuando les contaba mis batallas con Robbie, todavía furiosa mientras comía los espaguetis con albóndigas. Craig, en cambio, no tenía problemas con ella, ya que era un niño alegre y un alumno de piano ortodoxo y poco implicado. Mis padres no manifestaban compasión alguna por mis calamidades, y tampoco por las de Robbie. Por lo general, no intervenían en cuestiones que no estuviesen relacionadas con la escuela y desde el principio esperaron que mi hermano y yo resolviéramos nuestros asuntos. Al parecer, consideraban que su labor era escucharnos y apoyarnos cuando fuera necesario entre las cuatro paredes de nuestro hogar. Y aunque otros padres tal vez habrían regañado a un niño por ser insolente con un adulto, como yo había hecho, también lo obviaron. Mi madre había vivido intermitentemente con Robbie desde que tenía alrededor de dieciséis años, cumpliendo las esotéricas normas que imponía, y es posible que en el fondo se alegrara de que alguien cuestionase su autoridad. Volviendo la vista atrás, creo que a mis padres les gustaba mi carácter luchador y me alegro por ello. En mi interior ardía una llama que querían mantener viva.

Una vez al año, Robbie organizaba un elegante recital para que sus alumnos pudieran actuar con público. A día de hoy sigo sin saber cómo lo hizo, pero obtuvo acceso a una sala de ensayos de la Universidad Roosevelt, en el centro de la ciudad, y celebraba sus recitales en un magnífico edificio de piedra situado en Michigan Avenue, cerca de donde tocaba la Orquesta Sinfónica de Chicago. El mero hecho de ir allí me ponía nerviosa. Nuestro apartamento de Euclid Avenue se encontraba unos catorce kilómetros al sur del distrito del Loop, que con sus relucientes rascacielos y sus aceras abarrotadas me parecía algo místico. Mi familia solo iba al centro unas pocas veces al año para visitar el Art Institute o ver una obra de teatro, y los cuatro viajábamos como astronautas en la cápsula del Buick de mi padre.

Para él, cualquier excusa para conducir era buena. Adoraba su coche, un Buick Electra 225 de color bronce y dos puertas al que llamaba con orgullo *Deuce and a Quarter*. Siempre lo tenía abrillantado y encerado; respetaba religiosamente el calendario de mantenimiento y lo llevaba a Sears para la rotación de neumáticos y el cambio de aceite igual que mi madre nos llevaba al pediatra para un chequeo. A nosotros también nos encantaba el *Deuce and a Quarter*. Tenía una línea elegante, y con sus estrechas luces traseras era moderno y futurista. Era tan espacioso que parecía que estuvieras en una casa. Casi podía ponerme de pie al pasar las manos por el techo revestido de tela. Por aquel entonces, el cinturón de seguridad era opcional, así que Craig y yo siempre íbamos dando bandazos en la parte de atrás y nos asomábamos por encima del asiento delantero cuando queríamos hablar con nuestros padres. La mitad del tiempo lo pasaba con la barbilla apoyada en el reposacabezas para estar al lado de mi padre y ver exactamente lo mismo que él.

El coche era otro nexo de unión para mi familia, una posibilidad de hablar y viajar al mismo tiempo. A veces, después de cenar, Craig y yo suplicábamos a mi padre que nos llevara a dar una vuelta sin rumbo concreto. Algunas noches de verano íbamos a un cine al aire libre situado al sudoeste de nuestro barrio para ver las películas de *El planeta de los simios*. Aparcábamos el Buick al anochecer y esperábamos a que la proyección empezara. Mi madre nos servía pollo frito y patatas que había llevado de casa, y Craig y yo cenábamos en el asiento trasero apoyando la comida en el regazo y procurando limpiarnos las manos en las servilletas y no en el asiento.

Tardaría años en comprender lo que significaba para mi padre conducir aquel coche. De niña solo podía intuirlo: la liberación que sentía al ponerse al volante, el placer que le causaba tener un motor eficiente y unos neumáticos perfectamente equilibrados zumbando debajo de él. Tenía algo más de treinta años cuando un médico le informó de que la extraña debilidad que había empezado a notar en una pierna era el inicio de un descenso largo y, con toda probabilidad, doloroso hacia la inmovilidad total; de que algún día, debido a una misteriosa desconexión de las neuronas cerebrales y la columna vertebral, no podría caminar. Ignoro las fechas exactas, pero al parecer el Buick llegó a la vida de mi padre más o menos por la misma época que la esclerosis múltiple. Y, aunque nunca lo dijo, ese coche debía de proporcionarle una especie de alivio indirecto.

Ni él ni mi madre se obcecaron con el diagnóstico. Todavía faltaban décadas para que una simple búsqueda en Google arrojara una mareante variedad de gráficas, estadísticas y explicaciones médicas que daban o arrebataban esperanzas. En cualquier caso, dudo que mi padre hubiera querido verlo. Aunque fue educado en los preceptos de la Iglesia, no habría rezado a Dios para que lo salvara. No habría buscado tratamientos alternativos o un gurú, ni un gen defectuoso al que culpar. En mi familia tenemos la vieja costumbre de bloquear las malas noticias, de intentar olvidarlas casi en el preciso instante en el que llegan. Nadie sabía cuánto tiempo llevaba encontrándose mal cuando acudió a la consulta, pero supongo que fueron meses, si no años. No le gustaba ir al médico. No le gustaba quejarse. Era una persona que aceptaba las cosas tal como vinieran y seguía adelante.

Sé que el día de mi gran recital de piano ya cojeaba un poco, que el pie izquierdo era incapaz de seguir el ritmo del derecho. Todos los recuerdos que guardo de mi padre incluyen alguna manifestación de su discapacidad, aunque ninguno queríamos denominarla así todavía. Mi padre se movía con más lentitud que otros padres. A veces lo veía detenerse antes de subir un tramo de escalera, como si necesitara planear la maniobra antes de acometerla. Cuando íbamos a comprar al centro comercial, él se quedaba sentado en un banco y se contentaba con vigilar las bolsas o echar una cabezada mientras el resto de la familia deambulaba libremente.

Al dirigirnos al centro para el recital de piano me acomodé en el asiento trasero del Buick con mi bonito vestido, mis zapatos de charol y mis coletas, y experimenté el primer sudor frío de mi vida. Actuar me provocaba ansiedad, aunque en el apartamento de Robbie había ensayado hasta la extenuación. Craig llevaba traje y estaba preparado para interpretar su canción, pero la idea no lo inquietaba. De hecho, se quedó profundamente dormido, con la boca abierta y una expresión alegre y despreocupada. Craig era así. Toda la vida he admirado esa tranquilidad suya. En aquella época jugaba en una liga infantil de baloncesto y disputaba partidos cada fin de semana y, por lo visto, ya sabía templar los nervios antes de una actuación.

Mi padre solía elegir el aparcamiento más cercano a nuestro destino y gastaba lo que hiciera falta para minimizar la distancia que tendría que recorrer con sus piernas inseguras. Aquel día encontramos la Universidad Roosevelt sin problemas y nos dirigimos a lo que parecía la sala de conciertos, enorme y con buena acústica, en la que tendría lugar el recital. Me sentía diminuta allí dentro. A través de los elegantes ventanales se divisaba el extenso césped de Grant Park y, más allá, la espuma blanca de las olas del lago Michigan. Las sillas de color gris metalizado, dispuestas en hileras ordenadas, fueron llenándose poco a poco de niños nerviosos y padres expectantes. Y en la parte delantera, sobre un escenario elevado, estaban los dos primeros pianos de media cola que había visto en mi vida, con su gigantesca tapa de madera maciza abierta como las alas de un mirlo. Robbie también estaba allí, yendo de un lado para otro con un vestido de estampado floral como si fuera la guapa del baile (aunque una guapa con aspecto de matrona) y cerciorándose de que sus alumnos habían llevado la partitura. Cuando estaba a punto de empezar el espectáculo, pidió silencio al público.

No recuerdo el orden en que tocamos aquel día. Solo sé que, cuando me llegó el turno, me levanté de la butaca y caminé con mi mejor porte hacia el escenario, subí los escalones y me senté delante de uno de los relucientes pianos. Lo cierto es que estaba preparada. Aunque Robbie me parecía brusca e inflexible, también había interiorizado su devoción por el rigor. Conocía tan bien la canción que apenas tuve que pensar y empecé a mover las manos.

Sin embargo, había un problema, que descubrí en el momento en que me disponía a deslizar los deditos sobre las teclas. Estaba sentada frente a un piano perfecto, con sus superficies cuidadosamente desempolvadas, sus cuerdas afinadas con precisión y sus ochenta y ocho teclas formando una impecable franja blanca y negra. El inconveniente era que no estaba acostumbrada a la perfección. De hecho, no la había visto jamás. Mi experiencia pianística se reducía a la pequeña sala de música de Robbie, con su descuidada planta y sus vistas a nuestro modesto patio. El único instrumento que había tocado era el imperfecto piano de pared, con su maraña de teclas amarillentas y su do central convenientemente descascarillado. Para mí, un piano era eso, del mismo modo que mi barrio era mi barrio, mi padre era mi padre y mi vida era mi vida. Era lo único que conocía.

De repente fui consciente de las personas que me observaban desde las butacas mientras miraba sin parpadear las teclas brillantes y solo encontraba uniformidad. No tenía ni idea de dónde colocar las manos. Con la garganta encogida y el corazón en un puño, alcé la vista hacia el público intentando no exteriorizar el pánico, buscando un puerto seguro en el rostro de mi madre. En lugar de eso, vi en la primera fila una figura que se ponía en pie y levitaba pausadamente hacia mí. Era Robbie. Por entonces habíamos discutido mucho, al punto de que la veía un poco como una enemiga. Pero, en el momento de mi merecido castigo, se situó a mi lado como si fuera un ángel. Tal vez comprendió mi estado de conmoción. Tal vez sabía que las disparidades del mundo acababan de materializarse por primera vez ante mí. Es posible que solo quisiera acelerar las cosas. Fuera como fuese, y sin mediar palabra, puso delicadamente un dedo sobre el do central para que supiera por dónde empezar. Y a continuación, volviéndose hacia mí con una imperceptible sonrisa de aliento, me dejó tocar mi canción.

2

En otoño de 1969 empecé preescolar en la escuela Bryn Mawr, donde llegué con la doble ventaja de saber leer palabras básicas y de tener un hermano popular en segundo curso. El centro, un edificio de ladrillo de cuatro plantas y con un patio delantero, se encontraba a un par de manzanas de nuestra casa de Euclid Avenue. Tardabas dos minutos en llegar caminando o, si emulabas a Craig, un minuto corriendo.

Me gustó el colegio desde el primer momento. Me caía bien la profesora, una mujer blanca diminuta llamada señora Burroughs, que a mí me parecía viejísima aunque debía de rondar los cincuenta años. El aula contaba con grandes ventanales soleados, una colección de muñecas para jugar y una gigantesca casita de cartón al fondo. Hice amigos en mi clase y me sentía más unida a los que, como yo, parecían tener ganas de estar allí. Mi capacidad para leer me aportaba seguridad. En casa había trabajado afanosamente con los libros de Dick y Jane, cortesía del carnet de la biblioteca de mi madre, y me complació oír que nuestra primera tarea como alumnos de preescolar sería aprender a leer palabras nuevas a golpe de vista. Nos asignaron una lista de colores que estudiar, no los tonos, sino los términos: «rojo», «azul», «verde», «negro», «naranja», «morado» y «blanco». La señora Burroughs nos preguntaba de uno en uno sosteniendo en alto grandes tarjetas de papel manila y pidiéndonos que leyéramos la palabra que llevaban impresa en letras negras. Un día observé a las niñas y los niños de mi clase levantándose y leyendo las tarjetas de colores, acertando y fallando en grados diversos hasta que se quedaban sin respuesta y les indicaban que se sentaran. Creo que aquello pretendía ser un juego, igual que un certamen de ortografía, pero se intuían una criba sutil y la tristeza y la humillación de los niños que no pasaban del rojo. Por supuesto, en 1969 nadie hablaba de autoestima ni de mentalidad de crecimiento en una escuela pública de South Side en Chicago. Si llegabas de casa con ventaja, en la escuela te recompensaban por ello y te calificaban de «brillante» o «dotado», lo cual no hacía sino mejorar tu confianza. Las ventajas se sumaban con rapidez. Los dos niños más inteligentes de mi clase de preescolar eran Teddy, un estadounidense de origen coreano, y Chiaka, una afroamericana, y ambos serían los mejores durante años.

Me había propuesto seguirles el ritmo. Cuando me tocó leer las tarjetas de la profesora, me levanté y lo di todo. Recité «rojo», «verde» y «azul» de un tirón. Sin embargo, el «morado» me llevó un segundo y el «naranja» me resultó difícil. Pero cuando llegaron las letras B-L-A-N-C-O me quedé paralizada. Se me secó la garganta al instante, mi boca era incapaz de modular el sonido y mi cerebro descarrilaba estrepitosamente al intentar buscar un color parecido al blanco. Fue un fracaso absoluto. Noté una extraña esponjosidad en las rodillas, como si fueran a fallarme. Pero, antes de que eso ocurriera, la señora Burroughs me pidió que volviera a sentarme. Y fue justamente entonces cuando recordé la palabra en su plena y sencilla perfección. «Blanco. Blaaanco.» La palabra era «blanco».

Aquella noche, tumbada en la cama con los animales de peluche alrededor de mi cabeza, solo podía pensar en la palabra «blanco». La deletreé mentalmente, hacia delante y hacia atrás, y me reprendí por mi estupidez. El bochorno era un peso, algo de lo que jamás podría desprenderme, aunque sabía que a mis padres no les importaba si había leído correctamente todas las tarjetas. Yo solo quería mejorar. O, tal vez, no quería que me consideraran incapaz de mejorar. Estaba convencida de que la profesora me tenía por alguien que no sabía leer o, peor aún, que no lo intentaba. Me obsesioné con las estrellas doradas del tamaño de una moneda de diez centavos que la señora Burroughs había entregado aquel día a Teddy y Chiaka para que las lucieran en el pecho como emblema de su logro o, quizá, como un signo de que estaban predestinados a algo grande y el resto no. Al fin y al cabo, ambos habían leído todas las tarjetas de colores sin titubear.

A la mañana siguiente pedí otra oportunidad.

Cuando la señora Burroughs respondió que no y añadió alegremente que los alumnos de preescolar teníamos otras cosas que hacer, lo exigí.

Me compadezco de los niños que tuvieron que ver cómo me enfrentaba por segunda vez a las tarjetas de colores, en esa ocasión más despacio, haciendo pausas deliberadas para respirar después de pronunciar cada palabra y negándome a que los nervios me cortocircuitaran el cerebro. Y funcionó, con el negro, el naranja, el morado y, especialmente, el blanco. Prácticamente grité la palabra «blanco» antes de ver las letras en la tarjeta. Ahora me gusta imaginar que a la señora Burroughs la impresionó aquella niña negra que reunió valor para mostrar iniciativa. No sabía si Teddy y Chiaka se habían percatado siquiera. No tardé en reclamar mi trofeo, y aquella tarde me marché a casa con la cabeza alta y una estrella de papel dorado prendida en mi camisa.

En casa me sumergía en un mundo de dramas e intrigas y elaboraba una interminable telenovela de muñecas. Había nacimientos, enemistades y traiciones. Había esperanza, odio y a veces sexo. Mi pasatiempo preferido entre la escuela y la cena era ir a la zona común situada entre mi dormitorio y el de Craig, esparcir las Barbies por el suelo e idear escenarios que me parecían tan reales como la vida misma, y a veces incluía a los G.I. Joe de mi hermano en la trama. Guardaba los vestidos de las muñecas en una pequeña maleta de vinilo con motivos florales. A cada Barbie y G.I. Joe les asigné una personalidad. Incluso eché mano de los desgastados cubos del alfabeto que mi madre había utilizado años antes para enseñarnos las letras. A ellos también les di nombre y una vida interior.

Casi nunca me juntaba con los vecinos que jugaban en la calle después del colegio y tampoco invitaba a casa a ningún compañero, en parte porque era una cría quisquillosa y no quería que nadie tocara mis muñecas. Había estado en casa de otras niñas y había visto escenarios de película de terror: Barbies a las que les habían arrancado el pelo o pintarrajeado la cara con rotulador. Y si había aprendido algo en la escuela era que las dinámicas de los niños podían ser caóticas. Detrás de cualquier escena adorable que pudieras presenciar en un parque infantil se ocultaba la tiranía de las jerarquías y las alianzas cambiantes. Había abejas reina, abusones y seguidores. Yo no era tímida, pero tampoco sabía si necesitaba ese desorden fuera de la escuela. Por el contrario, canalizaba mi energía en ser la única fuerza motriz en mi pequeño universo de la zona común. Si aparecía Craig y tenía la audacia de mover un solo cubo, me ponía a gritar. Tampoco me abstenía de pegarle cuando era necesario, por lo general un puñetazo directo al centro de la espalda. La idea era que las muñecas y los cubos necesitaban que yo les insuflara vida, cosa que hacía diligentemente imponiéndoles una crisis personal tras otra. Como cualquier deidad que se precie, yo estaba allí para verlos sufrir y crecer.

Entretanto, desde la ventana de mi habitación podía observar casi todo lo que acontecía en nuestra manzana de Euclid Avenue. A última hora de la tarde veía al señor Thompson, un afroamericano alto que era propietario del edificio de tres viviendas que había en la otra acera, metiendo un voluminoso bajo eléctrico en la parte trasera de su Cadillac para actuar en un club de jazz. También veía cómo los Mendoza, la familia mexicana del piso de al lado, llegaban en su camioneta cargada de escaleras tras una larga jornada pintando casas y recibían el saludo de sus perros cuando se acercaban a la valla.

El nuestro era un barrio de clase media y multirracial. Los niños no se juntaban por el color de la piel, sino por quién estuviera en la calle con ganas de jugar. Entre mis amigas había una niña llamada

Rachel, cuya madre era negra y tenía acento británico; Susie, una pelirroja de cabello rizado, y la nieta de los Mendoza siempre que estaba de visita. Éramos una mezcla heterogénea de apellidos (Kansopant, Abuasef, Yacker, Robinson) y demasiado jóvenes para darnos cuenta de que a nuestro alrededor todo estaba cambiando con rapidez. En 1950, quince años antes de que mis padres se mudaran a South Shore, el barrio era blanco en un noventa y seis por ciento. Cuando me fui a la universidad en 1981 había aproximadamente ese mismo porcentaje de negros.

Craig y yo nos criamos justo en la confluencia de ese cambio constante. Las calles que nos rodeaban albergaban a familias judías, a familias de inmigrantes, a familias blancas y negras, a gente que estaba prosperando y a gente que no. En general, los vecinos cuidaban el césped, vigilaban a sus hijos y extendían cheques a Robbie para que les enseñara a tocar el piano. De hecho, mi familia a buen seguro pertenecía al sector pobre del barrio. Éramos de los pocos que conocíamos que no tenían casa propia, hacinados como estábamos en la segunda planta de Robbie y Terry. South Shore todavía no había seguido los pasos de otros barrios, en los que la gente acomodada había partido tiempo atrás hacia las zonas residenciales, los comercios habían cerrado uno tras otro y se había instalado el deterioro, pero la tendencia era claramente visible.

Empezábamos a notar los efectos de esa transición, sobre todo en el colegio. Mi clase de segundo curso era un caos de críos revoltosos y gomas de borrar voladoras, lo cual, según mi experiencia y la de Craig, no era la norma. Por lo visto, la culpable era una profesora incapaz de imponerse y a la que incluso parecían no gustarle los niños. Al margen de eso, no estaba claro que a nadie le molestara la incompetencia de la profesora. Los alumnos lo usaban como pretexto para portarse mal y ella justificaba de ese modo el pésimo concepto que tenía de nosotros. A su juicio, éramos una clase de «niños malos», aunque no contábamos con orientación ni estructura alguna y habíamos sido condenados a un aula triste y oscura en el sótano del colegio. Cada hora que pasábamos allí era larga e infernal. Sentada en una silla verde vómito (el color oficial de los años setenta), yo me desanimaba por no aprender nada y esperaba la pausa para el almuerzo, momento en el cual podía ir a casa, comer un bocadillo y quejarme.

De pequeña, casi siempre canalizaba mi enojo a través de mi madre. Mientras yo despotricaba de mi nueva profesora, ella escuchaba sin alterarse y decía cosas como «Vaya, cariño» o «¿De verdad?». Nunca alimentaba mi ira, pero se tomaba en serio mi frustración. Otra persona tal vez habría dicho educadamente: «Ve y hazlo lo mejor que puedas». Pero mi madre sabía distinguir entre una pataleta y una inquietud real. Sin que me enterase, fue a la escuela e inició una maniobra de presión entre bastidores que se prolongó varias semanas y que permitió que otros niños con un alto rendimiento y yo fuéramos sacados discretamente de clase, sometidos a una batería de pruebas y, unos siete días después, trasladados de forma permanente a un aula luminosa y ordenada de tercer curso situada en la planta de arriba, y a cuyo cargo estaba una profesora sonriente y sensata que conocía su profesión.

Fue un cambio pequeño pero trascendental. En aquel momento no me paré a pensar qué sería de aquellos compañeros que se habían quedado en el sótano con la profesora que no sabía enseñar. Ahora que soy adulta, me doy cuenta de que los niños saben desde muy tierna edad cuándo los están subestimando, cuándo los adultos no están lo bastante implicados en la tarea de enseñarles a aprender. Esa ira puede manifestarse en forma de rebeldía. No es ni mucho menos culpa suya. No son «niños malos», tan solo intentan sobrevivir a unas circunstancias adversas. Sin embargo, en aquel entonces simplemente me alegré de haber escapado. Muchos años después me enteré de que mi madre, que por naturaleza es irónica y tranquila pero también la persona más comunicativa que pueda haber, fue a ver a la profesora de segundo curso y le dijo con toda la amabilidad de la que fue capaz que la docencia no era lo suyo y que debería estar trabajando de cajera en una droguería.

Con el paso del tiempo, mi madre empezó a insistir en que saliera a la calle y me relacionara con los niños del barrio. Tenía la esperanza de que aprendiera a desenvolverme en sociedad igual que hacía mi hermano. Como ya he mencionado, a Craig se le daba bien conseguir que las cosas difíciles parecieran fáciles. En aquel entonces causaba cada vez más sensación en la cancha de baloncesto; era un chico ágil y lleno de vida y estaba creciendo con rapidez. Mi padre lo animaba a buscar la competición más dura que hubiese, y más tarde lo enviaría solo a la otra punta de la ciudad para que jugara con los mejores. Pero, por el momento, lo dejaba enfrentarse a los talentos del barrio. Craig cogía la pelota e iba a Rosenblum Park, donde pasaba por delante de las barras y los columpios en los que me gustaba jugar, y luego cruzaba una línea invisible y desaparecía tras una hilera de árboles situada al otro extremo del parque, donde se encontraban las canchas de baloncesto. A mí aquello me parecía un abismo, un bosque oscuro y mítico plagado de borrachos, matones y tejemanejes ilegales, pero cuando Craig empezó a frecuentar aquella zona del parque me aclaró que allí nadie era tan malo.

A mi hermano el baloncesto parecía abrirle cualquier frontera. Le enseñó a tratar con desconocidos cuando quería jugar en un partido callejero. Aprendió una forma amigable de hablar groseramente a sus oponentes más corpulentos y rápidos en la cancha. También lo ayudó a desmontar varias creencias arraigadas sobre quién era quién y qué era qué en el barrio, lo cual reforzó la idea (algo que había sido un credo para mi padre desde hacía mucho tiempo) de que la mayoría de la gente podía ser buena si la tratabas bien. Incluso los personajes sospechosos que merodeaban delante de la licorería de la esquina se alegraban de ver a Craig, lo llamaban y le chocaban la mano cuando pasábamos.

—¿Cómo es que los conoces? —le pregunté, incrédula.

—No lo sé. Simplemente los conozco —respondió él encogiéndose de hombros.

Yo tenía diez años cuando por fin me relajé lo suficiente para salir a la calle, una decisión motivada en gran parte por el aburrimiento. Era verano y no había clase. Craig y yo íbamos cada día en autobús a un campamento gestionado por el ayuntamiento en un parque situado a orillas del lago Michigan, pero volvíamos a casa a las cuatro y todavía quedaban muchas horas de sol por llenar. Las muñecas me interesaban cada vez menos y, sin aire acondicionado, el calor se hacía insoportable en nuestro apartamento a última hora de la tarde, así que empecé a seguir a Craig por el barrio y alternaba con otros niños que no eran de la escuela. Al otro lado del callejón trasero había una pequeña comunidad llamada Euclid Parkway, donde se habían construido unas quince viviendas alrededor de un espacio verde común. Era una especie de paraíso sin coches y lleno de críos que jugaban al sófbol, saltaban a la comba o se sentaban en las escaleras de las casas a pasar el rato. Pero antes de poder acceder al grupo de chicas de mi edad que frecuentaban Parkway tuve que pasar una prueba, personificada en DeeDee, una niña que estudiaba en una escuela católica cercana. DeeDee era atlética y guapa, aunque siempre hacía pucheros y te miraba con aire de suficiencia. Se sentaba a menudo en la escalera de la vivienda de su familia con otra niña más popular llamada Deneen.

Deneen siempre fue amable conmigo, pero, por alguna razón, a DeeDee yo no parecía caerle bien. Cada vez que iba a Euclid Parkway ella murmuraba comentarios hirientes, como si por el hecho de estar allí le hubiera estropeado el día a todo el mundo. A medida que avanzaba el verano, los comentarios eran cada vez más audibles. Empecé a desanimarme, pero sabía que tenía alternativas. Podía seguir siendo la niña nueva a la que acosaban, podía renunciar a ir a Parkway y regresar a casa con mis juguetes o podía intentar ganarme el respeto de DeeDee. Y esta última opción encerraba otra: podía intentar razonar con ella, ganármela con palabras u otra clase de diplomacia infantil, o limitarme a cerrarle la boca.

La siguiente vez que DeeDee hizo uno de sus comentarios me abalancé sobre ella echando mano de todo lo que me había enseñado mi padre para propinar un puñetazo. Ambas caímos al suelo en una maraña de brazos y piernas. Al instante, todos los niños de Euclid

Parkway se apiñaron alrededor de nosotras, lanzando gritos alimentados por la emoción y la sed de sangre propia de la escuela de primaria. No recuerdo quién acabó separándonos. Tal vez fue Deneen, mi hermano o algún padre que había acudido a la escena, pero cuando todo terminó se había oficiado una especie de bautismo silencioso. Me había convertido oficialmente en un miembro aceptado por la tribu del barrio. DeeDee y yo salimos ilesas. Manchadas de tierra y jadeantes, no estábamos destinadas a ser amigas íntimas, pero al menos me había ganado su respeto.

El Buick de mi padre seguía siendo nuestro refugio, nuestra ventana al mundo. Los domingos y las noches de verano nos paseábamos en él por el simple hecho de que podíamos hacerlo. A veces acabábamos en un barrio conocido como Pill Hill, algo así como «La colina de las píldoras», porque, al parecer, vivían allí muchos médicos afroamericanos. Era una de las zonas más bonitas y acomodadas de South Side. Allí la gente tenía dos coches y tupidos parterres de flores en el camino de entrada.

Mi padre miraba a los ricos con cierta desconfianza. No le gustaba la gente engreída y tenía sentimientos encontrados sobre la propiedad de viviendas en general. Hubo una época en la que mis padres barajaron la posibilidad de comprar una casa situada no muy lejos de la de Robbie, y un día la visitaron con un agente inmobiliario, pero al final descartaron la idea. En aquel momento yo estaba totalmente a favor. Creía que el hecho de que mi familia pudiera vivir en un lugar con más de una planta tenía algún significado. Pero mi padre era prudente por naturaleza, consciente de las contrapartidas, y entendía la necesidad de guardar algunos ahorros para épocas de escasez. «Si inviertes todo en una casa terminarás siendo pobre», nos decía, porque mucha gente se desprendía de sus ahorros y pedía demasiados préstamos, así que al final tenía una bonita vivienda pero ninguna libertad.

Mis padres nos hablaban como si fuéramos adultos. No nos sermoneaban y respondían a todas nuestras preguntas, por pueriles que fuesen. Nunca zanjaban una conversación por comodidad. Podíamos hablar durante horas, a menudo porque Craig y yo aprovechábamos la mínima oportunidad para interrogarlos sobre cosas que no entendíamos. Cuando éramos pequeños, preguntábamos por qué iba la gente al aseo o por qué era necesario tener un trabajo, y luego los acribillábamos con más dudas. Coseché una de mis primeras victorias socráticas gracias a una pregunta motivada por el interés propio: «¿Por qué tenemos que desayunar huevos?». Ello desencadenó un debate sobre la necesidad de proteínas, que a su vez me hizo preguntar por qué la mantequilla de cacahuetes no contaba como tal, cosa que, después de más debate, hizo que mi madre revisara su postura sobre los huevos, que nunca me habían gustado. Durante nueve años, consciente de que me lo había ganado, me preparaba cada mañana un grueso bocadillo de mantequilla de cacahuete y confitura y no consumí un solo huevo.

Con el paso del tiempo hablábamos más sobre drogas, sexo y decisiones vitales, sobre raza, desigualdad y política. Mis padres no esperaban que fuéramos santos. Recuerdo que mi padre insistía en que el sexo era y debía ser divertido. Tampoco edulcoraban las verdades más duras de la vida. Por ejemplo, un verano, Craig compró una bicicleta nueva y fue al lago Michigan, situado más al este, y enfiló el camino asfaltado de Rainbow Beach, donde podías sentir la brisa del agua. Al poco lo detuvo un policía que lo acusaba de haberla robado, negándose a aceptar que un joven negro pudiera conseguir una bicicleta nueva de manera honesta (el agente, que también era afroamericano, acabó recibiendo una brutal reprimenda de mi madre, que lo obligó a disculparse ante Craig). Lo sucedido, nos dijeron nuestros padres, era injusto, pero tristemente habitual. El color de nuestra piel nos hacía vulnerables. Era algo que siempre tendríamos que gestionar.

Supongo que la costumbre de mi padre de llevarnos a Pill Hill era un ejercicio en materia de aspiraciones, una oportunidad para enseñarnos de qué servía una buena educación. Mis padres habían vivido casi toda su vida en un radio de cinco kilómetros, pero imaginaban que Craig y yo no haríamos lo mismo. Antes de casarse, ambos habían asistido una temporada a un centro de estudios superiores, pero lo dejaron mucho antes de obtener una titulación. Mi madre estudiaba Magisterio, pero se dio cuenta de que prefería trabajar de secretaria. Mi padre sencillamente se quedó sin dinero para costearse la matrícula, así que se alistó en el ejército. Ningún miembro de su familia lo convenció de que volviera a la escuela y no tenía ningún referente sobre ese tipo de vida. En lugar de eso, pasó dos años en varias bases militares. Aunque terminar los estudios y ser artista había sido un sueño para él, pronto reorientó sus esperanzas y con su salario ayudaba a pagar la licenciatura de Arquitectura de su hermano menor.

A punto de cumplir los cuarenta, mi padre se había centrado en ahorrar para nosotros. Nuestra familia jamás pasaría apuros por haber comprado una casa, porque no seríamos propietarios de ninguna. Era una persona práctica, consciente de que los recursos, y puede que también el tiempo, eran limitados. Cuando no conducía, utilizaba un bastón para moverse. Antes de que yo terminara la escuela de primaria ese bastón se convertiría en una muleta y luego en dos. Fuera lo que fuese lo que estaba erosionando a mi padre por dentro, marchitándole los músculos y desgastándole los nervios, él lo veía como un reto personal, algo que debía soportar en silencio.

Como familia, nos sustentábamos con lujos humildes. Cuando a Craig y a mí nos entregaban el boletín de notas en el colegio, nuestros padres lo celebraban pidiendo una pizza en Italian Fiesta, nuestro restaurante favorito. Cuando hacía calor, comprábamos helado artesanal (medio litro de chocolate, mantequilla y pacana y cereza negra) y conseguíamos que nos durase varios días. Todos los años, coincidiendo con la Exhibición Aérea y Acuática, preparábamos un picnic y nos dirigíamos al norte por el lago Michigan hasta la península vallada en la que se encontraba la planta depuradora donde trabajaba mi padre. Era una de las pocas ocasiones en que las familias

de los empleados podían acceder al césped situado frente al lago,
donde las vistas de los cazas volando en formación competían con
las de cualquier ático de Lake Shore Drive.

Cada mes de julio, mi padre, que trabajaba controlando las calderas, se tomaba una semana de vacaciones. Nos montábamos todos
en el Buick con una tía y un par de primos (siete personas metidas en
ese coche de dos puertas durante horas), salíamos de Chicago por el
puente elevado, bordeábamos la orilla sur del lago Michigan y llegábamos a un lugar llamado Dukes Happy Holiday Resort, en White Cloud, Michigan. Allí había una sala de juegos, una máquina que
vendía gaseosa en botellas de cristal y, lo más importante para nosotros, una gran piscina al aire libre. Alquilábamos una cabaña con una
pequeña cocina y nos pasábamos el día entrando y saliendo del agua.

Mis padres hacían barbacoas, fumaban y jugaban a las cartas con
mi tía, pero mi padre también pasaba mucho tiempo con los niños
en la piscina. Era un hombre atractivo, con un bigote que le bajaba
por las comisuras de los labios como una guadaña. Tenía el pecho y
los brazos gruesos y musculosos, un recuerdo del deportista que
había sido. Durante esas largas tardes en la piscina chapoteaba, se reía
y lanzaba nuestros cuerpecitos al aire, ya que aquellas piernas mal-
trechas de repente no le suponían un lastre.

El declive puede ser algo difícil de calibrar, sobre todo cuando te
rodea a ti. En septiembre, cuando Craig y yo volvimos a la escuela
Bryn Mawr, cada vez veíamos menos niños blancos en el patio. Algunos habían solicitado el traslado a un colegio católico cercano,
pero muchos habían abandonado el barrio. Si bien al principio parecía que solo se marchaban las familias blancas, eso también cambió.
Pronto fue como si todos los que tenían medios hubiesen decidido
irse. La mayoría de las veces, esas ausencias acontecían sin previo
aviso ni explicación. Veíamos un cartel de SE VENDE delante de casa
de los Yacker o un camión de mudanzas frente a la de Teddy y ya
sabíamos lo que ocurriría.

El golpe más duro para mi madre probablemente fue cuando su amiga Velma Stewart anunció que ella y su marido habían dado una entrada para una casa en un barrio residencial llamado Park Forest. Los Stewart tenían dos hijos y residían en nuestra manzana de Euclid Avenue. Igual que nosotros, vivían en un apartamento. La señora Stewart tenía un sentido del humor retorcido y una sonrisa estridente y contagiosa, lo cual atraía a mi madre. Ambas intercambiaban recetas y hablaban de sus cosas, pero, a diferencia de otras madres, nunca participaron en los cotilleos del barrio. Donny, el hijo de la señora Stewart, tenía la misma edad que Craig y era igual de atlético, y estuvieron unidos desde el principio. Su hija, Pamela, era adolescente y yo no le interesaba demasiado, aunque a mí todos los adolescentes me despertaban curiosidad. Apenas recuerdo al señor Stewart, salvo que trabajaba de repartidor para una de las grandes panaderías de la ciudad y que él, su mujer y sus hijos eran los negros con la piel más clara que había conocido nunca.

Yo no entendía cómo podían permitirse una casa en un barrio residencial. Resulta que Park Forest fue una de las primeras comunidades totalmente planificadas de Estados Unidos, no una subdivisión de viviendas, sino un pueblo con centros comerciales, iglesias, escuelas y parques diseñado para unas treinta mil personas. Fundado en 1948, sería en muchos sentidos el parangón de la vida en las zonas más residenciales, con casas construidas en serie y jardines cortados por el mismo patrón. También había un cupo de familias negras que podían vivir en una manzana determinada, aunque, cuando los Stewart llegaron allí, al parecer esa norma se había abolido.

Poco después de mudarse nos invitaron a visitarlos cuando mi padre tuviera un día libre. Estábamos entusiasmados. Para nosotros sería una salida distinta, una oportunidad de entrever el mítico barrio residencial. Montados en el Buick, los cuatro enfilamos la autopista rumbo al sur y unos cuarenta minutos después salimos cerca de un centro comercial de aspecto aséptico. Pronto estábamos recorriendo una red de calles tranquilas y, siguiendo las indicaciones de la señora

Stewart, bordeábamos una manzana y doblábamos por otra casi idéntica. Park Forest era como una ciudad en miniatura compuesta de casas con parcela, una especie de ranchos modestos con suaves guijarros grises, árboles jóvenes y arbustos recién plantados.

«¿Por qué querría vivir alguien tan lejos?», preguntó mi padre mirando por el parabrisas. Para mí tampoco tenía ningún sentido. Que yo viera, no había árboles grandes como el roble gigantesco que se erguía frente a la ventana de mi habitación. En Park Forest todo era nuevo, extenso y poco transitado. En la esquina no había una licorería con gente andrajosa pasando el rato. No había coches haciendo sonar la bocina ni tampoco sirenas. No se oía música en las cocinas. Todas las ventanas parecían estar cerradas.

Craig recordaba aquella visita como algo maravilloso, sobre todo porque se pasó el día jugando a la pelota en un solar con Donny Stewart y sus nuevos compañeros del barrio residencial. Mis padres mantuvieron una conversación bastante agradable con los Stewart mientras yo seguía de un lado a otro a Pamela, embobada con su cabello, su piel clara y sus joyas de adolescente. En algún momento almorzamos todos juntos.

Era de noche cuando finalmente nos despedimos. Después de dejar a los Stewart, fuimos a buscar el coche. Craig estaba sudando, agotado de tanto correr. Yo también me sentía fatigada y con ganas de regresar a casa. Algo en aquel lugar me ponía nerviosa. No me gustaba, aunque no sabía exactamente por qué.

Más tarde, mi madre hizo un comentario sobre los Stewart y su nueva comunidad, algo relacionado con el hecho de que la mayoría de los vecinos de la calle parecían ser blancos.

«¿Y si nadie sabía que era una familia negra hasta que hemos llegado nosotros de visita?», dijo.

Pensaba que tal vez los habíamos desenmascarado sin querer al venir del South Side de Chicago con un regalo para la casa nueva y nuestra llamativa piel negra. Aunque los Stewart no intentaran ocultar su raza de forma deliberada, probablemente no hablaban del tema con sus nuevos vecinos. Fuera cual fuese el ambiente que reinaba en su manzana, no lo habían alterado de forma perceptible, al menos hasta nuestra visita.

¿Había alguien observando desde una ventana cuando mi padre se acercó al coche? ¿Había una sombra detrás de alguna cortina esperando a ver qué ocurría? Nunca lo sabré. Tan solo recuerdo que se puso un poco tenso cuando vio la puerta del lado del conductor. Alguien había rayado el lateral de su amado Buick, una línea fea y delgada que llegaba hasta la parte trasera. Lo habían hecho con una llave o una piedra, y no había sido en modo alguno accidental.

Como ya he explicado, mi padre tenía mucho aguante. Era un hombre que nunca se quejaba de nada, ya fueran cosas nimias o importantes, comía hígado con entusiasmo cuando se lo servían y había seguido adelante cuando un médico le anunció un diagnóstico que equivalía a una sentencia de muerte. El episodio del coche no fue distinto. Aunque hubiera existido la manera de enfrentarse a ello, una puerta que aporrear, mi padre no lo habría hecho.

«¿Cómo es posible?», dijo antes de abrir el Buick.

Aquella noche, en el trayecto de vuelta apenas hablamos de lo sucedido. Tal vez estábamos demasiado cansados para analizarlo. En cualquier caso, sería nuestra última visita a aquella zona. Al día siguiente mi padre fue a trabajar con el coche en aquel estado, y estoy segura de que le incomodó. Pero la raya no permaneció mucho tiempo en la pintura cromada. En cuanto tuvo ocasión, llevó el coche al taller de Sears para que la eliminaran.

3

En algún momento, mi hermano, que por lo general era una persona tranquila, empezó a mostrarse preocupado. No sabría decir exactamente cuándo o por qué, pero Craig (el chico que chocaba la mano y saludaba a todo el mundo en el barrio, que dormía a pierna suelta en cuanto tenía diez minutos libres estuviera donde estuviera) se volvió más temeroso y vigilante en casa, convencido de que se avecinaba una catástrofe. Por las noches ensayaba todos los desenlaces posibles y ahondaba en hipótesis que a los demás nos parecían extrañas. Inquieto por si perdía la visión, empezó a vendarse los ojos y aprendió a orientarse mediante el tacto en el salón y la cocina. Ante la posibilidad de quedarse sordo, empezó a estudiar lenguaje de signos. Al parecer, acechaba también la amenaza de una amputación, así que a veces comía y hacía los deberes con el brazo derecho atado a la espalda, porque nunca se sabía.

Sin embargo, el mayor miedo de Craig, un incendio, era probablemente el más verosímil. Los incendios eran habituales en Chicago, en parte por culpa de los propietarios que dejaban que sus edificios se deterioraran para cobrar el seguro cuando el fuego los arrasaba, y en parte porque los detectores de humo domésticos eran un invento bastante reciente, además de caro para la gente de clase trabajadora. Fuera como fuese, en nuestra atestada cuadrícula urbana los incendios eran una realidad cotidiana, un ladrón aleatorio pero persistente de hogares y corazones. Mi abuelo Southside se había trasladado a nuestro barrio después de que el fuego destruyera su antigua casa en el West Side, aunque por suerte nadie resultó herido. (Según mi madre, Southside se quedó delante del edificio en llamas gritando a los bomberos que no apuntaran con las mangueras a sus preciados discos de jazz.) Poco después, en una tragedia casi demasiado atroz para que mi mente joven la procesara, uno de mis compañeros de quinto curso, un niño con un rostro dulce y un voluminoso peinado afro llamado Lester McCullom, que vivía a la vuelta de la esquina en una casa adosada de la calle Setenta y cuatro, había muerto en un incendio que también se cobró la vida de su hermano y su hermana; los tres se vieron atrapados por las llamas en los dormitorios de la planta de arriba.

El de esos chicos fue el primer velatorio al que asistí. Todos los niños del barrio sollozaban en el tanatorio mientras sonaba de fondo un disco de los Jackson 5 y los adultos guardaban silencio, pues ninguna oración o frase de ánimo habitual era capaz de llenar el vacío. Había tres ataúdes cerrados en la parte delantera de la sala y, encima de cada tapa, la fotografía enmarcada de un niño sonriente. La señora McCullom, que había sobrevivido al incendio saltando con su marido por una ventana, estaba sentada frente a los cuerpos de sus hijos, tan decaída y rota que dolía mirarla.

El esqueleto calcinado de la casa de los McCullom siguió siseando y desmoronándose durante días en una muerte mucho más lenta que la de sus tres jóvenes ocupantes. El olor a humo impregnaba el barrio.

Con el paso del tiempo, las ansiedades de Craig no hicieron más que crecer. En la escuela tuvo que participar en simulacros de evacuación y soportar obedientemente clases en las que le enseñaban a tirarse al suelo y echarse a rodar. A consecuencia de ello, concluyó que en casa debíamos mejorar las medidas de seguridad y, conmigo como lugarteniente, se autoproclamó jefe de bomberos, listo para despejar vías de escape durante los simulacros o dar órdenes a nuestros padres si era preciso. No es que estuviéramos convencidos de que fuese a haber un incendio; más bien nos obsesionaba estar preparados por si había uno. Lo importante era estar preparados. Mi familia no solo era puntual, sino que llegábamos con antelación a todas partes porque sabíamos que así mi padre era menos vulnerable y le ahorrábamos la preocupación de tener que encontrar un aparcamiento que no le exigiera caminar mucho o un asiento accesible en las gradas durante los partidos de baloncesto de Craig. La lección era que en la vida controlas lo que puedes.

Con ese propósito, repasábamos todas nuestras opciones de huida intentando averiguar si, en caso de incendio, podríamos saltar desde una ventana hasta el roble que había delante de casa o al tejado de un vecino. Imaginábamos qué ocurriría si por culpa del aceite ardía la cocina, si saltaba una chispa en el sótano o si nos alcanzaba un rayo. A Craig y a mí no nos preocupaba demasiado que mamá pudiera estar en una situación de emergencia. Era menuda y ágil, una de esas personas que en plena descarga de adrenalina probablemente sería capaz de levantar un coche a pulso para salvar a un bebé. Nos costaba más hablar de la discapacidad de papá, la realidad obvia pero tácita de que no podría saltar por una ventana con tanta facilidad como nosotros y de que hacía años que no lo veíamos correr.

Caímos en la cuenta de que, en una situación de pánico, el rescate no se llevaría a cabo con tanto orden como en las películas que veíamos en televisión después del colegio. No sería nuestro padre quien nos cargaría al hombro con elegancia hercúlea y nos pondría a salvo. Si acaso lo haría Craig, que acabaría superando en altura a papá, pero entonces todavía era un niño de hombros estrechos y piernas delgadas que parecía comprender que cualquier heroísmo por su parte requeriría práctica. Por ese motivo, durante los simulacros familiares empezó a conjurar los peores escenarios posibles, y ordenaba a mi padre que se echara al suelo y se quedara quieto como si hubiera perdido el conocimiento por inhalación de humo.

«Por Dios —decía mi padre negando con la cabeza—. ¿En serio vas a hacer esto?»

Mi padre no estaba acostumbrado a sentirse indefenso. Vivía su vida desafiando esa idea; se ocupaba con asiduidad del coche, pagaba las facturas a tiempo, jamás hablaba del avance de su esclerosis múltiple y no faltaba ni un solo día al trabajo. Por el contrario, le encantaba servir de apoyo a los demás. Lo que no podía hacer físicamente lo compensaba con orientación y respaldo emocional e intelectual, y por eso disfrutaba con su trabajo como responsable de distrito electoral del Partido Demócrata. Hacía años que ocupaba ese puesto, en parte porque a los empleados municipales les pedían fidelidad al partido. Aunque podría decirse que se había visto obligado a aceptar el cargo, le encantaba el trabajo, lo cual desconcertaba a mi madre, ya que le exigía mucho tiempo. Los fines de semana visitaba un barrio cercano para hablar con sus votantes y a menudo yo lo acompañaba a regañadientes. Aparcábamos el coche y recorríamos unas calles con modestas casas adosadas. Cuando nos deteníamos delante de una, encontrábamos allí a una viuda encorvada o a un operario de fábrica barrigudo observando a través de la mosquitera de la puerta con una lata de cerveza Michelob en la mano. Aquella gente solía alegrarse de ver en su porche a mi padre ayudándose del bastón y esbozando una sonrisa de oreja a oreja.

«¡Hombre, Fraser! —decían—. Qué sorpresa. Pasa.»

Para mí, eso nunca era una buena noticia. Significaba que entraríamos y perdería toda la tarde del sábado sentada en un sofá mohoso o tomando un 7UP delante de la mesa de la cocina mientras mi padre anotaba valoraciones (críticas, en realidad) que después trasladaría al concejal electo que controlaba el distrito. Cuando alguien tenía problemas con la recogida de basuras o la retirada de nieve o estaba irritado por la existencia de un bache, mi padre se hallaba allí para escuchar. Su objetivo era contribuir a que la gente se sintiera cuidada por los demócratas y votara en consecuencia cuando hubiera elecciones. Muy a mi pesar, nunca metía prisas a nadie. Para él, el tiempo era un regalo que había que ofrecer a los demás. Hacía un gesto de aprobación mientras miraba fotos de nietos adorables, escuchaba con paciencia los cotilleos y las largas letanías sobre problemas de salud y asentía al oír historias de estrecheces económicas. Abrazaba a las ancianas cuando finalmente nos íbamos y les aseguraba que haría todo lo posible por ayudarlas y resolver los problemas que tuvieran solución.

Mi padre tenía fe en su utilidad. Era un motivo de orgullo, así que durante los simulacros de incendio mostraba escaso interés en ser un elemento de atrezo pasivo, incluso en una falsa crisis. Bajo ninguna circunstancia tenía intención de ser una carga, el hombre que yacía inconsciente en el suelo. Aun así, parte de él comprendía que era importante para nosotros, sobre todo para Craig. Cuando le pedíamos que se tumbara nos seguía la corriente. Primero se arrodillaba, luego se sentaba y después se estiraba boca arriba sobre la alfombra del salón. Intercambiaba miradas con mi madre, a la que todo aquello le parecía bastante gracioso, como diciendo: «Dichosos críos».

Con un suspiro, cerraba los ojos a la espera de que Craig le cogiera por debajo de los hombros para iniciar la operación de rescate. Mi madre y yo observábamos cómo, con no poco esfuerzo y bastante torpeza, mi hermano se las arreglaba para arrastrar unos setenta y siete kilos de peso muerto a través del infierno imaginario que ardía en su mente preadolescente, bordeaba el sofá y finalmente llegaba a la escalera.

Desde allí, Craig imaginaba que podría deslizar el cuerpo de mi padre escalera abajo y sacarlo por la puerta lateral para ponerlo a salvo. Mi padre siempre se negaba a dejarle hacer esa parte; le decía con mucho tacto que ya era suficiente e insistía en ponerse de pie antes de que Craig intentara bajarlo por la escalera. No obstante, entre el hombrecito y el adulto había quedado todo claro: en caso de que hubiera un incendio, nada sería fácil y, por supuesto, no había garantías de que alguno de nosotros fuera a sobrevivir. Pero al menos teníamos un plan.

Poco a poco fui volviéndome más extrovertida y sociable, y estaba más dispuesta a abrirme al caos del mundo exterior. Mi resistencia innata al desorden y la espontaneidad se atenuó un poco gracias a las horas que pasé acompañando a mi padre al distrito electoral, además de a las salidas de fin de semana, en las cuales visitábamos a docenas de tías, tíos y primos. Los pequeños nos sentábamos en algún patio envueltos en densas nubes de humo de barbacoa o corríamos de un lado para otro con los niños de un barrio que no era el nuestro.

Mi madre tenía seis hermanos. Mi padre era el mayor de cinco. Los parientes de mi madre solían reunirse en casa de Southside, que estaba a la vuelta de la esquina, atraídos por las artes culinarias de mi abuelo, las continuas partidas de bid whist y los extravagantes estallidos de jazz. Southside era un imán para todos nosotros. Durante toda su vida desconfió del mundo que se extendía más allá de su patio (le preocupaban fundamentalmente la seguridad y el bienestar de todos) y, a consecuencia de ello, invertía sus energías en crear un entorno en el que siempre estuviéramos bien alimentados y entretenidos, supongo que con la esperanza de que nunca quisiéramos salir de él. Incluso me regaló un perro, un afable pastor mestizo de pelaje canela al que bautizamos Rex. Por decisión de mi madre, Rex no podía vivir con nosotros, pero yo lo visitaba con frecuencia en casa de Southside, donde me tumbaba en el suelo con la cara hundida en su suave lomo y escuchaba los alegres coletazos que daba cada vez que mi abuelo pasaba por allí. Southside nos malcriaba al perro y a mí con comida, amor y tolerancia, lo cual era una súplica silenciosa para que no lo abandonáramos nunca.

Por su parte, la familia de mi padre estaba desperdigada por todo el South Side de Chicago e incluía a varias tías abuelas y primos terceros, además de unos cuantos individuos periféricos cuyos lazos de sangre eran confusos. Nosotros orbitábamos entre todos ellos. En silencio, yo intuía adónde íbamos por el número de árboles que veía en la calle. En los barrios más pobres a menudo no había ninguno. Pero para mi padre todo el mundo era familia. Se alegraba al ver a su tío Calio, un hombre menudo, delgado y con el pelo ondulado que se parecía a Sammy Davis Jr. y casi siempre iba borracho. Adoraba a su tía Verdelle, que vivía con sus ocho hijos en un descuidado edificio de apartamentos situado junto a la autopista Dan Ryan, un barrio en el que Craig y yo entendíamos que las reglas de supervivencia eran muy diferentes.

Los domingos por la tarde, los cuatro solíamos recorrer en coche el trayecto de diez minutos que nos separaba de Parkway Gardens para cenar con mis abuelos paternos, a los que llamábamos Dandy y Grandma, y los tres hermanos pequeños de mi padre, Andrew, Carleton y Francesca, que habían nacido al menos una década más tarde que papá y, por tanto, parecían más hermanos nuestros que tíos. En mi opinión, era más un padre que un hermano para ellos, y les daba consejos y dinero cuando lo necesitaban. Francesca era inteligente y guapa, y a veces me dejaba peinarle la larga melena. Andrew y Carleton tenían poco más de veinte años y eran increíblemente modernos. Llevaban pantalones de campana y jerséis de cuello alto. Vestían chaqueta de cuero y tenían novia, y hablaban de cosas como Malcolm X y «el poder del soul». Craig y yo nos pasábamos horas en su cuarto, situado en la parte trasera del apartamento, intentando empaparnos de su modernidad.

Mi abuelo, cuyo nombre también era Fraser Robinson, no era tan divertido: un patriarca que fumaba puros y se sentaba en la butaca reclinable con el periódico abierto en el regazo y el telediario vespertino a todo volumen. Su actitud distaba mucho de la de mi padre. A Dandy todo le resultaba irritante. Se enfadaba por los titulares del día, por el estado del mundo que veía por televisión y por los jóvenes negros —*boo-boos*», los llamaba— que, según él, holgazaneaban por el barrio y daban mala fama a la raza en general. Gritaba al televisor. Gritaba a mi abuela, una adorable y devota cristiana de voz suave llamada LaVaughn (mis padres me pusieron Michelle LaVaughn Robinson en honor a ella). De día, mi abuela regentaba eficientemente una tienda de biblias en Far South Side, pero cuando estaba con Dandy mostraba una mansedumbre que incluso de niña me desconcertaba. Cocinaba para él y absorbía su retahíla de quejas sin rechistar. Pese a mi juventud, me molestaban el silencio y la pasividad de mi abuela en su relación con Dandy.

Según mi madre, yo era la única de la familia que replicaba a Dandy cuando gritaba. Desde muy joven y durante muchos años lo hice con frecuencia, en parte porque me sacaba de quicio que mi abuela no expresara su opinión, en parte porque todos guardaban silencio cuando él estaba allí y, por último, porque quería a Dandy y a la vez me provocaba confusión. Su testarudez me resultaba reconocible, pues yo la había heredado, aunque tenía la esperanza de que fuera una versión menos irritante. Dandy también ocultaba un lado tierno del cual yo solo veía atisbos. A veces me frotaba suavemente el cuello cuando me sentaba a los pies de su butaca reclinable. Sonreía cuando mi padre decía algo divertido o cuando uno de los niños deslizaba una palabra sofisticada en una conversación. Pero entonces algo lo incordiaba y empezaba a gruñir otra vez.

«Deja de gritar a todo el mundo, Dandy —le decía yo entonces. O—: No seas malo con la abuela. —Y a menudo añadía—: ¿Por qué te has enfadado tanto?»

La respuesta a esa pregunta era compleja y sencilla a la vez. En lugar de contestar, Dandy se encogía de hombros y, malhumorado, volvía a concentrarse en el periódico. Sin embargo, mis padres intentaron explicármelo en casa.

Dandy era de la región de Lowcountry, en Carolina del Sur, y se había criado en el húmedo puerto marítimo de Georgetown, donde en su día miles de esclavos trabajaban en las extensas plantaciones recogiendo cosechas de arroz e índigo para hacer ricos a sus amos. Mi abuelo, nacido en 1912, era nieto de esclavos, hijo de un operario de fábrica y el mayor de diez hermanos. De niño era espabilado e inteligente; lo apodaban «el Profesor» y muy pronto se marcó el objetivo de ir a la universidad algún día. Pero no solo era negro y de familia pobre, sino que cumplió la mayoría de edad en plena Gran Depresión. Al terminar el instituto, Dandy empezó a trabajar en una empresa maderera, consciente de que si se quedaba en Georgetown sus opciones siempre serían limitadas. Cuando cerró la fábrica se trasladó a Chicago, igual que muchos afroamericanos de su generación, en lo que vino en llamarse la Gran Migración. A lo largo de

cinco décadas, seis millones de negros sureños se instalaron en grandes ciudades del norte de Estados Unidos para huir de la opresión
racial y buscar empleo en la industria.

Si esto fuera una historia del sueño americano, Dandy, que llegó
a Chicago a principios de los años treinta, habría encontrado un
buen empleo y habría accedido a la universidad. Pero la realidad era
muy distinta. Costaba encontrar trabajo, en parte porque los capataces de algunas de las grandes fábricas de Chicago preferían contratar
a inmigrantes europeos antes que a afroamericanos. Dandy aceptaba
cualquier ocupación que le ofrecieran; colocó bolos en una bolera,
y también ejerció de manitas por cuenta propia. Poco a poco fue
rebajando sus aspiraciones, renunció a la idea de ir a la universidad
y decidió formarse como electricista. Sin embargo, esa idea también
se vio truncada rápidamente. Si uno quería trabajar de electricista
—o de peón siderúrgico, carpintero o fontanero— en las grandes
obras de Chicago necesitaba el carnet de sindicalista. Y, si eras negro,
las posibilidades de conseguirlo eran exiguas.

Esta particular forma de discriminación alteró el destino de diversas generaciones de afroamericanos, entre ellos muchos hombres
de mi familia, y limitó sus ingresos, sus oportunidades y, a la postre,
sus aspiraciones. Al no poder incorporarse a un sindicato, a Southside no le estaba permitido trabajar de carpintero en las grandes
constructoras que ofrecían un salario fijo en proyectos a largo plazo.
Mi tío abuelo Terry, el marido de Robbie, había dejado la profesión
de fontanero por la misma razón y acabó siendo empleado de ferrocarril. Del lado de mi madre también estaba el tío Pete, que no había
podido unirse al sindicato de taxistas y empezó a conducir un minibús sin licencia con el que recogía a clientes que vivían en las
zonas menos seguras del oeste de la ciudad, donde no circulaban
taxis normales. Eran hombres muy inteligentes y físicamente capacitados a los que se les negó el acceso a puestos de trabajo estables y
bien remunerados, lo cual les impidió a su vez comprarse una casa,
mandar a sus hijos a la universidad o ahorrar para la jubilación. Sé
que les dolía verse marginados. Estaban atrapados en ocupaciones

para las que estaban cualificados en exceso y veían cómo los sobrepasaba la gente blanca y, en ocasiones, formaban a nuevos empleados que sabían que algún día podían ser sus jefes. Y en todos ellos creció al menos un ápice de resentimiento y desconfianza: nunca sabías cómo te veían los demás.

En cuanto a Dandy, no todo en la vida fue negativo para él. Conoció a mi abuela en una iglesia del South Side y acabó encontrando empleo a través de la Works Progress Administration, un programa de ayudas puesto en marcha por el gobierno federal para contratar a trabajadores no cualificados en proyectos de construcción públicos durante la Gran Depresión. Luego pasó treinta años como empleado de correos hasta que se jubiló con una pensión que le permitía gritar todo el tiempo a los *boo-boos* que salían por televisión desde su cómoda butaca reclinable.

Al final tuvo cinco hijos tan inteligentes y disciplinados como él. Nomenee, la segunda, obtuvo su licenciatura en la Facultad de Negocios de Harvard. Andrew era maquinista y Carleton ingeniero. Durante un tiempo, Francesca fue directora creativa en el sector de la publicidad y finalmente trabajó como profesora de primaria. Aun así, Dandy no interpretaba los logros de sus hijos como una extensión de los suyos. Como veíamos cada domingo cuando íbamos a cenar a Parkway Gardens, mi abuelo vivía con el amargo regusto de sus sueños rotos.

Si mis preguntas a Dandy eran enrevesadas e imposibles de responder, pronto me di cuenta de que muchas preguntas son así. Yo también estaba encontrándome con interrogantes que no sabía contestar. Uno lo formuló una niña cuyo nombre no recuerdo, una de las primas lejanas que jugaban con nosotros en el patio de la casa de mi tía abuela, situada más al oeste. Formaba parte de la multitud con la que manteníamos lazos difusos y que aparecía a menudo cuando íbamos de visita. Mientras los adultos tomaban café y se reían en la cocina, en el exterior se desarrollaba una escena paralela cuando

Craig y yo nos uníamos al grupo de los niños. A veces era incómodo y forzábamos la sensación de camaradería, pero normalmente
funcionaba. Craig casi siempre desaparecía en una cancha de baloncesto. Yo saltaba a la comba o intentaba inmiscuirme en la conversación que estuvieran manteniendo.

Un día de verano, cuando tenía unos diez años, me senté en una
escalinata a charlar con un grupo de niñas de mi edad. Todas llevábamos coletas y pantalón corto y nos dedicábamos a matar el tiempo. ¿De qué hablábamos? Podría ser de cualquier cosa: la escuela,
nuestros hermanos mayores o un hormiguero que hubiera en el
suelo.

En un momento dado, una de las niñas, prima segunda, tercera
o cuarta mía, me miró de soslayo y dijo un poco acaloradamente:
«¿Por qué hablas como una niña blanca?».

La pregunta era insidiosa y pretendía ser un insulto o cuando
menos un desafío, pero también era seria. Entrañaba la semilla de
algo que nos confundía a ambas. Al parecer, estábamos emparentadas
pero pertenecíamos a mundos diferentes.

«No es cierto», respondí, un poco escandalizada por que lo hubiera insinuado siquiera y abochornada por cómo me miraban las
otras niñas.

Con todo, sabía a qué se refería. No podía negarse, aunque yo lo
hubiera hecho. Craig y yo no hablábamos como algunos de nuestros
familiares. Nuestros padres habían insistido mucho en la importancia
de una dicción correcta, en que dijéramos «going» en lugar de «goin'»
e «isn't» en lugar de «ain't». Nos enseñaron a terminar las palabras.
Nos compraron un diccionario y la Encylopaedia Britannica, que, con
sus títulos grabados en oro, ocupaba una estantería en la escalera del
apartamento. Siempre que teníamos una duda acerca de una palabra,
un concepto o un episodio histórico, nos indicaban que consultára-
mos aquellos libros. Dandy también fue una influencia, ya que nos
corregía meticulosamente la gramática o nos exhortaba a pronunciar
bien cuando íbamos a cenar a su casa. La idea era que trascendiéra-
mos, que fuéramos más lejos. Lo tenían planeado. Lo fomentaban.

No solo querían que fuéramos inteligentes, sino también dueños de nuestra inteligencia, que la habitáramos con orgullo, y eso se dejaba entrever en nuestra forma de hablar.

Sin embargo, también podía ser problemático. Hablar de una manera determinada —según algunos, la manera «blanca»— se percibía como una traición, como un signo de arrogancia o como si en cierto modo estuviéramos renegando de nuestra cultura. Años después, cuando conocí a mi marido (un hombre de piel clara para algunos y de piel oscura para otros, que habla como un hawaiano negro educado en universidades de la Ivy League y criado en Kansas por una familia blanca de clase media), fui testigo de que esa confusión se manifestaba en los blancos igual que en los negros: la necesidad de incluir a la gente en su etnicidad y la frustración que comporta el hecho de no poder hacerlo con facilidad. Estados Unidos plantearía a Barack Obama las mismas preguntas que, inconscientemente, estaba planteándome aquel día mi prima en la escalinata: ¿Eres lo que aparentas ser? ¿Puedo confiar en ti o no?

El resto del día evité hablar con ella, ya que me desconcertaba su hostilidad, pero también quería que me viera como una persona auténtica que no presumía de estar aventajada. Saber qué debía hacer era complicado. En todo momento oía el rumor de la conversación de los adultos en la cocina, las escandalosas risotadas de mis padres sobrevolando el patio. Veía a mi hermano en la esquina, disputando un trepidante partido con un grupo de chicos. Todo el mundo parecía encajar excepto yo. Cuando rememoro la incomodidad de aquel momento soy consciente de que me enfrentaba al más universal de los desafíos, que consiste en conciliar quién eres con el lugar del que provienes y el lugar hacia el que quieres ir. También me doy cuenta de lo mucho que me faltaba para encontrar mi propia voz.

4

En el colegio, cada día hacíamos una pausa de una hora para almorzar. Como mi madre no trabajaba y nuestro apartamento estaba muy cerca, solía ir a casa con otras cuatro o cinco niñas. Hablábamos sin parar y nos sentábamos en el suelo de la cocina a jugar a las tabas y a ver la serie *All My Children* mientras mi madre nos preparaba bocadillos. Para mí, aquello fue el comienzo de un hábito que me ha sostenido toda la vida: conservar un grupo unido y alegre de amigas, un puerto seguro de sabiduría femenina. En mi grupo del almuerzo analizábamos a conciencia todo lo que había sucedido aquella mañana en el colegio, las quejas que teníamos de los profesores y los deberes que nos parecían inútiles. Casi siempre teníamos una opinión aprobada por comité. Idolatrábamos a los Jackson 5 y no sabíamos qué pensar de los Osmonds. Había estallado el caso Watergate, pero ninguna de nosotras lo entendía. Solo veíamos a un montón de señores hablando a un micrófono en Washington, D. C., que nos parecía una ciudad lejana llena de edificios y hombres blancos.

Mi madre, por su parte, era feliz cuidándonos, ya que eso le permitía indagar fácilmente en nuestro mundo. Mientras mis amigas y yo comíamos y cotilleábamos, ella se quedaba allí en silencio, enfrascada en alguna labor doméstica sin ocultar el hecho de que estaba escuchando hasta la última palabra. De todos modos, mi familia, con cuatro personas embutidas en poco más de ochenta metros cuadrados, tampoco gozaba de privacidad, lo cual solo importaba en ocasiones. Craig, al que de repente le interesaban las chicas, había empezado a encerrarse en el cuarto de baño para hablar por teléfono, y el tenso cable rizado atravesaba el pasillo desde la base instalada en la pared de la cocina.

De todos los colegios de Chicago, Bryn Mawr estaba en un punto medio entre mal y buen centro. La discriminación racial en el barrio de South Shore se prolongó toda la década de 1970, lo cual significaba que, con el paso de los años, la población de estudiantes era cada vez más negra, y pobre. Durante un tiempo existió en la ciudad un movimiento de integración para trasladar niños a otros colegios, pero los padres de Bryn Mawr habían conseguido evitarlo argumentando que era más conveniente invertir el dinero en mejorar la escuela. De niña, yo no me daba cuenta de si las instalaciones estaban deterioradas o si era importante que apenas quedaran niños blancos. La escuela iba desde preescolar hasta octavo, lo cual significaba que, cuando llegué a los cursos superiores, conocía cada interruptor, pizarra y grieta del pasillo. Conocía a casi todos los profesores y a la mayoría de los niños. Para mí, Bryan Mawr era prácticamente una extensión de mi hogar.

Cuando empecé séptimo curso, *The Chicago Defender*, un semanario popular entre los lectores afroamericanos, publicó un corrosivo artículo de opinión que aseguraba que, en unos años, Bryn Mawr había pasado de ser una de las mejores escuelas públicas de la ciudad a convertirse en una «chabola decadente» gobernada por una «mentalidad de gueto». El doctor Lavizzo, nuestro director, contraatacó de inmediato con una carta en la que defendía a su comunidad de padres y alumnos y tachaba el artículo de «mentira atroz» que solo parecía «incitar sentimientos de fracaso y huida».

El doctor Lavizzo era un hombre rechoncho y alegre con un voluminoso peinado afro que le sobresalía a ambos lados de la calva. Pasaba la mayoría del tiempo en un pequeño despacho situado cerca de la puerta principal del edificio. Su carta deja claro que entendía exactamente a qué se oponía. El fracaso es una sensación mucho antes de convertirse en un hecho consumado. Es vulnerabilidad que se alimenta de las dudas y luego se ve intensificada, a menudo de ma-

nera deliberada, por el miedo. Esa «sensación de fracaso» que mencionaba ya era omnipresente en mi barrio, por ejemplo entre los
padres que no podían salir adelante económicamente, los niños que
empezaban a sospechar que su vida no sería diferente o las familias
que veían que sus vecinos más adinerados se iban a las afueras o
trasladaban a sus hijos a colegios católicos. Mientras tanto, había
agentes inmobiliarios deambulando por South Shore, susurrando a
los propietarios que debían vender antes de que fuera demasiado
tarde, que los ayudarían a salir de allí mientras pudieran. De ello se
desprendía que el fracaso era inminente e inevitable, que ya estaba a
medio camino. Podías verte atrapado en la ruina o podías huir de
ella. Pronunciaban la palabra más temida por todos: «gueto», y la
dejaban caer como una cerilla encendida.

Mi madre no se creía nada. Ya llevaba diez años en South Shore
y acabaría viviendo allí otros cuarenta. No se dejó llevar por el alar-
mismo y, al mismo tiempo, parecía vacunada contra cualquier tipo
de quimera. Era una persona sumamente realista y controlaba lo que
podía.

En Bryn Mawr se convirtió en uno de los miembros más activos
de la Asociación de Padres y Profesores, donde ayudaba a recaudar
fondos para comprar material escolar, organizaba cenas de agradecimiento a los docentes e hizo campaña para la creación de un aula
especial que atendiera las necesidades de los estudiantes de alto rendimiento. Esto último fue idea del doctor Lavizzo, quien había obtenido su doctorado en Educación en la escuela nocturna y había
estudiado una nueva tendencia que consistía en agrupar a los alumnos por capacidades y no por edad, es decir, juntar a los niños más
brillantes para que pudieran aprender más rápido.

La idea fue controvertida y tachada de antidemocrática, como
ocurre intrínsecamente con todos los proyectos para personas con
talento. Pero el programa estaba cobrando fuerza en todo el país y
durante mis tres últimos años en Bryn Mawr me beneficié de él.
Pasé a formar parte de un grupo de unos veinte alumnos de varios
cursos a los que se asignó un aula propia y separada del resto de la

escuela, y teníamos horarios de recreo, almuerzo, música y gimnasia diferentes. Participábamos en actividades especiales, que incluían visitas semanales a un centro de estudios superiores en el que asistíamos a un taller de escritura o diseccionábamos una rata en el laboratorio de biología. En el aula llevábamos a cabo muchos trabajos por nuestra cuenta, nos marcábamos nuestros propios objetivos y avanzábamos a la velocidad que juzgáramos adecuada.

Tuvimos profesores en exclusiva para nosotros, primero el señor Martínez y luego el señor Bennett, afroamericanos amables y simpáticos que escuchaban a sus alumnos. Era obvio que la escuela había invertido en nosotros, lo cual nos motivó a esforzarnos más y sentirnos mejor con nosotros mismos. El plan de aprendizaje independiente no hizo sino alimentar mi vena competitiva. Avanzaba con rapidez en clase y contrastaba discretamente mis progresos con los de mis compañeros en tareas que iban desde divisiones largas y preálgebra hasta redactar párrafos sueltos o entregar trabajos de investigación. Para mí era como un juego. Y, como ocurre con cualquier juego y con la mayoría de los niños, era especialmente feliz cuando llevaba la delantera.

A mi madre le contaba todo lo que ocurría en el colegio. La puesta al día a la hora de comer iba seguida de una segunda sesión informativa que efectuaba a toda prisa cuando entraba en casa por la tarde, dejaba la mochila en el suelo e iba en busca de un tentempié. No sabía con exactitud qué hacía mi madre cuando estábamos en el colegio, sobre todo porque, como cualquier otro niño, yo era muy egocéntrica y nunca preguntaba. No sabía en qué pensaba, cómo se sentía siendo un ama de casa tradicional en lugar de desempeñar otro trabajo. Lo único que sabía era que cuando aparecía en casa había comida en la nevera, y no solo para mí, sino también para mis amigos. Y que cuando mi clase iba de excursión, mi madre casi siempre se ofrecía voluntaria y se ponía un bonito vestido y pintalabios oscuro para acompañarnos en el autobús hasta el centro de estudios superiores o el zoo.

En casa vivíamos con un presupuesto ajustado, pero raras veces comentábamos sus límites. Mi madre encontraba la manera de compensarnos. Se arreglaba ella misma las uñas, se teñía el pelo (una vez le quedó verde por error) y solo estrenaba ropa cuando mi padre se la regalaba por su cumpleaños. Nunca sería rica, pero siempre fue mañosa. Cuando éramos pequeños, convertía por arte de magia los calcetines en marionetas exactamente iguales a los Teleñecos. Tejía tapetes para las mesas. Me cosía muchas prendas, al menos hasta que empecé secundaria, cuando de repente era crucial lucir el cisne de la etiqueta de Gloria Vanderbilt en el bolsillo delantero de los vaqueros, e insistí en que dejara de hacerlo.

Cada cierto tiempo modificaba la distribución del salón, cubría el sofá con una funda nueva o cambiaba las fotos y los grabados colgados de la pared. Cuando llegaba el calor, cumplía con el ritual de la limpieza de primavera en la que atacaba todos los frentes: pasaba la aspiradora por los muebles, lavaba las cortinas y retiraba las contraventanas para que pudiéramos limpiar los cristales y pasar un trapo a los alféizares, antes de sustituirlas por rejillas que permitieran la entrada del aire primaveral en nuestro pequeño y abarrotado apartamento. Después solía bajar a limpiar la casa de Robbie y Terry, sobre todo cuando envejecieron y perdieron facultades. Gracias a mi madre, cuando me llega el aroma a Pine-Sol, de inmediato me siento mejor.

Por Navidad se volvía especialmente creativa. Un año se le ocurrió cubrir el radiador metálico con un cartón corrugado cuyo estampado imitaba unos ladrillos rojos y lo grapó para que tuviéramos una falsa chimenea que llegaba hasta el techo e incluía repisa y hogar. Luego pidió a mi padre, el artista oficial de la familia, que pintara unas llamas anaranjadas en unos trozos de papel de arroz muy fino, que, al iluminarlos por detrás con una bombilla, simulaban una hoguera bastante convincente. En Año Nuevo respetaba la tradición de comprar una cesta de entremeses especiales, de las que venían llenas de barras de queso, latas de ostras ahumadas y distintos tipos de salami. Invitaba a Francesca, la hermana de mi padre, a acompañarnos en los juegos de mesa. Pedíamos pizza para cenar y nos pasábamos el resto de la velada disfrutando de los sofisticados entrantes. Mi madre servía bandejas de rollitos de cerdo, gambas fritas y un queso especial para untar horneado sobre galletas saladas Ritz. Cuando se acercaba la medianoche, tomábamos una diminuta copa de champán.

Mi madre tenía una mentalidad que ahora me parece brillante y casi imposible de imitar, una especie de neutralidad zen imperturbable. Las madres de algunas amigas mías vivían los altibajos de sus hijas como propios, y conocía a muchos niños cuyos padres se sentían demasiado agobiados con sus retos personales como para estar muy presentes. Mi madre simplemente era equilibrada. No juzgaba ni se entrometía de buenas a primeras, sino que analizaba nuestro estado de ánimo y era un testigo benevolente de las penurias o los triunfos que el día pudiera depararnos. Cuando las cosas iban mal, no se mostraba demasiado compasiva. Cuando habíamos hecho algo bien, nos elogiaba lo justo para que supiéramos que estaba contenta pero evitando que se convirtiera en nuestra motivación para hacer las cosas.

Cuando daba consejos, acostumbraban a ser duros y pragmáticos. «No tiene por qué caerte bien la profesora —me dijo un día que llegué a casa quejándome—. Sin embargo, esa mujer tiene en su cabeza las matemáticas que tú necesitas en la tuya. Céntrate en eso e ignora todo lo demás.»

A Craig y a mí siempre nos demostraba su amor, pero no nos controlaba en exceso. Su objetivo era que saliéramos al mundo. «No estoy criando bebés —nos decía—. Estoy criando adultos.» Más que normas, ella y mi padre nos ofrecían directrices. Esa es la razón por la que cuando éramos adolescentes nunca tuvimos toque de queda. En lugar de eso, nos preguntaban qué hora de regreso nos parecía razonable y confiaban en que cumpliéramos nuestra palabra.

Craig cuenta la historia de una niña que le gustaba en octavo curso. Un día le hizo una invitación cargada de intenciones: le dijo que fuera a su casa, dejando claro que sus padres estarían fuera y no los molestarían.

En privado, la indecisión le resultaba agónica; aquella oportunidad lo excitaba, pero sabía que era taimada e indecorosa, la clase de
conducta que mis padres nunca aprobarían. Sin embargo, ello no le
impidió contarle a mi madre una media verdad en la que mencionó
a la chica pero dijo que se citarían en el parque público.

Sintiéndose culpable por el mero hecho de haberlo pensado,
Craig acabó por confesarle todo el plan, esperando o tal vez deseando que mi madre montara en cólera y le prohibiera ir.

Sin embargo, no lo hizo. No lo haría nunca porque ella no funcionaba así.

Escuchó a mi hermano, pero no lo libró de la decisión que se le
presentaba. Por el contrario, lo devolvió a su agonía encogiéndose
de hombros despreocupadamente. «Haz lo que creas oportuno», le
dijo, y volvió a ocuparse de los platos que había en el fregadero o de
la colada que debía doblar.

Aquel fue otro pequeño empujón para que Craig saliera al mundo. Estoy segura de que, en el fondo, mi madre ya sabía que él había
tomado la decisión correcta. Ahora sé que cada paso que daba se
veía reforzado por la serena confianza de habernos criado como a
adultos. Nosotros tomábamos las decisiones. Era nuestra vida y no
la suya, y siempre lo sería.

Cuando tenía catorce años me consideraba medio adulta, o puede
que incluso dos tercios de una adulta. Ya tenía la menstruación, lo
cual anuncié de inmediato y con gran emoción a todos los habitantes de la casa, porque en mi familia éramos así. Había sustituido
un sujetador de niña por uno ligeramente más femenino, lo cual
también me encantaba. En lugar de comer en casa, lo hacía con
mis compañeros de escuela en la sala del señor Bennett. En lugar
de ir al hogar de Southside los sábados a escuchar sus discos de jazz
y jugar con Rex, pasaba por delante con la bici y continuaba hasta la casa adosada de Oglesby Avenue donde vivían las hermanas
Gore.

Eran mis mejores amigas y, en cierto modo, también mis ídolos. Diane estaba en mi mismo curso y Pam uno por debajo. Las dos eran muy guapas; Diane tenía la piel clara y Pam más oscura, y ambas poseían una plácida elegancia que emanaba de ellas de forma natural. Incluso su hermana Gina, que era unos años más joven, ya destilaba esa fuerte feminidad que me parecía típica de su familia. En su casa había pocos hombres. Su padre no vivía allí y apenas hablaban de él. Tenían un hermano mucho mayor cuya presencia era periférica. La señora Gore era una mujer optimista y atractiva que trabajaba a tiempo completo. Tenía un tocador lleno de frascos de perfume, polveras y pequeños botes con ungüentos que, en comparación con el modesto pragmatismo de mi madre, me parecían tan exóticos como las joyas. Me encantaba ir a su casa. Pam, Diane y yo hablábamos sin parar de los chicos que nos gustaban. Nos aplicábamos brillo de labios y nos probábamos la ropa de las demás, conscientes repentinamente de que ciertos pantalones resaltaban más la curva de nuestras caderas. Por aquella época consumía gran parte de mi energía dándole vueltas a la cabeza, escuchando música a solas en mi habitación, soñando con bailar lento con un chico mono o mirando por la ventana con la esperanza de que pasara en bicicleta alguno de mis amores, así que encontrar a unas hermanas con las que compartir aquellos años fue una bendición.

En casa de los Gore no podían entrar chicos, pero rondaban como moscardones. Pasaban una y otra vez por delante con la bicicleta. Se sentaban en la escalera esperando que Diane o Pam salieran a coquetear con ellos. Era divertido presenciar toda esa expectación, aunque no sabía a ciencia cierta qué significaba. Allá donde mirara, los cuerpos estaban cambiando. De repente, los niños del colegio eran grandotes y desmañados, irradiaban inquietud y tenían la voz grave. Algunas de mis amigas aparentaban dieciocho años y se paseaban en pantalones muy cortos y tops, con una expresión fría y desenvuelta, como si conocieran algún secreto, como si de pronto estuvieran en otro plano mientras las demás seguíamos siendo inseguras y un poco pasmadas, esperando la llamada del mundo adulto como potrillos con unas piernas cada vez más largas y una juventud que el brillo de labios no podía enmascarar.

Como tantas otras chicas, mucho antes de empezar a parecer una mujer reparé en las desventajas de mi cuerpo. Ahora me movía por el barrio con más independencia y menos ataduras respecto de mis padres. A última hora de la tarde cogía el autobús para ir a clases de danza en la Academia Mayfair, situada en la calle Setenta y nueve, donde estudiaba jazz y acrobacia. A veces hacía recados para mi madre. Con las nuevas libertades llegaron también nuevas vulnerabilidades. Me acostumbré a mirar al frente siempre que pasaba por delante de un grupo de hombres apostados en una esquina y a ignorar sus ojos clavados en mis pechos y mis piernas. Hacía oídos sordos a los piropos que recibía. Aprendí qué manzanas del barrio se consideraban más peligrosas y tenía claro que no debía ir sola por la noche.

En casa, mis padres hicieron una importante concesión al hecho de que daban cobijo a dos adolescentes y reconvirtieron el porche trasero de la cocina en un dormitorio para Craig, que estaba en segundo curso en el instituto. La endeble partición que Southside había construido años antes desapareció. Yo me instalé en la que había sido la habitación de mis padres y ellos en la de los niños y, por primera vez, mi hermano y yo disfrutamos de un espacio propio. Mi nuevo dormitorio era de ensueño e incluía una colcha y fundas de almohada con un estampado de flores azules y blancas, una alfombra de color azul marino y una cama blanca de princesa, con tocador y lámpara a juego. Era una réplica casi exacta de un dormitorio que aparecía a toda página en un catálogo de Sears que me habían dejado llevarme. Todos teníamos una extensión propia (mi teléfono era azul claro, acorde con la nueva decoración, y el de Craig de un negro varonil), lo cual significaba que podía hablar de mis asuntos personales de forma semiprivada.

De hecho, organicé mi primer beso de verdad por teléfono. Fue con un chico llamado Ronnell. No iba a mi colegio ni vivía en mi barrio, pero cantaba en el coro infantil de Chicago con mi compañera Chiaka y, utilizándola como intermediaria, habíamos llegado a la conclusión de que nos gustábamos. Nuestras llamadas eran un poco incómodas, pero no me importaba. Me encantaba la sensación de gustar a alguien y sentía una punzada de expectación cada vez que sonaba el teléfono. ¿Sería Ronnell? No recuerdo quién propuso a quién que nos reuniéramos delante de mi casa una tarde para intentar besarnos, pero no hubo matices; no era necesario utilizar tímidos eufemismos. No íbamos a «pasar el rato» o a «dar un paseo». Íbamos a enrollarnos, y nos apetecía mucho a los dos.

Y así fue como acabé en el banco de piedra que estaba cerca de la puerta lateral de la casa de mis padres, a plena vista de las ventanas que daban al sur y rodeada de los parterres de flores de mi tía abuela, perdida en un cálido beso con Ronnell. No tuvo nada de sensacional o especialmente inspirador, pero fue divertido. Poco a poco me di cuenta de que estar con chicos era entretenido. Y las horas que pasaba viendo los partidos de Craig desde la grada de algún gimnasio dejaron de parecerme una obligación fraternal. Porque ¿qué era un partido de baloncesto sino un escaparate de chicos? Me ponía los vaqueros más ceñidos que tuviera y algunas pulseras de más, y a veces me acompañaba una de las hermanas Gore para potenciar mi visibilidad en la grada. Después disfrutaba cada minuto del sudoroso espectáculo que se desarrollaba ante mí: los saltos y los bloqueos, las olas y los gritos del público, el pulso de la masculinidad y sus misterios en todo su esplendor. Una noche, un chico del equipo universitario me sonrió al abandonar la pista y le correspondí. Tuve la sensación de que mi futuro estaba a la vuelta de la esquina.

Estaba distanciándome lentamente de mis padres y cada vez era menos dada a verbalizar hasta el último pensamiento que se me pasara por la cabeza. Cuando volvíamos a casa de aquellos partidos de baloncesto, iba en silencio en el asiento trasero del Buick; mis pensamientos eran demasiado profundos o confusos para compartirlos. Ahora me veía atrapada en el solitario placer de ser adolescente, convencida de que los adultos que me rodeaban nunca lo habían sido.

A veces, cuando terminaba de cepillarme los dientes por la noche me encontraba el apartamento a oscuras, las luces del salón y la
cocina apagadas; todo el mundo acomodado en su propia esfera. Si
distinguía un resplandor debajo de la puerta de Craig sabía que estaba haciendo los deberes. Veía la luz parpadeante del televisor en el
dormitorio de mis padres y los oía murmurar y reírse. Igual que
nunca me preguntaba qué sentía mi madre siendo ama de casa a
tiempo completo, tampoco me preguntaba qué se sentía estando
casada. Daba por sentada la unión de mis padres. Era un hecho simple y sólido sobre el cual se erigía la vida de los cuatro.

Mucho después, mi madre me contó que cada año, cuando llegaba la primavera a Chicago y el aire era más cálido, se planteaba
dejar a mi padre. No sé si lo pensaba en serio o no. Tampoco sé si
barajaba esa posibilidad durante una hora, un día o gran parte de la
estación, pero para ella era una fantasía, algo que le parecía saludable
y puede que incluso vigorizante, casi como un ritual.

Ahora comprendo que incluso un matrimonio feliz puede ser
agotador, que es un contrato que debe renovarse una y otra vez,
discreta y calladamente, o incluso a solas. No creo que mi madre le
comentara a mi padre sus dudas y su descontento ni que le confe-
sara la vida alternativa con la que quizá soñaba en esas épocas. ¿Se
imaginaba en una isla tropical? ¿Con otro tipo de hombre, en otro
tipo de casa o en la oficina de la esquina en lugar de con hijos? No
lo sé, y supongo que podría preguntárselo a mi madre, que ya es
octogenaria, pero no creo que tenga importancia.

Si jamás has pasado un invierno en Chicago, permíteme que te
lo describa: uno puede vivir cien días seguidos bajo un cielo gris
acero que se cierne sobre la ciudad como si fuera una tapadera. Del
lago llegan vientos gélidos y cortantes. La nieve cae de muchas maneras distintas, en grandes descargas nocturnas y en borrascas late-
rales diurnas, en forma de desmoralizante aguanieve o como nubes
espumosas de cuento de hadas. Normalmente, las aceras y los parabrisas están cubiertos de hielo, mucho hielo, que luego hay que
raspar. A primera hora de la mañana se oye el ruido de ese raspado

antes de que la gente se monte en el coche para ir a trabajar. Tus vecinos, irreconocibles bajo las gruesas capas de ropa, bajan la cabeza para protegerse del viento. Los quitanieves municipales recorren las calles mientras la nieve blanca se amontona y se ensucia hasta que ya nada es prístino.

Sin embargo, al final ocurre algo. Da comienzo un sosegado punto de inflexión. Puede ser sutil, un olor a humedad en el aire o el cielo despejándose un poco. Primero sientes en el corazón la posibilidad de que el invierno haya pasado. Al principio puede que no confíes en ello, pero luego sí. Porque ha salido el sol, se adivinan pequeños brotes nudosos en los árboles y tus vecinos se han quitado los gruesos abrigos. Y es posible que tus pensamientos sean más livianos la mañana en que decides abrir todas las ventanas del apartamento para limpiar los cristales y pasar un paño por el alféizar. Te permite pensar, preguntarte si has perdido otras oportunidades al casarte con este hombre, vivir en esta casa y tener estos hijos.

Puedes pasarte el día entero valorando otras formas de vida antes de colocar de nuevo las ventanas en su marco y vaciar el cubo con Pine-Sol en el fregadero. Y quizá entonces recuperes todas tus certezas, porque, en efecto, es primavera y, una vez más, has decidido quedarte.

5

Lo que mi madre hizo al final fue volver a trabajar, más o menos cuando yo empecé en el instituto; se catapultó desde la casa y el barrio hasta el corazón denso y repleto de rascacielos de Chicago, donde encontró empleo como auxiliar administrativa en una entidad bancaria. Se compró ropa adecuada para su nuevo puesto y empezó a hacer el trayecto todas las mañanas: tomaba el autobús en dirección norte en el bulevar Jeffery, o la acompañaba mi padre en el Buick, si sus horarios coincidían. El empleo supuso para ella una bienvenida alteración de la rutina mientras que para nuestra familia venía a ser poco menos que una necesidad económica. Mis padres llevaban un tiempo pagando la matrícula de Craig en la escuela católica, y ahora él empezaba a pensar en la universidad, conmigo pisándole los talones.

Mi hermano ya había dado el estirón. Era un grandullón de movimientos fluidos y con una potencia de piernas asombrosa, y se le consideraba uno de los mejores jugadores de baloncesto de la ciudad. En casa comía mucho. Bebía litros de leche, devoraba pizzas familiares enteras de una tacada y a menudo se tomaba un tentempié entre la cena y la hora de acostarse. Como siempre, lograba combinar la alegría de vivir con una concentración intensa; mantenía montones de amigos y sacaba buenas notas a la vez que destacaba como deportista. Había recorrido el Medio Oeste con un equipo que participaba en una liguilla de verano y que contaba con una superestrella en ciernes llamada Isiah Thomas, que acabaría ingresando en el Salón de la Fama de la NBA. Cuando a Craig le llegó el momento de empezar en el instituto lo pretendieron los entrenadores de algunos de los mejores centros públicos de Chicago, deseosos de llenar huecos en sus plantillas. Eran equipos que atraían no solo a un público nutrido y ruidoso, sino también a ojeadores universitarios, pero mis padres se opusieron con firmeza a que Craig sacrificase su desarrollo intelectual en aras de la gloria fugaz de ser una estrella de instituto.

Mount Carmel, con su potente equipo de baloncesto en la Liga Católica y su riguroso plan de estudios, les pareció a mis padres la mejor solución, merecedora de los miles de dólares que mi hermano estaba costándoles. Los profesores de Craig eran curas de sotana marrón a los que había que dirigirse como «padre». Alrededor de un ochenta por ciento de sus compañeros de clase eran blancos, muchos de ellos jóvenes de ascendencia irlandesa y católica procedentes de barrios de clase obrera blanca. Para finales de su primer año, ya lo cortejaban un par de equipos universitarios de la primera división, algunos de los cuales probablemente le ofrecerían correr con todos los gastos de la matrícula. Aun así, mis padres se aferraban a la idea de que no se cerrase ninguna puerta y procurase entrar en la mejor universidad posible. Ya se preocuparían ellos de los costes.

Mi ingreso en el instituto, por suerte, no nos costó más que los billetes de autobús. Tuve la fortuna de superar la prueba de acceso en la primera escuela especializada de Chicago, el Instituto Whitney M. Young, que estaba situado en lo que entonces era una zona deprimida justo al oeste del Loop y que, tras unos breves años de existencia, iba camino de convertirse en uno de los mejores centros públicos de enseñanza de la ciudad. El Whitney Young debía su nombre a un activista de los derechos civiles, y se había inaugurado en 1975 como una alternativa optimista al transporte de escolares en autobús para favorecer la integración racial. El instituto, ubicado en la línea divisoria entre las zonas norte y sur de Chicago y equipado con profesores innovadores e instalaciones modernas, estaba diseñado para ser una especie de nirvana de la igualdad de oportunidades, que pretendía atraer a estudiantes de alto rendimiento de todos los colores. Las cuotas de admisión impuestas por el consejo escolar de Chicago fijaban un alumnado compuesto por un cuarenta por ciento de negros, un cuarenta por ciento de blancos y el veinte por ciento restante de hispanos u otros, pero el aspecto de los que se habían inscrito era un poco distinto. Cuando yo estudié, alrededor del ochenta por ciento de los alumnos eran no blancos.

El mero recorrido hasta el instituto en mi primer día fue toda una odisea: noventa minutos de trayecto, con los nervios a flor de piel, en dos buses urbanos distintos, con trasbordo en el centro incluido. Aquella mañana me levanté a las cinco, me puse ropa nueva y unos pendientes bonitos, sin estar muy segura de cómo se recibiría todo aquello al término de mi recorrido en autobús. Desayuné sin tener ni idea de dónde comería. Me despedí de mis padres, dudando de si sería siquiera yo misma al final de la jornada. En teoría, el instituto transformaba a las personas. Y el Whitney Young, para mí, era la frontera en estado puro.

El instituto en sí era llamativo y moderno, no se parecía a ningún centro de enseñanza que hubiera visto. Estaba compuesto por tres edificios grandes con forma de cubo, dos de los cuales conectados por un vistoso pasadizo elevado de cristal que cruzaba por encima de la calzada del bulevar Jackson. Las aulas eran de planta abierta y estaban diseñadas con inteligencia. Había un edificio entero dedicado a las artes, con aulas especiales para que el coro cantara y las bandas tocasen, y otras equipadas para la fotografía y la alfarería. El centro entero estaba construido a modo de templo de la enseñanza. Un torrente de alumnos atravesaba la entrada principal, con paso resuelto aunque fuera el primer día.

Había unos mil novecientos estudiantes en el Whitney Young, y desde mi punto de vista parecían, todos ellos, más adultos y confiados de lo que yo sería nunca, dominadores de todas y cada una de sus neuronas, impulsados por todas y cada una de las preguntas de opción múltiple que habían contestado acertadamente en el test estandarizado que se había hecho circular por toda la ciudad. Al mirar a mi alrededor, me sentía pequeña. En Bryn Mawr había sido una de las niñas más mayores, y de pronto era una de las chicas más jóvenes del instituto. Al bajar del autobús me fijé en que, además de mochila, muchas de las estudiantes llevaban bolso de verdad.

Mis preocupaciones sobre el instituto, si hubiera que catalogarlas, se incluirían en su mayor parte bajo un título general: «¿Soy lo bastante buena?». Fue una pregunta que me reconcomió durante el primer mes, incluso cuando empecé a situarme, incluso cuando ya estaba acostumbrada a despertarme antes del alba y moverme por los diversos edificios para llegar a una clase. El Whitney Young estaba subdividido en cinco «casas», cada una de las cuales servía de base para sus miembros y tenía el fin de aportar cercanía a la experiencia de estudiar en un centro tan grande. Yo estaba en la Casa Dorada, a cargo de un subdirector llamado señor Smith, que daba la casualidad de que vivía a unos pocos números de distancia de la casa de mi familia en Euclid Avenue. Llevaba años haciendo trabajillos de vez en cuando para el señor Smith y su familia, que me habían pagado para que cuidase de sus hijos y les diera clases de piano o para que intentase adiestrar a su inadiestrable cachorro. Encontrarme con el señor Smith en el instituto fue un leve consuelo, un puente entre el Whitney Young y mi barrio, pero no fue suficiente para calmar mi nerviosismo.

Solo un puñado de chicos de mi barrio habían entrado en el Whitney Young. Mi vecina y amiga Terri Johnson estudiaba allí, igual que mi compañera de clase Chiaka, con la que mantenía una amistosa competencia desde la guardería, además de uno o dos chicos. Varios de nosotros viajábamos juntos en autobús por la mañana y luego de vuelta a casa al final de la jornada, pero en el instituto estábamos repartidos entre las diferentes casas y, por lo general, separados. También me manejaba, por primera vez, sin la protección tácita de mi hermano mayor. Craig, con sus maneras tranquilas y su sonrisa, me había abierto camino en todas partes. En Bryn Mawr había ablandado a los profesores con su dulzura y se había ganado cierto respeto de «chico guay» en el patio. La luz que había dejado a su paso podía aprovecharla yo más tarde. Siempre se me había conocido, en prácticamente todos los lugares a los que iba, como la hermana pequeña de Craig Robinson.

De pronto, era Michelle Robinson a secas, sin el añadido de Craig. En el Whitney Young tenía que trabajar para hacerme un hueco. Mi estrategia inicial consistió en mantenerme callada y procurar observar a mis nuevos compañeros de clase. ¿Quiénes eran esos chicos? Lo único que sabía era que eran inteligentes. Lo habían demostrado pasando la selección; los chicos más inteligentes de la ciudad, al parecer. Pero ¿acaso no lo era yo también? ¿No habíamos acabado allí nosotras tres, Terri, Chiaka y yo, porque éramos tan inteligentes como ellos?

La verdad es que no lo sabía. No tenía ni idea de si éramos tan inteligentes como los demás.

Solo sabía que éramos las mejores estudiantes que habían salido de una escuela mayoritariamente negra a la que se consideraba del montón, situada en un barrio mayoritariamente negro y del montón. Pero ¿y si eso no era suficiente? ¿Y si, después de tanto alboroto, solo éramos las mejores de los peores?

Esa era la duda que me acompañó durante el período de orientación, durante mis primeras clases de biología e inglés a nivel de instituto y durante mis algo torpes conversaciones en la cafetería para hacer nuevos amigos. «No es suficiente. No es suficiente.» Eran dudas sobre el lugar del que procedía y lo que había creído acerca de mí misma hasta ese momento. Era como una célula maligna que amenazaba con replicarse y volverse a replicar, a menos que encontrase una manera de detenerla.

Estaba descubriendo que Chicago era una ciudad mucho más grande de lo que había imaginado. Fue una revelación forjada en parte a lo largo de las tres horas de autobús que me tocaba hacer a diario, subiendo en la calle Setenta y cinco para recorrer un laberinto de paradas, a menudo obligada a viajar de pie porque el vehículo iba demasiado lleno para conseguir asiento.

A través de la ventana disfrutaba de una panorámica larga y lenta de lo que se me antojaba la totalidad del South Side: las tiendecillas y los restaurantes de carne asada todavía tenían la persiana metálica echada a la luz grisácea de la primera hora del día, y las canchas de baloncesto y los patios asfaltados estaban desiertos. Subíamos hacia el norte por Jeffery y luego doblábamos al oeste por la calle Sesenta y siete, para luego ir de nuevo hacia el norte, haciendo quiebros y paradas cada dos manzanas para recoger más pasajeros. Cruzábamos los barrios de Jackson Park Highlands y Hyde Park, donde el campus de la Universidad de Chicago estaba oculto tras una gigantesca puerta de hierro forjado. Después de un tiempo que se me hacía una eternidad, por fin acelerábamos para tomar Lake Shore Drive y seguir la curva del lago Michigan rumbo al norte, hacia el centro de la ciudad.

A un autobús no se le meten prisas, lo digo con conocimiento de causa. Te subes y te dejas llevar. Todas las mañanas hacía un trasbordo en el centro, en la Michigan Avenue, en plena hora punta, para subirme al autobús que se dirigía al oeste por la calle Van Buren, donde al menos las vistas se volvían más interesantes ya que pasábamos por delante de sedes de bancos con grandes puertas doradas y hoteles de lujo con botones a la entrada. A través del cristal veía a hombres y mujeres bien vestidos —trajes, faldas y sonoros tacones— que entraban a trabajar con un café en la mano y las prisas de quien se cree muy importante. Aún no sabía que a las personas de esa clase se las llamaba «profesionales». Ignoraba todavía qué títulos tenían que haberse sacado para acceder a los altos edificios corporativos que flanqueaban la calle Van Buren. Aun así, me gustaba lo resueltas que parecían.

Entretanto, en la escuela iba recopilando discretamente datos sueltos, en un intento de ubicarme dentro del grupillo culto adolescente. Hasta ese momento, mis experiencias con los chicos de otros barrios se habían limitado a las visitas a varios primos y unos pocos años de escuela de verano municipal en Rainbow Beach, donde todos proveníamos, sin embargo, de alguna parte del South Side y nadie era rico. En el Whitney Young conocí a chicos que vivían en el North Side, una zona de Chicago que para mí era como la cara oculta de la Luna, un lugar en el que no había pensado nunca y que no tenía motivos para visitar. Más fascinante todavía fue descubrir enseguida que existía una élite afroamericana. La mayoría de mis nuevos amigos del instituto eran negros, pero resultó que eso no conllevaba necesariamente que compartiésemos la misma experiencia. Algunos de ellos tenían padres que eran abogados o médicos y parecían conocerse gracias a un club social afroamericano llamado Jack and Jill. Durante las vacaciones habían ido a esquiar o viajado a destinos para los que se requería pasaporte. Hablaban de cosas que me resultaban ajenas, como programas de prácticas de verano y universidades históricamente negras. Los padres de uno de estos compañeros, un chico con aspecto de empollón que siempre era amable con todo el mundo, habían fundado una gran empresa de productos cosméticos y vivían en una de las calles más lujosas de la zona de rascacielos del centro.

Aquel era mi nuevo mundo. No pretendo dar a entender que la totalidad de los alumnos del instituto fueran ricos o sofisticados a rabiar, porque no era así. Había muchísimos jóvenes que procedían de barrios como el mío y que se enfrentaban a circunstancias mucho peores que las que yo conocería nunca. Pero mis primeros meses en el Whitney Young me dejaron entrever algo que antes me había resultado invisible: el sistema del privilegio y los contactos, que parecía una red de escalerillas y cuerdas de escalada que colgaban por encima de nuestras cabezas, listas para conectar a algunos de nosotros, pero no a todos, con el firmamento.

Mi primer boletín de notas finales en el instituto resultó ser bastante bueno, al igual que el siguiente. A lo largo de esos dos primeros años empecé a forjar la misma clase de confianza que tenía en Bryn Mawr. Con cada modesto logro, con cada zancadilla que conseguía esquivar en el instituto, mis dudas poco a poco iban despejándose. Me gustaban la mayoría de mis profesores. No me daba miedo levantar la mano en clase. En el Whitney Young, era seguro ser inteligente. Se daba por sentado que todo el mundo trabajaba para ir a la universidad, lo que significaba que nadie ocultaba su inteligencia por temor a que alguien lo acusara de hablar como una niña blanca.

Me encantaban todas las asignaturas que exigían redactar, pero lo pasé mal con precálculo. Era pasable como estudiante de francés. Tenía compañeros que siempre iban un paso o dos por delante de mí, cuyos logros parecían no costarles ningún esfuerzo, pero intentaba que eso no me afectara. Empezaba a comprender que a menudo podía eliminar esa ventaja si dedicaba horas extras al estudio. No era de las que sacaban la máxima nota en todo, pero siempre me esforzaba, y hubo semestres en los que me quedé cerca.

Craig, entretanto, se había matriculado en la Universidad de Princeton. Antes de irse, vació su habitación del porche de atrás de Euclid Avenue y luego dejó un hueco de un metro noventa y ocho y noventa kilos de peso en nuestra vida cotidiana. Nuestra nevera pasó a estar bastante menos repleta de carne y leche, y ya no ocupaban la línea de teléfono las chicas que llamaban para hablar con él. Había recibido propuestas de grandes universidades que le ofrecían una beca y lo que venía a ser una existencia de famoso jugando al baloncesto, pero con el apoyo de mis padres había escogido Princeton, que costaba más pero, a sus ojos, también prometía más. Mi padre no cabía en sí de orgullo cuando Craig alcanzó la titularidad en el equipo de baloncesto de Princeton durante su segundo año. Con su paso vacilante y apoyado en dos muletas, seguía disfrutando de los trayectos largos en coche. Había cambiado su viejo Buick por uno más nuevo, otro 225, este de un reluciente granate intenso. Cuando podía tomarse el día libre en su trabajo en la depuradora, conducía doce horas a través de Indiana, Ohio, Pennsylvania o New Jersey para asistir a uno de los partidos de Craig.

Por culpa de mi largo trayecto al Whitney Young coincidía menos con mis padres y, visto en retrospectiva, supongo que en aquella época debieron de sentirse solos o, por lo menos, atravesar un período de readaptación. Ahora pasaba más tiempo fuera de casa que en ella. Cansadas de soportar el trayecto de noventa minutos en autobús hasta el instituto, Terri Johnson y yo habíamos descubierto una especie de truco que consistía en salir de casa quince minutos antes por la mañana y coger un autobús que viajaba en la dirección contraria al instituto. Recorríamos unas cuantas paradas hacia el sur hasta llegar a un barrio menos bullicioso, donde nos apeábamos, cruzábamos la calle y parábamos nuestro autobús de siempre rumbo al norte, que siempre estaba más vacío que a la altura de la calle Setenta y cinco, donde nos subíamos antes. Satisfechas de nuestra astucia, tomábamos asiento y charlábamos, o bien estudiábamos durante todo el trayecto hasta el instituto.

Al volver, cruzaba agotadísima la puerta de mi hogar entre las seis o las siete, a tiempo para una cena rápida y un ratito de charla con mis padres sobre cómo había ido la jornada. Pero una vez fregados los platos, desaparecía para hacer los deberes, para lo que a menudo bajaba mis libros hasta el rincón de la enciclopedia, junto al hueco de la escalera y el apartamento de Robbie y Terry, a fin de disfrutar de un poco de paz e intimidad.

Mis padres no mencionaron ni una vez el estrés que les suponía tener que pagar la universidad, pero yo era lo bastante mayor para ser consciente de su situación. Cuando mi profesora de francés anunció que organizaría un viaje opcional a París durante uno de nuestros períodos vacacionales para quienes pudieran permitírselo, ni siquiera me molesté en sacar el tema en casa. Era la diferencia que existía entre los chicos del Jack and Jill, muchos de los cuales eran ya buenos amigos míos, y yo. Tenía una casa en la que encontraba orden y cariño, dinero para el autobús que cruzaba la ciudad hasta el instituto y un plato caliente todas las noches. Más allá de eso, no pensaba pedir nada a mis padres.

Aun así, una noche, mis padres me hicieron sentarme para hablar conmigo. Me quedé perpleja cuando mi madre me anunció que se había enterado del viaje a Francia por la madre de Terri Johnson.

—¿Por qué no nos lo has contado? —preguntó.

—Porque cuesta demasiado dinero.

—Eso en realidad no lo decides tú, Miche —replicó mi padre en tono amable, casi ofendido—. ¿Y cómo vamos a decidirlo nosotros, si ni siquiera estamos al corriente?

Los miré a los dos, sin saber qué decir. Mi madre me miró con ojos bondadosos. Mi padre se había quitado el uniforme del trabajo y se había puesto una camisa blanca limpia. Para entonces tenían cuarenta y pocos años y llevaban casados casi veinte. Ninguno de los dos había pasado unas vacaciones en Europa. Nunca viajaban a la playa ni salían a cenar. No tenían una casa en propiedad. Nosotros éramos su inversión, Craig y yo. Todo nos lo llevábamos nosotros.

Al cabo de unos meses embarqué rumbo a París con mi profesora y alrededor de una docena de mis compañeros de clase del Whitney Young. Íbamos a alojarnos en un albergue juvenil. Visitaríamos el Louvre y la Torre Eiffel. Compraríamos *crêpes au fromage* en los puestos callejeros y pasearíamos por las orillas del Sena. Hablaríamos francés como un hatajo de críos de instituto de Chicago, pero al menos lo hablaríamos. Mientras el avión se alejaba de la puerta de embarque aquel día, miré por la ventanilla hacia el aeropuerto, sabiendo que mi madre observaba desde algún lugar detrás de los ventanales de cristal negro, cubierta con su abrigo de invierno y despidiéndome con la mano. Recuerdo el encendido de los motores a reacción, con un estruendo asombroso. Y entonces empezamos a avanzar por la pista de despegue y a inclinarnos hacia arriba, mientras la aceleración me oprimía el pecho y me pegaba al asiento durante ese extraño momento de transición que se produce antes de que sientas que, por fin, te has elevado.

Como sucede con todos los estudiantes de instituto del mundo, a mis amigos y a mí nos gustaba reunirnos sin ningún plan concreto. Perdíamos el tiempo en lugares públicos y haciendo mucho ruido. Los días en que salíamos de clase antes de lo habitual o cuando había pocos deberes, íbamos en tropel desde el Whitney Young hasta el corazón de Chicago, donde aterrizábamos en el centro comercial de ocho plantas de Water Tower Place. Una vez allí, subíamos y bajábamos por las escaleras mecánicas, nos dejábamos el dinero en palomitas gourmet de Garrett's y nos adueñábamos de mesas del McDonald's durante más horas de lo que era razonable teniendo en cuenta la poca comida que pedíamos. Ojeábamos los vaqueros de marca y los bolsos de Marshall Field, a menudo seguidos de forma subrepticia por guardias de seguridad a los que no les gustaba nuestro aspecto. A veces íbamos a ver una peli.

Éramos felices; felices con nuestra libertad, felices los unos con los otros, felices con el modo en que la ciudad parecía brillar más los días que no pensábamos en los estudios. Éramos chicos de ciudad que aprendían a campar a sus anchas.

Pasaba mucho tiempo con una compañera de clase llamada Santita Jackson, que por la mañana se subía al autobús del bulevar Jeffery unas paradas después de mí y que llegó a ser una de mis mejores amigas en el instituto. Santita tenía unos ojos oscuros preciosos, la cara redonda y el porte de una mujer sabia, aun a los dieciséis años. Era la típica chica que en Whitney Young se apuntaba a todos los cursos avanzados opcionales disponibles, y además destacaba en todos ellos. Llevaba falda cuando todas las demás nos poníamos vaqueros, y cantaba con una voz tan clara y potente que acabaría yendo de gira años más tarde como corista de Roberta Flack. Además, era profunda. Era lo que más me gustaba de Santita; como yo, podía ser frívola y hacer el ganso cuando estábamos en grupo, pero estando las dos solas nos poníamos sentenciosas y profundas, dos filósofas adolescentes que intentaban resolver los interrogantes, grandes y pequeños, de la vida. Pasábamos horas tumbadas en el suelo de la habitación de Santita en la primera planta de la casa blanca de estilo Tudor que su familia tenía en Jackson Park Highlands, una zona más rica de South Shore, hablando sobre las cosas que nos irritaban, el rumbo que llevaba nuestra vida y lo que entendíamos o no entendíamos del mundo. Como amiga, sabía escuchar y dar buenos consejos, y yo intentaba hacer lo propio con ella.

El padre de Santita era famoso. Esa era la realidad primordial e insoslayable de su vida. Era la primogénita del reverendo Jesse Jackson, el agitador y predicador baptista que, como dirigente político, estaba cobrando cada vez más peso. Jackson había trabajado en estrecha colaboración con Martin Luther King Jr. antes de su muerte y, a su vez, se había hecho famoso en todo Estados Unidos a principios de la década de 1970 como fundador de una organización política llamada Operation PUSH, que defendía los derechos de los afroamericanos discriminados. Para cuando entramos en el instituto, ya era una auténtica celebridad, carismático, bien relacionado y en constante movimiento. Recorría todo el país, hipnotizando a las multitudes con sus atronadores llamamientos a que la población negra se sacudiera de encima los perjudiciales estereotipos del gueto y reclamase el poder político que se le había negado durante tanto tiempo. Predicaba un mensaje de empoderamiento implacable y que apelaba a la acción de cada individuo. «¡Abajo las drogas! ¡Arriba la esperanza!», proclamaba para su auditorio. Hacía que los escolares se comprometieran por escrito a apagar la tele para dedicar dos horas a los deberes todas las noches. Hacía que los padres prometieran no desentenderse. Luchaba contra la sensación de fracaso que invadía tantas comunidades afroamericanas e instaba a sus habitantes a olvidar la autocompasión y tomar las riendas de su destino. «¡Nadie, nadie en absoluto, es demasiado pobre para apagar la tele dos horas cada noche!», gritaba.

Pasar tiempo en casa de Santina podía ser emocionante. Era espaciosa y un poco caótica, el hogar de los cinco hijos de la familia, y estaba repleta de macizos muebles victorianos y de cristalería de época que a la madre de Santita, Jacqueline, le gustaba coleccionar. La señora Jackson, como la llamaba yo, era de espíritu extrovertido y risa sonora. Llevaba ropa colorida y muy holgada y servía las comidas en una mesa enorme, a la que invitaba a sentarse a cualquiera que pasara por allí, en su mayor parte miembros de lo que ella llamaba «el movimiento», entre los cuales había importantes empresarios, políticos y poetas, amén de un círculo de famosos que incluía desde cantantes hasta deportistas.

Cuando el reverendo Jackson estaba en casa circulaba por ella una energía diferente. Se dejaban de lado las rutinas; las sobremesas de la cena se alargaban hasta entrada la noche. Había un continuo ir y venir de consejeros, y siempre estaban trazándose planes. A diferencia de lo que sucedía en nuestro apartamento de Euclid, donde la vida seguía un ritmo ordenado y predecible, donde las inquietudes de mis padres rara vez iban más allá de mantener a nuestra familia feliz y encaminada hacia el éxito, los Jackson parecían enzarzados en algo más extraordinario, más confuso y, en apariencia, más trascendente. Su compromiso iba de dentro afuera; su comunidad era grande y su misión, importante. Educaban a Santita y sus hermanos para que fueran políticamente activos. Sabían cómo y qué boicotear. Se manifestaban por las causas de su padre. Lo acompañaban en sus viajes de trabajo y visitaban lugares como Israel y Cuba, Nueva York y Atlanta. Se habían subido a estrados ante enormes multitudes y estaban aprendiendo a absorber la angustia y la controversia que conllevaba tener un padre, un padre negro por demás, con una vida pública. El reverendo Jackson tenía un equipo de guardaespaldas, hombres corpulentos y silenciosos que viajaban con él. En aquel entonces solo comprendí a medias que había recibido amenazas de muerte.

Santita adoraba a su padre y estaba orgullosa de su labor, pero también intentaba tener una vida propia. Tanto ella como yo creíamos firmemente que había que reforzar el carácter de los jóvenes negros de todo Estados Unidos, pero a la vez nos urgía llegar al centro comercial de Water Tower Place antes de que acabaran las rebajas de las zapatillas de deporte K-Swiss. A menudo nos veíamos buscando a alguien que nos llevara o nos prestase un coche. Como en mi familia había un solo vehículo para dos padres que trabajaban, solíamos tener más probabilidades en casa de Santita, pues la señora Jackson disponía de una ranchera con paneles de madera y de un pequeño deportivo. A veces pedíamos a algún miembro del personal que nos acompañase, o a alguno de los visitantes que entraban y salían del hogar de Santita a todas horas. Lo que sacrificábamos era el control. Se convertiría en una de mis primeras lecciones sobre la vida en la política, aunque entonces no lo supiera: los horarios y los planes pueden cambiar. Aunque estuvieras fuera del torbellino, lo notabas girar. Santita y yo a menudo nos veíamos obligadas a esperar a causa de algún retraso relacionado con su padre —una reunión que se alargaba o un avión que todavía volaba en círculos sobre el aeropuerto—, o a dar rodeos porque había que hacer varias paradas de última hora. Creíamos que nos acompañaban a casa desde el instituto o que íbamos al centro comercial, pero en lugar de eso acabábamos en un mitin en el West Side o atrapadas durante horas en la sede de Operation PUSH en el barrio de Hyde Park.

Un día nos encontramos manifestándonos con una multitud de partidarios de Jesse Jackson en el desfile del día de Bud Billiken, que debe su nombre a un personaje de ficción que protagonizaba una columna de periódico muy antigua. Es una de las tradiciones más solemnes del South Side, y se celebra todos los agostos: un alarde de bandas de música y carrozas que recorre unos tres kilómetros por Martin Luther King Jr. Drive, a través del corazón del barrio afroamericano que antaño se conocía como el Cinturón Negro y, más tarde, se rebautizó como Bronzeville. El desfile del día de Bud Billiken se conmemora desde 1929 y está dedicado al orgullo afroamericano. Para cualquiera que ocupase un lugar destacado en su comunidad o en la política era —y sigue siendo a día de hoy— más o menos obligatorio hacer acto de presencia en el desfile y seguir su recorrido.

Entonces lo ignoraba, pero el torbellino que rodeaba al padre de

Santita estaba empezando a acelerarse. Faltaban unos pocos años para que Jesse Jackson presentara su candidatura oficial a la presidencia de Estados Unidos, lo que significa que, probablemente, comenzó a plantearse en serio la idea durante nuestros años de instituto. Había que recaudar fondos; había que establecer contactos. Ahora sé que una campaña presidencial es un empeño que requiere todo el tiempo y toda la energía de la totalidad de las personas implicadas, y que las buenas campañas tienden a precisar un preámbulo para sentar las bases y calentar motores que puede añadir años enteros al proceso. Con la vista puesta en las elecciones de 1984, Jesse Jackson sería el segundo afroamericano en presentar una campaña nacional seria a la presidencia, después del intento fallido de la congresista Shirley Chisholm en 1972. Supongo que, al menos en parte, aquello le rondaba la cabeza durante aquel desfile.

Lo que sí sabía entonces era que no me gustaba mucho la sensación de estar allí, asándome al sol entre globos y bocinas, entre trombones y vítores multitudinarios. La fanfarria era divertida y hasta emocionante, pero aquello, y la política en general, tenía algo que me daba mala espina. Para empezar, yo era una persona a la que le gustaban las cosas ordenadas y planificadas con antelación y, por lo que alcanzaba a entender, una vida dedicada a la política no parecía tener nada de ordenado. El desfile no formaba parte de mis planes. Por lo que recuerdo, Santita y yo no habíamos planeado acudir. Nos habían reclutado a última hora, quizá su madre o su padre, o cualquier otro integrante del movimiento que nos hubiera atrapado antes de que pudiéramos llevar a término el plan que tuviésemos pensado para aquel día. Pero yo quería mucho a Santita y, además, era una niña educada que casi siempre obedecía a los mayores, de modo que eso hice también aquel día: me metí de cabeza en el torbellino caluroso y bullanguero del desfile del día de Bud Billiken.

Cuando aquella tarde regresé a mi casa de Euclid Avenue me encontré a mi madre riéndose. «Acabo de verte en la tele», me dijo. Al parecer, estaba mirando las noticias y me había reconocido desfilando junto a Santita, saludando, sonriendo y haciendo lo que todos. Supongo que su sonrisa se debía, también, a que había captado mi incomodidad, la sensación de que me había visto inmersa en algo que no era de mi agrado.

Llegó el momento de buscar universidad, y tanto a Santita como a mí nos interesaban facultades de la Costa Este. Ella fue a echar un vistazo a Harvard, pero se desanimó porque un encargado de admisiones la hostigó a preguntas acerca de la actividad política de su padre, cuando lo único que ella quería era que la aceptasen por sí misma. En cuanto a mí, pasé un fin de semana con Craig en Princeton, donde mi hermano parecía haber adoptado un productivo ritmo consistente en jugar al baloncesto, ir a clase y frecuentar un local del campus para estudiantes minoritarios. El campus era grande y bonito, con edificios cubiertos de hiedra, y los amigos de Craig parecían bastante simpáticos. No le di muchas más vueltas. Ningún miembro de mi familia cercana había tenido demasiada experiencia con la universidad, de modo que, en cualquier caso, no había mucho que considerar. Como siempre había ocurrido, imaginé que, si a Craig le había gustado, a mí también me gustaría, y que todo lo que él pudiera lograr, también podría hacerlo yo. Así pues, Princeton se convirtió en mi primera opción como universidad.

A comienzos de mi último año en Whitney Young tuve una primera reunión obligatoria con la orientadora universitaria que el instituto me había asignado.

No puedo contar gran cosa sobre la orientadora, porque borré de mi memoria aquella experiencia de forma deliberada y casi al instante. No recuerdo su edad, raza o manera de mirarme el día que me presenté en su despacho, rebosante de orgullo porque estaba a punto de graduarme y me encontraba entre el diez por ciento con las mejores notas de mi clase en el Whitney Young, porque me habían elegido tesorera del último curso, porque había entrado en la prestigiosa National Honor Society y porque había logrado disipar casi todas las dudas con las que llegué cuando era una nerviosa estudiante de primer curso. No recuerdo si repasó mi expediente académico antes o después de que yo le anunciara que estaba interesada en unirme a mi hermano en Princeton el otoño siguiente.

Es posible, en realidad, que durante aquel breve encuentro la orientadora universitaria me dijera cosas que tal vez fueran positivas y útiles, pero no recuerdo ninguna. Porque, con razón o sin ella, solo me quedé con una frase concreta de todas las que pronunció aquella mujer.

«No estoy segura —dijo mientras me dedicaba una sonrisa superficial y condescendiente— de que des la talla para Princeton.»

Su juicio, tan rápido como despectivo, se basaba probablemente en un cálculo a ojo que tenía que ver con mis notas y resultados en los tests. Se trataba de una versión, imagino, de lo que esa mujer hacía durante todo el día, y con experta eficiencia: informar a los estudiantes de último curso de dónde encajaban y dónde no. Estoy convencida de que ella creía que estaba siendo realista. Dudo que tuviera en mente otro pensamiento durante nuestra charla.

Pero, como he dicho, el fracaso es una sensación mucho antes de llegar a concretarse. Y a mí, la sensación que me dio fue que eso era exactamente lo que aquella mujer estaba tratando de hacerme ver: la perspectiva del fracaso mucho antes de haber intentado tener éxito. Estaba diciéndome que rebajase mis expectativas, que era todo lo contrario de lo que mis padres me habían inculcado durante toda mi vida.

Si hubiera decidido creerla, su dictamen habría socavado mi autoconfianza una vez más y habría resucitado el viejo runrún del «no es suficiente, no es suficiente».

Sin embargo, haber seguido el ritmo de los ambiciosos alumnos del Whitney Young durante tres años me había enseñado que yo era algo más. No pensaba dejar que la opinión de una sola persona diera al traste con todo lo que creía saber sobre mí misma. En lugar de eso, cambié de método sin cambiar de objetivo. Presentaría una solicitud de ingreso en Princeton y en varias universidades más, pero no consultaría a la orientadora en lo sucesivo. En lugar de su ayuda busqué la de alguien que me conocía de verdad. El señor Smith, mi vecino y subdirector, sabía, por propia experiencia, cuáles eran mis puntos fuertes como estudiante y, por si fuera poco, me confiaba a sus hijos. Accedió a escribirme una carta de recomendación.

A lo largo de mi vida he tenido la suerte de conocer a toda clase de personas extraordinarias y con talento: dirigentes mundiales, inventores, músicos, astronautas, deportistas, catedráticos, emprendedores, artistas y escritores, pioneros de la medicina y la investigación. Algunos, aunque no los suficientes, son mujeres. Algunos, aunque no los suficientes, son negros o de color. Algunos nacieron pobres o tuvieron una vida que a muchos de nosotros nos parecería injusta y repleta de adversidades, y aun así se comportan en apariencia como si hubieran disfrutado de todas las ventajas del mundo. Lo que he aprendido es lo siguiente: todos ellos han dudado. Algunos siguen teniendo ejércitos de críticos y detractores que no paran de gritarles «Ya te lo advertí» cada vez que dan un pasito en falso o cometen un pequeño error. El ruido no desaparece, pero las personas más exitosas que conozco han aprendido a vivir con él, a apoyarse en la gente que cree en ellas y a seguir adelante con sus objetivos.

Aquel día, cuando salí del despacho de la orientadora universitaria del Whitney Young estaba que echaba humo, más herida en el ego que cualquier otra cosa. Mi único pensamiento en aquel instante era: «Te vas a enterar».

Pero luego me tranquilicé y volví al trabajo. Nunca había pensado que entrar en la universidad fuese a resultar fácil, pero estaba aprendiendo a concentrarme y tener fe en mi propia historia. Intenté plasmar toda aquella experiencia en mi carta para la universidad. En vez de fingir que era un prodigio de intelectualidad y que creía que estaría como en casa entre los muros cubiertos de hiedra de Princeton, escribí sobre la esclerosis múltiple de mi padre y la falta de experiencia de mi familia con la educación superior. No oculté que apuntaba hacia arriba porque, dada mi procedencia, en realidad era lo único que podía hacer.

Y en última instancia, supongo que sí logré que aquella orientadora universitaria se enterase, porque seis o siete meses más tarde llegó una carta a nuestro buzón de Euclid Avenue en la que me comunicaban que había sido admitida en Princeton. Mis padres y yo lo celebramos aquella noche pidiendo pizza de Italian Fiesta. Telefoneé a Craig y le anuncié a gritos la buena nueva. Al día siguiente llamé a la puerta del señor Smith para contarle que me habían aceptado y darle las gracias por su ayuda. No fui, en cambio, al despacho de la orientadora para explicarle que se había equivocado, que al final sí que daba la talla para Princeton. No nos habría servido de nada a ninguna de las dos. En realidad, no necesitaba que se enterase de nada. Solo tenía que enterarme yo.

6

Mi padre me acompañó en coche a Princeton en el verano de 1981, cruzando las rectas y llanas autopistas que conectan Illinois con New Jersey. Pero fue algo más que un simple viaje por carretera entre padre e hija. Mi novio, David, nos acompañó durante todo el trayecto. Me habían invitado a asistir a un programa especial de orientación de verano que duraba tres semanas, cuyo fin era subsanar «carencias previas» ofreciendo tiempo extra a determinados estudiantes nuevos para ayudarlos a instalarse en el campus. No estaba claro cómo nos habían identificado exactamente, qué parte de nuestras solicitudes de admisión había hecho concebir en la universidad la idea de que nos vendrían bien unas lecciones sobre cómo leer un programa de estudios o unas prácticas acerca de cómo orientarnos en los caminos que enlazaban los edificios del campus, pero Craig lo había hecho dos años antes y parecía conveniente. De modo que hice las maletas, me despedí de mi madre —no lloramos ni nos pusimos sentimentales— y subí al coche.

Mis ganas de abandonar la ciudad venían alimentadas en parte por el hecho de que había pasado los dos últimos meses trabajando en una cadena de montaje, manejando lo que, a grandes rasgos, era una pistola de pegamento de tamaño industrial, en un pequeño taller de encuadernación de libros situado en el centro de Chicago: una rutina alienante que se prolongaba durante ocho horas al día, cinco días por semana, y que actuó, posiblemente, como el recordatorio más poderoso de lo acertado que era ir a la universidad. La madre de David trabajaba en la encuadernadora y nos había ayudado a encontrar empleo allí a su hijo y a mí. Trabajamos hombro con hombro durante todo el verano, lo que hizo que la experiencia me resultase más llevadera. David era inteligente y atento, un joven alto y apuesto dos años mayor que yo. Se había hecho amigo de Craig en la cancha de baloncesto del barrio, en el parque Rosenblum, unos años antes, pues se apuntaba a los partidillos improvisados cuando visitaba a unos parientes que vivían en Euclid Parkway. Con el tiempo, empezó a salir conmigo. Durante el año académico, David se encontraba en una universidad que estaba fuera del estado, lo que tenía la ventaja de evitar que me distrajera de mis estudios. Durante las vacaciones y en verano, sin embargo, volvía a la casa de su madre en el extremo sudoeste de la ciudad y pasaba casi a diario a recogerme con su coche.

David era un chico tranquilo y, además, mucho más adulto que cualquier otro novio que hubiera tenido. Se sentaba en el sofá y miraba el partido con mi padre; bromeaba con Craig y conversaba educadamente con mi madre. Teníamos citas de verdad, en las que empezábamos con una cena, a nuestro juicio de postín, en un restaurante de la cadena Red Lobster y luego íbamos al cine. Tonteábamos y fumábamos porros en su coche. De día, en el taller de encuadernación, entre pistoletazo y pistoletazo de pegamento pasábamos la jornada intercambiando bromas hasta que no quedaba nada que decir. A ninguno nos interesaba en especial aquel trabajo, más allá de que nos permitiría ahorrar para la universidad. En cualquier caso, me iría de la ciudad muy pronto, y no tenía intención de volver a la encuadernadora. En cierto sentido ya estaba medio fuera: mi mente se hallaba rumbo a Princeton.

Así pues, aquella tarde de principios de agosto en la que el trío que formábamos mi padre, mi novio y yo abandonó por fin la carretera 1 y atravesó la alameda que llevaba al campus, ya estaba más que dispuesta a pasar página. Estaba preparada para llevar rodando mis dos maletas hasta la residencia de verano y estrechar la mano de los demás asistentes al cursillo (sobre todo estudiantes de alguna minoría o con bajos ingresos, además de un puñado de deportistas). Estaba preparada para probar la comida de la cantina, memorizar el mapa del campus y superar cualquier plan de estudios que me pusieran por delante. Estaba allí. Había aterrizado. Tenía diecisiete años y mi vida avanzaba viento en popa.

Solo había un problema, y era David, que nada más cruzar la frontera estatal de Pennsylvania había empezado a mostrarse taciturno. Mientras sacábamos con esfuerzo mi equipaje del maletero del coche de mi padre, noté que ya se sentía solo. Llevábamos más de un año saliendo. Nos habíamos declarado nuestro amor, pero era un amor en el contexto de Euclid Avenue, el Red Lobster y las canchas de baloncesto del parque Rosenblum. Era amor en el contexto del lugar que yo acababa de dejar atrás. Mientras mi padre se tomaba su consabido minuto extra para apearse del asiento del conductor y erguirse sobre sus muletas, David y yo esperamos en silencio bajo el ocaso, contemplando el impecable rombo de césped verde que había delante de la fortaleza de piedra que sería mi residencia. Di por sentado que los dos estábamos cayendo en la cuenta de que, tal vez, había asuntos importantes de los que no habíamos hablado, de que quizá teníamos opiniones discrepantes sobre si esa era una despedida temporal o una ruptura impuesta por la distancia. ¿Nos visitaríamos? ¿Nos escribiríamos cartas de amor? ¿Cuánto empeño pensábamos poner en ello?

David me sostuvo la mano con formalidad. Era desconcertante. Yo sabía lo que quería, pero no encontraba palabras para expresarlo. Esperaba que algún día mis sentimientos por un hombre me dejaran noqueada, verme arrastrada por el tsunami vertiginoso que parecía alimentar las mejores historias de amor. Mi padre y mi madre se enamoraron cuando eran adolescentes, él la acompañó al baile de fin de curso del instituto donde ella estudiaba. Yo sabía que los amores adolescentes en ocasiones eran genuinos y duraderos. Deseaba creer que había un muchacho que aparecería en mi vida el día menos pensado y pasaría a serlo todo para mí; un joven sexy y cabal cuyo efecto sobre mí sería tan inmediato y profundo que estaría dispuesta a reordenar mis prioridades.

Lo malo era que no se trataba del muchacho que estaba plantado delante de mí en aquel momento.

Mi padre por fin interrumpió el silencio entre David y yo, diciendo que ya era hora de que subiéramos mis trastos a la residencia. Había reservado una habitación en un motel de la ciudad para ellos dos. Tenían pensado regresar a Chicago al día siguiente.

En el aparcamiento, abracé con cariño a mi padre. Siempre había tenido fuerza en los brazos, gracias a su pasión juvenil por el boxeo y la natación, y la conservaba por el esfuerzo que le exigía desplazarse con las muletas. «Sé buena, Miche», dijo al soltarme, sin que en la cara se le notase otra emoción que el orgullo. Después tuvo el detalle de subir al coche para concedernos algo de intimidad a David y a mí.

Nos quedamos a solas en la acera, los dos apenados y tratando de alargar el tiempo. El corazón me dio un vuelco de afecto cuando se inclinó sobre mí para besarme. Aquella parte siempre era un placer.

Y aun así, lo sabía. Sabía que, aunque envolvía con los brazos a un buen chico de Chicago al que yo le importaba de verdad, también había, justo detrás de nosotros, un sendero iluminado que salía del aparcamiento y remontaba una leve pendiente hasta el patio central, que en cuestión de minutos se convertiría en mi nuevo contexto, mi nuevo mundo. Me inquietaba vivir fuera de casa por primera vez, dejar la única vida que había conocido. Pero una parte de mí comprendía que era mejor cortar de raíz, con rapidez, y no aferrarse a nada. Al día siguiente, David me llamaría a la residencia y me preguntaría si podíamos quedar para tomar un almuerzo rápido o dar un último paseo por los alrededores antes de marcharse, y yo murmuraría algo sobre lo ocupada que estaba ya en la universidad y que me iba a ser imposible. Nuestra despedida aquella noche fue real y para siempre. Probablemente debería habérselo dicho a la cara en aquel momento, pero me acobardé, consciente de que dolería, tanto verbalizarlo como oírlo. En vez de eso, dejé que David se fuera sin más.

Resultó que aún tenía muchas cosas que aprender sobre la vida, o por lo menos de la vida en el campus de Princeton a principios de la década de los ochenta. Después de pasar varias semanas muy ajetreadas como estudiante de verano, rodeada de algunas docenas de compañeros tan accesibles como habituales para mí, el semestre de otoño empezó de forma oficial y abrió las puertas a toda la población estudiantil en su conjunto. Había trasladado mis pertenencias a la habitación de una nueva residencia, un dormitorio triple en Pyne Hall, y observé desde mi ventana de la segunda planta cómo entraban en tropel en el campus miles de chicos y chicas, en su mayoría blancos, cargados con estéreos, edredones y percheros repletos de ropa. Algunos llegaban en limusina; incluso una joven apareció con dos —de las largas—, cargadas con todo su equipaje.

Princeton era extremadamente blanca y muy masculina. Era una realidad innegable. En el campus, el número de chicos duplicaba casi el de las chicas. Los estudiantes negros suponían menos del nueve por ciento en mi clase de primero. Si durante el programa de orientación había empezado a sentirme bastante integrada, de pronto éramos una flagrante anomalía, como semillas de amapola en un cuenco de arroz. Aunque en el Whitney Young había convivido con cierta diversidad, nunca antes había formado parte de una comunidad predominantemente blanca. Jamás había destacado entre la multitud o en un aula por el color de mi piel. Fue una experiencia que me desconcertó y me hizo sentir incómoda, por lo menos al principio, como si me hubieran metido en un terrario nuevo y extraño, un hábitat que no hubiera sido construido para mí.

Como sucede con todo, sin embargo, las personas aprenden a adaptarse. Una parte del proceso de ajuste resultó fácil, casi un alivio. Para empezar, a nadie parecía preocuparle demasiado la delincuencia. Los estudiantes dejaban sus dormitorios sin cerrar, las bicicletas apoyadas tranquilamente en el caballete delante de los edificios, los pendientes de oro abandonados en el lavamanos del cuarto de baño de la residencia. Su confianza en el mundo parecía infinita; su progreso y avance, garantizados. Yo me había pasado años vigilando mis posesiones con discreción en el trayecto de ida y vuelta en autobús al Whitney Young, y cuando por la tarde regresaba a pie a casa llevaba la llave encajada entre dos nudillos y con la punta hacia fuera, por si necesitaba defenderme.

En Princeton, parecía que de lo único que tenía que preocuparme era de mis estudios. Todo lo demás se había diseñado pensando en nuestro bienestar como estudiantes. Las cafeterías servían cinco clases diferentes de desayuno. Había unos robles enormes bajo los que sentarse y prados abiertos en los que podíamos jugar al frisbee para aliviar el estrés. La biblioteca principal era como una catedral europea, con techos altos y mesas relucientes de madera noble sobre las que podíamos abrir nuestros libros y estudiar en silencio. Estábamos protegidos, aislados, cuidados. Empecé a comprender que muchos jóvenes no habían conocido otra cosa en su vida.

Todo eso venía acompañado por un nuevo vocabulario que necesitaba dominar. ¿Qué era un «precepto»? ¿Qué era un «período lectivo sin docencia»? Nadie me había explicado el significado de sábanas «extralargas» en la lista de material básico de la universidad, de modo que compré ropa de cama demasiado corta y, por lo tanto, me pasé el primer año durmiendo con los pies sobre el protector plástico del colchón de la residencia. Existía una curva de aprendizaje especialmente acusada en todo lo relativo a los deportes. Yo me había criado con una sólida base en fútbol americano, baloncesto y béisbol, pero resultó que los que estudiaban en la privada en la Costa Este hacían más cosas. Había lacrosse; había hockey sobre hierba; había hasta squash. Para una chica del South Side de Chicago podía ser un poco desconcertante. «¿Eres palista?» No tenía ni idea de lo que significaba eso.

Solo tenía una ventaja, la misma que tuve cuando empecé en la guardería: seguía siendo la hermana pequeña de Craig Robinson.

Craig ya estaba en tercer curso y jugaba en el equipo universitario de baloncesto. Era, como había sido siempre, un chico popular. Hasta los guardias de seguridad del campus lo saludaban por su nombre. Craig tenía una vida, y yo logré colarme en ella, al menos en parte. Conocí a sus compañeros de equipo y a sus respectivas amistades. Una noche fui a cenar con él fuera del campus, en la lujosa residencia de uno de los patrocinadores del equipo de baloncesto, donde, sentada a la mesa del comedor, me las vi con una estampa inusitada, un alimento que, como tantas otras cosas en Princeton, requería una lección de refinamiento: una espinosa alcachofa verde colocada sobre un plato blanco de porcelana.

Craig había encontrado un chollo de alojamiento para todo el año: vivía sin pagar alquiler, como vigilante, en un dormitorio del último piso del Third World Center, una filial de la universidad de nombre desafortunado pero con buenas intenciones, cuya misión era apoyar a los estudiantes de color. (Pasarían nada menos que veinte años antes de que dejara de ser el «Centro del Tercer Mundo» para denominarse Centro Carl A. Fields para la Igualdad y el Entendimiento Cultural, en honor al primer decano afroamericano de Princeton.) La sede del Third World era un edificio de ladrillo visto que se alzaba en una esquina de Prospect Avenue, cuyos valorados solares estaban dominados por las majestuosas mansiones de piedra y de estilo Tudor de aquellas primigenias sociedades gastronómicas de Princeton que acabaron por convertirse en fraternidades.

El TWC, como lo llamábamos la mayoría, enseguida se convirtió en una especie de base de operaciones para mí. Allí se celebraban fiestas y comidas de hermandad. Había tutores voluntarios que nos ayudaban con los deberes y espacios de ocio. Durante el programa de verano había hecho un puñado de amigas, y muchas de nosotras acabamos frecuentando el TWC en nuestro tiempo libre. Entre ellas estaba Suzanne Alele. Suzanne era alta y delgada, con las cejas gruesas y una melena oscura y exuberante cuyos rizos le caían por la espalda. Había nacido en Nigeria y crecido en Kingston, Jamaica, aunque su familia se había mudado a Maryland cuando era adolescente. Tal vez por eso parecía desconectada de cualquier identidad cultural única. Suzanne ejercía una atracción natural; era difícil no notarlo. Tenía una sonrisa inmensa y un leve deje isleño en la voz que se le acentuaba cuando estaba cansada o había bebido de más. Tenía un porte que yo siempre he asociado con la desenvoltura caribeña, una ligereza de espíritu que la hacía destacar entre las aplicadas masas de Princeton. No le daba reparo colarse en una fiesta donde no conocía a nadie. Aunque estaba en el curso preparatorio para la carrera de Medicina, no renunciaba a apuntarse a clases de alfarería o de danza por la sencilla razón de que la hacían feliz.

Más adelante, durante nuestro segundo año, Suzanne me sorprendería otra vez con su decisión de entrar en la trifulca de una hermandad llamada Cap and Gown, «birrete y toga»; «trifulca» era una palabra con un significado especial en Princeton, donde se refería al proceso de selección que esas sociedades llevaban a cabo para escoger nuevos miembros. Me encantaban las anécdotas que Suzanne nos contaba tras los banquetes y las fiestas a las que acudía en Cap and Gown, aunque yo no sentía ningún interés por entrar en una trifulca. Estaba contenta con la comunidad de estudiantes negros y latinos que había encontrado a través del TWC y me conformaba con permanecer en los márgenes de la vida social de Princeton en su conjunto. Nuestro grupo era reducido, pero estaba muy unido. Organizábamos fiestas y bailábamos hasta entrada la noche. A la hora de comer, a menudo nos juntábamos a la mesa diez o más personas, lo que me recordaba a las multitudinarias comidas que mi familia organizaba en casa de Southside.

Imagino que a los administradores de Princeton no les hacía mucha gracia que casi todos los estudiantes de color hicieran piña. Lo que esperaban era que el alumnado al completo se mezclara formando una heterogénea armonía que ahondase en la calidad de la vida estudiantil de la totalidad de los implicados. Es un noble propósito. Entiendo que, por lo que respecta a la diversidad en el campus, lo ideal sería alcanzar algo parecido a lo que suele mostrarse en los folletos de las universidades: estudiantes sonrientes que trabajan y se divierten en perfectos grupos multiétnicos. Pero incluso a día de hoy, a pesar de que los estudiantes blancos siguen superando en número a los de color en los campus universitarios, la carga de la integración recae casi siempre sobre los estudiantes minoritarios. Según mi experiencia, es mucho pedir.

En Princeton necesitaba a mis amigos negros. Nos proporcionábamos mutuamente consuelo y apoyo. Éramos muchos los que llegábamos a la universidad sin ser siquiera conscientes de las desventajas que padecíamos. Es un proceso lento ir descubriendo que tus nuevos compañeros han recibido clases especiales de preparación para las pruebas de acceso a la universidad o contenidos de nivel universitario en el instituto, o que han estudiado en internados privados y, por lo tanto, no acusan la dificultad añadida que supone vivir fuera de casa por primera vez. Era como subir al escenario para ofrecer tu primer recital de piano y descubrir que nunca habías tocado nada que no fuera un instrumento con las teclas rotas. El mundo cambia de orientación, pero te piden que te adaptes y lo superes, que interpretes tu música como todos los demás.

Es algo factible, por supuesto —los estudiantes que pertenecen a colectivos minoritarios o desfavorecidos superan el reto a diario—, pero requiere energía. Requiere energía ser la única persona negra en una sala de conferencias o uno de los pocos no blancos que se ofrece para participar en una obra de teatro o para jugar en un equipo de una liga intrauniversitaria. Exige esfuerzo, un punto adicional de confianza, hablar en esos entornos y reivindicar con naturalidad tu presencia en la sala. Y por eso, cuando mis amigos y yo coincidíamos para cenar todas las noches sentíamos cierto grado de alivio. Por eso hacíamos largas sobremesas y nos reíamos cuanto podíamos.

Mis dos compañeras de habitación blancas en Pyne Hall eran geniales, pero no pasé en la residencia el tiempo suficiente para trabar una amistad profunda con ellas. La verdad es que no tenía muchas amigas blancas, en general. Visto en retrospectiva, me doy cuenta de que la culpa también fue mía. Era cauta; me aferraba a lo que conocía. Cuesta verbalizar lo que a veces se capta en el ambiente, los matices discretos y crueles del no encajar, los indicios sutiles que te advierten que no arriesgues, que busques a tu gente y permanezcas donde estás.

Cathy, una de mis compañeras de habitación, aparecería en las noticias muchos años más tarde para contar, abochornada, algo que yo no supe cuando vivíamos juntas: su madre, una maestra de Nueva Orleans, estaba tan consternada por que a su hija le hubieran asignado una compañera de habitación negra que había insistido a la universidad para que nos separasen. La madre de Cathy también concedió una entrevista, en la que confirmaba la historia y ampliaba el contexto: dado que se había criado en una casa en la que los epítetos racistas formaban parte del léxico familiar y había tenido un abuelo que se vanagloriaba de haber expulsado a los negros de su pueblo cuando era sheriff, le había «horrorizado», en sus palabras, que yo estuviera cerca de su hija.

Lo único que supe en su momento fue que, a mediados de nuestro primer año, Cathy se trasladó de nuestra habitación triple a una individual. Me alegra decir que yo no tenía ni idea de por qué.

Mi beca de Princeton me exigía que buscara un empleo a tiempo parcial, y acabé consiguiendo uno estupendo cuando me contrataron como auxiliar de dirección en el TWC. Ayudaba unas diez horas por semana fuera de mi horario lectivo; me sentaba ante un escritorio junto a Loretta, la secretaria a tiempo completo, y escribía memorándums a máquina, cogía el teléfono y atendía a los estudiantes que acudían con preguntas sobre cómo desapuntarse de una clase o unirse a la cooperativa de alimentos. La oficina ocupaba la esquina delantera del edificio, y el sol que entraba a raudales por las ventanas y los muebles desparejados le conferían un aspecto más hogareño que institucional. Me encantaba estar empleada allí, tener trabajo de oficina que hacer. Me encantaba el pequeño estremecimiento de satisfacción que sentía cada vez que terminaba alguna tarea organizativa de poca monta. Pero, por encima de todo, me encantaba mi jefa, Czerny Brasuell.

Czerny era una mujer negra inteligente y hermosa de apenas treinta años de edad, una neoyorquina alegre e inquieta que llevaba vaqueros de pata de elefante y sandalias de plataforma y siempre parecía manejar cuatro o cinco asuntos a la vez. Para los estudiantes de color de Princeton era una especie de megamentora, nuestra defensora en jefe, ultramoderna y siempre categórica, y por eso gozaba del aprecio general. En la oficina hacía malabarismos con múltiples proyectos: presionar a la administración de la universidad para que aplicara más políticas inclusivas para las minorías, defender las necesidades de estudiantes individuales y poner sobre la mesa nuevas ideas para que todos nosotros mejorásemos nuestra situación. A menudo llegaba tarde e irrumpía por la puerta principal a la carrera con un fajo de papeles bajo el brazo, un cigarrillo encendido en la boca y un bolso al hombro, gritándonos instrucciones a Loretta y a mí sin aflojar el paso. Estar cerca de ella era una experiencia embriagadora; era lo más cerca que había estado nunca de una mujer independiente con un trabajo que la entusiasmaba. También era, no por casualidad, madre soltera de un niño adorable y muy espabilado llamado Jonathan, al que yo a menudo le hacía de canguro.

Czerny vio en mí alguna clase de potencial, aunque también era evidente mi falta de experiencia vital. Me trataba como a una adulta, me pedía opinión y me escuchaba con atención cuando le describía las preocupaciones y los líos administrativos que me habían planteado los estudiantes. Parecía decidida a despertar en mí más iniciativa. Buena parte de las preguntas que me hacía comenzaban con «¿Alguna vez has...?». ¿Alguna vez había, por ejemplo, leído las obras de James Cone? ¿Alguna vez había cuestionado las inversiones de Princeton en Sudáfrica o si no podría hacerse más para matricular a estudiantes pertenecientes a minorías? La mayor parte de las veces mi respuesta era que no, pero mi interés se despertaba en cuanto ella lo mencionaba.

«¿Alguna vez has estado en Nueva York?», me preguntó un buen día. Mi respuesta fue de nuevo que no, pero Czerny no tardó en ponerle remedio. Un sábado por la mañana, el pequeño Jonathan, una amiga que también trabajaba en el TWC y yo nos apretamos en el coche de Czerny y nos llevó a toda velocidad en dirección a Manhattan, sin parar de hablar y fumar durante todo el trayecto. Casi podía notarse cómo se quitaba un peso de encima al conducir, cómo se desprendía de la tensión a medida que las vallas blancas de los picaderos que rodeaban Princeton daban paso a carreteras congestionadas y, por fin, a las torres urbanas que se alzaban frente a nosotros. Nueva York era el hogar de Czerny, igual que Chicago era el mío. Nadie sabe en realidad el apego que tiene a él hasta que se muda a otra parte, hasta que experimenta lo que es sentirse desplazado, como un tapón de corcho que flota en un océano extraño.

En un abrir y cerrar de ojos nos plantamos en el bullicioso corazón de Nueva York, sumidos en un torrente de taxis amarillos y bocinazos mientras Czerny pisaba a fondo entre un semáforo y el siguiente, frenando solo en el ultimísimo segundo antes de que cambiara a rojo. No recuerdo con exactitud lo que hicimos aquel día, aunque sé que comimos pizza. Vimos el Rockefeller Center, atravesamos Central Park con el coche y atisbamos desde la distancia la Estatua de la Libertad, con su esperanzada antorcha en alto. Pero estábamos allí sobre todo por motivos prácticos. Czerny parecía recargar el alma mientras seguía su lista de prosaicos recados. Tenía cosas que recoger, cosas que dejar. Aparcaba en doble fila en travesías con mucho tráfico y entraba y salía como una exhalación de los edificios, provocando un sinfín de pitidos coléricos del resto de los conductores, mientras nosotras esperábamos con impotencia dentro del coche. Nueva York me abrumó. Era rápida y ruidosa, un lugar menos paciente que Chicago. Sin embargo, allí Czerny rebosaba vida, y no parecían alterarla los peatones que cruzaban en rojo o el olor a orina y basura amontonada que se esparcía desde las aceras.

Estaba a punto de aparcar en doble fila otra vez cuando echó un vistazo al tráfico por el retrovisor y, de pronto, pareció cambiar de opinión. Me hizo un gesto a mí, que iba en el asiento del copiloto, para indicarme que me deslizase hasta su sitio.

«Tienes carnet, ¿no? —preguntó, y cuando asentí con la cabeza dijo—: Genial. Coge el volante. Basta que des una vuelta lenta a la manzana. O a lo mejor dos. Luego vuelves aquí. No tardaré más de cinco minutos, te lo prometo.»

La miré como si estuviera chiflada. Y lo estaba, en mi opinión, por pensar que yo podría conducir en Manhattan; solo era una adolescente, una forastera en aquella ciudad sin ley, inexperta y del todo incapaz, a mis ojos, de responsabilizarme no solo de su coche sino de su hijo durante un incierto paseo para hacer tiempo entre el tráfico de la tarde. Pero mis titubeos solo despertaron en Czerny algo que siempre asociaré con los neoyorquinos: un rechazo instintivo e inmediato contra la falta de ambición. Se bajó del coche y no me dejó otra opción que conducir. «Supéralo y vive un poco», era su mensaje.

Para entonces, yo aprendía a todas horas. Aprendía en el sentido académico obvio, porque me defendía en las clases, estudiando casi siempre en una sala tranquila del Third Tower Center o en un cubículo de la biblioteca. Aprendía a escribir con eficacia, a pensar con sentido crítico. Me había matriculado sin darme cuenta en una asignatura de Teología de tercer curso y la saqué adelante como mejor pude, salvando la nota en el último momento con una paliza de once horas a tumba abierta para entregar el trabajo final. No fue agradable, pero la experiencia me dio ánimos, porque era una prueba de que, trabajando, podía salir de casi cualquier apuro. Cualesquiera que fuesen las carencias con las que hubiera llegado, daba la impresión de que sería capaz de compensarlas echando más horas, pidiendo ayuda cuando la necesitase y aprendiendo a dosificar mi tiempo y a no perderlo.

Aun así, era imposible ser una joven negra en una facultad mayoritariamente blanca y no sentir la sombra de la discriminación positiva. Casi podía leerse el escrutinio en la mirada de ciertos estudiantes e incluso de algunos profesores, como si me dijeran: «Ya sé por qué estás tú aquí». Esos momentos pueden resultar desmoralizantes, aunque estoy segura de que en ocasiones solo eran imaginaciones mías. Sin embargo, plantaba en mi interior la semilla de una duda: ¿estaba allí como parte de un mero experimento social?

Poco a poco, no obstante, empecé a entender que en la universidad se cumplían muchas versiones de cuotas. Como minoría, nosotros éramos de las más visibles, pero quedó claro que se aplicaban criterios especiales para matricular a toda clase de alumnos cuyos méritos o notas quizá no estuvieran a la altura del estándar reconocido. No podía decirse que fuera una meritocracia pura. Estaban los deportistas, por ejemplo. Estaban las excepciones que se hacían con los estudiantes cuyos padres o abuelos habían jugado en los Tigers de Princeton o cuyas familias habían financiado la construcción de una residencia o una biblioteca. También aprendí que ser rico no te protegía del fracaso. Fui testigo de cómo más de un estudiante, blancos y negros, privilegiados o no, daba al traste con su futuro. Algunos se dejaban seducir por las fiestas con barril de cerveza que se celebraban entre semana, a otros los machacaba el estrés de intentar alcanzar un ideal académico, y otros o bien eran simplemente perezosos o bien estaban tan fuera de su elemento que necesitaban huir. Mi trabajo, a mi modo de ver, consistía en mantenerme firme, sacar las mejores notas que pudiera y salir adelante.

En mi segundo año, cuando Suzanne y yo nos trasladamos juntas a un dormitorio doble, ya había aprendido a organizarme mejor. Estaba más acostumbrada a ser una de las pocas estudiantes de color en una sala de conferencias abarrotada. Intentaba no sentirme intimidada cuando los chicos dominaban las conversaciones del aula, lo que ocurría con frecuencia. Al oírlos, me daba cuenta de que no eran en absoluto más inteligentes que el resto de nosotras. Lo único que pasaba era que estaban envalentonados, que se sentían en la cresta de una antigua ola de superioridad, mantenidos a flote por el hecho de que la historia nunca les hubiera contado nada diferente.

Algunos de mis compañeros acusaban más que yo su otredad. Mi amigo Derrick recuerda que algunos estudiantes blancos le cerraban el paso en la acera cuando se cruzaban con él. Otra chica a la que conocíamos invitó a seis amigos a su dormitorio una noche para celebrar su cumpleaños y acabó en el despacho del decano, donde se la informó de que, a todas luces, a su compañera blanca de habitación no le había hecho gracia que metiera a «jóvenes negros y corpulentos» en el cuarto. Los alumnos de minorías éramos tan pocos en Princeton que supongo que nuestra presencia siempre resultaba visible. Yo me lo tomé, más que nada, como un mandato para rendir al máximo, para hacer todo lo que estuviera en mi mano para mantenerme a la altura de las personas más privilegiadas que me rodeaban o incluso superarlas poco a poco. Como ya me había pasado en el Whitney Young, mi tesón se sostenía en parte en aquella sensación de «os vais a enterar». Si en el instituto me había sentido representante de mi barrio, en Princeton representaba a mi raza. Cada vez que intervenía con acierto en clase o sacaba buena nota en un examen, esperaba en silencio haber contribuido a una causa mayor.

Empezaba a descubrir que Suzanne no era muy dada a la reflexión. Le puse el apodo de «Screwzy»* por el rumbo poco práctico y errático de su vida. Tomaba la mayoría de sus decisiones —con quién saldría, qué asignaturas cursaría— teniendo en cuenta ante todo qué opción sería la más divertida. Y cuando se acababa la diversión, cambiaba de rumbo enseguida. Mientras yo me afiliaba a la Organización para la Unidad Negra y en general me mantenía cercana al TWC, Suzanne corría en el equipo de atletismo y se metía en la organización del equipo de sprint football, donde disfrutaba de la proximidad de unos hombres apuestos y atléticos. A través de la fraternidad tenía amigas que eran blancas y ricas, entre ellas una auténtica estrella de cine adolescente y una estudiante europea de la que se rumoreaba que era princesa. Suzanne había

---

* Combinación de Suzy y *screwy*, «excéntrica». (*N. de los T.*)

cedido a la presión de sus padres para que estudiara Medicina, aunque al final lo dejó porque interfería con sus ganas de divertirse. En un momento dado, la universidad le dio un toque de atención por sus notas, pero ni siquiera eso pareció preocuparla. Si yo era Shirley, ella era Laverne; si yo era Blas, ella Epi. La habitación que compartíamos parecía un campo de batalla ideológico, donde Suzanne habitaba en su lado en medio de un patético paisaje de ropa desparramada y papeles y yo me hacía fuerte en mi cama, rodeada de un orden meticuloso.

—¿De verdad tienes que hacer eso? —le decía cuando la veía llegar del entrenamiento de atletismo y dirigirse a la ducha mientras se quitaba la ropa sudada y la tiraba al suelo, donde se quedaría durante la semana siguiente, mezclada con la ropa limpia y los trabajos de clase sin terminar.

—¿Hacer qué? —replicaba ella, con su radiante sonrisa.

A veces tenía que abstraerme del caos de Suzanne para poder pensar con claridad. En ocasiones me daban ganas de gritarle, pero nunca lo hice. Suzanne era como era; no iba a cambiar. Cuando la cosa se salía de madre, yo recogía todos sus trastos y los amontonaba en su cama sin hacer comentarios.

Ahora veo que me provocaba de una manera positiva, que me hizo entender que no todo el mundo necesita tener sus archivadores etiquetados y en orden alfabético; ni siquiera tener archivadores. Años más tarde, me enamoraría de un chico que, como Suzanne, guardaba sus pertenencias en montones y nunca, jamás, sentía el impulso de doblar la ropa. Pero fui capaz de convivir con eso, gracias a Suzanne. De hecho, sigo viviendo con ese hombre a día de hoy. Eso es lo que aprende una maniática del control dentro del microcosmos comprimido de la universidad, quizá por encima de cualquier otra cosa: hay otras maneras de ser.

«¿Alguna vez has pensado en organizar un pequeño programa extraescolar para niños?», me dijo Czerny un día. Me lo preguntaba por compasión, creo. Con el tiempo, me había volcado tanto en Jonathan, que ya iba a primaria, que pasaba buena parte de mis tardes deambulando por Princeton con él de ayudante, o en el Third Tower Center, donde tocábamos duetos al piano desafinado o leíamos en un sofá raído. Czerny me pagaba las horas, pero por lo visto consideraba que no era suficiente. «Lo digo en serio —insistió—. Conozco a muchos profesores que siempre andan buscando a alguien que cuide de sus hijos cuando salen de clase. Podrías montarlo en el centro. Prueba, a ver qué tal sale.»

Gracias a la publicidad que Czerny me hizo, no pasó mucho tiempo antes de que tuviera un grupo de tres o cuatro niños a los que cuidar. Eran hijos de miembros del personal de la administración y de profesores negros de Princeton, quienes a su vez constituían una minoría y, como el resto de nosotros, tendían a acabar pasando por el TWC. Varias tardes a la semana les daba una merienda saludable y correteaba con ellos por el césped cuando salían de la escuela. Si tenían deberes, los hacíamos juntos.

Las horas se me pasaban volando. Estar con niños ejercía sobre mí un maravilloso efecto relajante que disipaba el estrés de los estudios y me obligaba a salir de mis pensamientos y a vivir el momento presente. De pequeña me pasaba días enteros jugando a las mamás con mis muñecas, fingiendo que sabía vestirlas y darles de comer, cepillándoles el pelo y poniéndoles tiritas con mimo en las rodillas de plástico. Al hacerlo de verdad, descubrí que la tarea era mucho más complicada pero no menos gratificante de lo que había imaginado. Tras pasar unas horas con los niños volvía agotada a la residencia, pero feliz.

Una vez por semana, más o menos, si encontraba un rincón tranquilo, agarraba el teléfono y marcaba el número de nuestro apartamento en Euclid Avenue. Si mi padre tenía turno de mañana, podía encontrarlo a última hora de la tarde, sentado —o eso imaginaba yo— con las piernas en alto en su butaca reclinable del salón, mirando la tele y esperando a que mi madre llegara a casa del trabajo. Por la noche, solía ser ella la que respondía al teléfono. Les narraba a los dos mi vida universitaria con todo lujo de detalles, como un colono dando el parte desde la frontera. Les relataba incluso nimiedades, desde lo poco que me gustaba la profesora de francés hasta las monerías de los niños de mi programa extraescolar, pasando por el hecho de que tanto Suzanne como yo estábamos coladas por un estudiante de Ingeniería afroamericano de ojos verdes y penetrantes que, a pesar de que lo seguíamos allá donde fuese, apenas reparaba en nosotras.

Mis anécdotas hacían reír a mi padre. «¿De verdad? —decía—. ¡Vaya, vaya! A lo mejor ese proyecto de ingeniero no os merece a ninguna de las dos.»

Cuando yo dejaba de parlotear, él repasaba las novedades de casa. Dandy y Grandma se habían mudado a la ciudad natal del abuelo, Georgetown, en Carolina del Sur, y la abuela se sentía un poco sola. Me contaba que mi madre hacía horas extras cuidando de Robbie, que ya pasaba de los setenta años, estaba viuda y padecía varios problemas de salud. Nunca mencionaba sus propios problemas, pero yo sabía que estaban ahí. En un momento dado, un sábado en que a Craig le tocaba partido en Princeton, mis padres condujeron hasta allí para verlo, y entonces tuve un primer atisbo de cómo estaba cambiando su realidad, de lo que nunca contaban por teléfono. Después de dejar el coche en el inmenso aparcamiento que había delante del gimnasio Jadwin, mi padre se deslizó a regañadientes hasta una silla de ruedas y consintió que mi madre lo empujara hasta el interior.

Yo casi me negaba a ver lo que estaba pasándole a mi padre. No podía soportarlo. Había investigado un poco acerca de la esclerosis múltiple en la biblioteca de Princeton y fotocopiado artículos de revistas de medicina que luego enviaba a casa. Les insistí en que mi padre consultase a un especialista o se apuntase a algún tipo de fisioterapia, pero ellos —mi padre, en especial— no querían ni oír hablar del tema. Por muchas horas que pasáramos hablando por teléfono mientras yo estaba en la universidad, su salud era el único tema que él no tocaba nunca.

Si le preguntaba cómo se encontraba, la respuesta siempre era: «Me encuentro bien». Y eso era todo.

Yo dejaba que su voz fuera mi consuelo. No daba muestras de sentir dolor ni se autocompadecía; solo transmitía buen humor, afecto y un ligerísimo toque de jazz. Para mí era como el aire que respiraba. Me daba la vida, y eso me bastaba. Antes de colgar, siempre me preguntaba si necesitaba algo —dinero, por ejemplo—, pero nunca le dije que sí.

7

Mi casa poco a poco empezaba a parecerme más lejana, casi como un lugar de mi imaginación. Mientras estaba en la universidad, mantuve el contacto con un puñado de mis amigas del instituto, sobre todo con Santita, que había acabado en la Universidad de Howard en Washington, D. C. Fui a pasar un fin de semana largo con ella, y nos reímos y sostuvimos conversaciones profundas, como siempre habíamos hecho. El campus de Howard era urbano —«¡Chica, sigues viviendo en el barrio!», le dije en tono de mofa cuando una rata gigante pasó corriendo por delante de la puerta de su residencia—, y su población estudiantil, que duplicaba a la de Princeton, era negra casi en su totalidad. Envidiaba a Santita por no sentirse aislada a causa de su raza, pues no tenía que sufrir el desgaste diario que suponía formar parte de una minoría, pero, a pesar de todo, me sentí satisfecha cuando volví a las amplias extensiones de césped esmeralda y los arcos de piedra de Princeton, aunque allí poca gente pudiera entender mis circunstancias.

Había escogido la especialidad de Sociología y sacaba buenas notas. Empecé a salir con un jugador de fútbol americano, un muchacho inteligente y espontáneo al que le gustaba divertirse. Suzanne y yo pasamos a compartir habitación con otra amiga, Angela Kennedy, una chica delgada y dicharachera de Washington, D. C. Angela tenía un ingenio rápido y disparatado, y se tomaba como un juego hacernos reír. A pesar de que era una joven negra y urbana, vestía como una niña pija de manual, con zapatos de cordones de aire masculino y jerséis rosas, y aun así lograba que el conjunto le quedara bien.

Yo venía de un mundo pero vivía inmersa en otro, donde la gente se angustiaba por las notas que sacaría en el examen de acceso a la facultad de Derecho y por los partidos de squash. Era una tensión que no desapareció nunca del todo. En la universidad, cuando alguien me preguntaba de dónde era, respondía: «De Chicago». Y para dejar claro que no era una de esas chicas que provenían de las prósperas urbanizaciones del norte como Evanston o Winnetka pero se las daban de chicagüenses de pura cepa, añadía con un toque de orgullo o tal vez de desafío: «Del South Side». Sabía que si esas palabras evocaban algo, probablemente fueran imágenes estereotipadas de un gueto negro, dado que las peleas entre bandas y los incidentes violentos en los bloques de protección oficial eran lo que más a menudo aparecía en las noticias. Pero yo, una vez más, intentaba representar la alternativa, aunque solo en parte. En Princeton encajaba como la que más, y provenía del South Side. Me parecía importante decirlo en voz alta.

Para mí, el South Side era algo muy distinto a lo que mostraban por la tele: era mi hogar. Y mi casa era nuestro apartamento de Euclid Avenue, con su moqueta raída y sus techos bajos y mi padre repanchigado en su butaca reclinable. Era nuestro minúsculo jardín con las flores de Robbie y el banco de piedra donde, en un pasado que se me antojaba remoto, había besado a aquel chico, Ronnell. Mi hogar era mi pasado, unido por un hilo casi invisible al lugar donde me encontraba en aquel momento.

Dicho eso, sí que teníamos un familiar en Princeton, la hermana pequeña de Dandy, a la que conocíamos como tía Sis. Era una mujer sencilla y luminosa que vivía en una casa sencilla y luminosa a las afueras de la población. No sé qué llevó hasta Princeton a la tía Sis en un principio, pero residía allí desde hacía mucho, haciendo trabajo doméstico para familias locales, sin perder nunca el acento de Georgetown, que está a medio camino entre el criollo de los Gullah y la manera en que arrastran las palabras en la costa de Carolina del Sur. Al igual que Dandy, la tía Sis se había criado en Georgetown, que yo recordaba de un par de visitas que había hecho de pequeña algún verano con mis padres. Recordaba el calor húmedo, el manto verde y espeso del musgo español sobre las encinas, los cipreses que crecían en los pantanos y los ancianos que pescaban en los arroyos lodosos. En Georgetown había insectos, en cantidades alarmantes, que zumbaban en el aire del atardecer como pequeños helicópteros de combate.

Durante nuestras visitas nos alojábamos en casa de mi tío abuelo Thomas, otro hermano de Dandy. Era un director de instituto muy jovial que me llevaba a su lugar de trabajo y me dejaba sentarme a su mesa, y que tuvo la bondad de comprarme un bote de mantequilla de cacahuete cuando puse mala cara al ver el gigantesco desayuno de beicon, galletas y sémola amarilla de maíz que la tía Dot, su mujer, servía todas las mañanas. Estar en el Sur me encantaba y a la vez me horrorizaba, por la sencilla razón de que era muy distinto a lo que conocía. En las carreteras que rodeaban la ciudad, pasábamos por delante de las verjas de lo que antaño eran plantaciones de esclavos, aunque eran algo tan asumido que nadie se molestaba nunca en hacer comentarios al respecto. Siguiendo un solitario camino de tierra que se adentraba en el bosque, comimos venado en una destartalada cabaña que pertenecía a otros primos lejanos. Uno de ellos se llevó a Craig a la parte de atrás y le enseñó a disparar. Ya de noche, en casa del tío Thomas, los dos tuvimos problemas para dormir, dado el silencio sepulcral que solo interrumpían los grillos que cantaban desde los árboles.

El murmullo de aquellos insectos y las ramas retorcidas de las encinas permanecieron con nosotros mucho después de que hubiéramos vuelto al Norte, latiendo en nuestro interior casi como un segundo corazón. Incluso de pequeña, entendía de forma innata que llevaba el Sur muy adentro, que formaba parte de mi herencia y que para mi padre tenía un sentido muy especial regresar allí para visitar a su familia. Era un sentimiento tan poderoso que Dandy quiso mudarse de vuelta a Georgetown, aunque de pequeño hubiera tenido que huir. Cuando al fin regresó, no fue para instalarse en una idílica casita a la orilla del río, con una valla blanca y un jardincito apañado, sino más bien (como vimos Craig y yo al hacerle una visita) en una casa anodina, como muchas otras, junto a un bullicioso centro comercial.

El Sur no era el paraíso, pero significaba algo para nosotros. Manteníamos un tira y afloja con nuestra historia, una familiaridad profunda que se sustentaba sobre un legado más hondo y desagradable. La mayoría de mis conocidos de Chicago —los chicos con los que iba al Bryn Mawr, muchos de mis amigos en el Whitney Young— conocían algo parecido, aunque no se comentara en voz alta. Los niños, simplemente, «bajaban al Sur» todos los veranos, despachados en ocasiones durante todas las vacaciones, para que corretearan con sus primos segundos de Georgia, Luisiana o Mississippi. Lo más probable es que tuvieran abuelos u otros parientes que se habían sumado a la Gran Migración al Norte, tal como habían hecho Dandy desde Carolina del Sur y la madre de Southside desde Alabama. En un segundo plano había otra suposición más que probable: que ellos, como yo, eran descendientes de esclavos.

Lo mismo ocurría en el caso de muchos de mis amigos de Princeton, pero también empezaba a entender que en Estados Unidos había otras versiones de ser negro. Estaba conociendo a chicos de las ciudades de la Costa Este cuyas raíces eran portorriqueñas, cubanas y dominicanas. La familia de Czerny procedía de Haití. Un buen amigo mío, David Manyard, era vástago de una acaudalada familia bahameña. Y luego estaba Suzanne, con su partida de nacimiento nigeriana y su colección de queridas tías en Jamaica. Todos éramos diferentes, herederos de un linaje medio enterrado o quizá solo medio olvidado. No hablábamos de nuestros antepasados, ¿por qué íbamos a hacerlo? Éramos jóvenes y solo pensábamos en el futuro; aunque, por supuesto, no sabíamos nada de lo que nos deparaba.

Una o dos veces al año, la tía Sis nos invitaba a Craig y a mí a cenar en su casa en el otro lado de Princeton. Nos servía platos rebosantes de suculentas y grasientas costillas con berzas humeantes, y luego pasaba una cesta llena de pan de maíz cortado en cuadrados perfectos, que nosotros untábamos de mantequilla. Nunca dejaba que un vaso se quedara sin té, que ella preparaba dulce a rabiar, y nos animaba a repetir las veces que hiciera falta. Que yo recuerde, con la tía Sis nunca hablamos de nada serio. Era una hora más o menos de charla educada e insustancial, acompañada de un caliente y reconfortante banquete al estilo de Carolina del Sur, que engullíamos agradecidos, hartos de la comida de cafetería. Yo veía a la tía Sis como una anciana amable y complaciente, pero nos estaba regalando algo que todavía éramos demasiado jóvenes para reconocer: nos colmaba con el pasado —el nuestro, el suyo, el de nuestro padre y nuestro abuelo—, sin sentir jamás la necesidad de hacer un comentario al respecto. Comíamos sin más, ayudábamos a fregar los platos y luego volvíamos caminando con la panza llena hasta el campus, contentos porque así podríamos bajar la comida.

He aquí un recuerdo, que como la mayoría de ellos es imperfecto y subjetivo; lo recuperé hace mucho, como un guijarro en la playa, y se deslizó por mi memoria hasta aposentarse en un rincón de mi cabeza. Es de mi segundo año en la universidad y tiene que ver con Kevin, mi novio deportista.

Kevin es de Ohio y combina de forma casi imposible estatura, simpatía y rasgos faciales de chico duro. Juega de *safety* en los Tigers, porque es rápido y valiente a la hora de placar; al mismo tiempo, estudia el curso de preparación para la carrera de Medicina. Va dos años por delante de mí, comparte clases con mi hermano y pronto se graduará. Tiene una pequeña cicatriz muy mona en el labio y cuando sonríe me hace sentir especial. Los dos estamos muy ocupados y tenemos grupos de amigos diferentes, pero nos gusta pasar tiempo juntos. Pedimos pizza y salimos a tomar el *brunch* los fines de semana. Kevin disfruta de todas las comidas, en parte porque necesita mantener su peso para el fútbol americano y en parte porque, más allá de eso, le cuesta estarse quieto. Está siempre activo, y es impulsivo de un modo que me parece entrañable.

«Vamos a dar una vuelta en coche», dice Kevin un día. A lo mejor me lo propone por teléfono o es posible que ya estemos juntos cuando se le ocurre la idea. En cualquier caso, pronto estamos en su coche —un pequeño turismo rojo— cruzando el campus en dirección a una esquina remota y sin construir de los terrenos de Princeton, donde tomamos por un camino de tierra casi oculto. Es primavera en New Jersey, un día cálido y despejado que nos deja ver el cielo allá donde miremos.

¿Vamos hablando? ¿Cogidos de la mano? No lo recuerdo, pero la sensación es de liviandad y despreocupación, y al cabo de un minuto Kevin pisa el freno y detiene el vehículo. Ha parado junto a un gran prado, cuya hierba alta está raquítica y pajiza tras el invierno y, aun así, salpicada de minúsculas flores tempraneras. Sale del coche.

—Ven —me dice, indicándome que le siga.

—¿Qué vamos a hacer?

Me mira como si fuera lo más obvio del mundo.

—Vamos a correr por este prado.

Y eso hacemos. Corremos por el prado. Lo cruzamos a toda velocidad de un lado a otro moviendo los brazos como niños pequeños y horadando el silencio con nuestros gritos alegres. A lo mejor no me ha parecido obvio en un principio, pero ahora lo veo. «¡Tenemos que correr por este campo! ¡Por supuesto que sí!», pienso.

Al desplomarnos después en el interior del coche, Kevin y yo jadeamos y estamos casi mareados, embriagados por la tontería que acabamos de hacer.

Y eso es todo: un breve momento, insignificante a fin de cuentas. Lo he conservado precisamente por ser una tontería, porque me apartó, aunque fuera por unos instantes, de la agenda más seria que guiaba mi vida cotidiana. Porque, aunque fuese una estudiante con vida social, que seguía disfrutando de largas comidas compartidas y no dudaba en arrancarse a bailar en las fiestas del Third World Center, en privado y a todas horas continuaba centrada en mis planes. Por debajo de mi apariencia de universitaria relajada, en el fondo podría decirse que vivía como una directora ejecutiva discreta pero decididamente dispuesta a triunfar, decidida a no desviarme de mi trayectoria. La lista de cosas que debía hacer estaba grabada en mi cabeza y me acompañaba a todas partes. Yo evaluaba mis objetivos, analizaba mis resultados y contaba mis victorias. Si había un desafío que acometer, lo acometía. Cada prueba de fuego que superaba me conducía a otra. Así es la vida de una chica que no puede dejar de preguntarse: «¿Soy lo bastante buena?», y todavía está intentando enterarse de la respuesta.

Kevin, entretanto, era una persona que se desviaba de su trayectoria, y hasta se enorgullecía de dar bandazos. Él y Craig se graduaron en Princeton al final de mi segundo año en la universidad. Craig acabaría mudándose a Manchester, Inglaterra, para jugar al baloncesto de forma profesional. Yo creía que Kevin iba camino de la facultad de Medicina, pero entonces dio uno de sus bandazos y decidió aplazar los estudios para satisfacer su repentino interés por trabajar como mascota deportiva.

Sí, así es. Estaba decidido a hacer una prueba para los Browns de Cleveland… pero no como jugador, sino como aspirante al papel de un animal de peluche de ojos saltones y boca abierta llamado Chomps. Era lo que Kevin quería. Era un sueño: otro campo en el que correr, porque… ¿por qué diablos no? Aquel verano Kevin incluso viajó hasta Chicago desde la casa de su familia a las afueras de Cleveland, en teoría para verme pero también, como anunció al poco de su llegada, porque Chicago era la clase de ciudad donde un aspirante a mascota podía encontrar el disfraz de animal peludo ideal para su inminente audición. Pasamos una tarde entera yendo en coche de una tienda a otra para mirar disfraces y valorar si eran lo bastante holgados para dar volteretas llevándolo puesto. No recuerdo si Kevin llegó a encontrar el traje de animal perfecto aquel día. No estoy segura de si al final consiguió el puesto de mascota, aunque es cierto que con el tiempo se convirtió en médico, y además en uno muy bueno, y se casó con una compañera nuestra de Princeton.

En su momento —y ahora creo que de forma injusta— vi con malos ojos aquel bandazo de Kevin. No tenía capacidad para entender que alguien eligiera una cara educación en Princeton y no la convirtiera de inmediato en la especie de trampolín para el mundo que en teoría ofrecía un título de esa clase. ¿Quién quiere ser un perro que da volteretas cuando podría estar estudiando Medicina?

Pero esa era mi manera de ver las cosas. Como he dicho, yo iba siguiendo todos los pasos del manual, desfilando al compás decidido de un esfuerzo, un resultado, un esfuerzo, un resultado... Era una seguidora devota del camino establecido, aunque solo fuera porque en mi familia nadie (salvo Craig) lo había pisado antes. Mi manera de pensar en el futuro no era especialmente imaginativa, lo cual es otra forma de decir que ya estaba pensando en la facultad de Derecho.

La vida en Euclid Avenue me había enseñado —o quizá obligado— a ser implacable y práctica en lo relativo tanto al tiempo como al dinero. El mayor bandazo que había dado nunca fue pasar el verano de mi segundo año en Princeton trabajando básicamente gratis como monitora de campamento en el valle del Hudson, en Nueva York, cuidando de niños urbanitas que tenían sus primeras experiencias con el bosque. El trabajo me encantaba, pero salí de aquello más o menos arruinada, más dependiente del dinero de mi familia de lo que deseaba. Aunque no se quejaron ni una vez, me sentí culpable durante años.

Aquel fue el mismo verano en el que empezó a morir gente a la que quería. Robbie, mi tía abuela, mi inflexible y exigente profesora de piano, falleció en junio; dejó en herencia a mis padres la casa de Euclid, lo que les permitió ser propietarios de un inmueble por primera vez. Southside murió un mes más tarde, víctima de un avanzado cáncer de pulmón que su inveterada desconfianza hacia los médicos había impedido tratar a tiempo. Después del funeral de Southside, la enorme familia de mi madre se apiñó en la pequeña y acogedora casa del difunto, acompañada por un puñado de amigos y vecinos. Sentí el cálido tirón del pasado y la melancolía de la ausencia; todo ello me resultaba un poco desconcertante, acostumbrada como estaba al hermético y juvenil mundo universitario. Era algo más profundo que lo que sentía habitualmente en Princeton, un lento girar de los engranajes generacionales. Mis primos pequeños estaban crecidos; mis tías, envejecidas. Había bebés y cónyuges nuevos. Un disco de jazz atronaba en el equipo estéreo casero del comedor, y nos dimos un banquete con lo que traían todos los asistentes: jamón cocido, tartas de gelatina de frutas y estofados. Pero Southside no estaba. Era doloroso, si bien el tiempo nos empujaba a todos hacia delante.

Todas las primaveras, cazatalentos de diversas empresas se abatían sobre el campus de Princeton con la vista puesta en los estudiantes que estaban a punto de graduarse. Compañeros de clase a los que antes veías con unos vaqueros raídos y la camisa por fuera, de pronto cruzaban el campus con un traje de raya diplomática, y entendías que ese chico o esa chica ya tenía un puesto en un rascacielos de Manhattan. Sucedía visto y no visto, como una criba generacional: los banqueros, abogados, médicos y ejecutivos del mañana emigraban veloces hacia el siguiente trampolín, ya fuera un curso de posgrado o un apetecible empleo con programa de formación en una empresa del Fortune 500. Estoy segura de que entre nosotros había otros a los que su corazón les llevaba hacia la educación, las letras o el trabajo sin ánimo de lucro, o que se iban de misiones con el Cuerpo de Paz o se alistaban en el ejército, pero conocí a muy pocos. Estaba ocupada trepando por mi escalera, que era recia, práctica y llevaba derecha hacia arriba.

Si me hubiera parado a pensarlo, quizá me habría dado cuenta de que estaba quemada con los estudios —por el exceso de clases, trabajos y exámenes—, y probablemente no me habría venido mal probar algo distinto. En lugar de eso, hice el examen de acceso a Derecho, redacté mi trabajo final y ascendí como era debido al siguiente escalón, que era solicitar acceso en las mejores facultades de Derecho del país. Me consideraba inteligente, analítica y ambiciosa. Me había criado entre animados debates de sobremesa con mis padres. Podía debatir y llevar los argumentos hasta su esencia teórica y me jactaba de no dar nunca mi brazo a torcer en una disputa. ¿No era esa la definición misma de un abogado? Yo creía que sí.

Ahora puedo reconocer que no solo me impulsaba la lógica sino también un deseo reflexivo de que la gente me aprobase. De pequeña, me regodeaba discretamente con la efusividad que me dedicaban cuando anunciaba que quería ser pediatra a un profesor, un vecino o una de las amigas de Robbie en el coro de la iglesia. «Vaya, vaya... ¡Qué impresionante!», decían sus expresiones, y yo disfrutaba. Años más tarde, la verdad es que no había cambiado. Los profesores, la familia, personas a las que acababa de conocer me preguntaban qué planes tenía, y cuando les comentaba que estudiaría Derecho —en la facultad de Harvard, al final—, el sentido de reafirmación era abrumador. Me aplaudían por el mero hecho de haber entrado, aunque en realidad hubiese sido un poco de rebote, desde la lista de espera. Pero estaba dentro. La gente me miraba como si ya hubiera dejado mi huella en el mundo.

Quizá sea ese el problema fundamental de conceder demasiada importancia a lo que opinan los demás: puede confinarte al camino establecido, el camino del «Vaya, vaya... ¡Qué impresionante!», y mantenerte allí durante mucho tiempo. A lo mejor te impide dar bandazos o planteártelo siquiera, porque lo que se perdería en términos de la estima ajena puede parecer un precio demasiado alto. A lo mejor te pasas tres años en Massachusetts, estudiando Derecho constitucional y debatiendo las ventajas relativas de los acuerdos de restricción vertical en los casos antimonopolio. Para algunos, quizá resulte verdaderamente interesante, pero para ti no lo es. Quizá durante esos tres años haces amigos a los que querrás y respetarás siempre, personas que parecen sentir una sincera vocación por los desapasionados vericuetos de la ley, pero lo que es tú, no oyes la llamada. Tu pasión se mantiene bajo mínimos pero, aun así, en modo alguno piensas estar por debajo de la media. Vives, como has hecho siempre, fiel al código del esfuerzo y el resultado, y de ese modo sigues acumulando logros hasta que crees saber la respuesta a todas las preguntas, incluida la más importante: «¿Soy lo bastante buena? Pues sí, la verdad es que sí».

Lo que sucede a continuación es que las recompensas se vuelven reales. Buscas el siguiente peldaño de la escalera y esta vez es un trabajo remunerado en las oficinas de Chicago de un bufete de altos vuelos llamado Sidley & Austin. Vuelves a donde empezaste, a la ciudad en la que naciste, solo que ahora vas a trabajar en la planta 47 de un céntrico edificio precedido de una amplia explanada y una escultura. Antes, cuando eras una cría de South Side que iba en autobús al instituto, pasabas por delante y contemplabas boquiabierta a través del cristal a las personas que caminaban con zancadas de titán hacia su trabajo. Ahora eres uno de esos titanes. Con tu esfuerzo has salido de ese autobús, has cruzado la explanada y has entrado en un ascensor que sube con tanto silencio que parece flotar. Te has unido a la tribu. A tus veinticinco años, tienes una ayudante. Ganas más dinero del que han ganado nunca tus padres. Tus compañeros de trabajo son educados, cultos y casi todos blancos. Llevas trajes de Armani y te suscribes a un servicio de vinos. Pagas las mensualidades del préstamo para la facultad de Derecho y vas a step después del trabajo. Te compras un Saab, porque puedes.

¿Hay algo que cuestionarse? No lo parece. Ya eres abogada. Has tomado todo lo que te han dado —el amor de tus padres, la fe de tus profesores, la música de Southside y Robbie, las comidas de la tía Sis, el vocabulario que te inculcó Dandy— y lo has convertido en esto. Has escalado la montaña. Y parte de tu trabajo, además de analizar abstractos problemas de propiedad intelectual para grandes empresas, consiste en ayudar a cultivar la siguiente incorporación de jóvenes abogados a los que corteja el bufete. Un socio sénior te pide que seas la mentora de un estudiante que viene a hacer las prácticas de verano, y la respuesta es fácil: por supuesto que lo harás. Todavía tienes que entender la fuerza transformadora de un simple «sí». Y cuando llega un memorándum para confirmar el encargo, aún no sabes que una falla profunda e invisible en tu vida ha comenzado a temblar, que empiezas a no tener el control absoluto de las riendas. Junto a tu nombre aparece otro, el de un prometedor estudiante de Derecho que está ocupado escalando su propia escalera. Como tú, es negro y de Harvard. Aparte de eso, no sabes nada; solo que tiene un nombre raro, que es raro.

8

Barack Obama llegó tarde el primer día. Yo estaba en mi despacho de la planta 47, esperando y no esperando que llegara. Como la mayoría de los abogados en su primer año, estaba ocupada. Echaba muchas horas en Sidley & Austin, donde a menudo comía y cenaba en mi escritorio mientras me peleaba con un flujo continuo de documentos, todos ellos escritos en la precisa y decorosa jerga de los abogados. Leía memorándums, redactaba memorándums, corregía memorándums ajenos. A esas alturas, básicamente me consideraba trilingüe. Ya conocía el argot relajado del South Side y la dicción elevada de las universidades prestigiosas, a los que se añadía ahora la jerga jurídica. Me había contratado el grupo del bufete que se encargaba de los asuntos de marketing y propiedad intelectual, que de puertas adentro se consideraba más creativo y audaz que otros departamentos, supongo que porque, al menos a ratos, nos las veíamos con temas publicitarios. Parte de mi trabajo consistía en repasar los guiones de los anuncios de nuestros clientes que se emitían en radio y televisión para asegurarme de que no vulnerasen los criterios de la Comisión Federal de Comunicaciones. Más tarde se me concedería el honor de velar por los intereses jurídicos del Dinosaurio Barney. (Sí, eso es lo que se entiende por «audacia» en un bufete de abogados.)

El problema que yo le veía era que, como asociada júnior, mi trabajo no conllevaba demasiado trato directo con los clientes, y yo era una Robinson, criada en la marabunta de mi extensa familia, moldeada por el amor instintivo de mi padre por las aglomeraciones.

Echaba de menos alguna clase de interacción. Para compensar la soledad bromeaba con Lorraine, mi ayudante, una afroamericana afable e hiperorganizada, varios años mayor que yo, que ocupaba una mesa a la puerta de mi despacho y atendía mis llamadas. Tenía una buena relación profesional con algunos de los socios principales y me animaba siempre que surgía la ocasión de charlar con alguno de mis colegas asociados, pero en general todo el mundo estaba hasta el cuello de trabajo y procuraba no malgastar ni un minuto de tiempo facturable. Lo que me mantenía pegada a mi escritorio, con mis documentos.

Si tenía que pasar setenta horas a la semana en alguna parte, mi despacho no era el peor sitio del mundo. Contaba con un sillón de cuero, un escritorio de nogal pulido y ventanales con vistas al sudeste. Podía mirar por encima del batiburrillo del distrito comercial y contemplar las olas coronadas de espuma del lago Michigan, donde en verano navegaban vistosos veleros. Si me colocaba en determinado ángulo, podía seguir el recorrido de la costa y entrever una franja estrecha del South Side, con sus tejados bajos y sus intermitentes arboledas. Desde mi posición, los barrios parecían apacibles, casi de juguete, pero la realidad era, en muchos casos, muy diferente. Partes del South Side se habían degradado con el cierre de los comercios, y seguían marchándose muchas familias. Las plantas acereras que antaño habían proporcionado estabilidad estaban recortando miles de empleos. La epidemia del crack, que había arrasado las comunidades afroamericanas de ciudades como Detroit o Nueva York, acababa de llegar a Chicago, y su avance estaba resultando igual de destructivo. Las bandas se peleaban por su cuota de mercado y reclutaban a niños para que se ocuparan de las esquinas donde hacían negocios, una ocupación que, si bien peligrosa, resultaba mucho más lucrativa que ir a la escuela. El índice de asesinatos de la ciudad empezaba a mostrar una tendencia ascendente, señal inequívoca de los problemas que se avecinaban.

En Sidley cobraba un buen sueldo, pero fui lo bastante pragmática para preferir el pájaro en mano en lo referente a la vivienda. Desde que había acabado la carrera de Derecho vivía en mi antiguo barrio de South Shore, que todavía estaba relativamente a salvo de pandillas y drogas. Mis padres se habían mudado a la primera planta, el antiguo espacio de Robbie y Terry, y a instancias suyas me había apropiado del apartamento de arriba, donde vivíamos cuando yo era pequeña, después de redecorarlo un poco con un sofá blanco y estampas de batik enmarcadas. De vez en cuando firmaba un cheque para mis padres que cubría mi parte de los gastos. No podía decirse que fuera un alquiler, pero ellos insistían en que bastaba y sobraba. Aunque mi apartamento tenía entrada particular, las más de las veces yo atravesaba la cocina de abajo para ir y venir del trabajo, en parte porque la puerta de atrás daba al garaje y en parte porque aún era y siempre sería una Robinson. Aunque ahora me tuviera por una de esas jóvenes profesionales independientes que llevaban traje y conducían un Saab, lo que siempre había soñado ser, no me gustaba mucho estar sola. Mis breves charlas cotidianas con mis padres para ponernos al día me levantaban el ánimo. Aquella misma mañana, a decir verdad, les había dado un abrazo antes de salir disparada por la puerta y atravesar en coche un aguacero para llegar al trabajo. Para llegar al trabajo... puntual, añado.

Miré mi reloj.

—¿Sabemos algo de este tío? —pregunté a Lorraine a voces.

—No, chica —respondió con un audible suspiro.

Le noté en la voz que estaba divirtiéndose. Sabía lo mucho que me molestaba que la gente llegara tarde, que lo veía como un acto de pura y simple arrogancia.

Barack Obama ya había creado revuelo en el bufete. Para empezar, acababa de terminar su primer año en la facultad de Derecho, y nosotros por lo general solo contratábamos a estudiantes de segundo para los puestos de verano. Pero corría el rumor de que era excepcional. Se comentaba que una profesora suya de Harvard —hija de un socio gestor— afirmaba que era el estudiante de Derecho más dotado que había conocido nunca. Varias de las secretarias que lo vieron llegar a la entrevista decían que, además de una supuesta lumbrera, era mono.

A mí todo aquello me inspiraba escepticismo. Según mi experiencia, le pones un traje a un hombre negro medio inteligente y los blancos tienden a perder la cabeza. Dudaba que se hubiese ganado tantas loas. Había echado un vistazo a su foto en la edición veraniega de nuestra lista de personal —una foto de carnet poco favorecedora y mal iluminada de un tipo con una sonrisa amplia y cierto aire de empollón— y me había dejado fría. Según su biografía, era oriundo de Hawái, lo que al menos lo convertía en un empollón relativamente exótico. Por lo demás, no había nada destacable. La única sorpresa me la había llevado unas semanas antes, cuando le hice la rápida llamada de rigor para presentarme. La voz del otro lado de la línea me había pillado desprevenida: una voz de barítono melodiosa, incluso diría que sexy, que no parecía encajar en modo alguno con su foto.

Pasaron otros diez minutos antes de que anunciara su llegada en la recepción de nuestra planta, donde lo encontré sentado en un sillón cuando salí a buscarlo: allí estaba el tal Barack Obama, vestido con un traje oscuro y todavía algo húmedo por la lluvia. Me sonrió compungido y se disculpó por el retraso mientras me daba la mano. Lucía una gran sonrisa y era más alto y delgado de lo que había imaginado; un hombre que, a todas luces, no comía demasiado y que no estaba nada acostumbrado a llevar ropa formal. Si sabía que llegaba con fama de niño prodigio, no lo demostró. Mientras lo acompañaba por los pasillos hacia mi despacho y le mostraba los aspectos más opulentos y mundanos del derecho de sociedades —le señalé el centro de procesamiento de textos y la máquina de café y le expliqué nuestro sistema para controlar las horas facturables— me escuchó en silencio, con atención y deferencia. Al cabo de unos veinte minutos, lo dejé en manos del socio principal que sería su supervisor oficial durante el verano y volví a mi escritorio.

Aquel mismo día llevé a Barack a comer al lujoso restaurante de la planta baja de nuestro edificio de oficinas, un local lleno a

rebosar de atildados bancarios y abogados que consumían almuerzos de trabajo a precio de banquete. Era lo bueno de tener un asociado en prácticas al que orientar: ofrecía una excusa para comer
fuera y comer bien, y encima a cuenta de la empresa. Como orientadora de Barack, mi función era oficiar, más que nada, como intermediaria social. Mi cometido era asegurarme de que estuviera
contento en el trabajo, tuviese alguien a quien acudir si necesitaba
consejo y se sintiera conectado con el equipo en su conjunto. Era
el principio de un proceso de cortejo más largo, cuyo fin era, como
sucedía con todos los asociados de verano, que el bufete pudiera
contratarlo para un puesto a jornada completa en cuanto tuviese el
título de Derecho.

Me di cuenta enseguida de que Barack no iba a necesitar muchos consejos. Era tres años mayor que yo, pues estaba a punto de
cumplir veintiocho. A diferencia de mí, había trabajado varios años
después de graduarse en la Universidad de Columbia y antes de
entrar en la facultad de Derecho. Lo que más me llamó la atención
fue lo seguro que parecía de la dirección que llevaba en la vida. Se
lo veía extrañamente libre de dudas, aunque a primera vista costara
entender por qué. Comparada con mi avance a marchas forzadas
hacia el éxito, la flecha directa que era mi recorrido de Princeton a
Harvard y luego a mi escritorio de la planta 47, la trayectoria de
Barack era un zigzag improvisado a través de mundos dispares. Durante la comida me enteré de que era un híbrido en todos los sentidos: hijo de un padre keniano negro y una madre blanca de Kansas
cuyo matrimonio había sido tan juvenil como breve, había nacido y
había crecido en Honolulú, pero había pasado cuatro años de su
infancia haciendo volar cometas y cazando grillos en Indonesia.
Después del instituto, había pasado dos años relativamente relajados
como estudiante del Occidental College de Los Ángeles, antes de
hacer el traslado de expediente a la Universidad de Columbia, donde, según sus palabras, no se había comportado en absoluto como el
típico universitario en el Manhattan de los años ochenta sino que
más bien había vivido como un ermitaño del siglo XVI, pues leía

obras magnas de la literatura y la filosofía en un piso miserable de la calle Ciento nueve a la vez que escribía mala poesía y ayunaba los domingos.

Nos reímos de aquello e intercambiamos anécdotas sobre nuestra juventud y lo que nos había llevado al Derecho. Barack era serio sin tomarse en serio. Era ligero de trato pero poderoso de pensamiento. Se trataba de una combinación extraña, que no dejaba indiferente. Me sorprendió, asimismo, lo mucho que sabía acerca de Chicago.

Barack era la primera persona a la que conocía en Sidley que había pasado tiempo en las barberías, los restaurantes de carne asada y las parroquias de los predicadores negros del South Side. Antes de matricularse en la facultad de Derecho había trabajado en Chicago durante tres años como organizador comunitario, cobrando doce mil dólares al año de una entidad sin ánimo de lucro que unía a una coalición de iglesias. Su tarea era ayudar a reconstruir barrios y recuperar empleos. Según él lo describía, la experiencia había sido dos partes de frustración por cada parte de recompensa: pasaba semanas planificando una reunión de la comunidad, para que al final solo acudiera una docena de personas. Sus esfuerzos eran objeto de mofa por parte de los dirigentes sindicales y diana de las críticas tanto de negros como de blancos. Aun así, con el paso del tiempo había cosechado unas pocas victorias, cada vez de mayor calado, y eso parecía animarlo. Me explicó que estudiaba Derecho porque la organización de base le había enseñado que para conseguir un cambio social significativo hacía falta no solo el trabajo de la gente que estaba a pie de calle, sino también unas políticas y una acción ejecutiva más firmes.

A pesar de mi resistencia a la expectación que lo había precedido, me descubrí admirando tanto la confianza como la convicción de Barack. Era refrescante, poco convencional y extrañamente elegante. Ni una sola vez, sin embargo, lo vi como alguien con quien pudiera querer salir. Para empezar, era su mentora en el bufete. Además, hacía poco me había jurado no salir con nadie durante un tiempo porque el trabajo me consumía demasiado para dedicar ningún esfuerzo a una relación. Por último, vi con horror que, al final de la comida, Barack se encendía un cigarrillo, lo que por sí solo habría bastado para apagar cualquier interés, de haber existido alguno.

Sería, pensé para mis adentros, un buen asociado en prácticas para un verano.

A lo largo del siguiente par de semanas fuimos adoptando una especie de rutina. Entrada la tarde, Barack se acercaba por el pasillo y se dejaba caer en una de las sillas de mi despacho, como si hiciera años que me conociese. A veces daba esa impresión. Bromeábamos con naturalidad y nuestros modos de pensar se parecían. Nos mirábamos de reojo cuando a nuestro alrededor la gente se estresaba de manera obsesiva, cuando los socios hacían comentarios que parecían condescendientes o desafortunados. La realidad, tácita pero obvia, era que se trataba de un hermano, y en nuestra oficina, que daba empleo a más de cuatrocientos abogados, solo unos cinco letrados a jornada completa eran afroamericanos. Lo que nos llevaba a buscarnos era evidente y fácil de comprender.

Barack no tenía nada que ver con el típico asociado de verano entusiasmado y ansioso (como yo, sin ir más lejos, dos años antes en Sidley), que busca hacer contactos como un poseso y, nervioso, se pregunta si lo espera un empleo de campanillas. Él se movía con un aire despreocupado, tranquilo y distante, que solo parecía aumentar su atractivo. Dentro del bufete, su reputación seguía en alza. Ya estaban pidiéndole que asistiera a reuniones de socios al máximo nivel. Ya lo presionaban para que diera su opinión sobre los temas que se debatían. En algún momento de principios de verano, redactó un memorándum de treinta páginas sobre gestión empresarial de una minuciosidad y elocuencia tan evidentes que se convirtió en una leyenda al instante. ¿Quién era aquel tipo? Todo el mundo parecía intrigado.

—Te traigo una copia —dijo Barack un día mientras dejaba su memorándum sobre mi mesa con una sonrisa.

—Gracias —respondí mientras cogía el documento—. Tengo ganas de leérmelo.

En cuanto se fue, lo metí en un cajón.

¿Sabía que nunca llegué a leérmelo? Lo más probable es que sí, creo; me lo había dado medio en broma. Estábamos en grupos de especialidades distintas, de modo que no existía un solapamiento material entre nuestros ámbitos de trabajo. Ya me las veía con documentos suficientes con lo mío; además, no necesitaba que me impresionara. Barack y yo ya éramos amigos, camaradas. Comíamos fuera al menos una vez por semana y en ocasiones más a menudo; siempre, por supuesto, pasando la factura a Sidley & Austin. Poco a poco fuimos descubriendo cosas el uno del otro. Él sabía que yo vivía en la misma casa que mis padres, que mis recuerdos más felices de la facultad de Derecho de Harvard derivaban del trabajo que había hecho para la Oficina de Ayuda Legal. Yo sabía que él devoraba tomos de filosofía política como si fueran lectura de playa, que invertía en libros todo el dinero que le quedaba después de cubrir gastos. Sabía que su padre había muerto en un accidente de tráfico en Kenia y que él había viajado hasta allí para comprender mejor quién era aquel hombre. Sabía que le encantaba el baloncesto, que corría largas distancias los fines de semana y que hablaba con añoranza de sus amigos y familiares en la isla de Oahu. Sabía que no le habían faltado novias en el pasado, pero que en aquel momento no tenía.

Eso último era algo que me veía capaz de corregir. Si algo tenía mi vida en Chicago era que estaba rodeada de solteras negras de mérito. A pesar de mis jornadas maratonianas, me gustaba salir con gente. Tenía amigas en Sidley, amigas del instituto, amigas que había hecho a través de mis contactos profesionales y amigas a las que había conocido a través de Craig, que estaba recién casado y se ganaba la vida como inversor bancario en la ciudad. Éramos un grupo alegre y mixto que nos reuníamos cuando podíamos en algún bar del centro y nos poníamos al día a lo largo de largas y abundantes comidas los fines de semana. Yo había salido con un par de estudiantes de Derecho, pero no había conocido a nadie especial desde mi regreso a Chicago y tampoco había sentido demasiado interés por conocerlo. Había anunciado a propios y extraños, incluidos los potenciales pretendientes, que daba prioridad a mi carrera profesional. Lo que sí tenía, no obstante, eran muchas amigas que buscaban a alguien con quien salir.

Una tarde de principios de verano me llevé a Barack a la *happy hour* de un bar del centro, que venía a ser un punto de encuentro extraoficial para profesionales negros en el que a menudo quedaba con mis amigas. Me fijé en que Barack se había cambiado de ropa y se había puesto un blazer blanco de lino que parecía recién sacado del vestuario de *Corrupción en Miami*. En fin.

Resultaba indiscutible que, incluso con su cuestionable sentido del estilo, Barack era un partidazo. Era guapo, desenvuelto y exitoso. Era atlético, interesante y buena persona. ¿Qué más podía pedirse? Entré decidida en el bar, segura de estar haciéndole un favor a todo el mundo, a él y a las damas. Casi de inmediato lo acorraló una conocida mía, una mujer guapa y poderosa que trabajaba en las finanzas. Observé que Barack despertaba al instante su atención. Complacida con el cariz que tomaban los acontecimientos, me pedí una copa y fui a buscar otros rostros conocidos entre la muchedumbre.

Veinte minutos más tarde, avisté a Barack al otro lado de la sala, atrapado en lo que parecía una conversación interminable con la misma mujer, que en apariencia llevaba la voz cantante. Con una mirada me dio a entender que quería que lo rescatara. Pero ya era mayorcito; dejé que se rescatara solo.

«¿Sabes lo que me preguntó? —me dijo al día siguiente cuando se presentó en mi despacho, todavía con cierta incredulidad—. Me preguntó si me gustaba ir a montar a caballo.» Me contó que habían hablado de sus películas favoritas, lo que tampoco había ido muy bien.

Barack era cerebral; demasiado, probablemente, para el gusto de la mayoría. (Ese sería, por ejemplo, el dictamen de mi amiga sobre él la siguiente vez que hablamos.) No estaba hecho para la *happy hour*, como tal vez yo debería haber comprendido antes. Mi mundo estaba lleno de personas esperanzadas y trabajadoras que estaban obsesionadas con mejorar su posición social. Tenían coches nuevos, estaban comprándose su primer apartamento y les gustaba hablar del tema con unos martinis después del trabajo. Barack prefería pasar la tarde a solas, leyendo sobre urbanismo. Como organizador comunitario, había dedicado semanas y meses a escuchar los desafíos que le describían las personas pobres. Yo empezaba a ver que su insistencia en la esperanza y el potencial para la movilidad social procedían de un lugar muy distinto y de difícil acceso.

Hubo un tiempo, me contó, en el que se habría comportado de forma más relajada, más loca. Durante los primeros veinte años de su vida había respondido al apodo de «Barry». De adolescente, había fumado marihuana en las verdes laderas volcánicas de Oahu. Mientras estudiaba en el Occidental College había vivido los últimos coletazos de los setenta y había descubierto a Hendrix y a los Stones. En algún momento del camino, sin embargo, había adoptado su nombre completo —Barack Hussein Obama— y la complicada rúbrica de su identidad. Era blanco y negro, africano y americano. Era modesto y vivía con modestia, pero aun así conocía la riqueza de su pensamiento y el mundo de privilegios que este le abriría. Yo veía que se lo tomaba todo en serio. Podía ser alegre y bromista, pero nunca perdía de vista cierto sentido, más amplio, de obligación. Estaba embarcado en una especie de misión, aunque todavía no sabía adónde lo llevaría. Lo único que yo tenía claro era que no se encontraba en su ambiente con una copa en la mano. Cuando llegó la siguiente *happy hour*, lo dejé en la oficina.

Cuando era pequeña, mis padres fumaban. Se encendían un pitillo por la noche, sentados en la cocina, mientras comentaban la jornada. Fumaban mientras fregaban los platos de la cena más tarde, aunque a veces abrían la ventana para que entrase un poco de aire. No eran fumadores empedernidos, pero sí habituales, y además rebeldes. Siguieron fumando mucho después de que la ciencia dejara claro que era malo para la salud.

Aquello me sacaba de quicio, y a Craig también. Tosíamos con grandes aspavientos cada vez que se encendían uno y llevábamos a cabo misiones de sabotaje contra sus reservas. Un día, cuando éramos muy pequeños, bajamos de un estante un cartón entero de Newport y nos pusimos a destruirlo, partiendo los pitillos como si fueran judías sobre el fregadero de la cocina. En otra ocasión untamos la boquilla de sus cigarrillos con salsa picante y volvimos a ponerlos en la cajetilla. Les dábamos sermones sobre el cáncer de pulmón y les explicábamos los horrores que nos habían enseñado con diapositivas en la clase de educación para la salud: imágenes de pulmones de fumadores, resecos y negros como el carbón, una muerte en ciernes, la muerte dentro mismo de tu pecho. En comparación, nos habían mostrado fotos de lozanos pulmones rosas que estaban sanos, libres de contaminación por humo. La contraposición era lo bastante obvia para que el comportamiento de mis padres resultase incomprensible: bueno/malo; sano/enfermo. Tú escoges tu futuro. Era lo mismo que nos habían enseñado ellos. Y aun así, tardarían en dejarlo de una vez por todas.

Barack fumaba como mis padres: después de las comidas, paseando por la ciudad o cuando estaba nervioso y tenía que hacer algo con las manos. En 1989 se fumaba más que ahora, el hábito estaba más presente en la vida cotidiana. La investigación sobre los efectos del tabaco en los fumadores pasivos era relativamente nueva. La gente fumaba en los restaurantes, las oficinas y los aeropuertos. Aun así, yo había visto las diapositivas. Para mí, y para todas las personas sensatas a las que conocía, fumar era un acto de pura autodestrucción.

Barack sabía exactamente lo que yo pensaba de aquel asunto. Nuestra amistad se basaba en una franqueza sin pelos en la lengua que creo que nos gustaba a los dos.

«¿Cómo es posible que alguien tan inteligente como tú haga algo tan estúpido?», le había espetado el día que nos conocimos al verlo rematar nuestro almuerzo con un pitillo. Era una pregunta sincera.

Si mal no recuerdo, se limitó a encogerse de hombros, en señal de que me daba la razón. No había defensa que esgrimir ni aspecto que matizar. Fumar era el único tema en el que la lógica de Barack parecía abandonarlo por completo.

Sin embargo, quisiera yo reconocerlo o no, algo había empezado a cambiar entre nosotros. Los días en los que estábamos demasiado ocupados para vernos en persona me descubría preguntándome en qué andaría metido. Procuraba no sentirme decepcionada cuando no asomaba por la puerta de mi despacho; procuraba no emocionarme demasiado cuando lo hacía. Sentía algo por aquel hombre, pero era un sentimiento latente, enterrado a mucha profundidad bajo mi decisión de mantener mi vida y mi carrera en orden y orientadas hacia delante, libres de todo drama. Mis revisiones anuales en el trabajo eran satisfactorias. Iba por buen camino para llegar a socia con participación en Sidley & Austin, probablemente antes de cumplir treinta y dos años. Era todo lo que quería, o por lo menos eso me decía a mí misma.

Tal vez yo estuviera desentendiéndome de lo que empezaba a crecer entre nosotros, pero él no.

—Creo que deberíamos salir —anunció Barack una tarde mientras acabábamos de comer.

—¿Cómo, tú y yo? —Fingí que me asombraba que lo considerase siquiera posible—. Ya te he dicho que no quiero salir con nadie. Y además soy tu orientadora.

Soltó una risita irónica.

—Como si eso contara. No eres mi jefa —objetó—. Y eres bastante mona.

Barack tenía una sonrisa que parecía cruzarle la cara de lado a lado. Era un combinado mortal de galantería y sentido común. Más de una vez, en los días siguientes, me expuso argumentos por los que debíamos salir. Éramos compatibles; nos hacíamos reír; los dos estábamos libres y, además, confesábamos un desinterés casi inmediato por todas las demás personas a las que conocíamos. A nadie del bufete, argüía, iba a importarle que saliésemos. Es más, tal vez lo vieran como algo positivo. Él sospechaba que los socios querían que acabase trabajando con ellos al cabo de un tiempo. Si éramos pareja, había más probabilidades de que se comprometiera a hacerlo.

—¿Quieres decir que soy una especie de señuelo? —repliqué entre risas—. Te sobrevaloras.

A lo largo del verano el bufete organizó una serie de actos y excursiones para sus asociados, a los que cualquier interesado podía apuntarse en unas hojas que hacían circular. Una de las propuestas era una representación entre semana de *Los miserables* en un teatro no muy alejado de la oficina. Nos apunté a los dos, lo que era una iniciativa habitual para una asociada júnior y el asociado en prácticas al que orientaba. Se suponía que debíamos ir al cine juntos, como parte de mi empeño en que su experiencia en Sidley & Austin fuese alegre y positiva. De eso se trataba.

Nos sentamos uno al lado del otro en el teatro, cansados los dos tras una larga jornada de trabajo. Subió el telón y empezaron las canciones, que nos ofrecieron una versión lúgubre y gris de París. No sé si fue por mi estado de ánimo o por la propia obra, pero me pasé la hora siguiente machacada e impotente bajo un alud de sufrimiento francés. Gruñidos y cadenas; pobreza y violación; injusticia y opresión. Millones de personas en el mundo se habían enamorado de aquel musical, pero yo me revolvía en mi asiento mientras intentaba elevarme por encima del tormento inexplicable que sentía cada vez que se repetía la melodía.

Cuando se encendieron las luces para el entreacto, miré a Barack de reojo. Estaba hundido en la butaca, con el codo derecho apoyado en el reposabrazos, el dedo índice en la frente y una expresión indescifrable.

—¿Qué te parece? —pregunté.

Me miró de reojo.

—Horrible, ¿no?

Me reí aliviada al ver que los dos pensábamos lo mismo.

Barack se incorporó en el asiento.

—¿Y si salimos de aquí? —propuso—. Podríamos irnos, sin más.

En circunstancias normales, no me habría escaqueado. No era de esa clase de persona. Me importaba demasiado lo que pensaran de mí el resto de los abogados; ¿qué iban a decir si reparaban en nuestros asientos vacíos? Me importaba demasiado, en general, acabar lo que había empezado, llevar el más mínimo acto hasta su mismísimo final, aunque fuera un musical de Broadway demasiado intenso en emociones en una noche de miércoles, por lo demás preciosa. Por desgracia, era otro aspecto de mi yo más cumplidor. Aguantaba el sufrimiento para salvar las apariencias. Pero, al parecer, de pronto me había juntado con alguien que no era así.

Evitando a todos nuestros conocidos del trabajo —el resto de los orientadores con sus asociados de verano, rebosantes de entusiasmo en el foyer—, nos escabullimos del teatro y salimos a un plácido anochecer. Los últimos rayos de sol abandonaban un cielo violáceo. Respiré, con un alivio tan papable que Barack se echó a reír.

—¿Adónde vamos ahora? —pregunté.

—¿Qué te parece si vamos a tomar algo?

Caminamos hasta un bar cercano de la misma manera en que solíamos caminar: yo un paso por delante de él. Barack era un paseante. Se movía con cierta parsimonia hawaiana, nunca dado a las prisas, incluso y sobre todo cuando se las metían. Yo, en cambio, caminaba a paso ligero hasta en mis ratos de ocio, y me costaba aflojar el ritmo. Pero recuerdo que aquella noche me aconsejé frenar un poco, un poquito nada más, lo suficiente para oír lo que Barack estaba diciendo, porque empezaba a darme cuenta de que me importaba escuchar todo lo que decía.

Hasta aquel momento, había construido mi existencia con mucho cuidado, plegando y recogiendo cualquier elemento desordenado o suelto, como si montase una figura de origami tersa, sin resquicios de aire. Había trabajado duro en su creación; estaba orgullosa de su aspecto. Pero era delicada. Si se aflojaba una esquina, tal vez descubriera que algo me inquietaba. Si se soltaba otra, quizá revelase que no estaba convencida de la trayectoria profesional por la que tanto me había esforzado, con todas las cosas que me había dicho que quería. Ahora pienso que por eso me protegía con tanto denuedo, por eso aún no estaba preparada para abrirme a él. Barack era como un viento que amenazaba con ponerlo todo patas arriba.

Un día o dos más tarde, me preguntó si podía acompañarlo en coche a una barbacoa para asociados en prácticas que se celebraba aquel fin de semana en la casa que tenía un socio principal en una de las lujosas urbanizaciones a orillas del lago que había al norte de la ciudad. El tiempo, si mal no recuerdo, estaba despejado, y el lago centelleaba al otro lado de un césped bien cuidado. Un servicio de catering ofrecía comida mientras atronaba la música por los altavoces estéreo y la gente hacía comentarios sobre el buen gusto y la magnificencia de la casa. La impresión de conjunto era una estampa de riqueza y buena vida, un recordatorio no demasiado sutil del premio que esperaba a quienes se volcaran en cuerpo y alma en el trabajo. Yo sabía que Barack andaba a vueltas con lo que quería hacer en la vida, con la dirección que deseaba dar a su carrera. Tenía una relación ambigua con la riqueza. Al igual que yo, nunca la había tenido, y tampoco aspiraba a ella. Prefería ser eficaz antes que rico, con diferencia, pero todavía estaba tratando de averiguar cómo.

Deambulamos por la fiesta sin ser del todo pareja y aun así casi siempre juntos, pasando de un corrillo de colegas a otro, bebiendo cerveza y limonada, comiendo hamburguesas y ensalada de patata en platos de plástico. Nos separábamos y luego volvíamos a encontrarnos. Parecía algo natural. Él tonteaba discretamente conmigo y yo le correspondía. Varios de los hombres improvisaron un partidillo de baloncesto, y vi que Barack se acercaba a la cancha con sus chancletas para apuntarse. Se llevaba bien con todos los compañeros del bufete. Llamaba a todas las secretarias por su nombre y se entendía con todos: desde los envarados abogados de más edad hasta los gallitos más ambiciosos que en ese momento jugaban al baloncesto. «Es buena persona», pensé para mis adentros mientras miraba cómo pasaba el balón a otro abogado.

Como me había tragado decenas y decenas de partidos en el instituto y la universidad, sabía reconocer a un buen jugador nada más verlo, y Barack aprobó enseguida el examen. Jugaba con un estilo atlético y vivaz, moviendo aquel cuerpo desgarbado con celeridad y dando muestra de una potencia en la que no había reparado antes. Era rápido y elegante, incluso con sus sandalias hawaianas. Fingí que escuchaba lo que estaba diciéndome la agradabilísima esposa de alguien, pero mis ojos permanecían fijos en Barack. Me golpeó por primera vez su espectacularidad: aquel extraño hombre que era una mezcla de todo.

Cuando volvimos a la ciudad al atardecer, sentí un nuevo dolor, una semilla de anhelo recién plantada. Era julio. Barack se iría en algún momento de agosto y desaparecería en la facultad de Derecho y todo lo que la vida le tuviera deparado allí. Nada había cambiado de puertas afuera —hacíamos el ganso, como siempre, y cotilleábamos sobre lo que había dicho cada cual en la barbacoa—, pero sentía un calorcillo especial que me trepaba por la espalda. Era muy consciente de la presencia de su cuerpo en el espacio reducido de mi coche; tenía el codo apoyado en la consola central y la rodilla al alcance de mi mano. Mientras trazábamos la curva hacia el sur de Lake Shore Drive, adelantando a los ciclistas y los corredores que ocupaban los carriles para peatones, me debatía en silencio conmigo misma. ¿Había una manera de hacer aquello sin ponerse serios? ¿Cuánto podía resentirse mi trabajo? No veía nada claro —ni lo que era correcto, ni quién se enteraría ni si importaba—, pero caí en la cuenta de que me había cansado de esperar la claridad.

Él vivía en Hyde Park, realquilado en el piso de un amigo. Para cuando entramos en el barrio, la tensión espesaba el aire que nos separaba, como si por fin fuera a suceder algo inevitable o predestinado. ¿O eran imaginaciones mías? A lo mejor me había cerrado en banda demasiadas veces. A lo mejor él ya había tirado la toalla y solo me veía como una buena y leal amiga, una chica con un Saab con aire acondicionado que podía acompañarlo cuando hiciera falta.

Paré el coche delante de su edificio, con la cabeza todavía a mil.

Dejamos que pasara un incómodo instante, esperando a que fuese el otro quien iniciase la despedida. Barack me miró con la cabeza ladeada.

—¿Vamos a tomar un helado? —dijo.

Fue entonces cuando supe que aún estábamos a tiempo; una de las pocas ocasiones en las que decidí dejar de pensar y vivir sin más. Era una cálida tarde de verano en la ciudad que amaba. El aire me acariciaba la piel. Había un Baskin-Robbins a una manzana del edificio donde Barack vivía; pedimos dos cucuruchos y nos sentamos en la acera para comérnoslos. Nos colocamos muy juntos, con las rodillas en alto, cansados pero complacidos tras un día al aire libre, y dimos buena cuenta de nuestro helado, con rapidez y en silencio, intentando acabar antes de que se derritiera. A lo mejor Barack lo advirtió en la expresión de mi cara o lo intuyó en mi postura: para mí todo había empezado a soltarse y desplegarse.

Me miraba con curiosidad y un atisbo de sonrisa.

—¿Puedo besarte? —preguntó.

Y entonces me incliné hacia él y todo cobró claridad.

Nuestra historia

9

En cuanto me permití sentir algo por Barack, se agolparon los sentimientos: un arrebato de deseo, gratitud, plenitud y admiración. Cualquier preocupación que hubiese albergado sobre mi vida y mi carrera, e incluso sobre el propio Barack, se desvaneció con ese primer beso, que dio paso a la necesidad imperiosa de conocerlo mejor, de explorar y experimentar cuanto antes todo lo que tuviera que ver con él.

Quizá porque Barack debía presentarse de vuelta en Harvard al cabo de un mes, no perdimos el tiempo con flirteos. Como no estaba del todo preparada para que mi novio durmiera bajo el mismo techo que mis padres, empecé a pasar noches en su pequeño apartamento, situado en la segunda planta de un edificio sin ascensor sobre una tienda en una zona ruidosa de la calle Cincuenta y tres. El tipo que vivía habitualmente allí era un estudiante de Derecho de la Universidad de Chicago, y lo había amueblado como lo habría hecho cualquier estudiante que se precie, con muebles variopintos encontrados en distintos rastrillos. Había una mesita, un par de sillas desvencijadas y un colchón de matrimonio en el suelo. Montones de libros y periódicos de Barack cubrían todas las superficies despejadas y buena parte del suelo. Colgaba sus americanas en los respaldos de las sillas de la cocina y tenía la nevera prácticamente vacía. No era acogedor, pero como lo contemplaba todo con la nueva mirada de nuestro vertiginoso romance, sentía que era nuestro hogar.

Barack me intrigaba. No era como ninguno de mis novios anteriores, sobre todo por lo seguro de sí mismo que parecía. Era abiertamente cariñoso. Me decía que era hermosa. Me hacía sentir bien. Para mí, era una especie de unicornio, tan poco habitual que parecía casi irreal. Nunca hablaba de cosas materiales, como comprar una casa o un coche, ni siquiera unos zapatos nuevos. Gastaba buena parte de su dinero en libros, que eran para él como objetos sagrados que proporcionaban equilibrio a su mente. Leía hasta altas horas de la madrugada, a menudo hasta mucho después de que yo me durmiese, devorando libros de historia, biografías e incluso obras de Toni Morrison. Estaba al tanto de las últimas reseñas de libros, de la clasificación de la Liga Americana de Béisbol y de lo que tramaban los concejales del South Side. Podía hablar con la misma pasión de las elecciones polacas y de las películas que Roger Ebert había criticado y por qué.

Sin aire acondicionado, no teníamos más opción que dormir con las ventanas abiertas durante la noche, para intentar que se refrescase el abrasador apartamento. Lo que ganábamos en comodidad, lo perdíamos en tranquilidad. Por aquel entonces, la calle Cincuenta y tres era un núcleo de actividad nocturna, una autopista para coches tuneados que pasaban con los tubos de escape sin silenciador. Daba la sensación de que, casi cada hora, una sirena de policía ululaba junto a la ventana, o bien alguien se ponía a gritar dando rienda suelta a una descarga de rabia y palabras malsonantes que hacían que me despertase sobresaltada en el colchón. Si a mí todo eso me perturbaba, a Barack no lo trastornaba en absoluto. Ya entonces notaba que él se sentía mucho más cómodo que yo en el trajín del mundo, que estaba más dispuesto a dejar que todo eso llegase hasta él sin que lo afectase. Una noche me desperté y me lo encontré mirando al techo, su perfil iluminado por el resplandor de las farolas de la calle. Parecía ligeramente preocupado, como si estuviese dando vueltas a algo muy personal. ¿Sería nuestra relación? ¿La pérdida de su padre?

—Eh, ¿en qué andas pensando? —susurré.

Se volvió hacia mí con una sonrisa tímida.

—Oh —dijo—. Solo estaba pensando en la desigualdad de ingresos.

Fui aprendiendo que así era como funcionaba la mente de Barack. Se obsesionaba con cuestiones grandes y abstractas, impulsado por la descabellada sensación de que sería capaz de hacer algo al respecto. Debo confesar que era algo nuevo para mí. Hasta entonces, me había rodeado de buenas personas que se preocupaban por cosas importantes pero que se dedicaban sobre todo a progresar en su profesión y a mantener a sus familias. Barack era distinto. Daba importancia a las exigencias de su vida cotidiana, pero a la vez, en especial por la noche, sus pensamientos se dirigían hacia un espacio mucho más amplio.

Por supuesto, la mayor parte del tiempo lo pasábamos en el bufete, en la lujosa tranquilidad de las oficinas de Sidley & Austin, donde cada mañana me sacudía la modorra y me encerraba de nuevo en mi existencia de abogada júnior, volviendo diligentemente a mi pila de documentos y a las exigencias de clientes corporativos a los que ni siquiera conocía en persona. Barack, entretanto, trabajaba en sus propios documentos en un despacho compartido al fondo del pasillo, cada día más adulado por los socios de la firma, que estaban impresionados con él.

Preocupada aún por guardar las apariencias, me empeñé en que mantuviésemos nuestra incipiente relación oculta a nuestros colegas, aunque con poco éxito. Lorraine, mi ayudante, dirigía a Barack una sonrisa cómplice cada vez que este se dejaba caer por mi despacho. Hasta nos pillaron la primera noche que salimos como pareja, poco después de nuestro primer beso, cuando fuimos al Art Institute y después a ver la película de Spike Lee *Haz lo que debas* en Water Tower Place. Allí nos encontramos con uno de los socios de mayor rango del bufete, Newt Minow, y su mujer, Josephine, en la cola para comprar palomitas. Nos saludaron afectuosamente, incluso con aprobación, y no hicieron ningún comentario sobre el hecho de que estuviéramos juntos. Pero ahí estábamos.

Durante esa época, el trabajo parecía una distracción, algo que teníamos que hacer antes de poder lanzarnos de nuevo el uno en brazos del otro. Lejos de la oficina, Barack y yo hablábamos sin descanso mientras dábamos agradables paseos por Hyde Park vestidos con pantalón corto y camiseta, y durante comidas que se nos hacían cortas pero que en realidad duraban horas. Debatíamos las virtudes de cada uno de los discos de Stevie Wonder, para a continuación hacer lo propio con todos los de Marvin Gaye. Estaba embelesada. Me encantaba el lento deje de su voz y la manera en que su mirada se enternecía cuando yo contaba una historia graciosa. Empezaba a apreciar su deambular de un lugar a otro, sin preocuparse nunca por el tiempo.

Cada día traía consigo pequeños descubrimientos: yo era seguidora de los Cubs, mientras que a él le gustaban los White Sox. Me encantaban los macarrones con queso; él no los soportaba. Le gustaban las películas oscuras y dramáticas, mientras que lo mío eran las comedias románticas. Él era zurdo y tenía una letra inmaculada; yo escribía unos garabatos indescifrables con la mano derecha. En el mes anterior a que Barack volviese a Cambridge nos contamos lo que parecieron ser todos y cada uno de nuestros recuerdos y pensamientos dispersos, desde nuestras locuras de infancia hasta nuestras humillaciones de adolescencia, así como los truncados primeros romances que habían precedido a nuestro encuentro. Barack tenía especial interés por cómo me había criado: la monotonía año tras año, década tras década, de la vida en Euclid Avenue, durante la que Craig, mi madre, mi padre y yo formamos las cuatro esquinas de un robusto cuadrado. Durante los años en que fue organizador comunitario, Barack había pasado mucho tiempo en iglesias, lo que hacía que apreciase la religión establecida, si bien se mantuvo menos tradicional. El matrimonio, me dijo muy pronto, le parecía una convención sobrevalorada e innecesaria.

No recuerdo haber presentado a Barack a mi familia ese verano, pero Craig dice que sí lo hice. Según él, los dos aparecimos una noche en la casa de Euclid Avenue. Craig había ido de visita, y estaba sentado en el porche delantero con mis padres. Barack, afirma

Craig, se mostró amable y confiado, y les dio conversación durante un par de minutos hasta que ambos subimos a mi apartamento a buscar algo.

A mi padre le gustó Barack desde el principio, pero no le daba muchas posibilidades. No en vano había visto cómo me deshacía de mi novio del instituto, David, a las puertas de Princeton, y cómo dejaba a Kevin, el jugador universitario de fútbol americano, en cuanto lo vi vestido con su disfraz de mascota peluda. Mis padres sabían que no les convenía encariñarse demasiado. Me habían educado para ser capaz de organizarme la vida, y eso era lo que estaba haciendo. Les había dicho muchísimas veces que estaba demasiado concentrada y ocupada para hacer hueco a un hombre en ella.

Según Craig, mi padre sacudió la cabeza y se echó a reír mientras Barack y yo nos alejábamos.

«Un tipo majo —dijo—. Lástima que no vaya a durar.»

Si mi familia era un cuadrado, la de Barack era una figura geométrica más complicada, que atravesaba océanos enteros. Barack había pasado años intentando entender cuál era su trazado. En 1960, su madre, Ann Dunham, era una estudiante universitaria de diecisiete años que vivía en Hawái cuando se enamoró de un alumno keniano llamado Barack Obama. El matrimonio fue breve y desconcertante, especialmente porque resultó que el flamante marido ya tenía otra mujer en Nairobi. Tras su divorcio, Ann se casó con un geólogo javanés llamado Lolo Soetoro y se trasladó a Yakarta, llevándose consigo a Barack Obama hijo —mi Barack Obama—, que tenía entonces seis años.

Tal como Barack me lo contó, él era feliz en Indonesia y se llevaba bien con su padrastro, pero su madre tenía dudas sobre la calidad de su educación allí, así que, en 1971, envió a su hijo de vuelta a Oahu para que asistiese a un colegio privado y viviese con sus abuelos. Ann era un espíritu libre que pasaría años yendo y viniendo entre Hawái e Indonesia. Aparte de un viaje largo que hizo a Hawái cuando Barack tenía diez años, su padre —un hombre que, según todos los testimonios, tenía una mente vigorosa y un vigoroso problema con la bebida— se mantuvo ausente y se desentendió.

Pero Barack recibió mucho amor. Sus abuelos en Oahu los mimaban tanto a él como a su hermanastra menor, Maya. Su madre, aunque seguía viviendo en Yakarta, era afectuosa y comprensiva desde la distancia. Barack también hablaba con cariño de otra hermanastra suya que vivía en Nairobi, llamada Auma. Él se había criado con muchísima menos estabilidad que yo, pero no se lamentaba por ello. Su historia era su historia. Su vida familiar había hecho de él alguien independiente y notablemente predispuesto al optimismo. El hecho de que hubiese sabido sortear con éxito su inusual infancia no hacía más que reforzar la idea de que estaba en condiciones de afrontar algo más.

Una noche húmeda lo acompañé a hacer un favor a un viejo amigo. Uno de sus colegas de su época como organizador comunitario le había pedido si podía dirigir una sesión de formación en una parroquia negra en Roseland, en el Far South Side, una zona que había sido diezmada por el cierre de las fundiciones de acero a mediados de los años ochenta. Para Barack, supuso volver durante unas horas a su antiguo trabajo y a la parte de Chicago donde lo ejerció, cosa que hizo con gusto. Mientras entrábamos en la iglesia, ambos aún vestidos con nuestra ropa de trabajo, caí en la cuenta de que nunca me había parado a pensar en qué consistía realmente el trabajo de un organizador comunitario. Bajamos por una escalera hasta un sótano de techo bajo iluminado con fluorescentes, donde unos quince parroquianos —mujeres en su mayoría, si no recuerdo mal— nos esperaban sentados en sillas plegables y abanicándose, acalorados. Parecía ser una sala que hacía también las veces de centro de día. Me senté al fondo. Barack avanzó hacia la zona delantera y saludó a los allí congregados.

Debió de parecerles alguien joven y con aspecto de abogado. Reparé en que estaban tomándole la medida, tratando de determinar si era una especie de forastero dogmático o si tenía algo de valor que ofrecer. El ambiente me resultaba muy familiar. Me había pasado la infancia yendo al seminario semanal de opereta de mi tía abuela Robbie en una iglesia episcopal metodista africana bastante parecida a aquella. Las mujeres presentes en la sala no eran muy distintas de las que cantaban en el coro de Robbie o de las que se presentaron con bandejas de comida cuando Southside falleció. Eran mujeres de buen corazón e implicadas con su comunidad, muchas de ellas madres solteras o abuelas, de esas que inevitablemente dan un paso adelante para ayudar cuando nadie más se ofrece a hacerlo.

Barack colgó la americana en el respaldo de su silla y se quitó el reloj. Lo puso sobre la mesa frente a él para controlar el tiempo. Tras presentarse, propició una conversación, que duraría alrededor de una hora, en la que pidió a los presentes que contasen sus historias y describiesen sus inquietudes respecto a la vida en el barrio. Barack, a su vez, contó su propia historia, enlazándola con los principios del activismo social. Estaba allí para convencerlos de que nuestras historias nos conectaban a los unos con los otros, y para que supieran que, a través de esas conexiones, era posible encauzar el descontento y transformarlo en algo útil. También ellos —un minúsculo grupo dentro de una pequeña iglesia en un barrio aparentemente olvidado—, explicó, podían crear verdadero poder político. Pero eso exigía esfuerzo, les advirtió. Requería trazar una estrategia, escuchar a los convecinos y generar confianza allí donde a menudo era un bien escaso. Implicaba pedir a desconocidos que les cediesen un poco de su tiempo y una pequeña cantidad de su sueldo. Conllevaba que les contestasen que no de diez o cien maneras distintas antes de oír el «sí» que lo cambiaría todo. (Al parecer, eso era gran parte de lo que hacía un organizador comunitario.) Pero Barack les aseguró que podían tener influencia. Podían promover cambios. Había sido testigo de que el proceso daba sus frutos, aunque no siempre sin complicaciones, en las viviendas sociales de Altgeld Gardens, donde un grupo de personas muy similar a aquel había logrado inscribir a nuevos votantes, agrupar a los residentes para tener una reunión con las autoridades municipales sobre la contaminación por amianto, y convencer a la alcaldía para que destinase fondos a un centro de formación profesional en el barrio.

La mujer corpulenta que estaba sentada a mi lado no se molestaba en ocultar su escepticismo mientras mecía a un niño pequeño sobre su rodilla. Inspeccionaba a Barack alzando el mentón y sacando el labio inferior, como si dijese: «¿Quién eres tú para decirnos lo que tenemos que hacer?».

Sin embargo, a Barack el escepticismo no le preocupaba, como tampoco le había preocupado nunca tenerlo todo en contra. Al fin y al cabo, era un unicornio: marcado por su peculiar nombre, sus particulares orígenes, su complicada adscripción racial, la ausencia de su padre, su mente privilegiada. Estaba acostumbrado a tener que demostrar su valía allá adonde fuese.

La idea que estaba exponiendo no era fácil de vender, ni tenía por qué serlo. Roseland había recibido un golpe tras otro, desde el éxodo de las familias blancas hasta el hundimiento de la industria del acero, pasando por la degradación de su sistema escolar o el auge del negocio de la droga. Barack me había contado que, como activista que había trabajado en comunidades urbanas, había tenido que hacer frente muy a menudo a la desconfianza de la gente —en particular de los negros—, un cinismo fruto de una sucesión de mil pequeñas decepciones. Yo lo entendía. Lo había visto en mi propio barrio, en mi propia familia. La amargura, la desesperanza. Lo veía en mis dos abuelos, como consecuencia de la frustración de todos sus objetivos, de todas las renuncias que se habían visto obligados a hacer. En la agobiada profesora de segundo curso que prácticamente había desistido de enseñarnos nada en Bryn Mawr. En la vecina que había dejado de cortar su césped o se había resignado a no saber adónde iban sus hijos después de clase. En cada desecho que alguien dejaba caer despreocupadamente sobre la hierba de nuestro parque local, y en cada trago de whisky que alguien bebía antes del anochecer. En todas y cada una de esas cuestiones que considerábamos imposibles de arreglar, incluidos nosotros mismos.

Barack no hablaba a la gente de Roseland con condescendencia, y tampoco estaba intentando congraciarse con ellos obviando su posición de privilegio y sobreactuando en su «papel de negro». Frente a los temores y las frustraciones de los parroquianos, su situación de marginación y de paralizante impotencia, Barack tenía la osadía de señalar en la dirección opuesta.

Nunca había dedicado mucho tiempo a reflexionar sobre los aspectos más desmoralizadores de ser afroamericana. Me habían educado para que pensase en positivo. Había absorbido el amor de mi familia y la determinación de mis padres de vernos triunfar. Había estado junto a Santita Jackson en las manifestaciones de Operation PUSH, escuchando a su padre mientras instaba a los negros a recuperar el orgullo. Mi impulso me había llevado siempre a ver más allá de mi barrio, a mirar hacia delante y tratar de superar los obstáculos. Y lo había conseguido. Había obtenido dos títulos de la Ivy League. Me había hecho un hueco en Sidley & Austin. Mis padres y mis abuelos se enorgullecían de mí. Con todo, al escuchar a Barack, empecé a entender que su versión de la esperanza iba mucho más allá que la mía: me di cuenta de que una cosa era lograr salir de un lugar complicado y otra muy distinta conseguir que el lugar en sí dejase de ser complicado.

Una vez más, me embargó la sensación de ser consciente de lo especial que era Barack. Poco a poco, a mi alrededor, las mujeres de la iglesia también empezaron a hacer gestos de aprobación y a rematar las frases de Barack con expresiones como «Mmm» y «¡Eso es!».

La intensidad de su voz fue aumentando a medida que se acercaba al final de su discurso. No era un predicador, pero no había duda de que estaba predicando algo: una visión. Estaba apostando por nuestro compromiso. La elección, tal como él la veía, era esta: o bien uno se daba por vencido, o bien trabajaba para que las cosas cambiasen.

—¿Qué es lo mejor para nosotros? —preguntó a los congregados en la sala—. ¿Nos conformamos con el mundo tal como es, o trabajamos para que sea como debería ser?

Era una frase que había tomado prestada de un libro que leyó cuando empezaba como activista, y que yo recordaría durante años. Fue lo que mejor me permitió entender lo que motivaba a Barack: el mundo como debería ser.

A mi lado, la mujer con el niño en su regazo finalmente estalló:

—¡Eso es! —exclamó, convencida por fin—. ¡Amén!

«Amén», me dije. Porque yo también estaba convencida.

Antes de volver a la facultad, a mediados de agosto, Barack me dijo que me quería. Los sentimientos habían surgido entre nosotros de manera tan rápida y natural que el momento en sí no tuvo nada de memorable. No recuerdo con exactitud cuándo o cómo sucedió. Fue tan solo una manifestación, tierna y sentida, de algo que nos había pillado desprevenidos a ambos. Aunque apenas hacía un par de meses que nos conocíamos, y aunque era algo en cierta medida inoportuno, estábamos enamorados.

Pero ahora teníamos que ver cómo gestionar los más de mil quinientos kilómetros que nos separarían. A Barack le quedaban dos años en la universidad, y decía que le gustaría instalarse en Chicago después de graduarse. No nos planteábamos que yo dejase mi vida allí mientras tanto. Como asociada aún medio novata en Sidley, era consciente de que la siguiente fase de mi carrera era crucial, que mis logros determinarían si conseguía llegar a ser socia del bufete o no. Y puesto que yo también había estudiado Derecho, sabía lo ocupado que Barack iba a estar. Lo habían nombrado editor de la *Harvard Law Review*, una revista mensual gestionada por estudiantes que estaba considerada una de las principales publicaciones sobre cuestiones legales de todo el país. Era un honor que lo hubieran elegido para formar parte del equipo editorial, pero también sería como añadir un trabajo a tiempo completo a la de por sí pesada carga que le suponía estudiar Derecho.

Así pues, ¿qué nos quedaba? El teléfono fijo. Hay que tener en cuenta que estábamos en 1989, y entonces no llevábamos el móvil en el bolsillo, no había mensajes de texto ni un emoji podía hacer las veces de un beso. El teléfono fijo requería tiempo y disponibilidad simultánea. Las llamadas personales por lo general se hacían desde casa, por la noche, cuando estábamos agotados y deseando meternos en la cama.

Antes de irse, Barack me dijo que prefería escribir cartas.

«No soy mucho de teléfono», fue su manera de expresarlo. Como si con eso quedase zanjado el asunto.

Pero no fue así en absoluto. Veníamos de pasarnos el verano hablando y no tenía ninguna intención de dejar que nuestro amor arrastrase los pies al ritmo del servicio postal. Esa era otra pequeña diferencia entre nosotros: Barack era capaz de abrir su corazón usando un bolígrafo. Él se había criado a base de cartas: mensajes de apoyo que llegaban en forma de livianos sobres de correo aéreo de su madre desde Indonesia. Yo, por mi parte, era más partidaria del cara a cara: me había criado a base de cenas de los domingos en casa de Southside, donde a veces había que gritar para hacerse oír.

En mi familia parloteábamos. Mi padre, que acababa de cambiar su coche por una furgoneta adaptada a su discapacidad, seguía presentándose en casa de sus primos tan a menudo como le era posible para verlos en persona. Amigos, vecinos y primos de primos también aparecían regularmente en Euclid Avenue y se plantaban en el salón junto a mi padre, sentado en su sillón reclinable, para contar historias o pedir opinión. Incluso David, mi antiguo novio del instituto, se pasaba de vez en cuando en busca de sus consejos. Mi padre tampoco tenía ningún problema con el teléfono. Durante años lo había visto llamar casi a diario a mi abuela, que estaba en Carolina del Sur, para preguntarle qué tal le iba.

Hice saber a Barack que, para que nuestra relación funcionase, más le valía acostumbrarse al teléfono. «Si no hablo contigo —le dije—, quizá tenga que buscarme algún otro que me escuche.» Lo decía en broma, pero no del todo.

Y así fue como Barack aprendió a hablar por teléfono. Durante aquel otoño hablamos tan a menudo como pudimos, cada uno encerrado en su mundo y con sus horarios respectivos, y aun así compartiendo los pequeños detalles del día a día, compadeciéndonos por la pila de casos de impuestos de sociedades que tenía que leer o riéndonos porque yo había cogido la costumbre de sudar mis frustraciones laborales yendo a clase de aeróbic después del trabajo. Pasaron los meses, pero nuestros sentimientos se asentaron y afianzaron. Para mí, ese dejó de ser un motivo de preocupación.

En Sidley & Austin formaba parte del equipo de reclutamiento de la oficina de Chicago, encargado de entrevistar a alumnos de la facultad de Derecho de Harvard para trabajar como becarios durante el verano. Era básicamente un proceso de seducción. Cuando era estudiante, había experimentado en carne propia el poder y la capacidad de atracción del conjunto de bufetes de derecho de sociedades, pues me habían entregado un archivador del grosor de un diccionario con una lista de los bufetes de todo el país y me habían dicho que todos estaban interesados en contratar abogados formados en Harvard. Daba la impresión de que, con el marchamo de un doctorado en Derecho por Harvard, una tenía la posibilidad de trabajar en cualquier ciudad y en cualquier especialidad del derecho, ya fuese en un bufete enorme de pleitos en Dallas o en una selecta inmobiliaria en Nueva York. Si cualquiera de ellos te llamaba la atención, solicitabas una entrevista en el propio campus. Si la cosa iba bien, te pagaban un billete de avión y la estancia en un hotel de cinco estrellas para mantener una ronda de entrevistas en las oficinas del bufete, seguida de una extravagante experiencia en la que algún cazatalentos como yo te llevaba a cenar a algún restaurante caro. Mientras estaba en Harvard, había vivido esa experiencia en San Francisco y en Los Ángeles, en parte porque tenía interés en ver cómo eran los bufetes que se dedicaban al derecho del mundo del entretenimiento, pero, si soy sincera, también porque nunca había estado en California.

Ahora que en Sidley estaba al otro lado del proceso de reclutamiento, mi objetivo era atraer a estudiantes no solo inteligentes y tenaces sino también a otros candidatos que no fueran hombres y blancos. Había otra mujer afroamericana en el equipo de reclutamiento, una asociada sénior llamada Mercedes Laing, que tenía unos diez años más que yo y acabó convirtiéndose en una querida amiga y mentora. Como yo, tenía dos titulaciones de la Ivy League y estaba más que acostumbrada a participar en reuniones donde nadie más era como ella. Ambas coincidimos en que lo difícil era no acostumbrarse a ello o aceptarlo. En las reuniones sobre reclutamiento, yo defendía con insistencia —y seguro que también con descaro, en opinión de algunos— que el bufete debía ampliar el espectro a la hora de buscar jóvenes talentos. La costumbre arraigada era contactar con estudiantes de un selecto grupo de facultades —de Harvard, Stanford, Yale, Northwestern, la Universidad de Chicago y la Universidad de Illinois, principalmente—, los lugares donde se habían formado la mayoría de los abogados de la firma. Era un proceso circular: una generación de abogados contrataba nuevos abogados cuya experiencia vital fuese similar a la suya propia, lo que dejaba poco espacio para la diversidad de cualquier clase. Para ser justa con Sidley, debo decir que ese era un problema (reconocido o no) que afectaba a casi todos los grandes bufetes del país. Por aquel entonces, una encuesta del *National Law Journal* reveló que en los grandes bufetes los afroamericanos no llegaban al tres por ciento de todos los asociados, y constituían menos del uno por ciento de los socios.

Para tratar de remediar ese desequilibrio propuse que considerásemos candidatos procedentes de otras universidades públicas y de centros con un alumnado tradicionalmente negro, como la Universidad de Howard. Cuando el equipo de reclutamiento se reunió en una sala en Chicago con un montón de currículos de estudiantes para revisar, planteé objeciones cada vez que uno de ellos era descartado de manera automática porque en su expediente constaba un notable o por haber estudiado en una universidad menos prestigiosa. Expliqué que, si nos tomábamos en serio la idea de fichar a abogados pertenecientes a minorías, debíamos analizar a los candidatos de una manera más holística. Teníamos que pensar en cómo habían aprovechado las oportunidades que la vida les hubiese ofrecido, en lugar de valorar tan solo hasta dónde habían ascendido en la elitista escala académica. No se trataba de rebajar el exigente listón del bufete, sino de tener en cuenta que, si nos aferrábamos al modo más rígido y anticuado de evaluar el potencial de los nuevos abogados, estábamos dejando escapar a muchas personas que, si bien no encajaban en ese perfil, podían contribuir al éxito del bufete. Dicho de otro modo: teníamos que entrevistar a más estudiantes antes de descartarlos.

Por ese motivo, me encantaba hacer viajes de reclutamiento a Cambridge, ya que me permitía ejercer cierta influencia sobre qué estudiantes de Harvard se seleccionaban para una entrevista. Además, por supuesto, de que me daba una excusa para ver a Barack. La primera vez que fui, me recogió en su coche, un Datsun de morro chato y color amarillo plátano que había comprado con el poco dinero de que disponía, sumido en deudas como estaba. Cuando giró la llave, el motor arrancó y el coche dio una violenta sacudida antes de asentarse en una vibración profunda y sostenida que nos zarandeaba en los asientos. Le lancé una mirada de incredulidad.

—¿Conduces este trasto? —exclamé alzando la voz por encima del ruido.

Me respondió con esa sonrisa tímida, como diciendo «Lo tengo todo controlado», que siempre conseguía derretirme.

—Dame un par de minutos —dijo mientras metía una marcha—. Acaba funcionando.

Unos minutos más tarde, cuando ya circulábamos por una calle concurrida, añadió:

—Por cierto, quizá sea mejor que no mires hacia abajo.

Ya había visto lo que Barack quería ocultarme: un agujero oxidado de unos diez centímetros en el suelo de su coche, a través del cual podía verse la carretera pasando a toda velocidad bajo nuestros pies.

Ya entonces supe que la vida con Barack nunca sería aburrida. Sería más bien de color amarillo plátano y seguramente emocionante. También entonces se me ocurrió pensar que lo más probable era que él nunca ganara mucho dinero.

Vivía en un espartano apartamento de un dormitorio en So-
merville, pero en mis viajes de reclutamiento el bufete me reservaba
una habitación en el lujoso hotel Charles, junto al campus, donde
dormíamos entre suaves sábanas y de donde Barack, que tenía poca
costumbre de cocinar, salía para asistir a clase con un desayuno caliente en el estómago. Por las tardes se instalaba en mi habitación y
hacía sus deberes, vestido despreocupadamente con uno de los gruesos albornoces de rizo del hotel.

Ese año volamos hasta Honolulú por Navidad. Nunca había estado en Hawái, pero creía que me gustaría. Al fin y al cabo, venía de
Chicago, donde el invierno se alargaba hasta abril, y donde era normal llevar en el maletero del coche una pala para retirar la nieve.
Tenía una cantidad inquietante de prendas de lana. A mí, escapar del
invierno siempre me había parecido un lujo. Durante mi época universitaria viajé a Bahamas con David, mi compañero de clase baha-
meño, y a Jamaica con Suzanne. En ambas ocasiones disfruté al
sentir el aire tibio en la piel y de la sensación de flotación que experimentaba cada vez que estaba cerca del mar. Puede que no fuese
casualidad que me sintiera atraída por personas que habían crecido
en una isla.

En Kingston, Suzanne me había llevado a playas de fina arena
blanca donde jugamos con las olas en un mar que parecía jade. Suzanne me guio con mano experta a través de un caótico mercado,
chapurreando con los vendedores callejeros.

«¡Prueba *isto*!», me gritó cierto día exagerando su acento a la vez
que, encantada, me ofrecía un plato con pedazos de pescado a la
parrilla, ñames fritos, tallos de caña de azúcar y trozos de mango.
Suzanne quería que yo lo probase todo, para que viese cuántas cosas
maravillosas había.

Con Barack no era muy distinto. Llevaba ya más de una década
viviendo en el continente, pero Hawái seguía siendo importantísimo para él. Quería que yo lo experimentase todo, desde las amplias
palmeras que flanqueaban las calles de Honolulú y todo el arco de
la playa de Waikiki hasta el manto verde de las colinas que rodeaban

la ciudad. Durante alrededor de una semana nos alojamos en un apartamento que unos amigos de la familia nos prestaron, y cada día hacíamos excursiones hasta el mar, para nadar y holgazanear al sol. Conocí a Maya, la hermanastra de Barack, una joven de diecinueve años amable e inteligente que estaba estudiando en Barnard. Tenía las mejillas redondeadas, unos grandes ojos marrones y una melena morena que se rizaba en una espesa maraña alrededor de sus hombros. Conocí a sus abuelos, Madelyn y Stanley Dunham, o Toot y Gramps, como él los llamaba. Vivían en el mismo edificio alto de pisos donde habían criado a Barack, en un pequeño apartamento decorado con telas indonesias que Ann había ido enviando a lo largo de los años.

Y conocí también a la propia Ann, una mujer rolliza y vivaz de pelo oscuro y rizado, y con la misma barbilla angulosa que Barack. Llevaba voluminosas joyas de plata, un vestido *batik* de colores intensos, y el tipo de sandalias robustas que yo imaginaría que podría llevar una antropóloga. Fue amable conmigo y expresó curiosidad por mis orígenes y mi carrera. Saltaba a la vista que adoraba a su hijo —casi lo veneraba—, y se la veía deseosa de sentarse a charlar con él para explicarle el trabajo de su tesis e intercambiar recomendaciones de libros, como si estuviese poniéndose al día con un viejo amigo.

Todos en la familia aún llamaban «Barry» a Barack, algo que me resultó entrañable. Aunque habían salido de su Kansas natal en los años cuarenta, sus abuelos me parecieron las personas del Medio Oeste desubicadas que Barack siempre me había contado que eran. Gramps era corpulento, tenía aspecto de oso y contaba chistes malos. Toot, una mujer fornida de pelo cano que había llegado a ser vicepresidenta de una entidad bancaria local, nos preparaba bocadillos de ensalada de atún para el almuerzo. Por las noches nos sacaba un aperitivo de sardinas sobre galletas Ritz y servía la cena en bandejas para que todos pudiésemos mirar las noticias de la tele o jugar una disputada partida de Scrabble. Era una familia modesta de clase media, en muchos sentidos no muy distinta a la mía.

Había algo de reconfortante en eso, tanto para mí como para

Barack. Pese a lo diferentes que éramos, encajábamos de una manera interesante. Era como si aquello explicase la atracción que existía entre ambos y lo fácil que era todo entre nosotros.

En Hawái, la faceta intensa y cerebral de Barack se replegaba en cierta medida, mientras que emergía su parte más relajada. Estaba en casa. Y allí no sentía la necesidad de demostrar nada a nadie. Todo lo hacíamos con retraso, pero no importaba, ni siquiera a mí. Bobby, un compañero del instituto de Barack que era pescador profesional, nos sacó en su barco un día para bucear un rato y dar una vuelta sin rumbo. Fue entonces cuando vi a Barack más relajado que nunca, holgazaneando bajo un cielo azul con una cerveza fría y un viejo amigo, desconectado por fin de las noticias del día y de las lecturas de la facultad, o de lo que habría que hacer para solucionar la desigualdad económica.

Muchísimos de mis amigos juzgaban a sus potenciales parejas por la apariencia externa, y se centraban en primer lugar en su aspecto y en sus perspectivas económicas. Era como si pensaran que, si resultaba que la persona que habían elegido tenía dificultades para comunicarse o no se sentía cómoda mostrándose vulnerable, al final el tiempo o el matrimonio lo resolverían. Pero Barack había llegado a mi vida siendo ya una persona hecha y derecha. Desde nuestra primera conversación, me había demostrado que no tenía problema en expresar sus miedos o debilidades y que valoraba la sinceridad. En el trabajo, había sido testigo de su humildad y su predisposición a sacrificar sus propios deseos y necesidades en aras de un bien superior.

Y ahora, en Hawái, me daba cuenta de que su carácter se manifestaba en los pequeños detalles. La amistad que aún mantenía con sus compañeros del instituto mostraba la solidez de sus relaciones. En su devoción por su madre, una mujer con mucho carácter, yo veía un profundo respeto por las mujeres y por su independencia. Sin necesidad de hablarlo explícitamente, sabía que no tendría ningún problema en que su pareja tuviese sus propias pasiones y opiniones. Esas eran cosas que no se aprendían en una relación, que ni siquiera el amor podía crear o cambiar. Al abrirme las puertas de su mundo, Barack estaba enseñándome todo lo que necesitaba saber sobre el tipo de compañero de vida que sería.

Una tarde tomamos prestado un coche y fuimos hasta la costa norte de Oahu, donde nos sentamos en una franja de arena fina y observamos a los surfistas mientras cabalgaban enormes olas. Estuvimos allí cuatro horas, simplemente hablando, mientras el oleaje rompía sin cesar, el sol caía en el horizonte y el resto de las personas que había en la playa recogían sus bártulos para volver a casa. Seguimos hablando mientras el cielo se tornaba rosado, después morado y finalmente negro, mientras los bichos empezaban a picarnos y también cuando comenzamos a sentir hambre. Había ido a Hawái para acceder a parte del pasado de Barack, y estábamos sentados a la orilla de un inmenso océano, vislumbrando una versión del futuro, comentando en qué tipo de casa nos gustaría vivir algún día, qué clase de padres queríamos ser. Parecía especulativo y algo osado hablar de esas cosas, pero también resultaba tranquilizador, porque teníamos la sensación de que nunca dejaríamos de hacerlo, de que esa conversación entre los dos podría durar toda la vida.

De vuelta en Chicago, de nuevo lejos de Barack, seguí yendo de vez en cuando a mis reuniones de la *happy hour*, aunque no solía quedarme hasta tarde. Barack me había contagiado su afición por la lectura y me pasaba tan contenta la noche del sábado leyendo una buena novela en el sofá.

Cuando me aburría, llamaba a alguna vieja amiga. Incluso ahora que tenía un novio serio, mis amigas eran las que me ayudaban a mantener la estabilidad. Santita Jackson estaba recorriendo el país como corista de Roberta Flack, pero hablábamos cuando podíamos. Alrededor de un año antes me había sentado con mis padres en el salón de su casa para ver, henchida de orgullo, cómo Santita y sus hermanos presentaban a su padre en la Convención Nacional Demócrata de 1988. El reverendo Jackson había hecho un intento decoroso de ser candidato a la presidencia, obteniendo la victoria en una docena de primarias antes de ceder la nominación como candidato a Michael Dukakis, y al hacerlo había llenado hogares como el nuestro de un nuevo y profundo grado de esperanza e ilusión, aunque en el fondo sabíamos que sus posibilidades eran muy escasas.

Hablaba regularmente con Verna Williams, una amiga de la facultad de Derecho que hasta hacía poco había vivido en Cambridge. Verna había coincidido un par de veces con Barack y le había gustado mucho, pero me provocaba diciéndome que había rebajado mi listón, disparatadamente alto por lo general, al permitir que un fumador entrase en mi vida. Con Angela Kennedy seguíamos riéndonos a carcajadas, aunque ahora trabajaba como profesora en New Jersey, al tiempo que criaba a un niño y trataba de mantenerse a flote mientras contemplaba cómo su matrimonio se iba al garete. Nos habíamos conocido cuando éramos unas universitarias tontorronas y semimaduras, y ahora éramos adultas, con vidas y preocupaciones de adultas. A veces me echaba a reír solo de pensarlo.

Suzanne, entretanto, era el mismo espíritu libre que cuando compartimos habitación en Princeton. Aparecía y desaparecía de mi vida de forma más o menos previsible, y seguía midiendo el valor de sus días únicamente en función de si eran placenteros o no. Pasábamos largas temporadas sin hablar, pero luego recuperábamos con gran facilidad el hilo de nuestra amistad. Como siempre, yo la llamaba Screwzy, y ella a mí, Miche. Nuestros mundos continuaban siendo tan diferentes como lo fueron en la universidad, cuando ella iba a las fiestas de las hermandades y escondía su ropa sucia bajo la cama mientras yo pasaba a limpio mis apuntes de Introducción a la Sociología. Ya entonces, Suzanne era como una hermana cuya vida yo solo podía seguir desde la distancia, desde el otro lado del abismo que nuestras diferencias intrínsecas creaban. Era exasperante, encantadora y siempre importante para mí. Me pedía consejo y luego se empeñaba en desoírlo. «¿Sería un error salir con una estrella del pop semifamosa y promiscua?» Por supuesto que sí, pero ella lo hacía igualmente. Porque «¿Por qué no?», me decía. Lo más desesperante fue cuando, después de la universidad, desperdició la oportunidad de entrar en una facultad de Negocios de la Ivy League porque estaba segura de que le supondría demasiado trabajo, y por lo tanto poca diversión, para acabar obteniendo su MBA en un programa no tan estresante de una universidad pública, que yo interpreté como una decisión fruto de la pereza.

A veces, las decisiones que tomaba Suzanne parecían una afrenta contra mi manera de hacer las cosas, un voto a favor de relajarse y no esforzarse tanto. Ahora puedo decir que la juzgué de manera injusta por ello, pero entonces estaba convencida de tener razón.

Poco después de empezar a salir con Barack la llamé para explayarme sobre lo que sentía por él. Estuvo encantada de oírme tan feliz (la felicidad era su especialidad). Ella también tenía noticias que contarme: iba a dejar su trabajo como especialista en informática en la Reserva Federal para dedicarse a viajar... durante meses, no semanas. Suzanne y su madre se disponían a partir en una aventura alrededor del mundo. Porque «¿Por qué no?».

Nunca supe si Suzanne inconscientemente sabía que algo raro sucedía en las células de su cuerpo, que estaban siendo víctimas de un secuestro silencioso. Lo que sí supe fue que, durante el otoño de 1989, mientras yo llevaba hombreras marcadas y soportaba largas y aburridas reuniones en Sidley, Suzanne y su madre procuraban no mancharse de curri sus vestidos veraniegos en Camboya y bailaban al amanecer sobre los magníficos paseos del Taj Mahal. Mientras yo me preocupaba por cuadrar mis cuentas, recogía la ropa en la lavandería y veía cómo se marchitaban y caían las hojas de los árboles a lo largo de Euclid Avenue, Suzanne recorría la calurosa y húmeda Bangkok en un tuk-tuk, rebosante de alegría (o así me la imaginaba yo). En realidad, no sé cómo fueron sus viajes, ni si efectivamente llegó a viajar, porque nunca me mandaba postales ni daba señales de vida. Estaba demasiado ocupada viviendo, empapándose hasta reventar de todo lo que el mundo le ofrecía.

Para cuando volvió a casa, a Maryland, y encontró un momento para llamarme, las noticias eran otras, tan impactantes y discordantes con la imagen que me había hecho de ella que apenas fui capaz de digerirlas.

«Tengo cáncer —me dijo con su ronca voz entrecortada—. Mucho cáncer.»

Sus médicos acababan de diagnosticarle una forma agresiva de linfoma que ya estaba devastando sus órganos. Me describió su plan de tratamiento, con cierta esperanza en sus posibles resultados, pero yo estaba demasiado sobrecogida para prestar atención a los detalles. Antes de colgar, me dijo que, en una cruel jugarreta del destino, su madre también había caído gravemente enferma.

No estoy segura de haber creído alguna vez que la vida es justa, pero siempre había pensado que una podía ingeniárselas para superar casi cualquier problema. El cáncer de Suzanne fue la primera cosa que hizo que me cuestionara en serio esa idea, todo un sabotaje a mis ideales. Porque, aunque aún no tenía perfilados todos los detalles, sí tenía algunas cosas claras sobre el futuro: desde mi primer año de universidad seguía a rajatabla un plan que me había trazado, a base de ir imaginando toda una serie de casillas que debía ir marcando una tras otra.

Para Suzanne y para mí, la vida debía transcurrir de la manera siguiente: seríamos damas de honor cada una en la boda de la otra; nuestros maridos serían sumamente distintos, por supuesto, pero se caerían de maravilla el uno al otro; tendríamos hijos al mismo tiempo, viajaríamos en familia a la playa en Jamaica, criticaríamos un poquito nuestras respectivas técnicas como madres, y seríamos cada una la tía favorita de los hijos de la otra cuando fuesen mayores. Yo regalaría libros a sus niños por sus cumpleaños; ella a los míos, pogos saltarines. Íbamos a reírnos y a compartir secretos, y a exasperarnos ante lo que nos parecerían idiosincrasias ridículas de la otra, hasta que un día caeríamos en la cuenta de que éramos dos viejecitas que habían sido las mejores amigas toda una vida y nos preguntaríamos, desconcertadas, adónde se había ido todo nuestro tiempo.

Para mí, así era el mundo tal como debería haber sido.

Lo que me parece extraordinario al echar la vista atrás ahora es cómo fui capaz de hacer mi trabajo a lo largo de aquel invierno y la siguiente primavera. Era abogada, y los abogados trabajábamos. Todo el tiempo. Nuestra valía venía determinada exclusivamente por las horas que facturábamos. No había elección, me dije. El trabajo era importante, me dije. Así que continué yendo cada mañana hasta el centro de Chicago, al hormiguero empresarial conocido como One First National Plaza.

En Maryland, Suzanne vivía con su enfermedad. Tenía que hacer frente a citas con los médicos y a operaciones quirúrgicas al mismo tiempo que intentaba cuidar de su madre, que también luchaba contra un cáncer agresivo que no tenía ninguna relación con el de Suzanne, como los médicos no se cansaban de decirle. Era mala suerte, mala fortuna, algo tan anómalo que daba miedo solo de pensarlo. El resto de la familia de Suzanne no estaba particularmente unida, a excepción de dos de sus primas favoritas, que la ayudaron cuanto pudieron. Angela fue varias veces a verla desde New Jersey, pero tenía que hacerse cargo de su bebé y de su trabajo. Recluté a Verna, mi amiga de la facultad de Derecho, para que visitara a Suzanne cuando pudiese, como una especie de sustituta de mí misma. Verna la había visto en un par de ocasiones cuando estábamos en Harvard, y por pura coincidencia vivía ahora en Silver Spring, en un edificio que estaba enfrente del aparcamiento del de Suzanne.

Era mucho pedirle a Verna, que había perdido recientemente a su padre y tenía que hacer frente a su propio duelo. Pero era una amiga de verdad, y una persona compasiva. Me llamó a la oficina un día de mayo para contarme los pormenores de una de aquellas visitas.

«Le arreglé un poco el pelo», dijo.

El hecho de que Suzanne no pudiese peinarse por sí misma debería haberme bastado, pero me había protegido de la verdad. En parte, seguía pensando que aquello no estaba sucediendo. Me aferraba a la idea de que la salud de Suzanne remontaría, aunque todo hacía presagiar lo contrario.

Fue finalmente Angela la que me llamó en junio y no se anduvo por las ramas. «Si vas a venir, Miche, más vale que lo hagas cuanto antes», dijo.

Para entonces, Suzanne ya estaba ingresada en el hospital. Se encontraba demasiado débil para andar, y solo estaba consciente a ratos. No quedaba nada en lo que sustentar mi estado de negación. Colgué el teléfono y compré un billete de avión. Volé hasta allí, tomé un taxi hasta el hospital, subí en ascensor hasta el piso en el que estaba mi amiga, recorrí el pasillo hasta su habitación y allí me la encontré, tumbada en la cama mientras Angela y su prima cuidaban de ella. La madre de Suzanne había fallecido unos días antes, y ahora ella estaba en coma. Angela me hizo un hueco junto a su lecho.

Observé a Suzanne, su rostro perfecto con forma de corazón y su piel morena rojiza, y de alguna manera me sentí reconfortada por la suavidad juvenil de sus mejillas y la curva casi infantil de sus labios. Parecía extrañamente intacta a pesar de la enfermedad. Su pelo moreno se mantenía largo y brillante; alguien le había hecho dos trenzas flojas que le llegaban casi a la cintura. Sus piernas de atleta estaban cubiertas por las mantas. Se la veía joven, como una chica de veintiséis años dulce y hermosa que estuviese quizá en mitad de una siesta.

Me arrepentí de no haber ido antes. Me arrepentí de las muchas ocasiones, a lo largo de nuestra amistad irregular, en que me empeñé en que Suzanne estaba tomando la decisión equivocada cuando posiblemente estaba haciendo lo correcto. De pronto me alegré de todas esas veces en que ignoró mis consejos. Me alegré de que no se hubiese deslomado para conseguir un prestigioso título de una facultad de Negocios. De que hubiese desaparecido durante un fin de semana con una semifamosa estrella del pop, solo para divertirse. De que hubiese ido al Taj Mahal a contemplar el amanecer con su madre. Suzanne había vivido cosas que yo no.

Ese día sostuve su mano flácida y la observé mientras su respiración se volvía agitada, hasta que empezó a haber largas pausas entre sus inspiraciones. En algún momento la enfermera nos hizo un gesto inequívoco: estaba sucediendo. Suzanne se iba. Mi mente se apagó. No tuve pensamientos profundos ni revelaciones sobre la vida o la pérdida. Si acaso, me enfadé.

Decir que era injusto que Suzanne hubiese enfermado y muriese a los veintiséis años parece algo muy simplón. Pero era un hecho, frío y desagradable como pocos. Cuando finalmente me separé de su cuerpo en aquella habitación de hospital, lo que pensaba era: «Se ha ido y yo sigo aquí». Fuera, en el pasillo, había personas deambulando en bata que eran mucho mayores y parecían mucho más enfermas que Suzanne, pero ahí seguían. Iba a tomar un vuelo repleto de gente de vuelta a Chicago, a conducir por una autopista llena de coches y a subir en ascensor hasta mi despacho. Iba a ver a todas esas personas aparentemente felices en sus coches, caminando por la acera con ropa de verano, sentadas tan tranquilas en las cafeterías y trabajando en sus mesas, todas ellas ignorantes de lo que le había pasado a Suzanne; inconscientes, al parecer, de que también ellas podían morir en cualquier momento. Parecía perverso que el mundo siguiese adelante como si nada. Que todos siguiésemos aquí salvo mi Suzanne.

10

Ese verano empecé a escribir un diario. Me compré un cuaderno negro forrado de tela con flores moradas y lo tenía junto a la cama. Lo llevaba conmigo cuando hacía algún viaje por trabajo para Sidley & Austin. No escribía cada día, ni siquiera cada semana, solo cogía el bolígrafo cuando tenía tiempo y energía para poner en orden mis confusos pensamientos; alguna semana escribía varias entradas, y después nada hasta al cabo de un mes o más. No era de naturaleza particularmente introspectiva. Todo ese ejercicio de dejar constancia de los propios pensamientos era algo nuevo para mí; una costumbre que había adoptado en parte, supongo, por Barack, quien consideraba la escritura algo terapéutico y clarificador y había escrito diarios de forma intermitente desde hacía años.

Barack había vuelto a Chicago durante sus vacaciones de verano en Harvard. Esa vez se ahorró alquilar una habitación y vino directamente a vivir conmigo en mi apartamento de Euclid Avenue. Eso no solo significaba que estábamos aprendiendo, de verdad, cómo convivir como pareja, sino que le permitió conocer a mi familia de una manera más íntima. Hablaba con mi padre de deporte cuando este se disponía a salir de casa para hacer un turno en la depuradora. A veces ayudaba a mi madre a meter en casa las compras desde el garaje. Era una sensación agradable. Craig ya había evaluado el carácter de Barack de la manera más concienzuda y reveladora que conocía: haciéndole participar en un partido de baloncesto de fin de semana y alto octanaje con una panda de amigos, la mayoría de los cuales habían jugado en la universidad. De hecho, lo hizo a petición mía. Su opinión sobre Barack era importante para mí, y mi hermano sabía calar a las personas, especialmente en el contexto de un partido. Barack había superado la prueba. Se movía bien sobre la pista, me dijo mi hermano, y sabía cuándo hacer el pase correcto, y además no se achantaba a la hora de tirar cuando tenía espacio para hacerlo. «Aunque no es un robapelotas —me dijo Craig—, tiene agallas.»

Barack había aceptado un trabajo como asociado en prácticas de verano en un bufete del centro cuyas oficinas estaban cerca de las de Sidley, pero su estancia en Chicago iba a ser breve. Lo habían elegido presidente de la *Harvard Law Review* para el siguiente año académico, lo que significaba que sería responsable de la publicación de ocho números de unas trescientas páginas cada uno, y tendría que volver a Cambridge antes de lo previsto para ponerse manos a la obra. La competencia para liderar la *Review* era feroz cada año, e implicaba un riguroso proceso de escrutinio de los candidatos y una votación por parte de ochenta alumnos editores. Ser elegido para el puesto constituía un extraordinario logro para cualquiera. Además, se daba la circunstancia de que Barack era el primer afroamericano en ser seleccionado en los ciento tres años de historia de la publicación, un hito de tal calibre que hasta *The New York Times* se hizo eco de ello en un artículo en el que aparecía una foto de un Barack sonriente con bufanda y abrigo de invierno.

En otras palabras: mi novio era alguien importante. A esas alturas, podía haber conseguido un trabajo muy bien remunerado en un montón de bufetes, pero su intención era dedicarse al derecho civil en cuanto tuviera el título, aunque eso significase que tardaría el doble de tiempo en pagar su préstamo estudiantil. Prácticamente todos los que le conocían lo instaban a que siguiera los pasos de muchos de los anteriores editores de la *Review* y que presentara su candidatura, que tendría la victoria asegurada, como ayudante de un juez del Tribunal Supremo. Pero eso a Barack no le interesaba. Quería vivir en Chicago, tenía ideas para escribir un libro sobre el asunto de la raza en Estados Unidos y el firme propósito, decía, de encontrar un trabajo que encajase con sus ideales, lo que con toda probabilidad significaba que no acabaría dedicándose al derecho de sociedades. Se manejaba con un aplomo que a mí me resultaba asombroso.

No cabía duda de que toda esa confianza innata era admirable, pero, con franqueza, hay que convivir con ella. Para mí, coexistir con la intensa determinación de Barack —compartir la cama con ella, sentarme al desayuno con ella— era algo a lo que necesitaba acostumbrarme, no porque él hiciera alarde de ella, sino porque era algo muy vivo. Ante su aplomo, su convicción de que de alguna manera podía cambiar las cosas en el mundo, yo no podía evitar sentirme un poco perdida en comparación. Sin pretenderlo, su determinación parecía poner en cuestión la mía propia.

De ahí el diario. En la primera página, cuidando la letra, expuse mis motivos para empezar a escribirlo:

> Uno. Me siento muy confundida sobre el rumbo que quiero dar a mi vida. ¿Qué tipo de persona quiero ser? ¿Cómo quiero contribuir al mundo?
>
> Dos. Estoy tomándome muy en serio mi relación con Barack, y siento que necesito controlarme un poco más.

El librito florido ha sobrevivido ya un par de décadas y a no sé cuántas mudanzas. Estuvo durante ocho años en una estantería de la Casa Blanca, hasta hace bien poco, cuando lo saqué de una caja en mi nueva casa para tratar de reconectar con la joven abogada que fui. Leo ahora lo que escribí entonces y veo exactamente lo que estaba tratando de decirme a mí misma, lo que una mentora que no se anduviese con tonterías me habría dicho sin ambages. En realidad, era sencillo: lo primero era que odiaba ser abogada. No estaba hecha para ese trabajo. Aunque se me daba muy bien, me sentía vacía al hacerlo. Reconocerlo me desazonaba, habida cuenta de lo mucho que me había esforzado y la considerable deuda que había

acumulado para llegar donde estaba. Mi cegador impulso por destacar, mi necesidad de hacerlo todo a la perfección, me había llevado a pasar por alto las señales, y había acabado tomando el camino
equivocado.

Lo segundo era que estaba profunda y deliciosamente enamorada de un tipo de inteligencia y ambición poderosas que podrían
acabar engullendo las mías. Ya entonces lo veía venir, como una ola
a punto de romper y a la que seguiría una fuerte resaca. No iba a
apartarme de su recorrido —para entonces ya estaba demasiado comprometida con Barack, demasiado enamorada—, pero sí necesitaba
plantarme firmemente cuanto antes sobre mis pies.

Eso implicaba buscar una nueva profesión, y lo que más me desazonaba era que no tenía ninguna idea concreta de qué me gustaría
hacer. De alguna manera, en todos mis años de formación había sido
incapaz de reflexionar sobre qué era lo que me apasionaba y cómo
podría hacerlo encajar con algún trabajo que me pareciese importante. De joven no había explorado absolutamente nada. Me di cuenta
de que la madurez de Barack se debía en parte a los años que se había
dedicado al activismo social y, antes de eso, al frustrante año que había pasado como investigador en una consultora de Manhattan justo al terminar la universidad. Había probado varias cosas, había conocido a toda clase de personas, y al hacerlo había ido tomando
conciencia de cuáles eran sus prioridades. Yo, por mi parte, había
tenido tanto miedo al fracaso, tal necesidad de sentir que era respetable y capaz de pagar mis facturas, que me había encaminado medio
sonámbula hacia la abogacía.

En el transcurso de un año había encontrado a Barack y había
perdido a Suzanne, y la fuerza de ambos acontecimientos me había dejado aturdida. La súbita muerte de Suzanne me había hecho
tomar conciencia de que quería que mi vida tuviese más alegría y
más sentido. No podía seguir viviendo tan contenta. Para bien y para
mal, consideraba a Barack responsable de mi confusión. Escribí en
mi diario:

Si en mi vida no hubiese un hombre que está continuamente interrogándome sobre lo que me motiva y lo que me duele, ¿me lo cuestionaría por mí misma?

No dejaba de pensar en lo que podría hacer, en cuáles eran mis habilidades. ¿Podría ser profesora? ¿Trabajar en la administración de una universidad? ¿Podría gestionar algún tipo de programa para graduados universitarios, una versión profesionalizada de lo que había hecho para Czerny en Princeton? Quizá debería trabajar en una fundación o en una organización sin ánimo de lucro. Me motivaba ayudar a chavales desfavorecidos. Me preguntaba si podría encontrar un empleo que fuese estimulante para mi intelecto y a la par me dejase tiempo suficiente para hacer voluntariado, o disfrutar del arte o tener hijos. Básicamente, quería tener vida. Quería sentirme plena. Hice una lista de asuntos que me interesaban: educación, embarazos en adolescentes, autoestima de las personas negras. Sabía que un trabajo más virtuoso traería consigo, por fuerza, una bajada de sueldo. Más reveladora resultó mi siguiente lista, la de mis gastos mínimos, los que quedaban tras renunciar a todos los lujos que me había permitido con el salario de Sidley, cosas como mi servicio de vinos por suscripción o mi abono para el gimnasio. Pagaba seiscientos dólares al mes para devolver mi préstamo estudiantil y cuatrocientos siete del coche, además del dinero que se iba en comida, gasolina y seguros, eso sin contar los aproximadamente quinientos dólares mensuales que necesitaría para pagar el alquiler si en algún momento me iba de casa de mis padres.

Nada era imposible, pero tampoco parecía fácil. Empecé a informarme sobre posibles trabajos relacionados con el derecho del entretenimiento, pensando que quizá sería interesante y me evitaría las estrecheces de un salario más bajo. Pero en mi interior sentía cómo iba asentándose lentamente una certeza: no estaba hecha para ejercer como abogada. Un día tomé nota de un artículo que había leído en *The New York Times* en el que se daba cuenta de lo generalizados que estaban la fatiga, el estrés y la insatisfacción entre los abogados estadounidenses, en particular entre las mujeres. «Qué deprimente», escribí en mi diario.

Pasé buena parte de aquel agosto penando en una sala de conferencias alquilada en un hotel de Washington, D. C., adonde me habían enviado para preparar un caso. Sidley & Austin representaba al conglomerado de empresas de la industria química Union Carbide en un juicio por abuso de posición dominante que implicaba la venta de uno de sus holdings empresariales. Pasé alrededor de tres semanas en Washington, pero apenas pude ver algo de la ciudad porque estuve todo el tiempo en aquella sala con varios colegas de Sidley, abriendo cajas que nos habían enviado desde la sede de la empresa y revisando las miles de páginas de los documentos que contenían.

Alguien podría suponer que no soy el tipo de persona que encuentra alivio psíquico en los entresijos del comercio del poliuretano termoplástico, pero así es. Seguía ejerciendo como abogada, si bien la especificidad del trabajo y el cambio de escenario me distrajeron lo suficiente para que dejase de pensar en las grandes preguntas que empezaban a burbujear en mi mente.

Finalmente, en el caso de Union Carbide se alcanzó un acuerdo antes del juicio, lo que significó que buena parte de mi trabajo de revisión de documentos había sido en vano. Era algo que cabía esperar, aunque resultara irritante, en el ámbito del derecho, donde no era raro prepararse para un juicio que nunca llegaría a celebrarse. La noche que tomé el avión de vuelta a Chicago sentí que una profunda desazón se apoderaba de mí porque estaba a punto de regresar a mi rutina habitual y volvería a sumirme en la neblina de mi confusión.

Mi madre tuvo el detalle de ir a buscarme a O'Hare. El mero hecho de verla me reconfortó. A sus cincuenta y pocos años, trabajaba a jornada completa como secretaria de dirección en una entidad bancaria del centro, que, según su descripción, consistía básicamente en un grupo de hombres sentados delante de sus respectivos escritorios que se habían hecho banqueros porque, antes que ellos, sus padres también lo habían sido. Mi madre era una fuerza de la naturaleza. Tenía poca paciencia con los idiotas. Llevaba el pelo corto y ropa práctica y discreta. Irradiaba competencia y tranquilidad. Como había sucedido cuando Craig y yo éramos niños, no se entrometía en nuestras vidas privadas. Su amor nos daba estabilidad. Estaba ahí cuando llegaba tu vuelo. Te llevaba a casa y te ofrecía algo de comer si tenías hambre. Su temperamento ecuánime era para mí como un cobijo, un lugar donde buscar refugio.

Mientras íbamos hacia el centro de la ciudad, dejé escapar un gran suspiro.

—¿Estás bien? —me preguntó.

Miré a mi madre en la penumbra de la autopista.

—No lo sé —empecé a decir—. Es que…

Y a continuación me desahogué. Le conté que no estaba contenta con mi trabajo, ni siquiera con la profesión que había elegido; que era profundamente infeliz, de hecho. Le hablé de mi desasosiego, de lo desesperada que estaba por hacer un cambio importante, pero que a la vez me preocupaba no ganar el suficiente dinero si lo hacía. Tenía las emociones a flor de piel. Solté otro suspiro.

—No me siento realizada —añadí.

Ahora pienso en cómo debió de sentarle eso a mi madre, que llevaba entonces nueve años en un trabajo que había aceptado principalmente para contribuir a financiar mi carrera universitaria, después de años de no tener ningún empleo para así poder coser mi uniforme escolar, prepararme la comida y hacer la colada para mi padre, quien por el bien de nuestra familia se pasaba a su vez ocho horas al día vigilando los indicadores de las calderas en la planta de filtración de aguas. Mi madre, que acababa de conducir una hora para recogerme en el aeropuerto, que estaba permitiéndome vivir sin pagar alquiler en el piso de arriba de su casa y que tendría que levantarse de madrugada a la mañana siguiente para ayudar a mi padre, inválido, a prepararse para ir a trabajar, no estaba precisamente dispuesta a soportar mi desazón sobre mi realización personal.

Estoy convencida de que la realización personal era para ella un problema de ricos. Dudo que mis padres, en los treinta años que llevaban juntos, hubiesen hablado de ello ni siquiera una sola vez.

Mi madre no me juzgaba por ser tan pesada. No era de las que daban lecciones o enfatizaban sus propios sacrificios. Había apoyado con discreción cada decisión que yo había tomado a lo largo de mi vida. Sin embargo, esa vez me lanzó de soslayo una mirada burlona, puso el intermitente para salir de la autopista e ir a nuestro barrio, y soltó una risita.

—Si estás pidiéndome consejo —dijo—, te recomiendo que primero ganes dinero y después te preocupes por tu felicidad.

Hay verdades que afrontamos y verdades que ignoramos. Pasé los seis meses siguientes procurando armarme de valor discretamente, sin hacer ningún cambio brusco. En el trabajo me reuní con el socio encargado de mi división, a quien pedí que me asignara responsabilidades de mayor envergadura. Traté de concentrarme en los proyectos que me parecían más importantes, incluidos mis intentos de reclutar a una nueva promoción más diversa de becarios de verano. Entretanto, estuve pendiente de las ofertas de empleo que aparecían en el periódico y me esforcé por establecer contactos con más personas que no fueran abogados. Estaba convencida de que, de alguna manera, encontraría el camino para sentirme realizada en algún sentido.

En casa, en Euclid Avenue, no me veía capaz de afrontar la nueva situación. A mi padre empezaron a hinchársele los pies sin motivo aparente. Su piel se veía extrañamente moteada y oscura. Sin embargo, cada vez que le preguntaba cómo estaba me daba la misma respuesta, con el mismo grado de insistencia, que me había dado durante años.

«Estoy bien», decía, como si fuera un sinsentido formular aquella pregunta. Y a continuación cambiaba de tema.

De nuevo era invierno en Chicago. Me despertaba por las mañanas con el ruido de los vecinos raspando el hielo de sus limpiaparabrisas en la calle. El viento soplaba y la nieve se acumulaba. El sol se mantenía pálido y débil. A través de la ventana de mi despacho en la planta 47 del edificio de Sidley, podía ver una vasta extensión de hielo gris sobre el lago Michigan, y sobre este un cielo gris metálico. Vestía ropa de lana y estaba deseando que llegase el deshielo. En el Medio Oeste, como ya he dicho, en el invierno se trata de esperar: hasta que el frío dé un respiro, hasta que un pájaro cante, hasta que la primera flor morada de crocus surja de debajo de la nieve. Entretanto, lo único que cabe hacer es mantener la moral.

Mi padre no había perdido su jovial buen humor. Craig venía de vez en cuando a cenar con la familia, y nos sentábamos a la mesa y nos reíamos como siempre, aunque ahora también nos acompañaba Janis, la mujer de Craig. Alegre y ambiciosa, Janis era analista de telecomunicaciones, trabajaba en el centro y, al igual que todos, estaba completamente embelesada con mi padre. Craig, por su parte, era el ejemplo modélico del profesional urbano salido de Princeton. Estaba sacándose un MBA y trabajaba como vicepresidente del Continental Bank, y él y Janis acababan de comprarse un estupendo apartamento en Hyde Park. Llevaba trajes a medida y había llegado al volante de su Porsche 944 Turbo rojo. Entonces yo no lo sabía, pero nada de todo eso lo hacía feliz. Como yo, Craig estaba incubando su propia crisis, y en los años siguientes tendría que plantearse si su trabajo lo satisfacía, si las recompensas que se sentía impelido a buscar eran las recompensas que realmente deseaba. Pero sabiendo lo orgulloso que nuestro padre estaba de lo que sus hijos habían logrado, ninguno de los dos sacamos el tema durante la cena.

Cuando se despedía tras una de sus visitas, Craig dirigió a mi padre una última mirada de preocupación y le hizo la pregunta de rigor sobre su salud. La respuesta que obtuvo fue un jovial «Estoy bien».

Creo que lo dábamos por bueno porque era tranquilizador, y nos gustaba que así fuese. Mi padre llevaba años viviendo con esclerosis múltiple y siempre había conseguido «estar bien». Nos complacía autoengañarnos al respecto, a pesar de que papá empeoraba a ojos vistas. Estaba bien, nos decíamos, porque aún se levantaba cada día e iba a trabajar. Estaba bien porque nos habíamos fijado en que tomaba un segundo plato de carne asada esa noche. Estaba bien, sobre todo si no nos fijábamos mucho en sus pies.

Había tenido varias conversaciones tensas con mi madre en las que le había preguntado por qué mi padre no quería ir al médico. Pero, al igual que yo, mamá se había dado por vencida tras insistirle repetidamente que lo hiciera sin haber conseguido nada. Para mi padre, los médicos nunca daban buenas noticias, por lo que era preferible evitarlos. Pese a lo mucho que le gustaba hablar, no quería mencionar sus problemas. Le parecía egoísta. Quería apañárselas a su manera. Para adaptarse a la hinchazón de sus pies, simplemente pidió a mi madre que le comprase unas botas de trabajo más holgadas.

El compás de espera en torno a la visita al médico se prolongó durante todo el mes de enero y hasta febrero de ese año. Mi padre se movía con una dolorida lentitud, usaba un andador de aluminio para desplazarse por la casa y tenía que detenerse a menudo para tomar aliento. Por las mañanas, tardaba más en llegar desde la cama hasta el cuarto de baño, de este a la cocina y, por último, a la puerta trasera, donde tenía que bajar los tres escalones que llevaban al garaje, a fin de conducir desde allí hasta su trabajo. A pesar de lo que estaba pasando en casa, insistía en que en la depuradora todo iba bien. Usaba un patinete motorizado para ir de una caldera a otra y se enorgullecía de ser indispensable. En veintiséis años no había faltado a un solo turno. Si una caldera se sobrecalentaba, mi padre decía ser uno de los pocos trabajadores con experiencia suficiente para, actuando con rapidez y habilidad, evitar el desastre. En una clara muestra de optimismo, recientemente se había postulado para una promoción.

Mi madre y yo intentábamos reconciliar lo que nos contaba con lo que veíamos con nuestros propios ojos, algo que cada vez resultaba más difícil de hacer. En casa, por las noches, mi padre pasaba la mayor parte del tiempo viendo partidos de baloncesto y de hockey con aspecto débil y agotado en su butaca. Además de sus pies, nos habíamos percatado de que ahora parecía que se le estaba hinchando algo en el cuello, lo que le había proporcionado un extraño temblor en la voz.

Por fin, una noche organizamos una especie de actuación de emergencia. Craig nunca quería hacer de poli malo, y mi madre se atenía a su voluntario alto el fuego en las cuestiones relativas a la salud de mi padre. En una conversación de ese tipo, siempre me tocaba a mí ser la dura con mi padre. Le dije que tenía que pedir ayuda, aunque solo fuese por nosotros, y que yo pensaba llamar a su médico por la mañana. A regañadientes, dio su brazo a torcer y prometió que, si yo pedía cita, él acudiría. Lo insté a que durmiese hasta tarde la mañana siguiente para dar un descanso a su cuerpo.

Esa noche, mi madre y yo nos acostamos con una sensación de alivio por haber conseguido cierto control.

Pero mi padre tenía el corazón dividido. Para él, el descanso era una forma de derrota. Cuando bajé por la mañana me encontré con que mi madre ya se había ido a trabajar y él estaba sentado a la mesa con el andador a su lado. Llevaba puesto su uniforme municipal azul marino y se esforzaba por ponerse los zapatos. Se iba a trabajar.

—Papá —dije—, pensé que ibas a descansar. Vamos a pedir esa cita en el médico…

Se encogió de hombros.

—Lo sé, cariño —dijo con una voz ronca por lo que fuese que tenía en el cuello—. Pero ahora mismo estoy bien.

Su testarudez se encontraba sepultada bajo tantas capas de orgullo que me resultaba imposible discutir con él. No había forma de disuadirlo. Mis padres nos habían criado para que nos hiciésemos cargo de nuestros propios asuntos, lo que significaba que debía confiar en que él haría lo propio con los suyos, a pesar de que, a esas alturas, apenas era capaz de ponerse los zapatos. Así que dejé que hiciera lo que quisiera. Me guardé para mí mis preocupaciones, le di un beso y volví al piso de arriba dispuesta a prepararme para mi propia jornada laboral. Decidí que más tarde llamaría a mi madre a su oficina y le diría que teníamos que pensar una estrategia para obligar a mi padre a tomarse un tiempo de descanso.

Oí que se cerraba la puerta trasera. Pocos minutos después, volví a la cocina y la encontré vacía. El andador de mi padre estaba junto a la puerta. Sin pensarlo, me asomé y miré por la mirilla, que daba una visión panorámica de la escalera trasera y del camino hasta el garaje, para comprobar que su furgoneta ya no estaba.

Pero sí que estaba. Y mi padre también, de espaldas a mí, con una gorra y su chaqueta de invierno. No había conseguido bajar todos los escalones y había necesitado sentarse. El agotamiento se reflejaba en el ángulo que formaba su cuerpo, en la inclinación lateral de su cabeza y en la pesadumbre con la que se apoyaba contra la barandilla de madera. No era tanto que estuviese en plena crisis, sino más bien demasiado exhausto para proseguir. Parecía evidente que intentaba coger fuerzas para darse la vuelta y volver adentro.

Fui consciente de que estaba viéndolo en un momento de absoluta derrota.

Cuánta soledad debió de haber sentido al vivir veinte años con una enfermedad así, siguiendo adelante sin queja alguna mientras su cuerpo iba consumiéndose lenta pero inexorablemente. Al ver a mi padre en aquella escalera sentí un dolor que no había experimentado nunca. Mi reacción instintiva fue la de salir corriendo y ayudarlo a entrar de nuevo en el calor de la casa, pero me reprimí, pues sabía que eso supondría otro golpe más a su dignidad. Respiré hondo y me alejé de la puerta.

Pensé que lo vería cuando entrase. Le quitaría las botas de trabajo, le daría un poco de agua, lo acomodaría en su butaca, con el reconocimiento tácito entre ambos de que ya no había duda: tendría que aceptar que lo ayudasen.

Subí a mi apartamento en el piso de arriba y esperé a oír el sonido de la puerta trasera. Pasaron cinco minutos, y otros cinco, hasta que volví a bajar y a mirar por la mirilla para cerciorarme de que había podido ponerse en pie. Pero no había nadie en la escalera. De alguna manera, luchando contra todas las partes de su cuerpo hinchadas y deterioradas, había encontrado fuerzas para bajar los escalones, recorrer el camino helado y llegar hasta su furgoneta, que ahora estaría a mitad de camino hacia la depuradora. No se daba por vencido.

Barack y yo llevábamos meses dando vueltas a la idea del matrimonio. Hacía año y medio que estábamos juntos y seguíamos, según parecía, firmemente enamorados. Él estaba cursando su último semestre en Harvard e inmerso en su trabajo en la *Law Review*, pero pronto volvería a mi lado para pasar el examen de ingreso en el colegio de abogados de Illinois y buscar trabajo. El plan era que vendría a vivir a Euclid Avenue, esta vez parecía que de forma más permanente. Otro motivo más por el yo que estaba deseando que el invierno terminase cuanto antes.

Habíamos hablado en abstracto sobre cómo entendíamos el matrimonio cada uno, y a veces me preocupaba lo distintas que eran nuestras opiniones al respecto. Para mí, casarme era algo que daba por descontado, algo que desde muy joven esperaba hacer algún día (igual que tener hijos, que también había dado por supuesto desde que me desvivía por mis muñecas cuando era niña). Barack no estaba en contra de casarse, pero no tenía ninguna prisa por hacerlo. Para él, nuestro amor ya lo era todo, era cimiento suficiente sobre el que construir una vida plena y feliz juntos, con o sin anillos.

Ambos éramos, evidentemente, productos de la manera en que nos habíamos criado. Barack había experimentado el matrimonio como algo efímero: su madre se había casado dos veces, divorciado otras dos, y en cada ocasión había sabido seguir adelante sin que ello afectara a su vida, a su carrera y a sus hijos pequeños. Mis padres, por su parte, se habían comprometido cuando eran muy jóvenes y para toda la vida. Para ellos, cada decisión era una decisión conjunta; cada empeño, un empeño conjunto. En treinta años juntos, pocas habían sido las noches que pasaron separados.

¿Qué era lo que queríamos Barack y yo? Queríamos una relación moderna que nos sirviese a ambos. Él entendía el matrimonio como la conjunción amorosa de dos personas que podrían tener vidas paralelas pero sin renunciar a ningún sueño o ambición personal. Para mí, era más como una fusión plena, una reconfiguración de dos vidas en una en la que el bienestar de la familia fuese prioritario frente a cualquier otro plan u objetivo. Yo no quería una vida exactamente como la que mis padres tenían. No deseaba vivir para siempre en la misma casa, tener el mismo trabajo y nunca reclamar un espacio propio para mí, pero sí anhelaba la estabilidad año tras año, década tras década, que ellos tenían. Escribí en mi diario:

> Reconozco el valor de que los individuos tengan sus propios intereses, ambiciones y sueños, pero no creo que una persona deba perseguir sus sueños a expensas de la pareja.

Supuse que puliríamos nuestros sentimientos cuando Barack volviese a Chicago, cuando llegase el calor y disfrutásemos del lujo de volver a pasar juntos los fines de semana. Solo tenía que esperar, aunque la espera iba a ser dura. Anhelaba la permanencia. Desde el salón de mi apartamento, a veces podía oír el murmullo de la conversación de mis padres en el piso de abajo. Oía la risa de mi madre cuando él contaba alguna historia. Los oía apagar la tele cuando se disponían a acostarse. Tenía veintisiete años, y había días en que lo único que deseaba era sentirme completa. Quería coger todas las cosas que amaba y fijarlas implacablemente al suelo. Había experimentado ya suficientes pérdidas como para saber que aún vendrían más.

Fui yo la que pidió cita para que mi padre viese a un médico, pero en última instancia fue mi madre quien lo llevó a la consulta (en ambulancia, de hecho). Sus pies se habían hinchado y reblandecido hasta el extremo de que por fin reconoció que ponerse de pie era como pisar agujas. Cuando llegó el momento de acudir a la cita, le resultó imposible apoyarse en ellos. Ese día yo estaba trabajando, pero mi madre me describió la escena: unos enfermeros sacaron a mi padre de casa en camilla mientras él intentaba bromear con ellos.

Lo llevaron directamente al hospital de la Universidad de Chicago. Lo que vino a continuación fue una sucesión de días en un purgatorio de extracciones de sangre, comprobaciones del pulso, bandejas de comida sin probar y escuadrones de médicos haciendo rondas. Mientras tanto, mi padre siguió hinchándose. Su cara se abotagó, su cuello se inflamó, su voz se volvió más débil. El diagnóstico oficial fue síndrome de Cushing, quizá relacionado con la esclerosis múltiple, o quizá no. En cualquier caso, ya era tarde para cualquier tratamiento provisional. Su sistema endocrino estaba descontrolado por completo. Un escaneo reveló que tenía un tumor en la garganta que había alcanzado tal tamaño que casi estaba asfixiándolo.

«No sé cómo no lo noté», le dijo al médico mi padre, que parecía genuinamente perplejo, como si no hubiese tenido ni un solo síntoma hasta llegar a ese punto, como si no hubiese pasado semanas y meses, años incluso, ignorando su dolor.

Mi madre, Craig, Janis y yo nos turnamos para ir al hospital a hacerle compañía. Íbamos y veníamos día tras día mientras los médicos lo atiborraban a medicinas, le insertaban tubos y lo conectaban a máquinas. Nos esforzábamos por comprender lo que los especialistas nos decían, pero no entendíamos casi nada. Recolocábamos las almohadas de mi padre y hablábamos distraídamente sobre baloncesto universitario o sobre el tiempo que hacía, sabiendo que él nos escuchaba, aunque hablar le resultaba agotador. Éramos una familia de planificadores, pero ahora todo parecía improvisado. Poco a poco, mi padre se hundía alejándose de nosotros, engullido por un mar invisible. Lo llamábamos con antiguos recuerdos, y veíamos que despertaban un ligero brillo en sus ojos. ¿Recuerdas el *Deuce and a Quarter* y cómo nos revolvíamos en el enorme asiento trasero cuando salíamos en verano a comer en el coche? ¿Recuerdas los guantes de boxeo que nos regalaste, y la piscina del Dukes Happy Holiday Resort? ¿Y cómo construías los decorados para el seminario de opereta de Robbie? ¿Y qué me dices de las cenas en casa de Dandy? ¿Recuerdas cuando mamá nos preparó gambas rebozadas en Nochevieja?

Una noche pasé por el hospital y me encontré a mi padre solo, pues mi madre ya se había ido a casa a dormir y las enfermeras estaban reunidas en su sala del vestíbulo. La habitación estaba en silencio. Toda la planta del hospital lo estaba. Era la primera semana de marzo y la nieve invernal acababa de derretirse, dejando la ciudad en lo que parecía ser un perpetuo estado de humedad. Mi padre llevaba unos diez días en el hospital. Tenía cincuenta y cinco años, pero parecía un anciano, con los ojos amarillentos y los brazos demasiado pesados para poder moverlos. Aunque estaba despierto, no podía hablar; nunca sabré si era por la hinchazón o por la emoción.

Estaba sentada en una silla junto a su cama y observaba cómo se esforzaba por respirar. Cuando puse mi mano en la suya, me dio un apretón reconfortante. Nos miramos en silencio. Teníamos demasiadas cosas que decirnos, y al mismo tiempo parecía como si ya nos lo hubiésemos dicho todo. Lo único que quedaba era una certeza: nos acercábamos al final. No se recuperaría. Se iba a perder todo el resto de mi vida. Yo estaba perdiendo su estabilidad, su consuelo, su alegría cotidiana. Noté que las lágrimas rodaban por mis mejillas.

Con su mirada fija en la mía, se acercó el envés de mi mano a los labios y lo besó una y otra y otra vez. Era su manera de decir: «Tranquila, no llores». Estaba expresando tristeza y urgencia, pero también algo más sosegado y profundo, un mensaje que quería dejar claro. Con esos besos estaba diciéndome que me quería con todo su corazón, que estaba orgulloso de la mujer en la que me había convertido. Estaba diciendo que sabía que tenía que haber ido al médico mucho antes. Estaba pidiéndome perdón. Estaba despidiéndose de mí.

Permanecí a su lado hasta que se quedó dormido esa noche, salí del hospital envuelta por una gélida oscuridad y conduje hasta Euclid Avenue, donde mi madre ya había apagado las luces. Ahora, en la casa estábamos solas mi madre y yo y el futuro que nos aguardaba, fuera el que fuera. Porque para cuando saliese el sol mi padre se habría ido. Mi padre, Fraser Robinson III, sufrió un ataque cardíaco y falleció esa noche, después de habérnoslo dado absolutamente todo.

11

Es doloroso seguir viviendo cuando alguien ha muerto. Es así. Puede doler caminar por un pasillo o abrir la nevera. Duele ponerse un par de calcetines o lavarse los dientes. La comida no sabe a nada. Los colores pierden su brillo. La música duele, los recuerdos también. Una mira algo que en otras circunstancias le parecería hermoso —un cielo violáceo al atardecer o un patio lleno de niños que juegan— y de algún modo solo agudiza la pérdida. El duelo es algo muy solitario.

Al día siguiente de la muerte de mi padre, mi madre, Craig y yo fuimos a una funeraria en el South Side para elegir el ataúd y organizar el funeral. «Hacer los preparativos», como dicen en la jerga de las funerarias. No recuerdo mucho de nuestra visita, salvo lo aturdidos que estábamos, cada uno encerrado en su respectivo duelo privado. A pesar de ello, mientras cumplíamos con el indecente ritual de comprar la caja adecuada en la que enterrar a nuestro padre, Craig y yo fuimos capaces de tener nuestra primera y única pelea como hermanos adultos.

El problema fue el siguiente: yo quería comprar el ataúd más elegante y caro que tenían allí, equipado con todas las asas y almohadillas posibles No había ninguna razón particular para quererlo así, era simplemente algo que hacer cuando no había nada más que hacer. La parte pragmática y práctica de nuestra educación no me permitía dar demasiada importancia a las amables y bienintencionadas obviedades con que la gente nos obsequiaría unos días más tarde en el funeral. No era fácil que me reconfortase la idea de que mi padre se había ido a un lugar mejor, o que estaba entre los ángeles. Tal como yo lo veía, simplemente se merecía un ataúd bonito.

Craig, por su parte, insistía en que papá habría querido algo básico: modesto y práctico, pero nada más. Era lo que encajaba con la personalidad de nuestro padre, decía. Cualquier otra cosa sería demasiado ostentosa.

Empezamos en voz baja, pero enseguida estallamos mientras el amable director de la funeraria fingía no oírnos y mi madre nos lanzaba una mirada implacable desde la bruma de su propio dolor. Estábamos gritando por cosas que no tenían nada que ver con la discusión en sí. A ninguno de los dos nos importaba cuál fuera el resultado. Al final, enterramos a nuestro padre en un ataúd de compromiso —ni demasiado elegante, ni demasiado sencillo— y nunca volvimos a hablar de ello. Estábamos teniendo una discusión absurda y fuera de lugar porque, tras una muerte, todas y cada una de las cosas del mundo parecen absurdas y fuera de lugar.

Más tarde llevamos a mamá de vuelta a Euclid Avenue. Los tres nos sentamos a la mesa de la cocina, agotados y taciturnos, y la visión de la cuarta silla vacía acrecentó nuestro pesar. Enseguida nos pusimos a llorar. Pasamos así lo que pareció un rato largo, lloriqueando hasta que estuvimos exhaustos y se nos acabaron las lágrimas. Mi madre, que apenas había abierto la boca en todo el día, por fin lo hizo.

—Miradnos —dijo algo afligida.

Pero en su manera de decirlo había un toque de ligereza. Estaba señalando que los Robinson estábamos hechos un desastre, algo ridículo: irreconocibles con los párpados hinchados y las narices goteando, volcando nuestra dolorosa y extraña impotencia allí en la cocina. ¿Quiénes éramos? ¿Acaso no nos lo había enseñado él? Con una sola palabra, mi madre nos estaba sacando de nuestra soledad como solo ella era capaz de hacerlo.

Mamá me miró a mí, yo miré a Craig, y de pronto el momento

nos pareció gracioso. Sabíamos que la primera risita habría venido
de esa silla vacía. Poco a poco, las risitas nerviosas fueron intensifi-
cándose hasta acabar en ataques de risa. Soy consciente de que puede parecer extraño, pero se nos daba mucho mejor reír que llorar.
Lo importante era que a papá le habría gustado, así que nos permi-
timos soltar unas carcajadas.

Perder a mi padre exacerbó en mí la sensación de que no había
tiempo que perder dando vueltas a cómo debería ser mi vida. Había
muerto con tan solo cincuenta y cinco años. Suzanne, con veintiséis.
La lección era sencilla: la vida es corta y no hay que desperdiciarla.
Si me moría, no quería que la gente me recordase por los montones
de documentos legales que había redactado o las marcas comerciales
corporativas que había ayudado a defender. Estaba convencida de
que tenía más cosas que ofrecer al mundo. Había llegado el momento de hacer algo.

Aunque aún no sabía dónde me gustaría acabar, escribí cartas
de presentación y las envié por todo Chicago. Escribí a los directores de fundaciones, de organizaciones humanitarias dedicadas a la
comunidad y de las grandes universidades de la ciudad, dirigiéndome específicamente a sus departamentos legales, no porque quisiese
hacer trabajo legal, sino porque suponía que habría más posibilidades de que respondiesen a un currículo como el mío. Unas cuantas
personas respondieron, por fortuna, y me invitaron a comer o me
citaron para una entrevista aunque no tuviesen un puesto que ofrecerme. A lo largo de la primavera y el verano de 1991 me presenté
ante cualquier persona que yo considerase que podría aconsejarme.
Mi idea no era tanto conseguir un trabajo como ampliar mi horizonte de posibilidades y averiguar de qué modo otras personas se
las habían ingeniado. Iba dándome cuenta de que la siguiente etapa
de mi viaje no surgiría porque sí, de que mis prestigiosos títulos
académicos no me conducirían automáticamente a un trabajo gratificante. Encontrar una nueva carrera profesional, y no solo un

nuevo trabajo, no era cuestión de hojear las páginas de contactos de un directorio de antiguos alumnos; exigía una reflexión y un esfuerzo más profundos. Tendría que espabilarme y aprender. Así que, una y otra vez, planteé mi dilema profesional a las personas con las que iba reuniéndome, al tiempo que les preguntaba a qué se dedicaban y a quiénes conocían. Pregunté seriamente a qué tipo de trabajo podía aspirar una abogada que, en realidad, no quisiese ejercer la abogacía.

Una tarde visité el despacho de un hombre amable y atento llamado Art Sussman, consejero legal en plantilla de la Universidad de Chicago. Resultó que, tiempo atrás, mi madre había sido su secretaria, tomando dictados y manteniendo los archivos del departamento jurídico. Fue mientras yo cursaba el segundo año en el instituto, antes de que ella encontrara empleo en el banco. A Art le sorprendió que yo nunca hubiese estado en el lugar de trabajo de mi madre, que no hubiese pisado el impoluto campus gótico de la universidad hasta ese momento, a pesar de haber crecido a unos pocos kilómetros de distancia.

Si era sincera, nunca había tenido ninguna razón para visitar aquel campus. El colegio de mi barrio no organizaba excursiones a la universidad. Si había actos culturales abiertos a toda la comunidad, mi familia no se había enterado. No teníamos amigos —ni siquiera conocidos— que fuesen alumnos o exalumnos de la Universidad de Chicago. Era un centro educativo de élite y, para prácticamente toda la gente de mi entorno durante mi infancia y mi adolescencia, eso significaba que no era para nosotros. Sus edificios de granito daban la espalda en un sentido casi literal a las calles que rodeaban el campus. Cuando pasábamos cerca con el coche, mi padre se exasperaba con los grupos de estudiantes que cruzaban Euclid Avenue de cualquier manera, y se preguntaba cómo era posible que gente tan inteligente nunca hubiera aprendido a cruzar la calle por los pasos de peatones.

Al igual que muchos habitantes del South Side, mi familia tenía una idea vaga y limitada de la universidad, a pesar de que mi madre había pasado un año trabajando felizmente allí. Cuando llegó el momento de que Craig y yo pensásemos en qué universidad queríamos estudiar, ni se nos pasó por la cabeza enviar una solicitud a la Universidad de Chicago. Por alguna extraña razón, nos pareció que Princeton sería más accesible.

Art escuchó con incredulidad cuanto acabo de explicar.

—¿De verdad que nunca habías estado aquí? ¿Nunca?

—No. Ni una sola vez.

Decirlo en voz alta me proporcionaba un extraño poder. Hasta entonces no le había dado muchas vueltas, pero en ese momento reconocí que habría sido una estupenda estudiante de la Universidad de Chicago, si el abismo que nos separaba del centro de la ciudad no hubiese sido tan enorme; si ellos hubiesen sabido de mi existencia y yo de la suya. Al pensarlo, sentí una punzada en mi interior, una pizca interna de determinación. La combinación del sitio de donde venía y lo que había logrado hacer con mi vida me proporcionaba una perspectiva muy particular, posiblemente valiosa. De pronto me di cuenta de que ser negra y del South Side me ayudaba a detectar problemas que alguien como Art Sussman ni siquiera era consciente de que existían.

Unos años después tendría ocasión de trabajar para la universidad y enfrentarme directamente a algunos de esos problemas de relación de la institución con la comunidad, pero en ese momento Art solo estaba siendo atento y ofreciéndose a hacer circular mi currículo.

—Creo que deberías hablar con Susan Sher —me dijo entonces, provocando sin saberlo lo que a día de hoy sigo viendo como una inspirada reacción en cadena.

Susan tenía unos quince años más que yo. Había sido socia de un gran bufete, pero al cabo había decidido abandonar el mundo empresarial, lo mismo que esperaba poder hacer yo, aunque ella seguía ejerciendo la abogacía en su trabajo para el ayuntamiento de Chicago. Susan tenía los ojos de color gris pizarra, una piel clara propia de una reina victoriana y una risa sorprendentemente peculiar que a menudo acababa en un pícaro resoplido. Irradiaba una confianza tranquila y era toda una triunfadora, y acabaría convirtiéndose en una amiga de por vida. «Te contrataría ahora mismo —me dijo cuando por fin nos conocimos—, pero acabas de contarme que no quieres ser abogada.»

A cambio, Susan sugirió lo que ahora parece otro encuentro predestinado, al remitirnos a mí y a mi currículo a una nueva colega suya en el ayuntamiento, otra abogada del sector privado que había abandonado el barco llevada por su vocación de servicio público, hija como yo del South Side y alguien que acabaría cambiando el curso de mi vida no una vez, sino muchas. «La persona a quien tienes que conocer —me dijo Susan— es Valerie Jarrett.»

Valerie Jarrett era la flamante subdirectora de gabinete en la oficina del alcalde de Chicago, y tenía conexiones profundas con toda la comunidad afroamericana de la ciudad. Como Susan, había sido lo suficientemente espabilada para conseguir trabajo en un prestigioso bufete al salir de la facultad de Derecho, y después había sabido darse cuenta de que eso no era lo suyo. Había llegado al ayuntamiento en gran medida inspirada por Harold Washington, que había sido elegido alcalde en 1983, cuando yo estaba fuera de la ciudad estudiando en la universidad, y fue el primer afroamericano en ocupar el cargo. Washington era un político voluble con un espíritu exuberante. A mis padres les encantaba por cómo era capaz de salpimentar su discurso campechano con citas de Shakespeare y por la famosa vehemencia con la que se atiborraba de pollo frito en los actos sociales en el South Side. Pero lo más importante era la aversión que sentía por la maquinaria del aparato del Partido Demócrata, que llevaba tiempo gobernando Chicago y otorgando jugosos contratos a quienes hacían donaciones y que, por lo general, mantenía a los negros al servicio del partido pero rara vez les permitía acceder a cargos oficiales electos.

Washington había construido su campaña en torno a la reforma del sistema político de la ciudad y a la promesa de una mejor atención a los barrios más descuidados, y ganó las elecciones por los pelos. Su estilo era descarado y su temperamento atrevido. Era capaz de destrozar a sus adversarios con su elocuencia y su inteligencia. Era un superhéroe negro avispado. Chocaba con frecuencia y sin miedo con los miembros de la vieja guardia de la Asamblea Municipal, la mayoría de ellos blancos, y se lo consideraba una especie de leyenda viviente, en especial entre los habitantes negros de la ciudad, para quienes su liderazgo encendía un espíritu progresista más amplio. Su visión había sido una inspiración temprana para Barack, que llegó a Chicago para trabajar como activista en 1985.

Valerie también se sintió atraída por Washington. Tenía treinta años cuando se incorporó a su equipo en 1987, al comienzo de su segundo mandato. También era madre de una niña pequeña y estaba a punto de divorciarse, lo que hacía que ese fuese un momento particularmente inconveniente para asumir el recorte salarial que una sufre cuando deja un distinguido bufete para irse a trabajar en el ayuntamiento. Para colmo, a los pocos meses de empezar en su nuevo puesto se produjo una tragedia: Harold Washington sufrió un fulminante ataque al corazón cuando se encontraba en su despacho, treinta minutos después de haber dado una rueda de prensa sobre viviendas para personas con rentas bajas. La Asamblea Municipal nombró a un concejal negro para ocupar el lugar del difunto Washington, pero su mandato fue relativamente breve. En una decisión que muchos afroamericanos interpretaron como una vuelta rápida y desmoralizadora a las tradicionales costumbres blancas de la política de Chicago, los votantes eligieron a Richard M. Daley, hijo del anterior alcalde, Richard J. Daley, a quienes muchos consideraban el padrino del famoso clientelismo chicagüense.

Aunque tenía sus dudas sobre la nueva administración, Valerie decidió permanecer en el ayuntamiento, y pasó del departamento legal a formar parte del equipo del alcalde Daley. Estaba contenta de estar allí, aunque no fuese más que por el contraste. Me contó que había vivido con alivio la transición del derecho de sociedades a la administración pública, un salto vigorizante desde la irrealidad hiperprotegida del derecho de alto nivel que se ejercía en los pisos más elevados de los rascacielos al mundo real. Y tan real.

La sede del Ayuntamiento y del Condado de Chicago es un monolito de granito gris de once plantas y tejado plano que ocupa toda una manzana entre Clark y LaSalle, al norte del Loop. Comparado con las imponentes torres que lo rodean, es rechoncho, pero no está exento de grandiosidad, con altas columnas corintias en la fachada y unos vestíbulos inmensos y resonantes hechos sobre todo de mármol. El condado gestiona sus asuntos desde la mitad del edificio que da al este; la ciudad usa la mitad oeste, que alberga al alcalde y los concejales, así como al secretario municipal. La sede del Ayuntamiento, como constaté el tórrido día de verano que me presenté allí para mi entrevista de trabajo con Valerie, estaba alarmante y estimulantemente lleno de gente.

Había parejas casándose y gente inscribiendo sus coches en el registro; personas poniendo quejas sobre baches, sus caseros, el alcantarillado y cualquier otra cosa que creyesen que el ayuntamiento podía mejorar; había bebés en cochecitos y ancianas en sillas de ruedas; había periodistas y miembros de grupos de presión, y también personas sin hogar intentando huir del calor. En la acera, delante del edificio, un enjambre de activistas agitaba pancartas y gritaba consignas, aunque no consigo recordar cuál era el motivo de su enfado. Lo que sí sé es que el caos áspero y controlado del lugar me desconcertó y, al mismo tiempo, me sedujo por completo. El ayuntamiento era de la gente. Poseía una cercanía ruidosa y enérgica que nunca sentí en Sidley.

Valerie había reservado veinte minutos de su jornada para hablar conmigo, pero nuestra conversación acabó prolongándose hora y media. Era una mujer afroamericana delgada y de piel clara que vestía un impecable traje a medida, hablaba con suavidad y transmitía una extraordinaria serenidad, con la calma de sus ojos marrones y un asombroso control de cómo funcionaba la ciudad. Disfrutaba con lo que hacía, si bien no ocultaba los quebraderos de cabeza burocráticos propios del trabajo en la administración. Valerie tenía algo que hizo que me relajase de inmediato. Años más tarde me contó que, para su sorpresa, ese día yo había sabido dar la vuelta al proceso de una entrevista convencional: le había proporcionado un poco de información básica y útil sobre mí, pero a cambio la había sometido a un interrogatorio para entender todo lo que ella sentía respecto del trabajo que hacía y saber en qué medida el alcalde escuchaba a sus subordinados. Yo estaba tratando de averiguar si el trabajo encajaba conmigo en la misma medida que ella intentaba dilucidar si yo encajaba en el trabajo.

Ahora, cuando pienso en ello, estoy convencida de que solo tenía en mente aprovechar la valiosa oportunidad de hablar con una mujer cuyos orígenes eran similares a los míos pero que iba unos años por delante de mí en su trayectoria profesional. Valerie era tranquila, atrevida y sensata como pocas personas que yo hubiese conocido hasta entonces. Era alguien de quien aprender, a quien tener cerca. Lo supe enseguida.

Antes de que me fuese, me ofreció un trabajo: me invitó a sumarme a su equipo como ayudante del alcalde Daley, al que podía incorporarme en cuanto estuviese dispuesta. Dejaría de ejercer la abogacía. Mi salario sería de sesenta mil dólares, aproximadamente la mitad de lo que ganaba entonces en Sidley & Austin. Me dijo que me tomase un tiempo para pensar si estaba realmente preparada para hacer un cambio como ese. Era yo quien daba el salto, y yo también quien debía tomar la decisión.

Nunca había tenido al ayuntamiento en alta estima. El hecho de ser negra y haberme criado en el South Side hacía que tuviese poca fe en la política. Tradicionalmente, se había usado contra los negros, como un instrumento para mantenernos aislados y excluidos, sin acceso a una buena educación, sin empleo y, en todo caso, mal pagados. Tenía abuelos que habían vivido el horror de las leyes de Jim Crow y la humillación de la discriminación a la hora de acceder a una vivienda, y en esencia desconfiaban de cualquier clase de autoridad. (Southside, como ya expliqué, creía que hasta el dentista le tenía manía.) Mi padre, que fue empleado municipal durante la mayor parte de su vida, prácticamente se vio obligado a ejercer como delegado del Partido Demócrata en su distrito electoral para tener siquiera alguna posibilidad de ascender en su trabajo. Disfrutaba del aspecto social de sus obligaciones en el distrito, pero siempre le había desagradado el clientelismo de la alcaldía.

Y, de pronto, ahí estaba yo planteándome si aceptar un puesto en el ayuntamiento. Me estremecía el recorte de sueldo, pero sentía un interés visceral por el trabajo. Estaba experimentando otra punzada, un discreto empujón hacia lo que podría ser un futuro completamente diferente del que me había imaginado. Estaba a punto de dar el salto, pero debía tener en cuenta una cosa más: ya no estaba sola. Cuando Valerie me llamó unos días más tarde para indagar cuál era la situación, le dije que aún estaba considerando la oferta. Entonces le hice una última pregunta, que sin duda no se esperaba: «¿Podría, por favor, presentarte también a mi prometido?».

Supongo que aquí debería hacer una pausa para trasladarnos de vuelta al sofocante calor de aquel verano, la desorientadora neblina de los largos meses posteriores a la muerte de mi padre. Barack había venido a Chicago para estar conmigo tanto tiempo como pudiese en torno a la fecha del funeral, antes de volver a Harvard para culminar sus estudios. Tras su graduación a finales de mayo, embaló sus pertenencias, vendió su Datsun amarillo plátano y regresó a Chicago para instalarse en el número 7436 de Euclid Avenue, y entre mis brazos. Habíamos vivido durante casi dos años como una pareja a distancia, y ahora por fin podríamos dejar de serlo. Eso significaba que los fines de semana de nuevo podríamos pasar horas en la cama, leer el periódico, salir a tomar un *brunch* y contarnos todo lo que pensábamos. Podríamos cenar juntos los lunes, y los martes, los miércoles y los jueves también. Podríamos hacer la compra y doblar la colada delante del televisor. Las muchas noches en que aún lloraba por la muerte de mi padre, Barack estaba allí para envolverme con su abrazo y besarme la frente.

Barack se sentía aliviado por haber terminado Derecho, y estaba deseoso de pasar del abstracto mundo académico a un trabajo que fuese más apasionante y real. Además, había vendido su idea de un libro de no ficción sobre raza e identidad a una editorial neoyorquina, lo cual para alguien como él, que veneraba los libros, era un enorme regalo y todo un honor. Le habían dado un adelanto y disponía de un año para entregar el manuscrito.

Barack tenía, como siempre había parecido evidente, muchísimas opciones. Su reputación —los entusiastas informes de sus profesores en la facultad de Derecho, el artículo de *The New York Times* sobre su elección como presidente de la *Harvard Law Review*— parecía atraer hacia él toda una avalancha de oportunidades. La Universidad de Chicago le ofreció una beca sin sueldo que incluía un pequeño despacho durante un año, con la idea de que escribiera su libro allí y luego contratarlo para dar clase como profesor adjunto en la facultad de Derecho. Mis colegas en Sidley & Austin, que aún albergaban la esperanza de que Barack entrase a trabajar a tiempo completo en el bufete, le proporcionaron un sitio para estudiar las aproximadamente ocho semanas que quedaban hasta julio, cuando se examinaría para ingresar en el colegio de abogados. También estaba planteándose aceptar un puesto en Davis, Miner, Barnhill & Galland, un pequeño bufete dedicado a casos de utilidad pública, especializado en derechos civiles y en vivienda digna, y cuyos abogados habían estado muy próximos a Harold Washington, lo cual para Barack era un punto a su favor.

Hay algo intrínsecamente reconfortante en alguien que considera que sus oportunidades son ilimitadas y no pierde tiempo ni energía planteándose si en algún momento se desvanecerán. Barack había trabajado mucho y de manera muy diligente para conseguir todo lo que ahora estaba recibiendo, pero no llevaba la cuenta de sus logros ni los comparaba con los de los demás, como hacía tanta gente que yo conocía, incluso yo misma en ocasiones. A veces parecía maravillosamente ajeno tanto a la inmensa y feroz competencia de la vida como a todas las posesiones materiales que se suponía que un abogado treintañero debía anhelar, desde un coche que no le hiciese avergonzarse hasta una casa con jardín en las afueras de la ciudad o un apartamento en el Loop del que poder alardear. Ya había reparado en esa cualidad suya antes, pero ahora que vivíamos juntos y estaba planteándome dar el primer giro importante a mi vida la valoraba aún más.

En pocas palabras: Barack creía y confiaba cuando otros no lo hacían. Tenía una fe sencilla y a prueba de decepciones según la cual, si uno se mantenía fiel a sus principios, las cosas acabarían saliendo bien. A esas alturas yo había tenido conversaciones prudentes y sensatas con muchísima gente sobre cómo dejar una carrera en la que, según cualquier criterio objetivo, estaba prosperando. Una y otra vez, podía ver la inquietud y la preocupación en todas esas caras cuando les hablaba de los préstamos que todavía tenía que devolver o de que aún no había podido comprarme una casa. No podía evitar pensar que mi padre se había propuesto y había sabido tener siempre unos objetivos modestos, evitando cualquier riesgo para poder dar estabilidad a la familia. El consejo de mi madre aún resonaba en mi cabeza: «Primero gana dinero y después preocúpate por tu felicidad». A mi ansiedad contribuía también un anhelo cuya importancia eclipsaba con creces la de cualquier deseo material: sabía que quería tener hijos, y mejor antes que después. ¿Cómo podría hacerlo si de buenas a primeras empezaba desde cero en un nuevo campo profesional?

Barack, cuando se presentó en Chicago, se convirtió en una especie de antídoto tranquilizador. Absorbió mis preocupaciones, escuchó mientras repasaba una lista de todas mis obligaciones económicas, y afirmó que a él también lo ilusionaba la idea de tener hijos. Reconoció que no teníamos forma de predecir cómo nos las apañaríamos, ya que ninguno de los dos quería quedarse constreñido al carácter cómodamente previsible de una vida de abogados. Pero lo cierto era que no éramos ni mucho menos pobres y nuestro futuro era prometedor, quizá más prometedor aún por el hecho de que no era fácil imaginar cómo sería.

La suya era la única voz que me animaba a seguir adelante, a dejar de lado mis inquietudes y lanzarme hacia aquello que creyese que podría hacerme feliz. No pasaba nada por dar el salto hacia lo desconocido porque —y esta sería una noticia sorprendente para casi cualquier miembro de la familia Shields/Robinson, remontándonos hasta Dandy y Southside— lo desconocido no me mataría.

«No te preocupes —me decía Barack—. Eres capaz de hacerlo. Nos las apañaremos.»

Unas palabras ahora sobre el examen de ingreso en el colegio de abogados: es un engorro necesario, un rito de tránsito para cualquier abogado recién salido del cascarón que desee ejercer la abogacía y, aunque el contenido y la estructura de la prueba varía algo de un estado a otro, la experiencia de hacerlo —un examen de dos días, doce horas, pensado para demostrar que se poseen conocimientos de todo lo que va desde el derecho contractual hasta crípticas normas sobre operaciones garantizadas— es algo que prácticamente todo el mundo considera infernal. Tal y como Barack iba a hacer, yo me había presentado al examen de Illinois tres años antes, el verano después de terminar mis estudios en Harvard, y me había sometido con anterioridad a lo que se suponía que serían dos disciplinados meses de acumular horas como asociado de primer año en Sidley, mientras asistía también a clases de repaso del temario y hacía todos los ejercicios prácticos para el examen contenidos en un libro de grosor imponente.

Fue el mismo verano en el que Craig iba a casarse con Janis en Denver, de donde era ella. Janis me había pedido que fuese una de sus damas de honor y, por toda una serie de razones —entre las cuales no era menor la de que acababa de pasar siete años deslomándome en Princeton y Harvard—, me metí en el papel a fondo y desde el principio. Reaccioné con entusiasmo ante cada vestido de boda que Janis se probaba y ayudé a planificar las actividades de la despedida de soltera. Estaba dispuesta a hacer cualquier cosa para que el día elegido fuese aún más feliz. En otras palabras, estaba mucho más ilusionada ante la perspectiva de que mi hermano iba a pronunciar sus votos matrimoniales que con la idea de volver a estudiar qué constituía un agravio legal.

Todo eso acontecía aún en la época en que los resultados llegaban por correo. Ese otoño, una vez hecho el examen y celebrada la boda, un día llamé a mi padre desde el trabajo y le pregunté si había llegado alguna carta. Así era. Le pregunté si había un sobre para mí. Lo había. ¿Era una del Colegio de Abogados del Estado de Illinois? Pues sí, eso era lo que constaba en el remitente. A continuación le pedí que lo abriese por mí, y fue entonces cuando oí en el otro extremo de la línea telefónica unos crujidos seguidos de una pausa larga y contenida.

Había suspendido.

En toda mi vida, nunca antes había suspendido un examen, a menos que cuente como tal el momento en la guardería en que me hicieron ponerme de pie en clase y fui incapaz de leer la palabra «blanco» en la tarjeta que mi profesora me mostraba. Pero no había superado el examen de ingreso. Estaba avergonzada, convencida de que había decepcionado a todas las personas que me habían dado clase, animado o contratado a lo largo de mi vida. No estaba acostumbrada a fracasar. En todo caso, por lo general me esforzaba demasiado, especialmente cuando se trataba de preparar un momento importante o un examen, pero en esa ocasión me había confiado. Ahora pienso que fue una consecuencia del desinterés que sentí a lo largo de todo mi tiempo en la facultad de Derecho, harta como estaba de seguir estudiando materias que me parecían incomprensibles y muy alejadas de la vida real. Quería estar rodeada de personas, no de libros, y por eso para mí la mejor parte de los años de facultad había sido el tiempo que pasé como voluntaria en la Oficina de Ayuda Legal, donde podía ayudar a alguien a conseguir su cheque de la Seguridad Social o a hacer frente al comportamiento abusivo de un casero.

Aun así, no me gustaba suspender. El resquemor me duraría meses, incluso después de que muchos de mis colegas en Sidley confesaran que ellos tampoco habían superado el examen a la primera. Tiempo más tarde, ese mismo otoño, hinqué los codos y estudié para un examen de repesca, que aprobé sobradamente. Al final, aparte de mi orgullo herido, mi metedura de pata no tendría consecuencias.

Sin embargo, al cabo de varios años el recuerdo de mi experiencia me hacía observar a Barack con una curiosidad adicional. Iba a clases de repaso del temario y llevaba consigo de un sitio a otro sus propios libros de repaso, si bien no parecía que los abriese tan a menudo como yo creía que debería; o al menos como yo haría, sabiendo lo que ya sabía. Pero no iba a importunarlo, o a ponerme siquiera como ejemplo de lo que podía salir mal. Él y yo éramos distintos. Para empezar, la cabeza de Barack era como una maleta llena a reventar de información, una enorme y potente computadora central que podía extraer datos de todo tipo cuando así lo deseaba. Yo lo llamaba «el hombre de los datos» porque parecía que tenía una estadística apropiada para cualquier pequeño asunto que surgiera durante una conversación. Su memoria parecía casi fotográfica. Lo cierto es que no me preocupaba la posibilidad de que no superase el examen; y a él tampoco, lo cual resultaba un poco irritante.

Así que lo celebramos anticipadamente, el mismo día que terminó el examen —31 de julio de 1991—, reservando una mesa para dos en Gordon, un restaurante del centro. Era uno de nuestros sitios favoritos, un lugar para las ocasiones especiales, con una delicada iluminación art decó, manteles de un blanco refulgente y cosas como caviar y fritura de alcachofa en el menú. Estábamos en pleno verano y éramos felices.

En Gordon, Barack y yo siempre pedíamos el menú completo, incluso martinis y aperitivos. Elegimos un buen vino para acompañar los entremeses. Hablamos despreocupadamente, contentos, quizá un poco sentimentaloides. Cuando la cena llegaba a su fin Barack me sonrió y sacó el tema del matrimonio. Me tomó la mano y me dijo que, aunque me amaba con todo su ser, seguía sin ver qué sentido tenía casarse. De inmediato, sentí cómo las mejillas se me sonrojaban. Era como si hubiese pulsado un botón dentro de mí, uno de esos botones rojos, grandes y parpadeantes que se ven en las centrales nucleares, rodeados de señales de advertencia y mapas de evacuación. ¿De verdad que íbamos a hablar de eso ahora?

Pues sí. Ya habíamos abordado un montón de veces el hipotético asunto del matrimonio, y las cosas no habían cambiado mucho. Yo era una tradicional y él no. Estaba claro que ninguno de los dos íbamos a cambiar de postura. Pero eso no impedía que hablásemos del tema acaloradamente y disfrutando; al fin y al cabo, éramos dos abogados. Rodeada de hombres con chaquetas deportivas y mujeres con elegantes vestidos que disfrutaban de sus exquisitas comidas, hice lo que pude para no elevar la voz.

«Si estamos comprometidos —dije con toda la calma de la que fui capaz—, ¿por qué no habríamos de formalizar ese compromiso? ¿Qué parte de tu dignidad tendrías que sacrificar para hacerlo?»

A partir de ahí, recorrimos todos los bucles habituales de la vieja discusión. ¿Era importante el matrimonio? ¿Por qué lo era? ¿Cuál era su problema? ¿Cuál era mi problema? ¿Qué tipo de futuro tendríamos si no éramos capaces de resolver ese asunto? No estábamos peleándonos, pero sí estábamos discutiendo, y al estilo de los abogados. Nos lanzamos golpes y los devolvimos, analizamos con detalle y nos interrogamos, aunque a todas luces yo era la que estaba más exaltada.

Al cabo de un rato apareció un camarero con una bandeja de postre cubierta con una tapa plateada. La puso delante de mí y la descubrió. Estaba un tanto molesta para bajar la vista, pero cuando lo hice vi que, donde debería estar la tarta de chocolate, había una caja de terciopelo oscuro. En su interior, un anillo de diamantes.

Barack me miró con ojos juguetones. Había conseguido que picase. Todo había sido un ardid. Tardé un segundo en desarmar mi enfado y transformarlo en alegre sorpresa. Me había hecho enfadar porque esa era la última vez en nuestra vida que invocaría su ridículo argumento sobre el matrimonio. Caso cerrado. Hincó una rodilla frente a mí y, con un temblor de emoción en la voz, me preguntó sinceramente si le haría el honor de casarme con él. Después supe que ya había hablado tanto con mi madre como con mi hermano para pedirles su bendición. Cuando dije que sí, fue como si todas las personas del restaurante se pusieran a aplaudir.

Durante todo un minuto o dos contemplé absorta el anillo que llevaba en el dedo. Miré a Barack para confirmar que todo era real. Estaba sonriendo. Me había sorprendido por completo. En cierto sentido, ambos habíamos ganado. «Bueno —dijo risueñamente—, espero que con esto te calles.»

Había dicho que sí a Barack y poco después dije que sí a Valerie Jarrett y acepté su oferta para trabajar en el ayuntamiento. Antes de comprometerme, me empeñé en cumplir con mi petición de presentar a Barack y Valerie, y organicé una cena durante la que pudiésemos hablar los tres.

Lo hice por un par de motivos. En primer lugar, porque Valerie me gustaba, me había impresionado y, tanto si acababa aceptando el puesto como si no, me hacía ilusión conocerla mejor. Y sabía que a Barack también lo impresionaría. Pero un motivo más importante era que quería oír su historia. Al igual que Barack, Valerie había pasado parte de su infancia en otro país —en su caso, Irán, donde su padre era médico en un hospital— y volvió a Estados Unidos para estudiar, lo que le había proporcionado la misma perspectiva lúcida que yo veía en Barack. Barack tenía dudas sobre el hecho de que yo trabajase en el ayuntamiento. Al igual que en el caso de Valerie, también él estaba influido por el estilo de liderazgo que Harold Washington había ejercido en la alcaldía, pero tenía muchísima menos afinidad por el *establishment* a la antigua usanza que Richard M. Daley representaba. Era el activista social que llevaba dentro: incluso cuando Washington era alcalde, Barack había tenido que luchar sin descanso, y a veces infructuosamente, con el ayuntamiento para conseguir un mínimo apoyo para proyectos de base. Aunque no había hecho más que animarme en mi búsqueda de trabajo, creo que temía en silencio que acabase desilusionada o sin capacidad real de cambiar las cosas al trabajar a las órdenes de Daley.

Valerie era la persona adecuada para dar respuesta a mis preocupaciones. Había trastocado su vida entera para trabajar para Washington y se había quedado sin él casi de inmediato. Del vacío que siguió a su muerte podía extraerse una moraleja para el futuro, que con el paso del tiempo me vería explicando a gente de todo Estados Unidos: en Chicago habíamos cometido el error de depositar todas nuestras esperanzas de reforma sobre los hombros de una persona, en lugar de construir el aparato político necesario para respaldar su visión. Los votantes, en particular los votantes progresistas y negros, veían a Washington como una especie de redentor, un símbolo, el hombre que lo cambiaría todo. Había llevado esa carga admirablemente, y había inspirado a gente como Barack o Valerie a dejar el sector privado para pasarse al activismo o al servicio público. Pero cuando Harold Washington murió, la mayor parte de la energía que había generado murió con él.

Valerie había tenido que pensárselo antes de decidir seguir en el equipo del alcalde, pero nos explicó por qué creía que había hecho lo correcto. Nos contó que se sentía apoyada por Daley y que sabía que estaba siendo útil a la ciudad. Su lealtad, nos dijo, había sido para con los principios de Harold Washington más que hacia el hombre en sí. La inspiración por sí sola es algo superficial; hay que respaldarla con mucho esfuerzo. Esa idea se nos quedó grabada tanto a Barack como a mí, y en el transcurso de esa cena sentí como si algo se hubiese cimentado: Valerie Jarrett formaba ya parte de nuestras vidas. Aunque nunca lo hablamos, era casi como si los tres nos hubiésemos comprometido a apoyarnos a lo largo del camino.

Quedaba una última cosa por hacer, ahora que íbamos a casarnos, ahora que yo había aceptado el nuevo trabajo y Barack se había comprometido con Davis, Miner, Barnhill & Galland, el bufete dedicado a casos de utilidad pública que había estado cortejándolo: nos fuimos de vacaciones; mejor dicho, en una especie de peregrinación. Salimos de Chicago en avión un miércoles de finales de agosto, tuvimos que hacer un largo trasbordo en el aeropuerto de Frankfurt (Alemania), y después de otras ocho horas de vuelo llegamos a Nairobi justo antes del amanecer. Cuando por fin pisamos el suelo bajo la luna keniana, parecía que estábamos en otro mundo.

Había estado en Jamaica y en las Bahamas, y había ido en unas cuantas ocasiones a Europa, pero esta era la primera vez que estaba tan lejos de casa. Sentí de inmediato la extrañeza de Nairobi —o, más bien, mi propia extrañeza en relación con la ciudad—, incluso con las primeras luces del alba. Es una sensación que he aprendido a disfrutar a medida que he viajado más: la manera en que un nuevo lugar se hace notar al instante y sin doblez. El aire tiene un peso distinto de aquel al que una está acostumbrada; transporta olores que no puedes identificar bien, quizá un leve aroma a humo de madera o a gasóleo, o la dulzura de algo que florece en los árboles. El sol que sale es el mismo, pero su aspecto es ligeramente diferente del que conoces.

Auma, la hermanastra de Barack, nos esperaba en el aeropuerto y nos saludó con afecto. Solo se habían visto en contadas ocasiones, la primera de ellas seis años antes, cuando Auma vistió Chicago, pero tenían un vínculo estrecho. Auma es un año mayor que Barack. Su madre, Grace Kezia, estaba embarazada de Auma cuando Barack Obama padre salió de Nairobi para estudiar en Hawái en 1959. (También tuvieron un hijo, Abongo, que por aquel entonces era poco más que un bebé.) Tras su vuelta a Kenia a mediados de los años sesenta, Barack padre y Kezia tuvieron en común dos hijos más.

Auma tenía la piel de ébano y los dientes de un blanco brillante, y hablaba con un acento británico muy marcado. Su sonrisa era enorme y acogedora. Cuando llegamos a Kenia, yo estaba tan cansada del viaje que apenas era capaz de mantener una conversación, pero de camino a la ciudad, en el asiento trasero del baqueteado Volkswagen Escarabajo de Auma, me fijé en que su sonrisa era igual de espontánea que la de Barack, y la curva de su cabeza recordaba igualmente a la de él. Era evidente que Auma también había heredado la inteligencia de la familia: se había criado en Kenia y regresaba a su país con frecuencia, pero había ido a la universidad en Alemania y aún vivía allí, donde cursaba un doctorado. Hablaba con fluidez inglés, alemán, suajili y la lengua local de su familia, llamada luo. Como nosotros, estaba de visita en aquel entonces.

Auma había dispuesto que Barack y yo nos quedásemos en el apartamento vacío de un amigo, un piso espartano de un dormitorio en un bloque de hormigón de lo más corriente que habían pintado de rosa chillón. Durante los dos primeros días estábamos tan agotados debido al jet lag que parecía que nos movíamos a cámara lenta. O quizá era simplemente el ritmo de Nairobi, que seguía una lógica radicalmente diferente de la de Chicago, con sus calles y rotondas de estilo británico congestionadas por una combinación de peatones, ciclistas, coches y *matatus*, los tambaleantes minibuses irregulares que podían verse por todas partes, pintados con grandes estampas y ofrendas a Dios, y con los techos cubiertos con varias capas de maletas atadas, tan rebosantes de pasajeros que a veces estos se subían en marcha agarrándose precariamente al exterior.

Estaba en África. Era algo embriagador, agotador y completamente nuevo para mí. El Volkswagen azul celeste de Auma era tan viejo que a menudo había que empujarlo para que el motor arrancase. Cometí el error de comprarme unas zapatillas blancas para llevar al viaje, y en menos de un día, después de tanto empujar el coche, ya se habían vuelto de un color marrón rojizo, manchadas por la tierra de tono canela de Nairobi.

Barack se sentía más a gusto en Nairobi que yo, ya que esa era la segunda vez que estaba en la ciudad. Yo me movía con la torpeza de un turista, consciente de que éramos forasteros a pesar de nuestra piel negra. En ocasiones la gente se nos quedaba mirando en la calle. Obviamente, no esperaba pasar desapercibida de buenas a primeras, pero creo que llegué allí con la ingenua idea de que sentiría una especie de conexión visceral con el continente que, a lo largo de mi infancia y juventud, había considerado algo parecido a una patria mítica. Como si llegar allí fuese a dotarme de cierta sensación de completitud. Pero, por supuesto, África no nos debía nada. Es muy curioso tomar conciencia de la sensación de estar entre dos aguas siendo afroamericana en África. Me provocó un sentimiento de tristeza difícil de explicar, como si viviera el desarraigo en ambas tierras.

Días más tarde, aún me sentía desubicada, y ambos teníamos dolor de garganta. Barack y yo nos peleamos; soy incapaz de recordar a propósito de qué exactamente. A pesar de todo el asombro que sentíamos en Kenia, también estábamos cansados, lo que nos llevaba a discutir por cualquier cosa, lo cual a su vez nos condujo, por el motivo que fuera, al enfado.

Escribí en mi diario: «Estoy muy enfadada con Barack. Creo que no tenemos nada en común». Hasta ahí llegaron mis pensamientos. Como reflejo de mi frustración, hice un rayajo largo y enfático que atravesaba el resto de la página.

Al igual que cualquier pareja más o menos reciente, estábamos aprendiendo a pelearnos. No lo hacíamos a menudo, y solía ser por nimiedades, una serie de reproches acumulados que por lo general salían a relucir cuando alguno de los dos, o ambos, estábamos agotados o muy estresados. Pero nos peleábamos. Para bien o para mal, tiendo a gritar cuando estoy enfadada. Cuando algo me enerva, la sensación física puede ser muy intensa, como una especie de bola de fuego que me sube por la espalda y estalla con tal fuerza que a veces no recuerdo lo que digo en ese momento. Barack, por su parte, permanece calmado y racional, y pronuncia sus palabras en una elocuente (y, por lo tanto, irritante) cascada. Hemos tardado tiempo —años— en entender que así es como somos cada uno, que somos la suma de nuestros respectivos códigos genéticos y de todo lo que nos inculcaron nuestros padres, y sus padres a ellos. Sin embargo, hemos encontrado la manera de expresar y superar nuestra irritación, y algún que otro enfado. Cuando nos peleamos ahora, todo es mucho menos dramático, a menudo más eficiente, y nunca perdemos de vista nuestro amor mutuo, por mucha que sea la tensión.

A la mañana siguiente nos despertamos en Nairobi bajo un cielo despejado, con energías renovadas y sintiéndonos más contentos y más nosotros, y menos aturdidos por el jet lag. Quedamos con Auma en una estación ferroviaria del centro, y allí los tres tomamos un tren de pasajeros con ventanillas de listones para dirigirnos hacia el oeste, al hogar ancestral de la familia Obama. Sentada junto a una ventanilla en un compartimento repleto de kenianos, algunos de los cuales viajaban con pollos vivos metidos en cestos y otros con pesados muebles que habían comprado en la ciudad, me dio por pensar de nuevo en lo rara que se había vuelto de pronto la vida de esa chica de Chicago, abogada de despacho; en cómo ese hombre que estaba sentado a mi lado había aparecido un día en mi oficina, con su extraño nombre y su sonrisa quijotesca, y tan alegremente lo había vuelto todo del revés. Estaba pegada a la ventanilla mientras pasaba ante mis ojos la extensa comunidad de Kibera, la mayor barriada urbana de toda África, con sus barracas de techos bajos y tejados de uralita, sus caminos embarrados y alcantarillas descubiertas, y una clase de pobreza que no había visto nunca y difícilmente habría podido imaginar.

Pasamos varias horas en el tren. Barack acabó abriendo un libro, pero yo seguí mirando absorta por la ventanilla cómo las barriadas de Nairobi daban paso a la campiña de color verde esmeralda, al tiempo que el tren traqueteaba hacia el norte hasta el pueblo de Kisumu, donde Auma, Barack y yo descendimos al abrasador calor ecuatorial para hacer la última etapa del viaje en un estrepitoso *matatu* que atravesaba los campos de maíz hasta llegar a Kogelo, la aldea de su abuela.

Nunca olvidaré el color rojo arcilla de la tierra en esa parte de Kenia, tan intenso que parecía casi primigenio, y cómo su polvo recubría la piel y el pelo de los niños que nos saludaban desde el borde de la carretera. Recuerdo estar sudorosa y sedienta mientras recorríamos a pie el último tramo del camino para llegar al recinto de la abuela de Barack, a la bien conservada casa de hormigón donde llevaba años viviendo, cultivando un huerto adyacente y cuidando de unas cuantas vacas. La abuela Sarah, la llamaban. Era una mujer bajita y fornida con mirada sabia y una sonrisa rodeada de arrugas. No hablaba inglés, solo luo, y expresó su alegría por que hubiésemos hecho un viaje tan largo para verla. A su lado, me sentí muy alta. Me escudriñó con una innegable y perpleja curiosidad, como si tratara de averiguar de dónde venía exactamente y cómo había acabado delante de su puerta. Una de las primeras preguntas que me hizo fue: «¿Cuál de tus padres es blanco?».

Me eché a reír y le expliqué, con la ayuda de Auma, que era negra de la cabeza a los pies, básicamente lo más negra que se podía ser en Estados Unidos.

A la abuela Sarah eso le pareció gracioso. Todo le parecía gracioso, y se burlaba de Barack por no saber hablar luo. Me maravilló su facilidad para la alegría. Al caer el sol, sacrificó un pollo y nos preparó un guiso, que sirvió con una pasta de harina de maíz llamada *ugali*. En todo ese tiempo fueron apareciendo vecinos y parientes que deseaban saludar a los jóvenes Obama y felicitarnos por nuestro compromiso. Engullí agradecida la comida mientras el sol se ponía y la noche caía sobre la aldea, que no tenía electricidad, dejando una brillante rociada de estrellas sobre nuestras cabezas. Que yo estuviera en ese lugar parecía un pequeño milagro. Compartía con Barack un rudimentario dormitorio, desde el que escuchábamos el sonido estéreo de los grillos en los campos de maíz que nos rodeaban y el runrún de animales que no podíamos ver. Recuerdo una sensación de asombro ante la amplitud de la tierra y el cielo que me envolvían, y al mismo tiempo de comodidad y protección dentro de ese minúsculo hogar. Tenía un trabajo nuevo, un prometido y una familia ampliada; incluso una abuela keniana a la que le había gustado. Era verdad: había salido despedida de mi mundo, y de momento todo iba bien.

12

Barack y yo nos casamos un soleado sábado de octubre de 1992, frente a más de trescientos amigos y familiares, en la Trinity United Church of Christ, en el South Side. Fue una boda multitudinaria, tal como correspondía. Si íbamos a celebrarla en Chicago, no cabía reducir la lista de invitados. Mis raíces eran demasiado profundas. No solo tenía primos, sino primos de los primos, que a su vez tenían hijos a los que no podía excluir y que contribuirían a que la ocasión fuera más emotiva y alegre.

Los hermanos menores de mi padre estuvieron presentes. La familia de mi madre acudió al completo. También viejos amigos del colegio y vecinos, gente de Princeton, del Whitney Young. La señora Smith, esposa del subdirector de mi instituto, que aún vivía en la misma calle que nosotros, Euclid Avenue, ayudó a organizar la boda, mientras que los señores Thompson, nuestros vecinos de enfrente, tocaron con su grupo de jazz unas horas más tarde, durante el banquete. Santita Jackson, pletórica con un vestido negro de escote vertiginoso, era mi dama de honor. Yo había invitado a excolegas de Sidley y a nuevos colegas del ayuntamiento. Los compañeros de bufete de Barack estaban allí, al igual que sus viejos amigos dinamizadores comunitarios. La bulliciosa pandilla hawaiana del instituto de Barack hizo buenas migas con un puñado de parientes suyos de Kenia, que lucían coloridos sombreros de África Oriental. Por desgracia, el invierno anterior habíamos perdido a Gramps, el abuelo de Barack, a causa de un cáncer, pero su madre y su abuela habían hecho el esfuerzo de viajar hasta Chicago, al igual que Auma y Maya, hermanastras de continentes distintos, unidas por su afecto hacia Barack. Era la primera vez que nuestras respectivas familias se reunían, y reinaba un ambiente muy festivo.

Estábamos rodeados de cariño; el cariño ecléctico y multicultural de los Obama, y el cariño cimentador de los Robinson del South Side, todo ello entretejido de forma visible en el interior de la iglesia, banco a banco. Me agarré con fuerza del brazo de Craig mientras me acompañaba por el pasillo. Cuando llegamos al frente, mi mirada se encontró con la de mi madre. Estaba sentada en la primera fila, con un vestido largo de lentejuelas en color blanco y negro que habíamos escogido juntas, el mentón en alto y una expresión de orgullo en los ojos. Aunque echábamos de menos a mi padre todos los días, seguíamos adelante, como él habría querido.

Barack había amanecido con un catarro horroroso, pero en cuanto llegó a la iglesia se le había pasado de forma milagrosa. Ahora me sonreía con los ojos vivarachos desde su puesto en el altar, con un esmoquin alquilado y un par de lustrosos zapatos nuevos. El matrimonio representaba un misterio aún más grande para él que para mí, pero en los catorce meses que había durado nuestro compromiso él había puesto toda la carne en el asador. Habíamos tomado todas las decisiones relativas a ese día con mucho cuidado. Barack, que había declarado en un principio que no le interesaban los pormenores nupciales, acabó por dar su opinión de forma afectuosa, asertiva —y previsible— respecto a todo, desde los arreglos florales hasta los canapés que se servirían en el centro cultural de South Shore alrededor de una hora después. Habíamos elegido nuestra canción de boda, y Santita la entonaría con su impresionante voz, acompañada por un pianista.

Era un tema de Stevie Wonder titulado «You and I (We Can Conquer the World)», [«Tú y yo (podemos conquistar el mundo)»]. La había oído por primera vez cuando era niña y estaba en tercero o cuarto, y Southside me había regalado el álbum *Talking Book*, mi primer disco de larga duración, un objeto muy valioso para mí. Lo guardaba en su casa, y él me dejaba ponerlo cada vez que lo visitaba. Me había enseñado cómo cuidar el vinilo, cómo limpiar de polvo los surcos, cómo levantar la aguja del tocadiscos y cómo depositarla con delicadeza en el punto deseado. Por lo general, se esfumaba y me dejaba a solas con la música para que yo aprendiera en privado todo lo que el disco podía enseñarme, más que nada cantando a voz en cuello la letra, una y otra vez, con mis pequeños pulmones de niña: «Well, in my mind, we can conquer the world / In love you and I, you and I, you and I...» [«En mis pensamientos podemos conquistar el mundo, enamorados tú y yo, tú y yo, tú y yo...»].

Tenía nueve años en aquel entonces. No sabía nada del amor, el compromiso o la conquista del mundo. No podía hacer otra cosa que forjarme ilusiones esplendorosas sobre el amor y sobre el hombre que aparecería algún día para hacerme sentir así de fuerte. ¿Sería Michael Jackson? ¿José Cardenal, de los Cubs? ¿Alguien como mi padre? En realidad, no tenía la más remota idea de cómo sería la persona que se convertiría en el «tú» de mi «yo».

Y, sin embargo, allí estábamos.

Trinity Church era célebre por los actos enérgicos y conmovedores que organizaba. Barack había empezado a asistir allí durante sus primeros días como dinamizador comunitario y, más recientemente, los dos nos habíamos inscrito como miembros formales, siguiendo el ejemplo de muchos de nuestros amigos afroamericanos, profesionales y jóvenes de la ciudad. El pastor de la iglesia, el reverendo Jeremiah Wright, conocido por sus sermones que causaban sensación y por su apasionado compromiso con la justicia social, era el encargado de oficiar nuestra boda. Tras dar la bienvenida a nuestros amigos y familiares, sostuvo en alto nuestras alianzas para que todos las vieran. Habló con elocuencia de lo que significaba formalizar un enlace y del hecho de que fuera testigo de ello aquella comunidad afectuosa, integrada por personas que, como colectivo, conocían todas las facetas de Barack y mías.

Entonces cobré conciencia de ello, de la fuerza de lo que estábamos haciendo, de la importancia del ritual, mientras estábamos allí, con el futuro aún por escribir, lleno de incógnitas, pronunciando nuestros votos, agarrados de las manos.

Fuera lo que fuese lo que el destino nos deparaba, nos adentraríamos en él juntos. Me había volcado en los planes para ese día. La elegancia de todo el acontecimiento me parecía importante hasta cierto punto, pero ahora entendía que lo que importaba de verdad, lo que recordaría siempre, sería ese entrelazamiento de manos. Me infundía más paz que ninguna otra cosa en la vida. Tenía fe en esa unión, en ese hombre. Declararlo fue la cosa más sencilla del mundo. Al mirar a Barack a la cara supe sin asomo de duda que él sentía lo mismo. Ni él ni yo lloramos ese día. A ninguno de los dos nos tembló la voz. En todo caso, estábamos un poco aturdidos. Después de eso, reuniríamos a los varios cientos de testigos y nos dirigiríamos al banquete. Comeríamos, beberíamos y bailaríamos hasta caer rendidos de júbilo.

Habíamos planeado la luna de miel como un viaje apacible y discreto por las carreteras del norte de California, que incluiría actividades como tomar vino, dormir, darnos baños de barro y comer bien. El día después de la boda cogimos un avión a San Francisco, pasamos varios días en Napa, luego enfilamos la carretera 1 hasta Big Sur con el propósito de leer libros, contemplar la llanura azul del océano y despejar la mente. Fue maravilloso, a pesar de que el catarro de Barack había reaparecido con fuerza, y también a pesar de los baños de barro, que no nos parecieron en absoluto relajantes y sí un poco pringosos.

Después de un año ajetreado, nos hacía mucha falta darnos un respiro. En un principio Barack había planeado dedicar los meses anteriores a la boda a terminar su libro y trabajar en el nuevo bufete, pero había acabado por aparcarlo casi todo de golpe. A comienzos de 1992 se habían puesto en contacto con él los líderes de una organización nacional no partidista llamada Project VOTE!, que encabezaban los esfuerzos por registrar a nuevos electores en los estados donde la participación de las minorías era tradicionalmente baja. Le propusieron que se encargara del proceso en Illinois, abriendo una oficina local en Chicago para registrar a votantes negros de cara a las elecciones de noviembre. Según sus cálculos, en ese estado había cerca de cuatrocientos mil afroamericanos con derecho a voto pero que aún no estaban registrados, la mayoría de ellos en Chicago o sus alrededores.

Aunque el sueldo era muy bajo, era un trabajo acorde con las convicciones más profundas de Barack. En 1983 una campaña similar de registro de votantes había contribuido a la elección de Harold Washington. En 1992 volvía a haber mucho en juego: otra candidata afroamericana, Carol Moseley Braun, había sorprendido a todo el mundo al ganar por un estrecho margen la carrera por la candidatura demócrata al Senado de Estados Unidos, y estaba embarcada en lo que más tarde serían unas elecciones generales muy reñidas. Mientras tanto, Bill Clinton se disputaría la presidencia con George H. W. Bush. No era un buen momento para que los electores pertenecientes a minorías se abstuvieran.

Me quedaría corta si dijera que Barack se entregó de lleno a la tarea. El objetivo de Project VOTE! era registrar a nuevos votantes de Illinois al ritmo vertiginoso de diez mil por semana. Se trataba de un trabajo parecido al que realizaba como dinamizador comunitario de base: durante la primavera y el verano, había visitado con su equipo innumerables sótanos de iglesias y había ido puerta a puerta para hablar con electores no registrados. Se ponía en contacto a menudo con los líderes de la comunidad y pronunciaba una y otra vez el mismo discurso ante donantes adinerados, lo que ayudó a costear los anuncios de radio y la impresión de folletos informativos destinados a repartirse en barrios negros y bloques de viviendas protegidas. El mensaje de la organización, claro y contundente, reflejaba de forma directa algo en lo que yo sabía que Barack creía con toda el alma: el poder del voto. Si alguien quería un cambio no podía quedarse en casa el día de las elecciones.

Por las noches, Barack llegaba a nuestra casa de Euclid Avenue y se desplomaba en el sofá, apestando a los cigarrillos que aún fumaba cuando yo no estaba delante. Se le veía cansado, pero nunca exhausto. Llevaba minuciosamente la cuenta de los registros. Habían alcanzado un impresionante promedio de siete mil nuevos registros por semana en pleno verano, pero la cifra seguía estando por debajo del objetivo. Buscaba estrategias para comunicar mejor el mensaje, reclutar más voluntarios y localizar los grupos de personas aún ocultos. Daba la impresión de que se enfrentaba al desafío como si se tratara de un cubo de Rubik, un rompecabezas que solo conseguiría resolver si lograba colocar las piezas en el orden correcto. Me contaba que las personas más difíciles de convencer eran los más jóvenes, de entre dieciocho y treinta años, pues parecían no confiar en absoluto en la administración pública.

Yo, por mi parte, estaba metida hasta el fondo en la administración pública. Llevaba ya un año trabajando con Valerie en la oficina del alcalde, ejerciendo de enlace con varios departamentos municipales, incluido el de salud y servicios sociales. Era una ocupación variada y de un carácter lo bastante social para resultar vigorizador y casi siempre interesante. Si antes me pasaba el día redactando escritos en un despacho tranquilo con moqueta de lujo y vistas al lago, ahora trabajaba en una sala sin ventanas en una de las plantas superiores del ayuntamiento, mientras los ciudadanos entraban y salían ruidosamente del edificio a todas horas.

Empezaba a descubrir que los asuntos oficiales eran complicados e interminables. Encadenaba reuniones con directores de departamento, colaboraba con los equipos de comisionados municipales y, en ocasiones, me enviaban a distintos barrios de Chicago para que atendiera quejas personales recibidas por el alcalde. A menudo partía en misiones para examinar árboles caídos que había que retirar o para hablar con pastores de parroquias locales molestos por el tráfico o la recogida de residuos, y con frecuencia representaba al ayuntamiento en actos cívicos. Una vez tuve que separar a unas personas que estaban propinándose empujones en un picnic para la tercera edad en el North Side. Ninguna de esas tareas era propia de una abogada de empresa, y por eso me apasionaban. Estaba viviendo Chicago como nunca antes lo había hecho.

Por otro lado, estaba aprendiendo otra lección valiosa al pasar tanto tiempo en compañía de Susan Sher y Valerie Jarrett, dos mujeres que —según comprobaba cada vez más— se las ingeniaban para mostrarse seguras de sí y destilar una gran humanidad al mismo tiempo. Susan presidía reuniones con una cortesía férrea e imperturbable. A Valerie le parecía lo más normal del mundo expresar su opinión en una sala repleta de hombres testarudos, y a menudo conseguía con habilidad que la gente abrazara su punto de vista. Avanzaba veloz como un cometa, destinada a llegar lejos. No mucho antes de mi boda, la habían ascendido al puesto de comisionada encargada de urbanismo y desarrollo económico de la ciudad, y me habían ofrecido el cargo de comisionada adjunta. Iba a empezar a trabajar en cuanto regresáramos de la luna de miel.

Aunque tenía un trato más estrecho con Valerie que con Susan, tomaba buena nota de lo que hacían las dos, del mismo modo que antes observaba a Czerny, mi mentora en la universidad. Eran mujeres que conocían su propia voz y se atrevían a hacerla oír. Cuando la ocasión lo requería, podían ser divertidas y humildes, pero no se dejaban amedrentar por los fanfarrones ni dudaban de la fuerza de sus opiniones personales. Además, cabe señalar que eran madres trabajadoras. También me fijaba mucho en cómo se conducían en ese aspecto, pues aspiraba a convertirme en una algún día. Valerie nunca se lo pensaba dos veces antes de abandonar una reunión importante cuando recibía una llamada del colegio de su hija. Susan, por su parte, se marchaba pitando en medio de la jornada si uno de sus hijos tenía fiebre o participaba en una función musical de preescolar. Concedían prioridad a las necesidades de sus vástagos sin el menor remordimiento, aunque eso implicara alterar el flujo de trabajo de vez en cuando, y no intentaban separar la vida laboral de la personal como había notado que hacían mis compañeros masculinos de Sidley. Ni siquiera estoy segura de que esa separación fuera una opción para Valerie y Susan, puesto que tenían que estar a la altura de lo que se esperaba de ellas como madres y ambas eran divorciadas, lo que llevaba consigo otros retos emocionales y económicos. No luchaban por alcanzar la perfección, pero de algún modo conseguían sobresalir siempre, unidas las dos por una amistad profunda y solidaria que no dejaba de impactarme. Se habían despojado de cualquier máscara y simplemente eran ellas mismas, lo que se me antojaba admirable, poderoso y aleccionador.

Cuando Barack y yo regresamos de nuestro viaje de novios por el norte de California nos esperaban noticias buenas y malas. Las buenas se materializaron en las elecciones de noviembre, que dieron lugar a una oleada de cambios esperanzadores. La victoria arrolladora de Bill Clinton en Illinois y otras zonas del país desalojó al presidente Bush del poder tras solo un mandato. Carol Moseley Braun también obtuvo un triunfo decisivo que la convirtió en la primera mujer afroamericana en llegar al Senado. Barack se entusiasmó aún más al enterarse de que la participación electoral había sido espectacular: Project VOTE! no solo había registrado directamente a ciento diez mil nuevos votantes, sino que, con toda seguridad, la campaña más amplia para incentivar el voto había incrementado la participación general.

Por primera vez en una década, más de medio millón de electores negros de Chicago acudieron a las urnas, demostrando que tenían el poder colectivo de influir en los resultados políticos. Eso envió un mensaje muy claro a los legisladores y futuros políticos, y reavivó una sensación que parecía haberse perdido al morir Harold Washington: la de que el voto afroamericano importaba. Cualquiera que desconociera o pasara por alto las necesidades y preocupaciones de los negros pagaría un precio político por ello. Lo ocurrido encerraba un mensaje secundario para la comunidad negra en sí, un recordatorio de que el progreso era posible, de que nuestra valía podía medirse. Todo eso resultaba alentador para Barack. Su trabajo, aunque agotador, le encantaba por lo que le enseñaba sobre el com-

plejo sistema político de Chicago y porque le demostraba que sus
instintos de dinamizador comunitario también funcionaban a una
escala mayor. Había colaborado con líderes de la comunidad, ciudadanos de a pie y cargos electos, y había obtenido resultados casi mi-
lagrosos. Varios medios de comunicación se hicieron eco del enorme impacto que Project VOTE!, había tenido. Un redactor de la
revista *Chicago* describía a Barack como «un adicto al trabajo alto y
afable», y le sugería que algún día se presentara candidato a un cargo,
idea que él desechó sin darle mayor importancia.

Y esa era la mala noticia: el adicto al trabajo alto y afable con el
que acababa de casarme no había terminado su libro en el plazo
previsto, pues había estado tan ocupado registrando votantes que
solo había conseguido entregar un manuscrito parcial. Cuando volvimos de California, descubrimos que la editorial había cancelado
el contrato y comunicaba a Barack, a través de la agente literaria,
que estaba obligado a devolver el adelanto de cuarenta mil dólares.

Si Barack entró en pánico, no fue delante de mí. Bastante atarea-
da estaba adaptándome a mis nuevas funciones en el ayuntamiento,
que consistían en asistir a más reuniones de la junta de zonificación
y a menos picnics para la tercera edad que en mi trabajo anterior.
Aunque ya no llevaba un horario de abogada de empresa, el trajín
diario de la ciudad me dejaba rendida por las tardes, sin mucho interés por afrontar ningún tipo de estrés en casa y con ganas de ser-
virme una copa de vino, desconectar el cerebro y tumbarme en el
sofá a ver la tele. De todos modos, si algo había aprendido de la implicación obsesiva de Barack en Project VOTE! era que no servía de
nada que me preocupara por sus preocupaciones, en parte porque
parecían abrumarme más a mí que a él. El caos me desestabilizaba,
mientras que a Barack parecía vigorizarlo. Era como un artista cir-
cense a quien le gustaba hacer girar varios platos a la vez: si la situación se calmaba demasiado, lo interpretaba como una señal de que
había más cosas que hacer. Yo empezaba a entender que tenía tendencia a comprometerse más de la cuenta, a ocuparse de proyectos
nuevos sin prestar demasiada atención a los límites de tiempo o

energía. Por ejemplo, había accedido a formar parte de las juntas directivas de un par de organizaciones sin ánimo de lucro y aceptado un empleo como profesor a tiempo parcial en la Universidad de Chicago para el semestre de primavera, pese a que albergaba la intención de trabajar a jornada completa en el bufete.

Por otro lado, estaba el libro. La agente de Barack estaba convencida de que podía vender la idea a otra editorial, aunque para ello él tendría que completar un borrador pronto. Como aún no había empezado a dar clases, se le ocurrió una solución que le vendría de perlas y para la que obtuvo la bendición del bufete que ya había esperado un año a que él le prestara plena dedicación: escribiría el libro aislado en una pequeña cabaña alquilada en algún lugar, donde evitaría las distracciones diarias y podría aplicarse a fondo. Era el equivalente a pasarse una noche sudando tinta para terminar un trabajo de la universidad, con la diferencia de que Barack calculaba que tardaría más o menos un par de meses en completar el libro. Me comunicó todo eso una noche, en casa, unas seis semanas después de la boda, antes de darme la noticia con delicadeza: su madre había encontrado la cabaña perfecta para él. De hecho, ya se la había alquilado. El alquiler era barato y la casa estaba en un sitio tranquilo, frente a la playa de Sanur, en la isla indonesia de Bali, a casi quince mil kilómetros de mí.

En cierto modo, parece el planteamiento de un chiste malo, ¿no? ¿Qué ocurre cuando un individualista amante de la soledad se casa con una mujer sociable y familiar a la que la soledad no le gusta en absoluto?

La respuesta, supongo, es sin duda la solución más eficaz y reconfortante a casi todas las dudas que surgen en un matrimonio, al margen de quién seas o de dónde resida el problema: encontrar la manera de adaptarte. Si te has comprometido para siempre, en realidad no hay alternativa.

De modo que, a principios de 1993, Barack viajó a Bali en avión y se pasó unas cinco semanas solo con sus pensamientos mientras trabajaba en un borrador de su libro *Los sueños de mi padre*, rellenando con su esmerada letra un bloc rayado amarillo detrás de otro, depurando sus ideas durante lánguidos paseos diurnos entre los cocoteros y la marea que besaba la playa. Mientras tanto, yo permanecía en casa, en Euclid Avenue, encima del piso de mi madre, viendo cómo otro plomizo invierno descendía sobre Chicago y el hielo cubría como laca los árboles y las aceras. Para mantenerme ocupada, quedaba con los amigos y acudía al gimnasio por la tarde. Durante mis interacciones habituales en el trabajo o en la ciudad, me sorprendía a mí misma pronunciando con toda naturalidad una expresión nueva y extraña para mí: «Mi esposo». «Mi esposo y yo queremos comprarnos una casa.» «Mi esposo es escritor y está acabando un libro.» Se me antojaba exótica y deliciosa, y despertaba en mí recuerdos de un hombre que no estaba allí. Echaba mucho de menos a Barack, pero racionalizaba la situación diciéndome que, aunque éramos recién casados, seguramente aquel paréntesis sería para bien.

Se había llevado lejos el caos de su libro inacabado para batallar con él. Quizá fue un acto de consideración hacia mí, un intento de apartar el caos de mi vista. Tenía que recordarme a mí misma que me había casado con un hombre con una forma de pensar poco convencional. Estaba abordando sus asuntos de una manera que para él era la más sensata y eficiente, aunque desde fuera pareciese que se hubiera ido de vacaciones a la playa, de luna de miel consigo mismo (como yo no podía dejar de pensar en mis momentos más solitarios), después de pasar la luna de miel conmigo.

«Tú y yo, tú y yo, tú y yo...» Estábamos aprendiendo a adaptarnos, a entretejer nuestras vidas en un «nosotros» sólido y eterno. Aunque seguíamos siendo los mismos de siempre, la misma pareja desde hacía años, ahora teníamos nuevas etiquetas, un segundo juego de identidades con el que lidiar. Él era mi marido. Y yo, su esposa. Así nos lo habíamos declarado, ante el altar y ante el mundo entero. Era inevitable la sensación de que habíamos contraído nuevas obligaciones el uno para con el otro.

Muchas mujeres, entre ellas, yo, consideran que la palabra «esposa» está cargada de connotaciones. Entraña una historia. Para quienes nos criamos en las décadas de 1960 y 1970 las esposas eran mujeres blancas que aparecían en las telecomedias, risueñas y encorsetadas, con peinados de peluquería. Se pasaban el día en casa, deshaciéndose en atenciones hacia los niños, y tenían la cena preparada en la cocina. Lo irónico, claro está, era que yo veía esos programas en el salón de Euclid Avenue mientras mi madre, que también se pasaba el día en casa, preparaba la cena sin rechistar y mi acicalado padre se recuperaba de un día agotador en el trabajo. El estilo de vida de mis padres era tan tradicional como el que veíamos por la tele. De hecho, Barack a veces comenta en broma que mi infancia fue como una versión negra de *Leave It to Beaver*, protagonizada por los Robinson de South Shore, tan formales y lozanos como la familia Cleaver de Mayfield, aunque, por supuesto, éramos más pobres, y mi padre llevaba un mono azul de trabajador municipal en vez de un traje como el señor Cleaver. Barack hace esa comparación con un deje de envidia, porque su infancia fue muy distinta, pero también para combatir el estereotipo de que los afroamericanos vivimos en hogares rotos, de que nuestras familias son incapaces por algún motivo de alcanzar el sueño de formar parte de una clase media estable, como nuestros vecinos blancos.

A mí personalmente me gustaba más *The Mary Tyler Moore Show*, que veía y absorbía con fascinación. Mary tenía un empleo, un vestuario elegante y una melena estupenda. Era independiente y divertida, y, a diferencia de las otras mujeres de la tele, tenía problemas interesantes. Mantenía conversaciones que no giraban en torno a los niños o las tareas del hogar. No se dejaba mangonear por Lou Grant ni estaba obsesionada con pescar un marido. Era juvenil y madura a la vez. En aquel panorama muy muy anterior a internet, cuando conocíamos el mundo a través de tres canales de televisión generalistas, esas cosas resultaban importantes. Si eras una chica con la cabeza bien amueblada y la intuición incipiente de que querías llegar a ser algo más que una esposa, Mary Tyler Moore era tu diosa.

Y allí estaba yo, con veintinueve años, sentada en el mismo piso en el que había visto esos programas de televisión y comido esos platos servidos por la paciente y entregada Marian Robinson. Disfrutaba de muchas ventajas, una educación, un concepto sano de mí misma, una ambición profunda, y era lo bastante sensata para estar agradecida por ello, con mi madre en particular por habérmelo inculcado. Me había enseñado a leer antes de que fuera a la guardería, ayudándome a formar las palabras mientras estaba enroscada sobre su regazo como un gatito, estudiando un ejemplar de *Dick y Jane* de la biblioteca. Cocinaba para nosotros con mimo, nos ponía brócoli y coles de Bruselas en el plato y nos exigía que nos lo comiéramos. Por si fuera poco, incluso cosió a mano mi vestido para el baile de graduación. El caso es que se había volcado en nosotros con diligencia y lo había dado todo. Había permitido que nuestra familia la definiera. Yo ya tenía edad para comprender que todas las horas que mi madre nos había dedicado a Craig y a mí eran horas que se había robado a sí misma.

Los considerables privilegios de los que gozaba en la vida estaban provocándome una especie de secuela moral. Me habían educado para que confiara en mí misma sin conocer límites, para que creyera que podía perseguir mis sueños y conseguir todo cuanto quisiera. Y lo quería todo. Porque, tal como Suzanne decía, «¿Por qué no?». Aspiraba a vivir con el entusiasmo desenfadado de una mujer independiente y profesional como Mary Tyler Moore, y al mismo tiempo me atraía la normalidad afianzadora, abnegada y aparentemente insulsa que conllevaba ser esposa y madre. Aspiraba a una vida laboral y a una vida doméstica, pero con la garantía de que una no se impondría sobre la otra. Acariciaba la esperanza de ser igual que mi madre y a la vez distinta por completo. Eran reflexiones extrañas y desconcertantes. ¿Podía conseguirlo todo? ¿Llegaría a tenerlo todo algún día? Lo ignoraba por completo.

Mientras tanto, Barack regresó de Bali bronceado y con una cartera repleta de blocs rayados, habiendo convertido su aislamiento en un triunfo literario. El libro, en esencia, estaba terminado. Al cabo de unos meses su agente lo había revendido a otra editorial, lo que le permitió saldar su deuda, y acordado un calendario para su publicación. Lo más importante para mí era que, en cuestión de horas, habíamos recuperado el ritmo relajado de nuestra vida de recién casados. Barack estaba allí, tras romper con su soledad, de vuelta en mi mundo. «Mi marido.» Sonreía al oír mis bromas, se interesaba por cómo me había ido el día y me daba un beso de buenas noches.

Los meses transcurrían, y nosotros cocinábamos, trabajábamos, nos reíamos y trazábamos planes. Más tarde, en primavera, habíamos saneado las finanzas lo suficiente para comprarnos un piso, de modo que nos mudamos del 7436 de South Euclid Avenue a un bonito apartamento en Hyde Park con habitaciones dispuestas una detrás de otra a lo largo de un pasillo, parquet de madera noble y una chimenea revestida de azulejos: una nueva plataforma de lanzamiento para nuestra vida. Alentada por Barack, asumí otro riesgo y volví a cambiar de empleo. Esa vez me despedí de Valerie y Susan, en el ayuntamiento, para explorar por fin el tipo de trabajo sin ánimo de lucro que siempre me había interesado, con un papel de liderazgo que me brindaría la oportunidad de crecer profesionalmente. Aún había muchas cosas sobre mi vida que no había decidido —seguía sin resolver la incógnita de cómo ser una Mary y a la vez una Marian—, pero, por el momento, relegué todas esas cuestiones más profundas a un rincón de mi mente, donde permanecerían latentes y desatendidas durante un tiempo. Todas las preocupaciones podían esperar, concluí, porque ahora formábamos un «nosotros» y éramos felices. Y la felicidad parecía un buen punto de partida para todo.

13

El nuevo trabajo me ponía nerviosa. Me habían contratado como directora ejecutiva de la delegación en Chicago de una organización llamada Public Allies, de creación reciente. Se trataba de una especie de empresa emergente que a su vez formaba parte de una empresa emergente, en un campo en el que yo no tenía mucha experiencia profesional que digamos. Public Allies había sido fundada hacía solo un año, en Washington, por iniciativa de Vanessa Kirsch y Katrina Browne, que acababan de salir de la universidad y estaban interesadas en ayudar a la gente a encontrar trabajo en el sector de los servicios públicos y las organizaciones sin ánimo de lucro. Barack, que las había conocido en una conferencia, se había convertido en miembro de la junta directiva y había acabado por sugerirles que se pusieran en contacto conmigo en referencia al empleo.

Public Allies se basaba en un modelo parecido al de Teach for America, bastante novedoso por aquel entonces: fichaban a jóvenes con talento, les brindaban formación intensiva y asesoramiento comprometido, y les conseguían prácticas remuneradas de diez meses en organizaciones comunitarias y entidades públicas, con la esperanza de que progresaran y realizaran aportaciones valiosas. El objetivo a largo plazo era que esas oportunidades proporcionaran a los nuevos empleados —o «aliados», como los llamábamos— tanto la experiencia como el impulso para seguir trabajando en el sector público y sin ánimo de lucro durante años, a fin de que contribuyeran a forjar una nueva generación de líderes comunitarios.

Era una idea muy cercana a mis valores. Aún recordaba que, durante mi último año en Princeton, muchos nos habíamos presentado a exámenes de admisión en la facultad de Medicina o en la de Derecho, o nos habíamos puesto traje para acudir a entrevistas relacionadas con programas de formación en empresas sin plantearnos ni por un momento o sin siquiera saber (al menos en mi caso) que existían numerosas opciones laborales con un mayor compromiso cívico. Public Allies se había concebido como un remedio para esa situación, una forma de ampliar los horizontes de los jóvenes que estaban pensando en su futuro profesional. Pero lo que más me gustaba era que sus fundadoras estaban interesadas, más que en introducir a graduados de la Ivy League en comunidades urbanas, en descubrir y cultivar el talento que ya estaba allí. No hacía falta un título universitario para convertirse en un «aliado». Bastaba con el certificado de bachillerato o GED, ser mayor de dieciséis años y menor de treinta y mostrar dotes de liderazgo, aunque aún no las hubieran aprovechado.

Para Public Allies, lo esencial eran las promesas: encontrarlas, desarrollarlas y darles una utilidad. Su objetivo era buscar a personas jóvenes cuyas mejores cualidades habrían pasado inadvertidas de otro modo y ofrecerles la oportunidad de hacer algo importante. Ese trabajo fue casi como una llamada del destino para mí. Después de haberme pasado tantos ratos en Sidley contemplando con nostalgia el South Side desde mi ventana de la planta 47, por fin me había llegado una invitación para poner en práctica mis conocimientos. Tenía una intuición sobre todas las promesas que permanecían latentes y sin descubrir en barrios como el mío, y estaba bastante segura de que sabría cómo encontrarlas.

Al reflexionar sobre mi nuevo trabajo, mi mente se retrotraía a la infancia, en concreto al mes aproximado que pasé en el caos de aquella clase de segundo en la escuela de primaria de Bryn Mawr, en medio de una lluvia de lápices, antes de que mi madre dispusiera de los medios para sacarme de allí. En aquel entonces solo me había sentido aliviada y afortunada. Pero a medida que mi suerte seguía mejorando, en un efecto bola de nieve, pensaba más en la veintena de chicos que se habían quedado varados en aquella aula teniendo que soportar a una maestra apática y poco motivada. Yo sabía que no era más inteligente que ellos. Simplemente había contado con la ventaja de que alguien me defendiera. Ahora que era adulta, meditaba sobre eso más a menudo, sobre todo cuando la gente me aplaudía por mis logros, como si el azar no hubiera intervenido en ello de forma extraña y cruel. Esos alumnos de segundo, sin tener culpa alguna, habían perdido un año de aprendizaje. Para entonces ya tenía experiencia suficiente para comprender que incluso las pequeñas carencias también daban lugar con rapidez a un efecto bola de nieve.

En Washington, las fundadoras de Public Allies habían reunido a una quincena de aliados novatos que trabajaban en varias entidades por toda la ciudad. Además, habían recaudado dinero suficiente para abrir una nueva delegación en Chicago, con lo que se convirtieron en una de las primeras organizaciones que recibieron fondos federales a través del programa AmeriCorps, instaurado bajo el gobierno del presidente Clinton. Y allí encajaba yo, entusiasmada y nerviosa a partes iguales. Sin embargo, al negociar las condiciones del contrato tuve una revelación que habría debido ser obvia sobre el trabajo sin ánimo de lucro: está mal pagado. Al principio me ofrecieron un sueldo tan bajo, tan inferior a lo que ganaba como abogada, que literalmente no podía permitirme aceptar. Lo que me condujo a una segunda revelación sobre algunas organizaciones sin ánimo de lucro, sobre todo empresas emergentes capitaneadas por jóvenes como Public Allies, y muchas de las personas de gran corazón y pasión incansable que trabajaban en ellas: a diferencia de mí, parecía que sí podían permitirse estar allí, que su altruismo se sustentaba en sus privilegios, bien porque no tenían préstamos estudiantiles que devolver, bien porque contaban con recibir una herencia algún día y no tenían que preocuparse por ahorrar para el futuro.

Quedó claro que, si quería unirme a la tribu, tendría que negociar mi incorporación, pidiendo justo la remuneración que necesi-

taba, que era bastante superior a lo que Public Allies tenía previsto
pagarme. Esa era mi realidad, ni más ni menos. No podía sentirme
cohibida o avergonzada por mis necesidades. Además de mis gastos
habituales, debía abonar seiscientos dólares al mes por el préstamo
estudiantil, y estaba casada con un hombre con su propia carga de
deudas que saldar. Las líderes de la organización casi no podían creer-
lo cuando les informé de la cantidad que había pedido prestada para
mis estudios y de los pagos mensuales en lo que eso se había tradu-
cido, pero, con el mejor de sus ánimos, se las ingeniaron para encontrar nuevas fuentes de financiación que me permitieron unirme a
su equipo.

Resuelto aquello, estaba lista para empezar, ansiosa por aprovechar al máximo la oportunidad que me habían brindado. Era la primera ocasión que se me presentaba de construir algo prácticamente
desde cero: el éxito o el fracaso dependerían casi por completo de mi
esfuerzo, no del de mi jefe ni de nadie más. Me pasé la primavera
de 1993 trabajando con ahínco para montar una oficina y contratar
un pequeño equipo a fin de que contáramos con un grupo de aliados cuando llegara el otoño. Habíamos encontrado un local barato
en un edificio en Michigan Avenue, y una consultoría que estaba
redecorando sus oficinas nos donó sillas y mesas de segunda mano.

Mientras tanto, acudí a los contactos que Barack y yo habíamos
hecho en Chicago en busca de patrocinadores y personas que nos
ayudaran a conseguir un apoyo económico más duradero, por no
mencionar a personas del sector público dispuestas a acoger a un
aliado en su organización durante el año siguiente. Valerie Jarrett
me ayudó a firmar convenios de prácticas en la alcaldía y el departamento de Sanidad del ayuntamiento, donde los aliados trabajarían
en un proyecto de inmunización infantil basado en los barrios. Barack activó su red de dinamizadores comunitarios para conseguirnos
ayuda legal, defensa jurídica y oportunidades pedagógicas. Varios
compañeros de Sidley extendieron cheques y me presentaron a donantes importantes.

Para mí lo más emocionante fue encontrar a los aliados. Con la ayuda de la organización nacional, publicamos anuncios para que los candidatos presentaran su solicitud en campus universitarios a lo largo y ancho del país, al mismo tiempo que buscábamos personas con talento más cerca de casa. Mi equipo y yo visitábamos centros de formación continuada y algunos de los grandes institutos urbanos de la zona de Chicago. Llamábamos a las puertas de las viviendas protegidas de Cabrini-Green, asistíamos a reuniones comunitarias y sondeábamos programas que colaboraban con madres solteras. Interrogábamos a todo el mundo, desde pastores de iglesia hasta profesores, pasando por el encargado del McDonald's del barrio, y les pedíamos que identificaran a los jóvenes más interesantes que conocían. ¿Quiénes eran los líderes? ¿Quién estaba preparado para dedicarse a tareas de mayor calado? Esas eran las personas a las que queríamos animar a presentar una solicitud, rogarles que se olvidaran por un momento de los obstáculos que solían impedirles esas cosas, y prometerles que como organización haríamos cuanto estuviera en nuestra mano —ya fuera facilitarles un pase de autobús o contribuir a pagarles la guardería de los hijos— para ayudar a cubrir sus necesidades.

En otoño contábamos con una cohorte de veintisiete aliados que trabajaban por todo Chicago realizando prácticas en muchos sitios, desde el ayuntamiento hasta un organismo de asistencia comunitaria del South Side, pasando por Latino Youth, un instituto alternativo en Pilsen. Los aliados formaban un grupo ecléctico y dinámico, lleno de idealismo y aspiraciones, que en conjunto representaba orígenes muy diversos. Entre ellos había un expandillero, una hispana que se había criado en la zona sudoccidental de Chicago y había estudiado en Harvard, una mujer de poco más de veinte años que vivía en uno de los bloques de pisos sociales de Robert Taylor Homes y que criaba a su hijo mientras intentaba ahorrar para ir la universidad, y un hombre de veintiséis años de Grand Boulevard que, aunque había dejado el instituto, había seguido formándose con libros de la biblioteca y luego se había matriculado de nuevo para obtener el título.

Todos los viernes, el grupo de aliados se reunía al completo en uno de los despachos del organismo que nos acogía y dedicaba un día entero a informar de sus actividades, relacionarse y participar en una serie de talleres de desarrollo profesional. Yo disfrutaba esas jornadas más que cualquier otra cosa. Me encantaba el barullo que se armaba en la sala conforme los aliados entraban, dejaban caer sus mochilas en un rincón y se despojaban de sus capas de ropa de invierno mientras se colocaban en círculo. Me encantaba ayudarlos con sus dudas, ya fuera sobre el uso de Excel, la ropa adecuada para un trabajo de oficina o el secreto para atreverse a expresar sus ideas en una sala repleta de personas más cultas y más seguras de sí mismas. En ocasiones, me veía obligada a hacer comentarios poco positivos a un aliado. Si había recibido informes de que alguno de ellos llegaba tarde al trabajo o no se tomaba en serio sus obligaciones, le decía con severidad que esperábamos algo más. Cuando algunos se desesperaban por la mala organización de las reuniones comunitarias o por los clientes problemáticos de sus organismos, les aconsejaba que vieran las cosas con perspectiva, que recordaran lo afortunados que eran en comparación.

Por encima de todo, sin embargo, celebrábamos cada paso en el aprendizaje, cada avance. Y había muchos. No todos los aliados acabarían trabajando en los sectores sin ánimo de lucro o público, ni todos conseguirían superar los escollos derivados de una extracción más humilde, pero con el tiempo me ha sorprendido comprobar cuántos de nuestros fichajes han alcanzado el éxito a pesar de todo y se han comprometido a realizar un esfuerzo a largo plazo por el bien común. Algunos pasaron a formar parte del personal de Public Allies; otros han llegado a dirigir organismos gubernamentales y organizaciones nacionales sin afán de lucro. Veinticinco años después de su fundación, Public Allies sigue funcionando viento en popa, con delegaciones en Chicago y dos docenas de ciudades más, y con miles de alumnos por todo el país. Saber que desempeñé un pequeño papel en ello, que ayudé a crear algo duradero, es una de las sensaciones más gratas que he experimentado en mi vida profesional.

Me ocupaba de Public Allies con el orgullo y el cansancio intermitente de una madre primeriza. Me iba a dormir todas las noches pensando en lo que aún quedaba por hacer y abría los ojos todas las mañanas con una lista de las tareas del día, la semana y el mes ya elaborada en la mente. Después de que se graduara nuestra primera clase de veintisiete aliados en primavera, dimos la bienvenida a un grupo de cuarenta en otoño y continuamos creciendo. En retrospectiva, lo considero el mejor empleo que he tenido, por la maravillosa emoción que se apoderaba de mí cuando lo ejercía y por las pequeñas victorias que con tanto empeño conquistábamos, ya fuera encontrar un buen contrato de prácticas a un hablante nativo de español o aplacar los temores de alguien por trabajar en un barrio que no conocía bien.

Por primera vez en mi vida, tenía la sensación de que estaba haciendo algo de una trascendencia inmediata, que impactaba de forma directa en la existencia de otras personas, y por añadidura sin perder el contacto con mi ciudad y mi cultura. Además, me permitía comprender mejor lo que Barack sentía cuando trabajaba como dinamizador en Project VOTE!, enfrascado por completo en una batalla ardua a la que concedía máxima prioridad —el único tipo de batalla que amaba, que siempre amaría—, consciente de que podía consumir todas sus energías y al mismo tiempo proporcionarle todo cuanto necesitaría jamás.

Mientras yo me centraba en Public Allies, Barack se había adaptado a una rutina bastante anodina y previsible, al menos para lo que era habitual en él. Impartía una clase sobre el racismo y la ley en la facultad de Derecho de la Universidad de Chicago, y de día trabajaba en el bufete, sobre todo en casos relacionados con el derecho a voto y la discriminación laboral. Aún organizaba talleres de dinamización comunitaria de vez en cuando, y dirigió un par de las sesiones de los viernes con mi cohorte en Public Allies. En principio, habría parecido la existencia perfecta para un treintañero con inquietudes intelectuales y sociales que había rechazado de plano varias opciones más lucrativas y prestigiosas por fidelidad a sus principios. Lo había conseguido, a mi juicio. Había encontrado un equilibrio noble. Era abogado, profesor y también dinamizador comunitario. Y pronto sería un autor publicado, por demás.

Tras su regreso de Bali, Barack se había pasado más de un año escribiendo un segundo borrador de su libro durante los ratos que sus empleos le dejaban libres. Trabajaba hasta altas horas de la noche en una habitación pequeña que habíamos acondicionado como estudio al fondo de nuestro piso, un búnker abarrotado y con libros tirados por todas partes al que yo llamaba cariñosamente «el agujero». A veces entraba y pasaba por encima de sus pilas de papeles para sentarme en la otomana frente a la silla mientras estaba concentrado, e intentaba echarle el lazo con una broma y una sonrisa, traerlo de vuelta de las praderas lejanas por las que galopaba. Reaccionaba con buen humor a mis intrusiones, pero solo cuando no me quedaba demasiado rato.

Con el tiempo he comprendido que Barack es de esa clase de personas que necesitan un agujero, una pequeña madriguera donde poder leer y escribir sin que nadie las moleste. Es como una trampilla que se abre directamente a los anchos cielos de su mente. Es como si el tiempo que pasa allí le recargara las pilas. En consideración a esto, nos las hemos ingeniado para crear una versión de un «agujero» en todas las residencias donde hemos vivido: cualquier rincón o recoveco tranquilo sirve. Hasta el día de hoy, cada vez que llegamos a una casa de alquiler en Hawái o en Martha's Vineyard, una de las primeras cosas que hace es buscar una habitación vacía que le sirva como agujero de vacaciones. Una vez allí, alterna entre los seis o siete libros que lee a la vez y tira sus periódicos al suelo. Para él, su agujero es una especie de santuario donde concibe ideas y la lucidez lo visita. Para mí, es una leonera desordenada y desmoralizante. Uno de los requisitos de todos los agujeros, estén donde estén, es que tengan una puerta que yo pueda cerrar. Por razones obvias.

Los sueños de mi padre se publicó por fin en Estados Unidos en el verano de 1995. Aunque cosechó buenas críticas, las ventas fueron modestas, pero eso era lo de menos. Lo importante era que Barack había conseguido condensar la historia de su vida encajando las diversas piezas de su identidad, con elementos de África, Kansas, Indonesia, Hawái y Chicago, dotando a su persona de cierta unidad a través de la escritura. Estaba orgullosa de él. Por medio del relato, había firmado una paz literaria con el fantasma de su padre. El esfuerzo había sido unilateral, por supuesto, ya que Barack había luchado en solitario por rellenar todas las lagunas y desentrañar todos los misterios sembrados por Obama padre. Pero eso era coherente con la forma en que había actuado siempre. Yo era consciente de que, desde joven, él había intentado cargar con todas las responsabilidades.

Una vez terminado el libro, se abrió un espacio en la vida de Barack que él —fiel a sí mismo también en esto— se sintió impulsado a llenar de inmediato. En el terreno personal, estaba enfrentándose a una noticia dura: a su madre, Ann, le habían diagnosticado cáncer de ovario. Había vuelto de Yakarta y se había instalado en Honolulú para someterse a un tratamiento. Por lo que sabíamos, estaba recibiendo una buena atención médica, y la quimioterapia estaba funcionando. Tanto Maya como Toot ayudaban a cuidar de ella en Hawái, y Barack la llamaba a menudo para saber cómo estaba. Sin embargo, el diagnóstico había llegado tarde, el cáncer había avanzado y costaba predecir qué iba a suceder. Yo sabía que eso constituía una preocupación enorme para Barack.

Mientras tanto, en Chicago volvía a hablarse mucho de política. El alcalde Daley había salido elegido por tercera vez en la primavera de 1995, y todos estaban preparándose para las elecciones de 1996, en las que Illinois escogería a un nuevo senador nacional y el presidente Clinton intentaría conseguir un segundo mandato. En una línea más escandalosa, estaban investigando a uno de nuestros congresistas por delitos sexuales, lo que abría una vacante para un nuevo aspirante demócrata a representar el Segundo Distrito del estado, que incluía buena parte del South Side de Chicago. Una senadora popular de Illinois llamada Alice Palmer, que representaba a Hyde Park y South Shore, y a quien Barack había conocido cuando trabajaba en Project VOTE!, comentaba en privado que tenía la intención de presentarse. Eso, a su vez, dejaría vacío su escaño en el Senado del estado, dando lugar a la posibilidad de que Barack se ofreciera como candidato.

¿Estaba interesado? ¿Se postularía?

Aunque entonces era imposible que lo supiera, esas preguntas acabarían por dominar la siguiente década de nuestra vida, como un ritmo sordo de tambor que sonaba de fondo durante casi todas nuestras actividades. ¿Quería? ¿Podía? ¿Lo haría? ¿Debía hacerlo? Pero antes de esas preguntas siempre surgía otra, planteada por el propio Barack, como paso supuestamente preventivo y previo a presentarse a cualquier cargo público. La primera vez que la formuló fue el día que me habló de Alice Palmer, del escaño que dejaba vacante y de que tal vez él podía ser no solo un abogado/profesor/dinamizador/escritor, sino también un legislador del estado: «¿Tú qué opinas, Miche?».

Yo nunca tenía que devanarme los sesos para darle una respuesta.

No me parecía muy buena idea que Barack se presentara candidato. Mis razonamientos concretos podían variar un poco cada vez que la pregunta reaparecía, pero mi posición a grandes rasgos permanecía firme, como una secuoya con las raíces bien ancladas en la tierra, aunque saltaba a la vista que no ayudaba en absoluto a disuadirlo.

En el caso del Senado de Illinois en 1996, mi argumento era el siguiente: no apreciaba mucho a los políticos y, por tanto, no me hacía ilusión que mi marido se convirtiera en uno. Casi todo lo que sabía de política estatal se basaba en lo que leía en los periódicos, y nada de ello me parecía especialmente bueno o productivo. Mi amistad con Santita Jackson me había dejado con la sensación de que los políticos a menudo se veían obligados a estar lejos de casa. En general, yo veía a los legisladores casi como tortugas acorazadas de piel gruesa y movimientos lentos que solo atendían a sus intereses personales. Barack era demasiado responsable y albergaba planes demasiado nobles, en mi opinión, para dejarse llevar por el rencor arrastrado y penoso que reinaba en el interior de la cúpula del Capitolio, más al sur del estado, en Springfield.

En el fondo, yo creía que las buenas personas tenían formas mejores de cambiar el mundo. Para ser sincera, temía que se lo comieran vivo.

Al mismo tiempo, sin embargo, estaba fraguándose un contraargumento en lo más recóndito de mi conciencia. Si Barack creía que podía lograr algo con la política, ¿quién era yo para interponerme en su camino? ¿Quién era yo para pisotearle la idea antes de que intentara ponerla en práctica? Después de todo, él había sido el único que me animó a continuar cuando quise abandonar mi carrera de abogada, que me había apoyado cuando entré a trabajar en el ayuntamiento, pese a que tenía sus dudas al respecto, y en aquellos momentos estaba pluriempleado, en parte para compensar la reducción de sueldo que yo había aceptado para hacer el bien a tiempo completo en Public Allies. Durante los seis años que llevábamos juntos, él no había dudado ni una vez de mis instintos o capacidades. Las muletillas eran siempre las mismas: «No te preocupes. Lo conseguirás. Ya encontraremos la manera».

Así que le di mi aprobación para presentarse a su primer cargo público, aunque matizándola de prudencia conyugal:

—Creo que te llevarás una decepción —le advertí—. Si sales elegido, tendrás que irte allí abajo y no conseguirás nada, por más que te esfuerces. Te volverán loco.

—Es posible —dijo Barack encogiéndose de hombros, perplejo—, pero tal vez pueda hacer algo bueno. ¿Quién sabe?

—Tienes razón —respondí encogiéndome de hombros a mi vez. No me correspondía minar su optimismo—. ¿Quién sabe?

Esto no sorprenderá a nadie, pero mi esposo se convirtió en político, después de todo. Era una buena persona que aspiraba a ejercer un efecto positivo en el mundo y, a pesar de mi escepticismo, decidió que esa era la mejor manera de conseguirlo. Tal es la naturaleza de su fe.

Barack resultó elegido para el Senado de Illinois en noviembre de 1996 y juró el cargo dos meses después, a principios del año siguiente. Para mi sorpresa, disfruté con el desarrollo de la campaña. Había ayudado a recoger firmas para su candidatura, yendo puerta a puerta por mi viejo barrio los sábados, escuchando las opiniones de los vecinos sobre el estado, su gobierno y las cosas que consideraban que había que arreglar. Me traía recuerdos de los fines de semana que pasé de niña subiendo los escalones de los porches detrás de mi padre mientras él cumplía con sus obligaciones como responsable de distrito. Por lo demás, apenas se requería mi ayuda, lo que me pareció perfecto. Podía tomarme la campaña como pasatiempo, con la posibilidad de retomarlo cuando me viniera bien y divertirme un poco antes de volver a mi trabajo.

La madre de Barack falleció en Honolulú poco después de que él anunciara su candidatura. Su deterioro había sido tan rápido que él no llegó a tiempo para despedirse. Eso lo dejó destrozado. Ann Dunham era quien lo había iniciado en la riqueza de la literatura y la fuerza de un argumento bien razonado. Sin ella, Barack nunca habría conocido los aguaceros del monzón en Yakarta ni los templos del agua de Bali. Quizá nunca habría aprendido a apreciar lo sencillo y emocionante que era saltar de un continente a otro, o abrazar lo desconocido. Era una exploradora que seguía de forma intrépida los dictados de su corazón. Yo veía su espíritu reflejado en Barack en pequeños y grandes detalles. El dolor por su pérdida se hundió como un cuchillo en nuestro pecho, junto con el que se nos había clavado cuando murió mi padre.

Ahora que había llegado el invierno y la Asamblea Legislativa se encontraba en período de sesiones, pasábamos buena parte de la semana separados. Los lunes por la noche Barack conducía cuatro

horas hasta Springfield y se registraba en un hotel barato en el que
se alojaban muchos otros legisladores. Por lo general, regresaba los
jueves, bastante tarde. Tenía un pequeño despacho en las oficinas del
estado y un ayudante a tiempo parcial en Chicago. Había reducido
su volumen de trabajo en el bufete, pero para que no nos retrasára-
mos en el pago de nuestras deudas había decidido impartir más cursos en la facultad de Derecho. Programó clases para los días que no
estaría en Springfield, y unas cuantas más para los períodos en que
no habría sesiones del Senado. Cuando se encontraba en el sur del
estado hablábamos por teléfono todas las noches, intercambiábamos
impresiones y nos contábamos anécdotas sobre nuestro día a día. Los
viernes, cuando él volvía a estar en Chicago, al salir del trabajo teníamos una cita fija en un restaurante del centro llamado Zinfandel.

Recuerdo esas noches con mucho cariño, por la iluminación
suave y cálida del restaurante y por lo predecible que se había vuelto que yo llegara la primera, dada mi devoción por la puntualidad.
Siempre esperaba a Barack, pero no me importaba que llegara tarde,
pues comenzaba el fin de semana y a esas alturas ya estaba acostumbrada. Sabía que acabaría por llegar y que el corazón me daría un
vuelco, como siempre, al verlo entrar por la puerta y entregar su
abrigo de invierno a la recepcionista antes de abrirse paso entre las
mesas y dedicarme una sonrisa de oreja a oreja cuando por fin posaba los ojos en los míos. Me besaba, se quitaba la americana y la
colgaba del respaldo de su silla antes de sentarse. «Mi esposo.» La
rutina me relajaba. Pedíamos prácticamente lo mismo cada viernes
—estofado, coles de Bruselas y puré de patatas— y, cuando nos lo
servían, nos lo comíamos hasta dejar el plato limpio.

Fue una época dorada para nosotros, por el equilibrio que reinaba en nuestro matrimonio, él con sus objetivos y yo con los míos.
Durante una sola de sus primeras semanas en el Senado, en Springfield, Barack había presentado diecisiete nuevos proyectos de ley, un
posible récord y una muestra indudable de lo ansioso que estaba por
conseguir avances. Algunos acabarían por aprobarse, pero casi todos
serían rápidamente rechazados en la cámara, que estaba bajo control

republicano, en aras del partidismo y de un cinismo que sus nuevos colegas disfrazaban de sentido práctico. En esos primeros meses vi confirmada mi predicción de que la política sería una batalla, una lucha agotadora sembrada de puntos muertos y traiciones, negocios sucios y acuerdos que a veces parecían dolorosos. Pero también vi que Barack había acertado asimismo en su pronóstico. El forcejeo de la legislación se le daba curiosamente bien. Mantenía la calma en medio de la vorágine, acostumbrado a ser un intruso, y encajaba las derrotas con su despreocupada tranquilidad hawaiana. Conservaba la esperanza con tozudez, convencido de que una parte de su visión conseguiría prevalecer algún día. Ya había empezado a recibir palos por todas partes, pero no le importaba. Daba la impresión de que había nacido para eso. Por más abolladuras que sufría, seguía brillando, como una vieja olla de cobre.

Yo también me encontraba en pleno período de transición. Había aceptado un nuevo trabajo y en cierto modo me había sorprendido a mí misma al decidir abandonar Public Allies, la organización que había ayudado a montar y desarrollar con tanto ahínco. Durante tres años me había entregado a ello en cuerpo y alma, responsabilizándome tanto de las tareas operativas más importantes como de las más nimias, como reponer el papel de la fotocopiadora. Ahora que Public Allies crecía con fuerza, y su longevidad estaba prácticamente garantizada gracias a las subvenciones federales y el apoyo de fundaciones, me sentía con derecho a retirarme. Y entonces, en otoño de 1996, una oportunidad surgió casi de la nada. Art Sussman, el abogado de la Universidad de Chicago que se había reunido conmigo unos años antes, me llamó para hablarme de un puesto que acababan de crear allí.

El centro buscaba un decano adjunto que se centrara en las relaciones con la comunidad, comprometiéndose por fin a integrarse mejor en la ciudad, sobre todo en el barrio del South Side que la rodeaba, lo que incluía la creación de un programa de servicios comunitarios para conectar a los estudiantes con las oportunidades de voluntariado en la zona. Al igual que mi trabajo en Public Allies, ese nuevo empleo guardaba relación con una realidad que yo había vivido en persona. Como había comentado a Art años antes, la Universidad de Chicago siempre se me había antojado más inaccesible y menos interesada en mí que las facultades de postín de la Costa Este en las que finalmente había estudiado; en definitiva, una institución que daba la espalda al barrio. La posibilidad de conseguir que esos muros fueran más bajos, que más estudiantes se implicaran con la ciudad y más vecinos con la universidad, me resultaba inspiradora.

Aparte de la inspiración, había otros motivos subyacentes para embarcarme en esa transición. La universidad me ofrecía esa clase de estabilidad institucional que una organización sin ánimo de lucro no del todo consolidada no podía ofrecerme. El sueldo era mejor, el horario más razonable, y había otras personas encargadas de asegurarse de que hubiera papel en la fotocopiadora y de arreglar la impresora láser cuando se estropeara. Tenía treinta y dos años ya, y empezaba a pensar más en la clase de carga que quería llevar sobre mis hombros. Durante nuestras citas nocturnas en Zinfandel, Barack y yo reanudábamos una conversación que manteníamos desde hacía años sobre nuestra voluntad de cambiar las cosas. Discutíamos cómo y dónde podía actuar cada uno de nosotros para marcar la diferencia, cuál era la manera más eficiente de repartir nuestro tiempo y nuestra energía.

Algunas de las viejas preguntas sobre quién era yo y a qué aspiraba en la vida empezaron a resurgir y a ocupar un lugar predominante en mi mente. Había aceptado el nuevo trabajo en parte para liberar un poco de tiempo, y también porque las prestaciones sanitarias que me ofrecían eran mejores que las que había tenido nunca. Y eso acabaría por ser importante. Mientras estábamos sentados a la luz de las velas, con las manos entrelazadas sobre la mesa, otra noche de viernes en Zinfandel, tras dar buena cuenta del estofado y antes de que nos sirvieran el postre, había una arruga en nuestra felicidad. Estábamos intentando concebir, y la cosa no iba bien.

Resulta que ni siquiera una pareja ambiciosa y comprometida, con un amor profundo y una sólida ética de trabajo puede engendrar un hijo solo con fuerza de voluntad. La fertilidad no es algo que se conquiste. Es exasperante, pero no existe una relación directa entre el esfuerzo y la recompensa. Para Barack y para mí, eso resultó tan sorprendente como desalentador. Por más que nos esforzábamos, no había manera de que me quedara embarazada. Durante un tiempo quise creer que era solo una cuestión de disponibilidad, la consecuencia de los continuos viajes de Barack a Springfield. Nuestros intentos de procrear no estaban regulados por marcadores hormonales mensuales, sino por el calendario legislativo de Illinois. Me figuré que era algo que podíamos intentar arreglar.

Pero nuestros ajustes tampoco funcionaron, a pesar de que Barack regresaba conduciendo a toda velocidad por la interestatal después de una votación tardía para pillar mi ventana ovulatoria, y tampoco cuando el Senado entró en receso estival y él estaba en casa y disponible a cualquier hora. Después de extremar las precauciones durante años para evitar quedarme embarazada, encarrilé todos mis esfuerzos en el sentido opuesto. Me lo tomé como una misión. Un test de embarazo salió positivo, lo que nos hizo olvidar todas nuestras preocupaciones, pletóricos de alegría, pero un par de semanas después tuve un aborto espontáneo, lo que me dejó como secuela una incomodidad física y socavó el optimismo que se había apoderado de nosotros. Al ver a mujeres que caminaban felices por la calle con sus hijos notaba una punzada de anhelo seguida por una penosa sensación de insuficiencia. Mi único consuelo era que Barack y yo vivíamos a solo una manzana de la casa de Craig y su esposa, que ahora tenían dos hijos preciosos, Leslie y Avery. Me aliviaba pasarme por su hogar para jugar y leer cuentos con ellos.

Si tuviera que elaborar una lista sobre cosas de las que nadie te habla hasta que te encuentras metida de lleno en ellas, tal vez empezaría por los abortos. Se trata de una experiencia solitaria, dolorosa y desmoralizadora casi a nivel celular. Cuando una sufre un aborto, tiende a interpretarlo como un fallo personal pese a que no lo es, o como una tragedia, cosa que tampoco es, por muy devastador que parezca en el momento. Lo que nadie nos cuenta es que los abortos espontáneos se producen con más frecuencia de lo que cabe imaginar, dado el silencio relativo sobre el tema. Lo descubrí solo después de mencionar que había sufrido uno a un par de amigas, que reaccionaron con grandes muestras de cariño y apoyo y me hablaron de sus propios abortos. Eso no mitigó el dolor, pero al desenterrar sus tribulaciones me tranquilizaron, ayudándome a comprender que aquello por lo que había pasado no era más que un tropiezo biológico normal, un óvulo fertilizado que, seguramente por una buena razón, había tenido que abandonar el barco.

Una de esas amigas me facilitó también las señas de un especialista en fertilidad al que ella y su esposo habían acudido. Barack y yo fuimos a hacernos una revisión y, más tarde, cuando nos sentamos a hablar con el médico, nos aseguró que no había detectado problemas en ninguno de los dos. El misterio de nuestra incapacidad para concebir continuaría siendo un misterio. Me sugirió que tomara clomifeno, un fármaco que estimula la ovulación, durante un par de meses. Como eso no dio resultado, nos recomendó que probáramos con la fecundación in vitro. Tuvimos la inmensa suerte de que el seguro sanitario de mi universidad cubriera buena parte de los gastos.

Era como haber adquirido un billete de lotería para el premio gordo, pero con ciencia de por medio. Cuando el tratamiento médico preliminar había concluido, comenzó el período de sesiones de otoño de la Asamblea Legislativa, de forma bastante inoportuna, engullendo a mi tierno y atento esposo y dejándome prácticamente sola en la lucha por manipular mi aparato reproductor para que alcanzara la máxima eficiencia. Eso implicaba ponerme una inyección diaria durante varias semanas. El plan consistía en administrarme primero un fármaco para inhibir los ovarios y luego otro para estimularlos, con el fin de que entonces produjeran una cantidad considerable de óvulos viables.

La combinación de todos esos esfuerzos con la incertidumbre me provocaba ansiedad, pero quería un bebé. De niña, cuando me cansé de besar la piel de vinilo de mis bebés de juguete, le supliqué a mi madre que tuviera otro, uno de verdad, solo para mí. Le prometí que me encargaría de cuidarlo. Como no se sumó al plan, me dio por registrar su cajón de ropa interior en busca de sus anticonceptivos, pensando que, si se los confiscaba, tal vez conseguiría mi objetivo. No funcionó, claro está, pero el caso es que llevaba mucho tiempo esperando aquello. Quería una familia, y Barack también, y allí estaba yo, sola en el cuarto de baño de nuestro piso, intentando, en nombre de todo ese anhelo, reunir el valor suficiente para clavarme una aguja en el muslo.

Quizá fue entonces cuando sentí un primer asomo de rencor hacia la política y la entrega inquebrantable de Barack a su trabajo. O tal vez solo estaba experimentando de forma aguda la carga de ser mujer. Fuera como fuese, él se había ido y yo tenía que afrontar la responsabilidad en solitario. Ya empezaba a intuir que los sacrificios me corresponderían más a mí que a él. En las semanas siguientes, él se ocuparía de sus asuntos como de costumbre mientras yo iría a realizarme ecografías a diario para comprobar el desarrollo de los óvulos. A él no le extraerían sangre. No tendría que cancelar reuniones para que le examinaran el cuello del útero. Barack se mostraba cariñoso y entregado, era mi esposo, y hacía lo que podía. Se leía todos los artículos sobre fecundación in vitro y se pasaba toda la noche hablándome de ello, pero sus obligaciones se reducían a presentarse en la consulta del médico para entregar un poco de esperma. Luego, si le apetecía, podía ir a tomarse un martini. Aunque nada de eso era culpa suya, no era equitativo, y para una mujer que se regía por el mantra de que la igualdad es importante resultaba un tanto confuso. Era yo quien veía alterada mi vida, quien aparcaría mis pasiones y mi carrera profesional para hacer realidad esa parte de nuestro sueño. Reflexioné durante unos instantes. ¿De verdad era eso lo que deseaba? Sí, lo deseaba con toda el alma. Despejada la duda, levanté la aguja y me la hundí en la carne.

Unas ocho semanas después oí algo que borró todo rastro de rencor: los sibilantes y acuosos latidos captados por medio de ultrasonidos, procedentes de la cálida cueva de mi cuerpo. Estábamos embarazados. Aquello era real. De pronto, la responsabilidad y los sacrificios relativos cobraron un significado distinto, como si un paisaje se tiñera de nuevos colores, o alguien hubiera cambiado de lugar los muebles de una casa de modo que ahora todo parecía estar justo en su sitio. Iba por ahí con un secreto en mi interior. Ese era mi privilegio, mi don por ser mujer. Sentía que resplandecía con la promesa de lo que llevaba en mi vientre.

Me sentí así durante todo el embarazo, incluso cuando la fatiga del primer trimestre me había consumido las fuerzas, mientras yo seguía con mucho trabajo y Barack continuaba realizando sus viajes semanales a la capital del estado. Llevábamos una vida orientada al exterior, pero ahora también sucedía algo dentro: estaba creciendo un bebé, una niña diminuta. (Como Barack siempre quería estar bien informado y yo era una planificadora nata, averiguar su sexo era ineludible.) Aunque no la veíamos, sabíamos que estaba allí, cada vez más grande en cuerpo y espíritu, a medida que el otoño cedía el paso al invierno y luego a la primavera. El sentimiento que me había invadido, aquella envidia por la poca implicación de Barack en el asunto, se había invertido por completo. Ahora él lo veía desde fuera mientras yo tenía la oportunidad de vivir el proceso. De hecho, yo era el proceso, inseparable de esa forma de vida minúscula que estaba floreciendo y ya me propinaba codazos y patadas en la vejiga. Nunca estaba ni me sentía sola. Ella se encontraba allí, siempre, mientras yo conducía hacia el trabajo, cortaba hortalizas para una ensalada o yacía en la cama por la noche devorando *Qué puedes esperar cuando estás esperando* por novena vez.

Los veranos en Chicago son especiales para mí. Me encanta el modo en que el cielo permanece iluminado hasta tarde, los veleros invaden el lago Michigan y la temperatura se dispara hasta el punto de que resulta casi imposible recordar las penalidades del invierno.

Y también en verano, me encanta cuando la política va perdiendo intensidad y la vida se vuelve más divertida.

Aunque en realidad no controlábamos nada, al final parecía como si lo hubiéramos calculado todo. El 4 de julio de 1998, muy temprano por la mañana, sentí los primeros dolores del parto. Barack y yo nos presentamos en el hospital de la Universidad de Chicago, acompañados por Maya —la hermanastra de Barack había cogido un avión desde Hawái para estar allí la semana que yo salía de cuentas— y mi madre. Faltaban horas para que las brasas de las barbacoas comenzaran a brillar por toda la ciudad y la gente extendiera sus esteras sobre la hierba a la orilla del lago, agitando banderas y esperando a que el espectáculo de los fuegos artificiales de la ciudad floreciera sobre el agua. Ese año nos lo perderíamos, inmersos en un florecimiento y un resplandor diferentes. No pensábamos en la patria sino en la familia cuando Malia Ann Obama, uno de los dos bebés más perfectos jamás alumbrados, vino al mundo.

14

La maternidad se convirtió en mi principal motivación. Dictaba mis movimientos, mis decisiones, mi ritmo cotidiano. Sin perder un segundo, sin pensarlo, me sumergí de lleno en mi nuevo papel de madre. Soy una persona muy centrada en los detalles, y un bebé es, ante todo, una plétora de detalles. Barack y yo examinábamos a la pequeña Malia, el misterio de sus labios de botón de rosa, la pelusa negra que le recubría la cabeza, su mirada desenfocada y los movimientos vacilantes y espasmódicos de sus diminutas extremidades. La bañábamos, la arropábamos y la sosteníamos contra nuestro pecho. Estábamos siempre pendientes de sus comidas, sus horas de sueño y cada uno de sus gorgoritos. Analizábamos el contenido de cada pañal usado como si fuera a revelarnos todos sus secretos.

Era una personita minúscula, encomendada a nuestro cuidado. Yo estaba embriagada por tanta responsabilidad, subyugada por la criatura. Podía pasarme una hora entera mirándola respirar. Cuando hay un niño pequeño en una casa el tiempo se dilata y se contrae, saltándose las normas a las que suele atenerse. Un solo día puede parecer interminable, y de repente transcurren seis meses de golpe. Barack y yo nos reíamos al pensar lo que habíamos cambiado al ser padres. Si antes dedicábamos la hora de la cena a analizar las complejidades del sistema penal juvenil, comparando lo que yo había aprendido durante la temporada que había trabajado en Public Allies con algunas de las ideas que él intentaba incluir en un proyecto de ley de reforma, ahora discutíamos con el mismo fervor sobre si Malia se había vuelto demasiado dependiente de su chupete y cotejábamos nuestros respectivos métodos para conseguir que se durmiera. Como casi todos los padres primerizos, nos tornamos obsesivos y un poco aburridos, pero nada nos hacía más felices. Llevábamos a la pequeña Malia en su cochecito a Zinfandel para nuestras citas de los viernes por la noche e intentábamos pedir los platos más rápidos para marcharnos lo más deprisa posible, antes de que ella se pusiera demasiado inquieta.

Varios meses después de que Malia naciera volví a trabajar en la Universidad de Chicago. Negocié un horario de media jornada, convencida de que sería la solución ideal, que me permitiría ser una profesional y a la vez una madre perfecta, con lo que conseguiría ese equilibrio entre Mary Tyler Moore y Marian Robinson que siempre había buscado. Contratamos a una niñera, Glorina Casabal, una cuidadora cariñosa y experta unos diez años mayor que yo. Nacida en Filipinas, era enfermera titulada y había criado a dos hijos propios. Glorina, a quien llamábamos Glo, una mujer bajita y bulliciosa con el pelo corto, un peinado práctico y gafas con montura de alambre dorada, podía cambiar un pañal en doce segundos exactos. Destilaba la energía de una enfermera hipercompetente y capaz de todo, y durante los cuatro años siguientes se convertiría en un miembro de la familia muy querido. Su principal cualidad era el amor entrañable que profesaba a mi bebé.

Con lo que no contaba —y esto también formaría parte de mi lista de cosas que muchos aprendemos demasiado tarde— era con que un empleo a jornada parcial, sobre todo cuando se supone que es una versión reducida del trabajo a tiempo completo anterior, puede convertirse en una trampa. Por lo menos, eso fue lo que me ocurrió a mí. Seguí asistiendo a todas las reuniones y lidiando con casi las mismas responsabilidades. La única diferencia real era que ahora ganaba la mitad de sueldo e intentaba embutirlo todo en una semana de veinticuatro horas. Si una reunión acababa más tarde de lo previsto, tenía que irme a casa a velocidad de vértigo para recoger a Malia y llegar a tiempo (Malia impaciente y contenta, yo sudada e hiperventilada) a la clase de música infantil en un estudio del North Side. Me encontraba en un dilema que ponía a prueba mi cordura. Luchaba contra el sentimiento de culpa cuando tenía que atender llamadas de trabajo en casa. Luchaba contra un tipo de culpa distinto cuando estaba en mi despacho y me distraía la idea de que Malia pudiera ser alérgica a los cacahuetes. Se suponía que el trabajo a tiempo parcial me proporcionaría más libertad, pero más bien me daba la sensación de que lo hacía todo a medias, de que las líneas divisorias de mi vida se habían difuminado.

Barack, en cambio, no parecía haber perdido el ritmo en absoluto. Unos meses después del nacimiento de Malia salió reelegido por un período de cuatro años en el Senado estatal, con un ochenta y nueve por ciento de los votos. Era un político popular y triunfador y, fiel a su afición a hacer girar varios platos a la vez, empezaba a plantearse metas más ambiciosas, concretamente la de concurrir a las elecciones al Congreso de Estados Unidos, con la esperanza de ocupar el puesto de un demócrata llamado Bobby Rush, que llevaba cuatro legislaturas en el escaño. ¿Me pareció una buena idea que se presentara candidato al Congreso? No, lo cierto es que no. Se me antojaba muy improbable que ganara, ya que Rush era muy conocido y Barack seguía siendo prácticamente un don nadie. Pero ahora se dedicaba a la política y gozaba de cierta influencia en el Partido Demócrata. Contaba con asesores y partidarios, algunos de los cuales lo animaban a lanzarse. Alguien había realizado un sondeo previo que parecía indicar que tenía posibilidades de ganar. Y hay algo que sé con certeza acerca de mi esposo: no se le puede mostrar una oportunidad de ampliar su campo de acción y esperar que la desaproveche sin más. Porque no la desaprovechará. Ese no es su estilo.

A finales de 1999, cuando Malia tenía casi dieciocho meses, la llevamos a Hawái por Navidad para que visitara a su bisabuela Toot, que contaba ya setenta y siete años y vivía en la misma torre de apartamentos en la que se había instalado décadas atrás. Se suponía que sería una visita familiar, el único momento del año en que Toot podía ver a su nieto y a su bisnieta. El invierno se había abatido una vez más sobre Chicago, arrebatando el calor al aire y el azul al cielo. Como nos sentíamos inquietos tanto en casa como en el trabajo, habíamos reservado una modesta habitación en un hotel cerca de Waikiki Beach y empezado a contar los días que faltaban. El semestre de clases de Barack en la facultad de Derecho había llegado a su fin, y yo había solicitado unos días libres en la universidad. Pero entonces la política se interpuso en nuestro camino.

El Senado de Illinois se había enzarzado en un debate maratoniano sobre las disposiciones de un proyecto de ley penal importante. En vez de hacer una pausa por las fiestas, organizó una sesión especial con el propósito de celebrar una votación antes de Navidad. Barack me llamó desde Springfield para avisarme de que tendríamos que aplazar el viaje unos días. Aunque la noticia no me entusiasmó, comprendí que era algo que no dependía de él. Lo único que me importaba era que llegáramos a Hawái, tarde o temprano. No quería que Toot pasara sola la Navidad; además, Barack y yo necesitábamos un descanso. Pensaba que el viaje nos permitiría distanciarnos del trabajo y nos daría un respiro.

Como su candidatura al Congreso ya era oficial, rara vez desconectaba. Más tarde, en una entrevista a un periódico local, declararía que durante los cerca de seis meses de campaña había pasado menos de cuatro días enteros en casa con Malia y conmigo, según sus cálculos. Así era la cruda realidad de los períodos preelectorales. Además de sus otras responsabilidades, Barack vivía pendiente de un reloj en marcha que le recordaba en todo momento las horas y los minutos que faltaban para las primarias de marzo. Lo que hiciera durante esas horas y esos minutos podía influir en el resultado, al menos en teoría. No tardé en descubrir también que, para un equipo de campaña, las horas y los minutos que un candidato pasa en privado con su familia constituyen en esencia un desperdicio de ese tiempo tan valioso.

Ya era lo bastante veterana en esas lides para intentar mantenerme al margen de los altibajos diarios de la carrera electoral. Había dado mi bendición a la decisión de Barack de presentarse, y había adoptado una actitud de «quitémonos esto de encima cuanto antes». Pensé que tal vez fracasaría en su intento de dar el salto a la política nacional y que eso lo motivaría a probar algo totalmente distinto. En un mundo ideal (mi mundo ideal, al menos), Barack se habría convertido en presidente de una fundación, por ejemplo, lo que le permitiría influir en asuntos importantes y también llegar a cenar a casa.

Volamos a Hawái el 23 de diciembre, cuando la Asamblea Legislativa interrumpió su actividad por las fiestas, a pesar de que aún no había conseguido aprobar una resolución. Waikiki Beach fue toda una revelación para la joven Malia. Se paseaba arriba y abajo por la playa, lanzando patadas a las olas y divirtiéndose hasta caer rendida. Pasamos una Navidad alegre y tranquila con Toot en su piso, abriendo regalos y maravillándonos ante la entrega que mostraba hacia el puzle de cinco mil piezas que estaba armando sobre una mesa plegable. Como siempre, las aguas verdes y lánguidas de Oahu y la jovialidad de sus habitantes nos ayudaron a liberarnos de nuestras preocupaciones diarias, lo que nos permitió quedarnos extasiados y absortos con algo tan simple como la sensación del aire cálido en la piel y el regocijo de nuestra hija ante absolutamente todo. Tal como nos recordaban a todas horas los titulares, nos acercábamos rápidamente al nacimiento de un nuevo milenio. Y nos encontrábamos en un lugar precioso para pasar los últimos días de 1999.

Todo iba bien hasta que Barack recibió una llamada de Illinois de alguien que le comunicó que el Senado reanudaría las sesiones para rematar el proyecto de ley penal. Si quería votar, tenía unas cuarenta y ocho horas para regresar a Springfield. Otro reloj se había puesto en marcha. Se me cayó el alma a los pies al ver que Barack entraba en acción y cambiaba nuestro vuelo de regreso para el día siguiente, finiquitando nuestras vacaciones. Teníamos que irnos. No había alternativa. Supongo que habría podido quedarme sola con

Malia, pero ¿dónde habría quedado la diversión? Aunque no me hacía feliz la perspectiva de marcharnos, comprendí de nuevo que la política funcionaba así. Se trataba de una votación importante —el proyecto de ley incluía nuevas medidas de control de armas, que Barack había defendido con fervor— y las posturas estaban lo bastante divididas para que la ausencia de un solo senador pudiera suponer que la ley no se aprobara. No había más que hablar: regresaríamos a casa.

Entonces, sin embargo, sucedió algo inesperado. Por la noche, Malia contrajo una fiebre muy alta. La que había terminado el día como una entusiasta pateadora de olas se había convertido, menos de doce horas después, en la viva imagen del abatimiento y el sufrimiento infantil, con los ojos vidriosos y soltando gemidos de dolor, pero aún era demasiado pequeña para proporcionarnos detalles concretos. Le dimos paracetamol, que no sirvió de mucho. Se tironeaba de una oreja, lo que me hizo sospechar que tenía infección de oído. Empezamos a asimilar lo que eso implicaba. Sentados en la cama, contemplamos a Malia mientras se sumía poco a poco en un sueño intranquilo e incómodo. Faltaban solo unas horas para que saliera nuestro avión. Advertí que la preocupación se acentuaba en el rostro de Barack, atrapado en el conflicto entre sus obligaciones enfrentadas. Lo que estábamos a punto de decidir iba mucho más allá del dilema de ese momento.

—No está en condiciones de subirse a un avión —dije—. Eso es evidente.

—Lo sé.

—Tenemos que cambiar el vuelo otra vez.

—Lo sé.

Quedó sobreentendido el hecho de que él podía marcharse solo. Aún podía salir por la puerta, coger un taxi al aeropuerto y llegar a Springfield a tiempo para votar. Podía abandonar a su hija enferma y a su esposa preocupada en medio del Pacífico para reunirse con sus colegas. Era una opción. Pero no pensaba martirizarme proponiéndosela. Me sentía vulnerable, lo reconozco, atenazada por la incertidumbre de lo que le ocurría a Malia. ¿Y si la fiebre empeoraba? ¿Y si tenía que llevarla al hospital? Mientras tanto, en el resto del mundo había personas más paranoicas que nosotros preparando refugios antinucleares, acumulando dinero en efectivo y agua en bidones por si las predicciones más catastrofistas sobre el efecto 2000 se hacían realidad y las redes de electricidad y comunicación fallaban por culpa de sistemas informáticos defectuosos incapaces de funcionar en el nuevo milenio. Eso no iba a suceder, pero… ¿de verdad Barack estaba planteándose la posibilidad de irse?

Resultó que no. No se lo planteaba. Era algo que jamás se le habría pasado por la cabeza.

No escuché la llamada que hizo ese día a su asistente legislativo para explicarle que faltaría a la votación del proyecto de ley penal. Me daba igual. Estaba demasiado concentrada en nuestra hija. Y en cuanto finalizó la llamada, Barack también le dedicó toda su atención. Era nuestra personita. Se lo debíamos todo.

Al final, el año 2000 llegó sin incidentes. Después de un par de días de descanso y unos antibióticos, lo que en efecto había resultado ser una fea infección de oído remitió, y Malia volvió a ser nuestra niña saltarina de antes. La vida seguía adelante, como siempre. Otro día perfecto de cielo azul en Honolulú, embarcamos en un avión y volamos de vuelta a Chicago, al invierno gélido y a lo que empezaba a perfilarse como un desastre político para Barack.

Los partidarios de que la Asamblea Legislativa del estado aprobara el proyecto de ley penal habían perdido, por cinco votos. Para mí, las matemáticas estaban claras: aunque Barack hubiera regresado de Hawái a tiempo, su voto, casi con toda seguridad, no habría alterado el resultado. Aun así, se llevó un buen varapalo por su ausencia. Sus rivales en las primarias al Congreso habían aprovechado sin dudarlo la oportunidad para pintarlo como un vividor que se había ido de vacaciones —nada menos que a Hawái— y no se había dignado volver para votar sobre una cuestión tan importante como el control de armas.

Bobby Rush, el congresista en funciones, había perdido a un familiar en Chicago hacía solo unos meses en un trágico episodio de violencia con armas de fuego, lo que perjudicaba aún más la imagen de Barack. Nadie parecía tener en cuenta que él era de Hawái y que había ido a visitar a su abuela viuda, ni que su hija había enfermado. Lo único que importaba era la votación. La prensa machacó con el tema durante semanas. Un editorial del *Chicago Tribune* criticaba al grupo de senadores que no había podido votar ese día y los llamaba «hatajo de borregos sin agallas». El otro adversario de Barack, un colega senador del estado llamado Donne Trotter, también le tiró alguna pedrada, como cuando dijo a un periodista que «utilizar a su hija como excusa por no ir a trabajar tampoco dice mucho en favor del carácter del sujeto».

Yo no estaba acostumbrada a nada de eso. No estaba acostumbrada a tener rivales o a que examinaran a mi familia con lupa en las noticias. Nunca había oído a nadie cuestionar así el carácter de mi esposo. Me dolía pensar que escoger una buena opción —la opción correcta, a mi juicio— estuviera saliéndole tan caro. En una columna que escribió para el semanal de nuestro barrio, Barack defendía con serenidad su decisión de quedarse con Malia y conmigo en Hawái. «Oímos hablar mucho a los políticos sobre la importancia de los valores familiares —escribió—. Espero que, cuando un senador del estado intenta vivir lo más de acuerdo posible con esos valores, ustedes lo comprendan.»

Al parecer, los tres años de trabajo de Barack en el Senado del estado se habían esfumado, de forma tan rápida y arbitraria como el dolor de oído de una criatura. Había encabezado una reforma de las leyes estatales de financiación de las campañas que había introducido normas más estrictas para los funcionarios electos. Había luchado por conseguir rebajas de impuestos y créditos para los trabajadores pobres y se había centrado en reducir los precios de los medicamentos con receta para los ancianos. Se había ganado la confianza de legisladores de todo el estado, tanto demócratas como republicanos. Pero ninguno de esos logros importantes parecía tener importancia ya. La carrera electoral había degenerado en una serie de golpes bajos.

Desde el principio de la campaña, los adversarios de Barack y sus seguidores habían estado propagando rumores negativos con el fin de fomentar el miedo y la desconfianza entre los votantes afroamericanos, insinuando que Barack formaba parte de la trama urdida por los vecinos blancos de Hyde Park —léase «judíos» blancos— para imponer su candidato preferido al South Side. «Algunos ven a Barack como a un hombre blanco con la cara pintada de negro en nuestra comunidad», aseguró Donne Trotter al *Reader* de Chicago. En declaraciones a la misma publicación, Bobby Rush afirmó: «Fue a Harvard y se convirtió en un tonto con estudios. Esa gente titulada por universidades de élite del Este no nos impresiona». En otras palabras: no es uno de los nuestros. Barack no era un negro auténtico, como ellos; alguien que hablaba así, ofrecía ese aspecto y leía tantos libros jamás podría serlo.

Lo que más me molestaba era que Barack ejemplificaba todo lo que los padres del South Side decían querer para sus hijos. Representaba todo lo que Bobby Rush, Jesse Jackson y tantos otros líderes negros habían propugnado durante años: había estudiado y, lejos de abandonar la comunidad afroamericana, intentaba trabajar en su favor. Era una contienda acalorada, desde luego, pero estaban atacando a Barack por las razones equivocadas. Me asombraba que nuestros líderes lo trataran solo como una amenaza a su poder, que sembraran sospechas esgrimiendo ideas retrógradas y antiintelectuales sobre la raza y la clase social.

Me ponían enferma.

Barack, por su parte, se lo tomaba con más filosofía que yo, pues en Springfield ya había comprobado lo desagradable que podía llegar a ser la política y la facilidad con la que la gente distorsionaba la verdad en pro de sus intereses políticos. Maltrecho pero sin ninguna intención de rendirse, continuó haciendo campaña durante el invierno, con sus idas y venidas a Springfield, mientras ponía todo su empeño en capear el temporal, incluso mientras los donativos disminuían y Bobby Rush lograba cada vez más apoyos. A medida que el reloj marcaba la proximidad de las primarias, Malia y yo apenas lo veíamos, aunque nos llamaba a diario para darnos las buenas noches.

Yo estaba más agradecida que nunca por esos días robados que habíamos pasado en la playa. Sabía que, en el fondo, Barack también. Lo que nunca perdía de vista, a pesar de todo el ruido y de todas aquellas noches que él pasaba lejos de nosotras, era que le importábamos. Barack no se tomaba nada de aquello a la ligera. Percibía en su voz un deje de angustia casi cada vez que se despedía antes de colgar el teléfono. Era como si lo obligaran a diario a elegir entre la familia y la política, la política y la familia.

En marzo, Barack perdió las primarias demócratas, que culminaron con la victoria rotunda de Bobby Rush.

Durante todo el rato, yo no dejaba de abrazar a nuestra hija.

Y entonces llegó nuestra segunda hija. Natasha Marian Obama nació el 10 de junio de 2001, en el centro médico de la Universidad de Chicago, después de un solo ciclo de fecundación in vitro, un embarazo maravillosamente llevadero y un parto sin contratiempos, mientras Malia, que casi tenía tres años, esperaba en casa con mi madre. Nuestro nuevo bebé era una niña preciosa, con la cabeza recubierta de pelo oscuro y rizado, como un corderito, y ojos castaños muy despiertos; el cuarto vértice de nuestro cuadrado. Barack y yo estábamos como en una nube.

Habíamos planeado llamarla Sasha. Yo había elegido el nombre porque me parecía que tenía algo de descarado. Una chica llamada Sasha no aguantaría tonterías de nadie. Como buena progenitora, no dejaba de desear lo mejor para nuestras hijas, de rezar por que nunca sufrieran ningún daño. Abrigaba la esperanza de que de mayores fueran brillantes, enérgicas y optimistas como su padre, y ambiciosas y trabajadoras como su madre. Por encima de todo, quería que fueran fuertes, que poseyeran una entereza que les permitiera mantener la frente en alto y seguir siempre adelante, pasara lo que pasase. No tenía idea de lo que nos deparaba el destino, de cómo se desarrollaría nuestra vida familiar; ignoraba si las cosas nos irían bien, si todo nos saldría mal o si, como la mayoría de la gente, nos encontraríamos un poco de todo. Mi deber consistía en asegurarnos de que estuviéramos preparados para ello.

Mi puesto en la universidad me había dejado una sensación de agotamiento, pues me había obligado a hacer malabarismos con resultados más bien pobres y había debilitado nuestra economía debido a los gastos por el cuidado de la niña. Tras el nacimiento de Sasha, ni siquiera tenía claro si quería regresar a mi trabajo o si lo mejor para la familia sería que me quedara en casa a tiempo completo. A Glo, nuestra querida niñera, le habían ofrecido un puesto mejor pagado como enfermera y había decidido de mala gana pasar página. No podía reprochárselo, claro, pero perderla alteró el orden que reinaba en mi corazón de madre trabajadora. El tiempo y el esfuerzo que Glo había invertido en mi familia a mí me había permitido invertirlos en mi trabajo. Quería a nuestras hijas como si fueran suyas. Lloré sin parar la noche que nos anunció que se marchaba, consciente de lo difícil que nos resultaría mantener el equilibrio en nuestra vida sin ella. Sabía lo afortunados que éramos por haber tenido los recursos para contratarla en un principio. Pero, ahora que se iba, era como perder un brazo.

Me encantaba estar con mis pequeñas. Apreciaba el valor de cada hora y cada minuto que dedicaba a nuestro hogar, sobre todo teniendo en cuenta el horario tan irregular de Barack. Pensé una vez más en la decisión de mi madre de quedarse en casa con Craig y conmigo. Sin duda estaba cometiendo el error de idealizar su vida —de imaginar que lo pasaba bien restregando las repisas de las ventanas con Pine-Sol y confeccionándonos la ropa—, pero, en comparación con el estilo de vida que yo llevaba, parecía evocadora y simple, algo que tal vez valía la pena probar. Me gustaba la idea de encargarme de una sola cosa en vez de dos, de no tener un lío mental a causa del conflicto entre mis obligaciones domésticas y laborales. Y, al parecer, podíamos permitírnoslo. Barack había pasado de profesor adjunto a titular en la facultad de Derecho, por lo que gozábamos de un descuento en la matrícula del Lab School de la universidad, donde Malia pronto empezaría preescolar.

Pero entonces recibí una llamada de Susan Sher, mi mentora y colega en el ayuntamiento, que ahora era consejera general y vicepresidenta del centro médico de la Universidad de Chicago, donde acabábamos de tener a Sasha. El centro tenía un presidente nuevo que todos ponían por las nubes, y una de sus prioridades era mejorar la colaboración con la comunidad. Buscaba un director ejecutivo de asuntos comunitarios, un puesto que parecía hecho a medida para mí. ¿Estaba interesada en presentarme a una entrevista?

Ni siquiera tenía claro si debía enviar mi currículo. Parecía una oportunidad estupenda, pero en esencia me había convencido a mí misma de que estaría mejor —de que todos estaríamos mejor— si me quedaba en casa. En cualquier caso, no se trataba de un momento muy glamuroso para mí; no me imaginaba secándome el cabello con secador y poniéndome un traje de chaqueta. Me levantaba varias veces por la noche para amamantar a Sasha, por lo que tenía sueño atrasado y, en consecuencia, mi estado mental no era óptimo. Incluso, pese a que era una maníaca del orden y la limpieza, estaba perdiendo la batalla. Había juguetes, libros infantiles y paquetes de toallitas de bebé desparramados por todo el piso. Cada vez que salíamos de casa llevábamos con nosotros un cochecito enorme y un bolso cambiador pasado de moda y lleno de artículos esenciales: una bolsa con autocierre llena de Cheerios, algunos juguetes de uso diario y una muda de ropa extra… para todos.

Pero la maternidad también había traído consigo amistades maravillosas. Había conseguido conectar con un grupo de mujeres profesionales y formar una especie de club social informal y activo. Casi todas estábamos bien entradas en la treintena y trabajábamos en una amplia variedad de sectores, desde la banca hasta la administración pública, pasando por las organizaciones sin ánimo de lucro. Muchas habíamos dado a luz por la misma época. Cuantos más hijos teníamos, más unidas estábamos. Nos veíamos casi cada fin de semana. Cuidábamos de los bebés de las otras, salíamos de excursión en grupo al zoo y realizábamos compras masivas de entradas para los espectáculos de Disney on Ice. A veces, los sábados por la tarde, simplemente dejábamos el paquete completo de críos en el cuarto de juegos de alguien y descorchábamos una botella de vino.

Eran mujeres cultas, ambiciosas, madres entregadas a sus hijos y, por lo general, estaban tan perdidas como yo respecto a cómo compaginarlo todo. Algunas trabajaban a jornada completa, otras a tiempo parcial, y el resto se quedaba en casa con los niños. Había quienes dejaban que sus hijos comieran perritos calientes y chips de maíz; otras solo les daban cosas de harina integral. Unas tenían maridos supercolaboradores; otras, esposos como el mío, que estaban sobrecargados de trabajo y que pasaban mucho tiempo fuera del hogar. Algunas de mis amigas eran increíblemente felices; otras intentaban introducir cambios en su vida, encontrar un equilibrio distinto. Casi todas vivíamos en un estado de calibración constante, afinando unos aspectos de nuestra rutina con la esperanza de aportar más estabilidad a otros.

Las tardes que pasábamos juntas me enseñaron que no existe una fórmula para la maternidad. Ninguno de los enfoques podía considerarse correcto o erróneo. Era útil cobrar conciencia de eso. Al margen de la forma en que viviera cada uno y del porqué, todos los niños pequeños en aquel cuarto de juegos eran queridos y estaban teniendo una buena infancia. Cada vez que nos reuníamos, sentía la fuerza colectiva de todas aquellas mujeres que intentaban hacer lo mejor para sus hijos: sabía que al final, pasara lo que pasase, nos echaríamos una mano unas a otras y saldríamos adelante.

Después de consultarlo con Barack y mis amigas, decidí presentarme a la entrevista para el puesto en el hospital universitario, por lo menos para averiguar en qué consistía. Tenía la sensación de que era perfecta para ese empleo. Sabía que poseía las cualidades necesarias y me sobraba entusiasmo. Pero, si lo aceptaba, tendría que ne-

gociar desde una posición de fuerza, exigiendo condiciones que
convinieran a mi familia. Suponía que me las apañaría bien, siempre
y cuando no me obligaran a asistir a demasiadas reuniones super-
fluas y me dieran margen para administrar mi tiempo, trabajar desde casa cuando hiciera falta y salir pitando de la oficina para recoger
a las niñas de la guardería o llevarlas al pediatra cuando fuera necesario.

Por otra parte, ya no me interesaba un trabajo a tiempo parcial.
Eso había quedado atrás. Quería un empleo a jornada completa, con
un sueldo acorde que nos permitiera pagar sin problemas la guardería de las niñas y los cuidados del hogar, para que yo pudiera dejar a
un lado el Pine-Sol y pasar mis ratos libres jugando con ellas. Mientras tanto, no pensaba disimular el desorden que dominaba mi existencia, desde la lactante y la niña de tres años en preescolar hasta el
hecho de que el confuso horario de mi marido me dejaba al cargo
de prácticamente todos los aspectos de la vida en casa.

Con cierto descaro, supongo, expuse todo esto durante mi entrevista con Michael Riordan, el nuevo presidente del hospital. Incluso llevé conmigo a Sasha, que por entonces tenía tres meses. No
recuerdo las circunstancias exactas, si no conseguí encontrar a una
niñera para ese día o si ni siquiera me molesté en buscarla. El caso
es que Sasha era muy pequeña y aún necesitaba mucha atención de
mi parte. Era un detalle de mi vida —un detalle adorable, gorgo-
teante, imposible de ignorar—, y algo me impulsaba casi a ponerla
literalmente sobre la mesa durante la negociación. «Aquí estoy yo
—estaba declarando— y aquí está también mi bebé.»

Fue como un milagro, pero mi jefe en potencia pareció entenderlo. Escuchó, sin expresar reserva alguna, las explicaciones que
alegué acerca de lo imprescindible que era para mí un horario flexible mientras le hacía el caballito a Sasha sobre las rodillas, esperando
que no se le escapara nada del pañal. Salí de la entrevista satisfecha,
bastante segura de que me ofrecerían el puesto. Pero, con independencia de cómo salieran las cosas, sabía que había hecho bien en
hablar de mis necesidades. Tenía la sensación de que decirlo simple-

mente en voz alta me confería cierto poder. Con las ideas claras y
un bebé que empezaba a inquietarse, regresé a casa a toda prisa.

Estas eran las nuevas cuentas de nuestra familia: teníamos dos hijas,
tres trabajos, dos coches, un piso y cero tiempo libre, o al menos eso
parecía. Acepté el nuevo puesto en el hospital; Barack siguió impar-
tiendo clases y legislando. Ambos formábamos parte de la junta
directiva de varias organizaciones sin ánimo de lucro y, pese a que
seguía escocido por su derrota en las primarias al Congreso, Barack
tenía en mente intentar alcanzar un cargo político más alto. George
W. Bush era ahora el presidente. Como país, habíamos sufrido la
conmoción y la tragedia de los atentados terroristas del 11-S. Había
estallado una guerra en Afganistán, un nuevo sistema de alerta basado en colores había empezado a utilizarse en Estados Unidos, y al
parecer Osama bin Laden estaba escondido en alguna cueva. Como
siempre, Barack analizaba cada noticia con detenimiento antes de
asimilarla, y se ocupaba de sus asuntos habituales mientras se formaba una opinión propia sobre todo lo que ocurría.

No recuerdo con exactitud cuándo planteó por primera vez la
posibilidad de presentarse al Senado de Estados Unidos. No era
más que el germen de una idea, y faltaban meses para que tomara
una decisión definitiva, pero saltaba a la vista que estaba cobrando
forma en la mente de Barack. Lo que sí recuerdo es mi reacción, que
consistió en mirarlo con incredulidad, como diciendo: «¿No te parece que ya estamos bastante atareados?».

Mi aversión a la política no hacía más que intensificarse, no tanto por lo que se cocía en Springfield o en Washington como por el
hecho de que, en su quinto año como senador estatal, la apretada
agenda de Barack empezaba a crisparme los nervios. Conforme Sasha
y Malia crecían, descubrí que el estrés no hacía sino aumentar y que
las listas de tareas pendientes se alargaban, de modo que me encontraba en un estado de hiperactividad que no parecía acabar nunca.
Barack y yo nos esforzábamos al máximo por asegurarnos de que las

niñas llevaran una vida tranquila y manejable. Teníamos una niñera nueva que nos ayudaba en casa. Malia estaba contenta en la Laboratory School de la Universidad de Chicago, haciendo amigos y saturando su propia agenda con fiestas de cumpleaños y clases de natación los fines de semana. Sasha, que ya tenía cerca de un año, andaba tambaleándose, comenzaba a balbucir palabras y a provocar nuestra hilaridad con sus radiantes sonrisas. Era rematadamente curiosa y estaba empeñada en no ser menos que Malia y sus amigas de cuatro años. Mi trabajo en el hospital marchaba bien, aunque empezaba a descubrir que la mejor manera de mantenerme al día era levantarme de la cama a las cinco de la mañana y pasarme un par de horas frente al ordenador antes de que se despertaran los demás.

Eso me dejaba en baja forma por las tardes y a veces me situaba en conflicto directo con mi noctámbulo esposo, que llegaba de Springfield los jueves por la noche relativamente animado y con ganas de zambullirse de cabeza en la vida familiar para recuperar el tiempo perdido. Pero el tiempo se había convertido oficialmente en un problema para nosotros. Si antes me burlaba de Barack con cariño por su escaso apego a la puntualidad, ahora me exasperaba, simple y llanamente. Sabía que los jueves lo hacían feliz. Percibía la emoción en su voz cuando llamaba para decir que había concluido el trabajo y que por fin volvía a casa. Comprendía que no eran más que buenas intenciones las que lo impulsaban a exclamar «¡Ahora mismo salgo!» o «¡Estoy a punto de llegar!». Y, durante un tiempo, me creía esas palabras. Daba a las niñas su baño vespertino, pero retrasaba la hora de la cama con el fin de que esperaran despiertas para abrazar a su padre. O bien las alimentaba y las acostaba, pero aplazaba mi cena y encendía unas velas, ilusionada por compartirla con Barack.

Y entonces me ponía a esperar. Esperaba tanto que a Sasha y Malia empezaban a pesarles los párpados y tenía que llevarlas a la cama en brazos. O bien aguardaba sola, hambrienta y cada vez más resentida mientras se me cerraban los ojos y la cera de las velas se derramaba sobre la mesa. Comenzaba a caer en la cuenta de que «ahora mismo» era el producto del eterno optimismo de Barack, una muestra de su impaciencia por llegar a casa que no aportaba información real sobre cuándo llegaría. «Estoy a punto de llegar», más que un dato de geolocalización era un estado mental. A veces era verdad que se disponía a salir, pero se veía obligado a posponerlo para mantener una última conversación de cuarenta y cinco minutos con un colega antes de subir al coche. En otras ocasiones, estaba a punto de llegar a casa pero se le olvidaba mencionar que antes se pasaría un momento por el gimnasio para una sesión rápida de ejercicio.

Cuando todavía no teníamos a las niñas, esa clase de frustraciones tal vez nos parecían insignificantes, pero como madre con un trabajo a tiempo completo, un cónyuge a tiempo parcial y una jornada que empezaba antes del amanecer, notaba que iba perdiendo la paciencia, hasta que llegaba un punto en que se me agotaba del todo. Cuando Barack llegaba a casa me encontraba furiosa o dormida, tras haber apagado todas las luces de la casa y haberme ido a la cama malhumorada.

Vivimos de acuerdo con los paradigmas que conocemos. Cuando Barack era niño, su padre se esfumó y su madre iba y venía. Estaba muy entregada a él, pero no encadenada, y, desde el punto de vista de Barack, no había nada de malo en ello. Había disfrutado de la compañía de las colinas, las playas y su propia mente. La independencia era algo importante en su mundo. Siempre lo había sido y siempre lo sería. A mí, en cambio, me habían criado en el seno de una familia muy unida, en un apartamento abarrotado, en un barrio abarrotado del South Side, rodeada por mis abuelos y tíos, todos apretujados en torno a una sola mesa para la cena del domingo. Ahora que llevábamos trece años enamorados, teníamos que meditar a fondo qué significaba eso.

Al final, todo se reducía a que me sentía vulnerable cuando Barack no estaba. No porque él no estuviera comprometido por completo con nuestro matrimonio —que lo está es y ha sido siempre una certeza trascendental en mi vida—, sino porque tras haber crecido en una familia en la que había podido contar siempre con todos, me llevaba una decepción muy grande cuando alguien me fallaba. Era propensa a sentirme sola y, últimamente, también estaba enfadada por ser quien se ocupaba de todos los asuntos relacionados con las niñas. Queríamos tenerlo cerca. Lo echábamos de menos cuando no estaba. Me preocupaba que no comprendiera cómo nos sentíamos. Temía que el camino que había elegido —y que parecía resuelto a seguir hasta el final— acabara por pasar por encima de todas nuestras necesidades. Cuando, años antes, me anunció sus intenciones de presentarse al Senado del estado estábamos los dos solos. Yo no tenía la menor idea de lo que decir sí a la política implicaría para nosotros más adelante, cuando hubiéramos sumado dos criaturas a la ecuación. Pero, años después, la experiencia me había enseñado que la política nunca era especialmente amable con las familias. Había vislumbrado una pequeña muestra de ello en el instituto, debido a mi amistad con Santita Jackson, y otra más tarde, cuando los adversarios políticos de Barack habían sacado partido de su decisión de quedarse en Hawái con Malia cuando estaba enferma.

A veces, al ver las noticias o leer el periódico, me quedaba mirando las imágenes de personas que habían consagrado su vida a la política —los Clinton, los Gore, los Bush, fotos antiguas de los Kennedy— y me preguntaba cuál era la historia que había detrás de cada uno. ¿Eran todos normales? ¿Vivían felices? ¿Eran auténticas esas sonrisas?

En casa, nuestras frustraciones comenzaban a manifestarse a menudo y con fuerza. Barack y yo nos queríamos con toda el alma, pero era como si en el centro de nuestra relación se hubiera formado un nudo que no éramos capaces de aflojar. Yo tenía treinta y ocho años y había visto naufragar otros matrimonios, por lo que sentía la necesidad de proteger el nuestro. Amistades muy cercanas habían pasado por rupturas traumáticas, causadas por pequeños problemas que no habían abordado a tiempo o fallos en la comunica ción que habían desembocado en distanciamientos irreparables. Un par de años antes, mi hermano Craig se había instalado de forma temporal en el apartamento de encima del de nuestra madre, donde nos habíamos criado, después de que su matrimonio se hubiera desmoronado de manera lenta y dolorosa.

Al principio, Barack se mostró reacio a acudir a terapia de pareja. Estaba acostumbrado a concentrarse en problemas complicados y encontrar la solución a través de sus propios razonamientos. La idea de sentarse frente a un desconocido se le antojaba incómoda, o incluso un poco dramática. ¿No bastaría con que fuera corriendo a Borders y comprara unos libros sobre las relaciones? ¿No podíamos entablar conversaciones nosotros solos? Pero yo quería hablar y escuchar de verdad, y no a las tantas de la noche o durante las horas que podíamos pasar con las niñas. Las pocas personas que conocía que habían ido a ver a un consejero matrimonial y estaban abiertas a hablar de ello me aseguraban que les había servido de alguna ayuda. Así pues, concerté una cita con un psicólogo recomendado por una amistad, y Barack y yo fuimos a verlo unas cuantas veces.

Nuestro consejero —lo llamaremos doctor Marmota— era un hombre blanco de voz suave que había estudiado en buenas universidades y siempre llevaba pantalones caquis. Creo que nos escuchaba a Barack y a mí y al instante daba por válidas todas mis quejas. Porque, desde mi punto de vista, hasta la última de mis quejas era absolutamente válida. Me imagino que Barack opinaba lo mismo respecto a las suyas.

Para mí, la gran revelación sobre la terapia resultó ser la siguiente: no había validación de ningún tipo. El doctor Marmota no tomaba partido por nadie. En lo relativo a nuestros desacuerdos, nunca ejercía el voto decisivo. Por el contrario, escuchaba con empatía y paciencia, nos guiaba por el laberinto de nuestras emociones, distinguía nuestras armas de nuestras heridas. Nos llamaba la atención cuando nos poníamos demasiado a la defensiva y formulaba preguntas minuciosas con el fin de que reflexionáramos a fondo sobre por qué sentíamos lo que sentíamos. Poco a poco, después de hablar durante horas, el nudo empezó a aflojarse. Cada vez que Barack y yo salíamos de su consulta, nos sentíamos un poco más unidos.

Comencé a comprender que podía encontrar maneras de estar más contenta sin que Barack tuviera que dejar la política y buscarse un trabajo de nueve a seis en una organización sin ánimo de lucro; de hecho, nuestras sesiones de terapia me habían enseñado que esa era una expectativa poco realista. Descubrí que había estado alimentando los aspectos más negativos de mí misma, que había partido de la convicción de que la situación era injusta y después, como abogada formada en Harvard, había procedido a recopilar pruebas que reforzaran esa hipótesis. Me planteé una nueva hipótesis: la de que tal vez tenía más control sobre mi felicidad del que yo misma me permitía ejercer. Estaba demasiado ocupada guardando rencor a Barack por encontrar huecos en su agenda para ir al gimnasio, por ejemplo, antes que pensar en cómo arreglármelas para hacer ejercicio con regularidad yo también. Gastaba tanta energía preocupándome por si Barack llegaría o no a tiempo para cenar, que las cenas, con o sin él, ya no resultaban divertidas.

Ese fue mi punto de giro, mi momento de autodetención. Como una escaladora al resbalar por el hielo de una ladera, clavé el piolet en el suelo. Eso no significaba que Barack no realizara sus propios cambios —la terapia lo ayudó a detectar las deficiencias en nuestra comunicación, y se esforzó por mejorarla—, pero yo hice los míos, y resultaron beneficiosos para mí, y luego para los dos. Para empezar, recuperé el compromiso con la salud. Barack y yo éramos socios del mismo gimnasio, que dirigía un preparador físico jovial y motivador llamado Cornell McClellan. Yo había entrenado con él durante un par de años, pero tener a las niñas había alterado mi rutina. El remedio llegó a través de mi abnegada madre, quien, aunque seguía trabajando a tiempo completo, se ofreció para acudir a nuestra casa a las cinco menos cuarto de la mañana varios días por semana para que yo pudiera ir corriendo al gimnasio de Cornell, asistir al entrenamiento de las cinco con una amiga y llegar a casa antes de las seis y media para levantar a las niñas y prepararlas para su día. Ese nuevo régimen lo cambió todo: la serenidad y la fuerza, dos cualidades que temía estar perdiendo, se reavivaron en mí.

En cuanto al asunto de la cena en casa, impuse nuevos límites más convenientes para las niñas y para mí. Elaboramos nuestro horario y nos ceñimos a él. La cena era a las seis y media. Los baños, a las siete, seguidos por la lectura de cuentos y los achuchones, y las luces se apagaban a las ocho en punto. Esa rutina era inamovible y hacía recaer sobre Barack la responsabilidad de llegar a tiempo o no. Para mí era mucho más razonable que aplazar la cena o tener a las niñas esperando su abrazo muertas de sueño. Se ajustaba más a mi deseo de que crecieran fuertes, centradas y libres de cualquier forma de patriarcado de la vieja escuela: no quería que creyeran nunca que la vida comenzaba cuando aparecía el hombre de la casa. Ya no esperábamos a papá. Le correspondía a él alcanzarnos a nosotras.

15

En Clybourn Avenue, justo al norte del centro de Chicago, había un paraíso extraño que parecía construido para los trabajadores con hijos, construido para mí: una zona comercial típica y gloriosamente estadounidense. Incluía tiendas como el BabyGap, un Best Buy, un Gymboree y un CVS, entre otros establecimientos de cadenas, grandes y pequeños, cuyo objetivo era satisfacer cualquier necesidad urgente del cliente, desde un desatascador de retretes hasta un aguacate maduro, pasando por un gorro de ducha tamaño infantil. Por si eso no fuera lo bastante bueno, cerca había un Container Store y un restaurante Chipotle. Era el sitio ideal para mí. Podía aparcar el coche, hacer una visita relámpago a un par de tiendas para comprar lo que necesitara, pedir un *burrito bowl* y estar de vuelta frente a mi escritorio en menos de sesenta minutos. Se me daba de maravilla aprovechar la hora del almuerzo: reponía calcetines perdidos, compraba regalos para la criatura a la que le tocara celebrar su quinto cumpleaños el sábado, me aprovisionaba y reaprovisionaba de cartones de zumo y envases individuales de puré de manzana.

Sasha y Malia, que tenían ya tres y seis años respectivamente, eran enérgicas, listas y crecían deprisa. Su vigor me dejaba sin resuello, lo que no hacía más que aumentar el encanto de la zona comercial. Había ocasiones en que me quedaba sentada sola en el coche, en el aparcamiento, zampándome la comida rápida con la radio encendida, llena de alivio e impresionada por mi eficiencia. Así era la vida con niñas pequeñas. A veces, ese era el éxito para mí. Había conseguido el puré de manzana. Estaba almorzando. Todos seguían vivos.

«Fijaos en lo bien que me las apaño —tenía ganas de decir en esos momentos a mi público inexistente—. ¿Veis todos cómo lo estoy logrando?»

Así era yo a los cuarenta, un poco June Cleaver, un poco Mary Tyler Moore. En mis mejores días, me atribuía el mérito de haberlo conseguido. Había alcanzado lo que parecía un equilibrio elegante en la vida, siempre y cuando se mirara desde lejos y con los ojos entornados, pero al menos era algo semejante al equilibrio. El empleo en el hospital había resultado ser un buen trabajo, exigente, satisfactorio y acorde con mis convicciones. De hecho, me asombraba que una institución grande y bien considerada como aquel centro médico universitario, con noventa y cinco empleados, estuviera regentada de forma tradicional, sobre todo por académicos que se dedicaban a la investigación médica, escribían artículos y, en general, tenían tanto miedo del barrio que los rodeaba que ni siquiera se atrevían a cruzar una calle fuera del campus. Para mí, ese miedo era estimulante. Me impulsaba a levantarme cada mañana.

Yo había vivido casi toda mi existencia al lado de esas barreras, advirtiendo el nerviosismo de los blancos en mi barrio, fijándome en las maneras sutiles en las que las personas con cierta influencia se apartaban de mi comunidad, atraídas por círculos de prosperidad que parecían cada vez más lejanos. Trabajar allí constituía una invitación a reparar parte de esos daños, a derribar las barreras que pudiera, más que nada animando a la gente a conocerse mejor. Mi nuevo jefe me apoyaba y me concedía libertad para elaborar mi propio programa con el fin de forjar una relación más sólida entre el hospital y la comunidad circundante. Al principio, había una persona que trabajaba para mí, pero acabé dirigiendo un equipo de veintidós. Instituí programas para llevar al personal hospitalario y a los miembros del consejo de administración a los distintos barrios del South Side, a que visitaran centros comunitarios y escuelas, a que se apuntaran como tutores, mentores y jueces de ferias de ciencias, a que probaran los garitos de barbacoa locales. Contratamos a chicos de la zona como auxiliares de los empleados del hospital, establecimos un programa para aumentar el número de voluntarios entre los vecinos y colaboramos con un instituto académico de verano, a través de la facultad de Medicina, para animar a los estudiantes de la comunidad a plantearse la posibilidad de convertirse en médicos. Tras darme cuenta de que el sistema hospitalario no contrataba a suficientes empresas dirigidas por miembros de minorías y mujeres para que prestaran servicios externos, ayudé también a montar la Oficina de Diversidad Empresarial.

Por último, estaba la cuestión de las personas que requerían atención con urgencia. El South Side, con algo más de un millón de habitantes, tenía escasez de proveedores de servicios médicos, por no hablar de una población afectada de forma desproporcionada por las dolencias crónicas que tienen mayor incidencia entre los pobres: asma, diabetes, hipertensión, cardiopatías. Como había una cantidad ingente de personas sin seguro y muchas otras dependían del Medicaid, la sala de urgencias del hospital universitario solía estar abarrotada de pacientes que a menudo solo buscaban algo equivalente a una consulta de rutina, o que habían pasado tanto tiempo sin cuidados preventivos que ahora necesitaban ayuda de manera imperiosa. Se trataba de un problema flagrante, caro, ineficiente y estresante para todos los implicados. Por otro lado, las visitas a urgencias no contribuían mucho a potenciar la salud a largo plazo. Afrontar ese problema se convirtió en un objetivo importante para mí. Entre otras cosas, comenzamos a contratar y formar a defensores del paciente —por lo general, vecinos amables y atentos— para que se sentaran con ellos en la sala de urgencias, los ayudaran a programar visitas de seguimiento en centros de salud comunitarios y los orientaran respecto a dónde podían conseguir cuidados médicos aceptables y asequibles.

Aunque mi empleo era tan interesante como gratificante, tenía que procurar que no me absorbiera del todo. Sentía que se lo debía a mis niñas. Nuestra decisión de dejar que Barack continuara con su

trayectoria profesional como antes —conferirle la libertad de mol-
dear y perseguir sus sueños— me impulsaba a moderar mi propia
dedicación al trabajo. De forma casi deliberada, me inhibía un poco
ante mis ambiciones y reculaba en situaciones en las que por lo
general daría un paso al frente. No sé con certeza si alguien de mi
entorno habría opinado que no me esforzaba lo suficiente, pero
siempre era consciente de aquello que habría podido llevar adelante y de aquello que no. Hubo proyectos a pequeña escala que opté
por no asumir. Había empleados jóvenes a los que habría podido
guiar mejor. Se habla mucho de las renuncias que las madres trabajadoras se ven obligadas a hacer. Esas eran las mías. Si en otra época
me volcaba de lleno en cada tarea, ahora era más precavida, más
celosa de mi tiempo, pues sabía que debía ahorrar energías para la
vida en casa.

Aunque mis metas giraban sobre todo en torno a alcanzar la normalidad y la estabilidad, esas nunca serían las metas de Barack. Nos
habíamos vuelto más hábiles a la hora de reconocer ese hecho y
aceptarlo. Un yin, un yang. Yo anhelaba el orden y la rutina; él no.
Él podía vivir en medio del océano; yo necesitaba una barca. Al
menos, cuando Barack se hallaba en casa se empleaba a fondo en
estar presente, jugando en el suelo con las niñas, leyendo en voz alta
Harry Potter con Malia por la noche, riéndose de mis bromas y abra-
zándome, recordándonos su amor y su constancia antes de desaparecer de nuevo durante media semana o más. Aprovechábamos al
máximo los huecos en su agenda comiendo juntos y viéndonos con
amigos. (A veces) me dejaba ver *Sexo en Nueva York*. (A veces) yo
le dejaba ver *Los Soprano*. Me había hecho a la idea de que estar
ausente tan solo formaba parte de su trabajo. No me gustaba pero,
en buena parte, había dejado de luchar contra ello. Barack podía
terminar alegremente el día en un hotel lejano, aunque estuviera
gestándose toda clase de batallas políticas y quedaran cabos sueltos.
Mientras tanto, mi razón para vivir era el refugio del hogar, la sen-

sación de completitud que me invadía todas las noches cuando arropaba a Sasha y a Malia en la cama mientras oía el rumor del lavavajillas en la cocina.

De todos modos, no tenía otro remedio que adaptarme a las ausencias de Barack, pues no tenían visos de acabarse. Además de su trabajo habitual, volvía a estar en campaña, esa vez para ocupar un puesto en el Senado de Estados Unidos, con vistas a las elecciones del otoño de 2004.

Estaba cada vez más inquieto en Springfield, frustrado por las actuaciones confusas del gobierno estatal, convencido de que podría conseguir más y mejores resultados en Washington. Conscientes de que yo tenía muchos motivos para oponerme a que se presentara al Senado, pero también de que él tenía un contraargumento que esgrimir, acordamos a mediados de 2002 celebrar una reunión informal con una docena de nuestros amigos más cercanos, a la hora del *brunch* y en casa de Valerie Jarrett, con la intención de exponerles la situación y pedirles su opinión al respecto.

Valerie vivía en una torre de apartamentos en Hyde Park, no muy lejos de nuestra casa. Tenía un piso moderno e impecable, de paredes y muebles blancos, con los toques de color que aportaban unos ramilletes de orquídeas de exquisitos tonos vivos. En aquel entonces era vicepresidenta ejecutiva de una empresa inmobiliaria y miembro del consejo de administración del centro médico de la Universidad de Chicago. Me había apoyado en Public Allies cuando trabajaba allí y había ayudado a recaudar fondos para las diversas campañas de Barack, valiéndose de su amplia red de contactos para promover nuestras causas. Debido a eso, y a su carácter afable y prudente, había acabado por ocupar un lugar curioso en nuestra vida. Nuestra amistad era de índole personal y profesional. Y era tan amiga mía como de Barack, lo que, según mi experiencia, no era habitual en una pareja. Yo tenía mi pandilla de mamás dinámicas, y él, en los pocos ratos libres que le quedaban, jugaba al baloncesto con un grupo de amigotes. Había parejas con las que teníamos una buena amistad, cuyos hijos se llevaban muy bien con las nuestras, familias con las que nos gustaba ir de vacaciones. Pero Valerie era algo distinto, una hermana mayor tanto para Barack como para mí que nos ayudaba a tomar distancia de los problemas que se nos presentaban y analizarlos con cierta perspectiva. Nos veía con claridad a nosotros y nuestros objetivos, y se mostraba protectora con ambos.

Por otro lado, me había comentado en privado unos días antes que no le convencía que Barack se presentara al Senado, así que llegué al *brunch* esa mañana creyendo que tenía la discusión ganada.

Pero me equivocaba.

Barack explicó ese día que aquellas elecciones al Senado representaban una oportunidad única. Creía que tenía posibilidades reales de salir electo. El senador en funciones, Peter Fitzgerald, un republicano conservador en un estado que simpatizaba cada vez más con los demócratas, tenía dificultades para conservar el apoyo de su propio partido. Era probable que se presentaran varios candidatos a las primarias, lo que significaba que a Barack le bastaría con obtener la mayoría relativa para hacerse con la candidatura demócrata. En cuanto al dinero, me aseguró que aquello no afectaría a nuestra economía personal. Cuando le pregunté cómo costearíamos nuestros gastos básicos manteniendo una casa en Washington y otra en Chicago, me respondió: «Bueno, escribiré otro libro, un libro importante con el que ganaremos dinero».

Eso me arrancó una carcajada. Barack era la única persona que conocía que era tan optimista como para pensar que un libro podía resolver cualquier problema. Le dije en broma que era como el muchachito del cuento de «Jack y las habichuelas», que cambiaba el medio de vida de su familia por un puñado de habichuelas mágicas, convencido, en lo más profundo de su ser, de que algo bueno saldría de ellas, aunque nadie más lo creía.

En todos los demás aspectos, la lógica de Barack era de una solidez descorazonadora. Mientras hablaba, observé la expresión de Valerie y advertí que él estaba ganando puntos a sus ojos rápidamente, pues ofrecía una respuesta a cada pregunta que le planteábamos con escepticismo. Sabía que sus palabras tenían sentido, pero

tuve que contener el impulso de echarle en cara todas las horas de
más que había pasado lejos de nosotras, por no mencionar la sombra
de una posible mudanza a Washington que se cernía sobre nosotros.
Aunque llevábamos años discutiendo por los efectos negativos de su
carrera política sobre nuestra familia, seguía amándolo y confiando
en él. Ya era un hombre con dos familias, que repartía su atención
entre las niñas y yo y sus cerca de doscientos mil electores del South
Side. ¿Tan distinto sería compartirlo con el estado de Illinois? No
tenía manera de saberlo, pero tampoco podía interponerme entre él
y sus aspiraciones, aquella fuerza que lo empujaba a llegar más lejos.

Así que ese día hicimos un trato. Valerie accedió a ser la coor-
dinadora de finanzas de la campaña de Barack al Senado. Varios
amigos accedieron a donar tiempo y dinero a la causa. Yo me desen-
tendí de todo, con una salvedad importante, que repetí en voz bien
alta para que todos la oyeran: si perdía, abandonaría la política para
siempre y se buscaría otra clase de trabajo. Si el día de las elecciones
las cosas no salían bien, aquello sería el final.

El final, de verdad y de forma definitiva.

Sin embargo, lo que el futuro inmediato deparaba a Barack era
una serie de golpes de suerte. Para empezar, Peter Fitzgerald decidió
no presentarse a la reelección, lo que dejaba el campo libre a los
aspirantes y los recién llegados relativos, como mi marido. Luego,
tanto el favorito demócrata para las primarias como el candidato
propuesto en consecuencia por los republicanos se vieron envueltos
en escándalos relacionados con sus exesposas. Cuando faltaban solo
unos meses para las elecciones, Barack ni siquiera tenía un rival republicano.

Hay que reconocer que había realizado una campaña excelente,
pues había aprendido mucho de su fallida postulación al Congreso.
Había derrotado a siete adversarios en las primarias y obtenido más
de la mitad de los votos para la candidatura. Cuando viajaba por el
estado e interactuaba con sus votantes en potencia, era el mismo
hombre que en casa: gracioso y encantador, inteligente y preparado.
Sus respuestas algo ampulosas a las preguntas que le formulaban en

los foros municipales y los debates de campaña parecían reforzar la idea de que su lugar estaba en la cámara senatorial. Aun así, al margen de sus esfuerzos, el camino de Barack al Senado parecía tapizado de tréboles de cuatro hojas.

Por otra parte, todo eso fue antes de que John Kerry lo invitara a pronunciar el discurso inaugural de la Convención Nacional Demócrata de 2004, que se celebraría en Boston. Kerry, en aquel entonces senador por Massachusetts, estaba enzarzado con George W. Bush en una lucha encarnizada por la presidencia.

En medio de todo aquello, mi marido era un don nadie absoluto, un modesto legislador estatal que nunca se había dirigido a una multitud de quince mil personas o más, como la que habría en Boston. Nunca había usado un teleprónter ni había aparecido en directo por televisión en horario de máxima audiencia. Era un recién llegado, un negro en lo que históricamente había sido territorio de hombres blancos, que había surgido de la nada con un nombre raro y unos orígenes extraños, con la esperanza de conectar con los demócratas de a pie. Como más tarde reconocerían los comentaristas televisivos, elegir a Barack Obama para que hablara ante un público de millones de personas había sido una apuesta muy arriesgada.

A pesar de todo, con su estilo curioso y su tendencia a los circunloquios, parecía destinado a protagonizar justo ese momento. Yo lo sabía porque había visto de cerca los engranajes de su mente girar sin parar. A lo largo de los años, había sido testigo de cómo devoraba libros, periódicos e ideas, de cómo se le iluminaba la mirada cada vez que hablaba con alguien que compartía con él su experiencia o sus conocimientos. Atesoraba cada brizna de ello. Ahora comprendo que estaba construyendo una visión, que además no era precisamente modesta. Era justo aquello para lo que yo había tenido que hacer un hueco en nuestra vida en común, con lo que había tenido que convivir, aunque fuera a regañadientes. En ocasiones me exasperaba en extremo, pero era también una faceta de Barack de la que yo jamás renegaría. Había estado trabajando en aquello, de forma discreta y meticulosa, desde que lo conocía. Y por fin el tamaño del público sería comparable a la magnitud de lo que él creía posible. Estaba preparado para esa llamada. Lo único que tenía que hacer era hablar.

«Debió de ser un buen discurso» se convertiría más tarde en una frase recurrente mía. Era una broma privada entre Barack y yo, y me dio por repetirla a menudo y con ironía después de la noche del 2 de julio de 2004.

Había dejado a las niñas en casa con mi madre y cogido un avión para estar con él en Boston cuando pronunciara el discurso. Me encontraba de pie a un lado del escenario del centro de congresos cuando salió al resplandor caluroso de los focos, a la vista de millones de personas. Estaba un poco nervioso y yo también, pero ambos nos esforzábamos por disimularlo. Al fin y al cabo, así funcionaba Barack. Cuanta más presión soportaba, más tranquilo parecía. Había trabajado en las notas a lo largo de dos semanas, entre votación y votación del Senado de Illinois. Había memorizado el discurso y lo había ensayado con cuidado, hasta el punto de no necesitar el teleprónter, a menos que los nervios lo traicionaran y la mente se le quedara en blanco. Pero no fue eso lo que sucedió, ni mucho menos. Barack tendió la mirada hacia el público y las cámaras de televisión, y, como si pusiera en marcha un motor interno, sonrió y arrancó.

Esa noche, durante diecisiete minutos, explicó quién era y de dónde venía: habló de su abuelo, un soldado que había servido en el ejército de Patton; de su abuela, que había trabajado en una cadena de montaje durante la guerra; de su padre, que de joven había sido pastor de cabras en Kenia; del amor improbable de sus padres, de su fe en lo que una buena educación podía significar para un hijo que no había nacido en el seno de una familia rica o con buenos contactos. Con seriedad y elocuencia, se presentó no como un marginado, sino como una auténtica encarnación del sueño americano. Recordó al público que el país no podía quedar dividido entre demócratas y republicanos, que nos unía nuestra condición humana, el interés por el bienestar de toda la sociedad. Lanzó un llamamiento a luchar por que la esperanza prevaleciera sobre el cinismo. Hablaba con esperanza, irradiaba esperanza; en realidad, su discurso era casi un canto a la esperanza.

Fueron diecisiete minutos de la oratoria hábil y natural de Barack, diecisiete minutos en los que puso de manifiesto su optimismo profundo y deslumbrante. Cuando concluyó con una última muestra de apoyo a John Kerry y su compañero de papeleta, John Edwards, la multitud se puso en pie con un rugido y le dedicó un aplauso que retumbó entre las gradas. Salí a las luces cegadoras del escenario, con tacones altos y un traje blanco, y felicité a Barack con un abrazo antes de que los dos nos volviéramos para saludar al público enfervorizado.

El ambiente era electrizante, y el ruido, ensordecedor. Que Barack era una buena persona con una mente privilegiada y una confianza inquebrantable en la democracia había dejado de ser un secreto. Aunque estaba orgullosa de lo que él había hecho, no me sorprendía. Era el hombre con el que me había casado. Conocía sus aptitudes desde el principio. En retrospectiva, creo que fue entonces cuando empecé a abandonar en mi fuero interno la idea de que aquello tenía vuelta atrás, de que algún día él nos pertenecería solo a las niñas y a mí. Casi alcanzaba a oír la cadencia de los aplausos. «Queremos más, queremos más.»

Los medios reaccionaron de forma hiperbólica al discurso de Barack. «Acabo de ver al primer presidente negro», declaró Chris Matthews a sus colegas comentaristas de la NBC. Al día siguiente, un titular de la portada del *Chicago Tribune* rezaba, simplemente: «El fenómeno». El teléfono móvil de Barack sonaba sin parar. Los expertos que salían en las cadenas de noticias por cable lo calificaban de «estrella del rock» y «éxito fulgurante», como si no se hubiera pasado años preparando el terreno para ese momento en el escenario, como si el discurso lo hubiera creado a él, y no al revés. A pesar de todo, el discurso supuso el principio de algo nuevo, no solo para Barack sino para toda la familia. Nos arrastró hasta un nivel superior de notoriedad y hasta las aguas turbulentas de las expectativas ajenas.

El asunto resultaba de lo más surrealista. Lo único que podía hacer era bromear sobre ello.

«Debió de ser un buen discurso», comentaba encogiéndome de hombros cuando la gente empezó a abordar a Barack por la calle para pedirle un autógrafo o decirle cuánto le habían gustado sus palabras. «Debió de ser un buen discurso», comenté cuando, al salir de un restaurante, nos encontramos a una multitud esperándolo en la acera. Pronuncié la misma frase cuando los periodistas empezaron a pedir a Barack su opinión sobre cuestiones nacionales relevantes, cuando estrategas políticos de alto nivel comenzaron a revolotear alrededor de él o cuando, nueve años después de la publicación del casi desconocido *Los sueños de mi padre*, una reedición en rústica llegó a la lista de los más vendidos de *The New York Times*.

«Debió de ser un buen discurso», dije cuando una radiante y animada Oprah Winfrey se presentó en la puerta de nuestra casa con el fin de pasar el día en nuestro hogar y entrevistarnos para su revista.

¿Qué nos estaba pasando? Apenas conseguía mantenerme al tanto de todos los cambios. En noviembre, Barack resultó elegido para el Senado de Estados Unidos, con el setenta por ciento de los votos de todo Illinois, el mayor margen en la historia de ese estado y la victoria más arrolladora que cualquier candidato al Senado hubiera conseguido ese año en todo el país. Había obtenido una mayoría sustancial entre los negros, los blancos y los hispanos; hombres y mujeres; ricos y pobres; la población urbana, la suburbana y la rural. Un día viajamos a Arizona para una escapada rápida y una multitud de admiradores lo rodearon también allí. Eso constituía para mí un indicador extraño pero real de su fama: incluso los blancos lo reconocían ahora.

Me aferraba a lo que quedaba de mi vida normal. Cuando estábamos en casa, todo seguía igual. Cuando estábamos con amigos y familiares, todo seguía igual. Con nuestras hijas, todo era siempre igual. Pero fuera de esos círculos, todo era distinto. Barack iba y venía en avión de Chicago a Washington, y viceversa, constantemente. Allí tenía un despacho en el Senado y un apartamento en un edificio destartalado en Capitol Hill, pequeño y de una sola habitación, que ya había abarrotado de libros y papeles, convirtiéndolo en su otro «agujero». Cuando lo visitaba con las niñas, ni siquiera fingíamos querer alojarnos allí, así que reservábamos una habitación de hotel para los cuatro.

En Chicago, me ceñía a mi rutina. Gimnasio, trabajo, casa, y vuelta a empezar. Los platos en el lavavajillas. Clases de natación, fútbol y ballet. Mantenía el ritmo de siempre. Ahora Barack tenía una vida en Washington, revestida de la solemnidad que entrañaba el cargo de senador, pero yo seguía siendo la misma y llevaba la misma existencia cotidiana. Un día estaba sentada en mi coche, en el aparcamiento de la zona comercial de Clybourn Avenue, comiendo algo de Chipotle y dedicándome un poco de tiempo a mí misma después de una visita rápida a BabyGap, cuando mi secretaria me llamó al móvil desde la oficina para preguntarme si podía pasarme una llamada. Era de una mujer en Washington —la esposa de un senador a la que no conocía— que había intentado localizarme varias veces.

—Claro, pásamela —respondí.

Y entonces oí la voz agradable y cálida de la esposa del senador.

—¡Vaya, hola! —exclamó—. ¡Qué alegría, hablar por fin contigo!

Le aseguré que yo también estaba encantada de hablar con ella.

—Solo te llamaba para darte la bienvenida y para comunicarte que nos gustaría invitarte a formar parte de algo muy especial —dijo.

Me había telefoneado para pedirme que ingresara en una especie de organización privada, un club que, por lo que entendí, estaba integrado en su mayor parte por esposas de personalidades destacadas de Washington. Se reunían con regularidad para almorzar y charlar sobre los asuntos del día.

—Es una forma agradable de conocer gente, y sé que no siempre resulta fácil cuando eres nueva en la ciudad —añadió.

En toda mi vida, nunca me habían pedido que me uniera a un club. Cuando estaba en el instituto, mis amigos se iban a esquiar con sus grupos de la organización Jack and Jill. En Princeton, a veces esperaba despierta a que Suzanne regresara a casa, mareada y risueña, de sus fiestas en la hermandad. Daba la impresión de que la mitad de los abogados de Sidley eran socios de algún club de campo. Yo había visitado muchos de esos clubes a lo largo de los años, con el fin de recaudar fondos para Public Allies o las campañas de Barack. Había descubierto enseguida que en esas asociaciones abundaba el dinero. Pertenecer a ellas significaba algo más que pertenecer a ellas.

Aunque se trataba de una oferta amable y sincera, la decliné gustosa.

—Gracias —dije—. Es todo un detalle que me tengáis en cuenta. Pero lo cierto es que hemos decidido que no me mudaré a Washington.

Le informé de que teníamos dos hijas pequeñas escolarizadas en Chicago y que yo estaba muy implicada en mi trabajo. Le expliqué que Barack estaba adaptándose a la vida en Washington y que viajaba a casa cuando podía. No mencioné que estábamos tan apegados a Chicago que nos habíamos planteado comprar una nueva casa, gracias a los derechos de autor que Barack empezaba a cobrar por las ventas de la reedición de *Los sueños de mi padre* y a que le habían hecho una oferta generosa por un segundo libro: el fruto sorpresa de las habichuelas mágicas de Barack.

La esposa del senador se quedó callada, haciendo una pausa con delicadeza. Cuando habló de nuevo, fue en un tono cordial.

—Eso puede ser muy duro para un matrimonio, ¿sabes? —dijo—. Las familias se rompen.

Noté que estaba juzgándome. Ella llevaba muchos años en Washington. Estaba insinuándome que había visto que las cosas se torcían cuando un cónyuge se quedaba atrás, que la decisión que yo había tomado era peligrosa, que solo existía una manera correcta de ser esposa de un senador y que yo había elegido mal.

Le di las gracias de nuevo, colgué y exhalé un suspiro. Para empezar, yo no había elegido nada de eso. Me había convertido en la mujer de un senador de Estados Unidos, como ella —se había referido a mí como «señora Obama» durante la conversación—, pero eso no quería decir que tuviera que renunciar a todo para apoyarlo. En realidad, no quería renunciar a nada.

Sabía que había otros senadores con cónyuges que habían optado por vivir en su ciudad de origen en vez de en Washington. Sabía que el Senado, catorce de cuyos cien miembros eran mujeres, no era una institución tan anticuada como en otras épocas. Aun así, se me antojaba muy presuntuoso que otra mujer me dijera que me equivocaba al no querer sacar a mis hijas de su colegio ni abandonar mi empleo. Unas semanas después de las elecciones, había ido con Barack a Washington a una jornada de orientación para senadores recién electos y sus parejas. Ese año solo asistimos unos pocos y, después de una presentación rápida, los políticos se fueron por un lado mientras a los cónyuges nos guiaban a otra sala. Tenía varias preguntas que formular, pues sabía que los políticos y sus familias debían regirse por un estricto código ético federal que establecía de qué personas podían aceptar regalos o cómo podían pagar los viajes de ida o vuelta a Washington. Había supuesto que tal vez hablaríamos de cómo afrontar situaciones sociales con los miembros de grupos de presión o de las particularidades legales de la recaudación de dinero para campañas futuras.

Lo que nos brindaron, sin embargo, fue una disquisición detallada sobre la historia y la arquitectura del Capitolio, así como la oportunidad de echar un vistazo a los diseños oficiales de la vajilla de porcelana del Senado, y después un almuerzo cordial acompañado de una charla animada. Aquello duró horas y horas. Tal vez me habría hecho gracia si no hubiera tenido que pedir el día libre en el trabajo y dejar a las niñas con mi madre para poder estar allí. Ya que iba a ser la cónyuge de un político, quería tomarme el papel en serio. La política en sí no me interesaba, pero tampoco quería meter la pata.

La verdad es que Washington me confundía, por sus tradiciones decorosas y su sobrio egocentrismo, el predominio de varones blancos, el hecho de que las damas tuvieran que comer aparte. En el centro de mi confusión yacía una especie de temor, porque a pesar de que yo no me había introducido en ese mundo por voluntad propia notaba que empezaba a absorberme. Era la señora Obama desde hacía doce años, pero eso comenzaba a cobrar un significado distinto. Al menos en algunas esferas, el título se me antojaba degradante, como si fuera una señora definida por su señor. Era la esposa de Barack Obama, la estrella del rock de la política, la única persona negra del Senado, el hombre que había hablado de la esperanza y la tolerancia con palabras tan conmovedoras y contundentes que un revuelo expectante lo seguía a todas partes.

Mi esposo era senador, pero, por algún motivo, la gente parecía querer saltarse esa etapa. Todos estaban ansiosos por saber si se presentaría a la presidencia en 2008. No había manera de eludir la pregunta. Todos los periodistas se la hacían. Casi todas las personas que lo abordaban por la calle se la hacían. Mis colegas del hospital se quedaban parados en mi puerta y dejaban caer la pregunta con aire despreocupado, tanteando el terreno para conseguir una primicia. Hasta Malia, que tenía seis años y medio el día que se puso un vestido de terciopelo rosa y se quedó de pie junto a Barack mientras juraba el cargo de senador ante Dick Cheney, quería saberlo. A diferencia de muchos de los demás, sin embargo, nuestra alumna de primero era lo bastante juiciosa para intuir lo prematuro que era aquello. «Papá, ¿vas a intentar ser presidente? —le preguntó—. ¿No crees que antes deberías ser vicepresidente o algo así?»

Yo compartía el punto de vista de Malia en ese asunto. Dado mi pragmatismo de toda la vida, siempre le aconsejaría una estrategia gradual, un avance metódico, paso a paso. Sentía una inclinación nata por las esperas largas y sensatas. Por eso experimentaba cierto alivio cada vez que oía a Barack pararles los pies a quienes lo abordaban, respondiéndoles con una modestia ingenua, sorteando las preguntas sobre la presidencia con la afirmación de que todos sus planes se centraban en arremangarse y trabajar duro en el Senado. A menudo recordaba a la gente que no era más que un miembro de bajo nivel del partido minoritario, un jugador de segunda fila. Y a veces añadía que tenía que criar a dos hijas.

Pero los tambores ya habían empezado a sonar. Costaba silenciarlos. Barack estaba escribiendo el libro que más adelante se titularía *La audacia de la esperanza*, reflexionando a fondo sobre sus creencias y su visión para el país, traduciéndolas a palabras en sus blocs rayados a altas horas de la noche. Me confesó que en realidad se contentaba con quedarse donde estaba, aumentando su influencia poco a poco y esperando su turno para hablar en la cacofonía deliberativa del Senado. Pero de pronto se desató una tormenta.

El huracán Katrina azotó la costa estadounidense del golfo de México a finales de agosto de 2005, desbordando los diques de Nueva Orleans, anegando las zonas bajas, dejando a muchas personas —negros, en su mayoría— atrapadas en los tejados de sus casas en ruinas. Las secuelas fueron espeluznantes, y los reportajes de los medios mostraban imágenes de hospitales sin fuentes de energía de reserva, familias angustiadas conducidas como ganado hasta el Superdome, equipos de emergencia paralizados por falta de suministros. Al final, el huracán dejó unos mil ochocientos muertos y más de medio millón de desplazados, una tragedia agravada por la torpe reacción del gobierno federal. Puso de manifiesto de forma desgarradora las divisiones estructurales de nuestro país y, sobre todo, la enorme y desproporcionada vulnerabilidad de los afroamericanos y los pobres de todas las razas cuando las cosas se ponían feas.

¿Dónde había quedado la esperanza?

Veía las noticias sobre el Katrina con un nudo en el estómago, pensando que si una catástrofe se hubiera abatido sobre Chicago muchos de mis tíos, primos y vecinos habrían corrido una suerte parecida. Barack reaccionó de un modo no menos emotivo. Una semana después del huracán, voló a Houston para unirse al expresidente George H.W. Bush, y a Bill y Hillary Clinton, en ese entonces colega suya en el Senado, y pasar un rato con las decenas de miles de evacuados de Nueva Orleans que habían buscado refugio en el

Astrodome. Esa experiencia despertó algo en su interior, esa sensación acuciante de que aún no estaba haciendo lo suficiente.

Ese fue el primer pensamiento que me vino a la mente cerca de un año después, cuando los redobles de tambor se tornaron ensordecedores y la presión que soportábamos nos parecía inmensa. Aunque seguíamos ocupándonos de nuestros asuntos cotidianos, la pregunta de si Barack se presentaría a la presidencia tensaba el ambiente en torno a nosotros. ¿Lo haría? ¿Querría? ¿Debía hacerlo? En el verano de 2006, los encuestados que respondían a un cuestionario de preguntas abiertas incluían a Barack entre los presidenciables, aunque Hillary Clinton era su primera opción, con diferencia. Al llegar el otoño, no obstante, la popularidad de Barack había empezado a aumentar, en parte gracias a la publicación de *La audacia de la esperanza* y sus numerosas apariciones en los medios propiciadas por la gira de presentación de su libro. De pronto, las encuestas lo colocaban empatado o incluso por delante de Al Gore y John Kerry, los dos candidatos anteriores del Partido Demócrata, lo que evidenciaba su potencial. Yo sabía que había mantenido conversaciones privadas con amigos, asesores y posibles donantes, a quienes daba a entender que estaba rumiando la idea. Pero había una conversación que rehuía: la que le tocaba mantener conmigo.

Conocía mi opinión, por supuesto. Habíamos hablado de ello indirectamente, de forma tangencial al tratar otros temas. Llevábamos mucho tiempo conviviendo con las expectativas de otras personas que estaban implícitas en casi todas nuestras conversaciones. El potencial de Barack se sentaba con nuestra familia a la mesa del comedor. El potencial de Barack subía al coche con nosotras y acompañaba a las niñas al colegio y a mí a mi trabajo. Se encontraba allí incluso cuando no queríamos, envolviéndolo todo en una energía extraña. Desde mi punto de vista, mi esposo ya estaba haciendo más que suficiente. Esperaba que siguiera el camino más prudente, que se preparara despacio, que permaneciera en el Senado hasta que llegara el momento oportuno y que aguardara a que las chicas fueran mayores…, hasta 2016, tal vez.

Desde el día que lo conocí, me pareció que Barack tenía la mirada puesta en un horizonte lejano, en su idea de cómo debía ser el mundo. Solo por una vez, yo quería que se conformara con la vida tal como era. No me cabía en la cabeza que fuera capaz de mirar a Sasha y a Malia, que ahora contaban cinco y ocho años respectivamente, con sus trenzas y su risueño entusiasmo, y no estar de acuerdo conmigo. En ocasiones, me dolía que no lo estuviera.

Estábamos montados en un balancín, los dos, el señor en un lado y la señora en el otro. Nos habíamos instalado en una bonita casa georgiana de ladrillo en el barrio de Kenwood, con un porche amplio y tres árboles en el jardín; justo la clase de residencia que Craig y yo contemplábamos boquiabiertos durante los paseos dominicales en el Buick de mi padre. Pensaba a menudo en él, en papá, y en todo lo que había invertido en nosotros. Deseaba con toda el alma que estuviera vivo, que pudiera ver cómo estaban desarrollándose las cosas. Craig era inmensamente feliz al fin, tras haber imprimido un giro a su vida al abandonar su empleo en la banca de inversión y entregarse de nuevo a su primer amor: el baloncesto. Después de trabajar unos años en Northwestern como ayudante, lo habían contratado como entrenador titular en la Universidad de Brown, en Rhode Island, e iba a volver a casarse, esa vez con Kelly McCrum, una directora de admisiones de la Costa Este, hermosa y con los pies en la tierra. Sus dos hijos eran ahora unos chicos altos y seguros de sí mismos, una muestra vívida de lo que la siguiente generación era capaz de conseguir.

Yo era la esposa de un senador, pero además, y lo que era más importante, tenía una carrera profesional. En primavera me habían ascendido a vicepresidenta del Centro Médico de la Universidad de Chicago. Me había pasado los últimos años supervisando el desarrollo del Programa de Colaboración Sanitaria del South Side, que ya había puesto a más de mil quinientos pacientes que habían acudido a nuestro departamento de urgencias en contacto con proveedores de servicios médicos que podían visitar con regularidad, tanto si estaban en condiciones de pagar como si no. Mi trabajo era algo personal para mí. Veía un flujo constante de pacientes negros que llegaban a la sala de urgencias con problemas que habían permanecido desatendidos durante mucho tiempo —pacientes de diabetes que no habían recibido tratamiento para sus problemas de circulación y necesitaban que les amputaran una pierna, por ejemplo—, y no podía evitar pensar en todas las visitas médicas que mi propio padre no había podido solicitar, en todos los síntomas de esclerosis múltiple que había minimizado para no alarmarnos, para no costar dinero a nadie, para ahorrarse trámites burocráticos o para no sentirse menospreciado por un médico blanco rico.

Me gustaba mi trabajo y también mi vida, aunque no era perfecta. Con Sasha a punto de entrar en primaria, tenía la sensación de encontrarme al inicio de una nueva etapa, que pronto me permitiría reavivar mis aspiraciones y plantearme nuevas metas. ¿Qué efectos tendría una campaña presidencial? Me lo arrebataría todo. Tenía suficiente experiencia para saberlo de antemano. Barack y yo habíamos vivido cinco campañas en el transcurso de once años, y cada una me había obligado a esforzarme un poco más para no renunciar a mis prioridades. Cada una había dejado una pequeña muesca en mi alma, y también en nuestro matrimonio. Temía que la carrera a la presidencia supusiera un mazazo demasiado fuerte. Barack pasaría más tiempo fuera que cuando estaba en Springfield o en Washington; sus ausencias no durarían media semana, sino semanas enteras; sus períodos de trabajo no serían de entre cuatro y ocho semanas con algunos días de descanso intercalados, sino de varios meses seguidos. ¿Qué consecuencias tendría eso para nuestra familia? ¿Qué efecto tendría la publicidad en nuestras hijas?

Yo hacía lo posible por no prestar atención a la vorágine que rodeaba a Barack, a pesar de que no daba señales de amainar. Los comentaristas de los canales de noticias por cable debatían sus posibilidades. David Brooks, columnista conservador de *The New York Times*, publicó un extraño artículo titulado «Corre, Barack, corre», en el que lo instaba a presentarse sin dudarlo. Aunque la gente ya lo reconocía en casi todas partes, yo seguía disfrutando del don de la invisibilidad. Un día de octubre, mientras hacía cola en una tienda, me fijé en la portada de la revista *Time* y tuve que desviar la mirada: en ella aparecía un primer plano del rostro de mi esposo, junto al titular: «Por qué Barack Obama podría ser el próximo presidente».

Albergaba la esperanza de que en algún momento el propio Barack pusiera fin a la especulación, declarara que no pensaba participar en la contienda y desviara la atención de los medios hacia otras personas. Pero no lo hacía. No quería. Quería presentarse. Y yo no quería que se presentara.

Cada vez que un periodista preguntaba si se uniría a la carrera por la presidencia, él se mostraba reacio a responder, y al final se limitaba a decir: «Sigo dándole vueltas. Se trata de una decisión familiar». Lo que en clave significaba: «Solo si Michelle me da permiso».

Las noches que Barack estaba en Washington, yo me metía en la cama con la sensación de que estaba sola contra el mundo. Quería a Barack en nuestra familia. Todos los demás parecían quererlo al frente del país. Contaba con un consejo de asesores —David Axelrod y Robert Gibbs, los dos estrategas de campaña que habían desempeñado un papel esencial para que resultara elegido para el Senado; David Plouffe, otro consultor de la empresa de Axelrod; Pete Rouse, su jefe de gabinete; y Valerie— que le mostraban un apoyo prudente pero unánime. Por otro lado, le habían dejado claro que las campañas presidenciales no se hacían a medias. Tanto Barack como yo teníamos que implicarnos al cien por cien. El reto le plantearía exigencias inimaginables. Sin descuidar sus obligaciones como senador, tendría que organizar y mantener una operación de campaña de costa a costa, desarrollar un programa electoral y recaudar una ingente cantidad de dinero. Mi deber consistiría no solo en dar apoyo tácito a la campaña, sino en participar en ella. Se esperaría de mí que estuviera dispuesta a dejarme ver, junto con nuestras hijas, que prodigara sonrisas de aprobación y estrechara muchas manos. Comprendí que a partir de ese momento todo giraría alrededor de él, por el bien de aquella causa superior.

Incluso Craig, que me había protegido con tanto celo desde el día que nací, se había dejado llevar por la emoción de una posible campaña por la presidencia. Una tarde me llamó expresamente para intentar convencerme. «Oye, Miche —dijo, y a continuación empleó la jerga del baloncesto—. Sé que esto te preocupa, pero si a Barack se le presenta la oportunidad de lanzar a canasta, tiene que aprovecharla. Lo entiendes, ¿no?»

Dependía de mí. Todo dependía de mí. ¿Estaba asustada, o simplemente cansada?

Para bien o para mal, me había enamorado de un hombre visionario y optimista, pero no ingenuo, que no se arredraba ante los conflictos y estaba fascinado por la complejidad del mundo. Curiosamente, la cantidad de trabajo que había que llevar a cabo no lo intimidaba. Decía que lo aterraba la idea de estar lejos de las niñas y de mí durante períodos largos, si bien me recordaba una y otra vez lo sólido que era nuestro amor. «Podremos soportarlo, ¿verdad? —me preguntó una noche tomándome de la mano, sentados en su estudio de la planta de arriba, cuando por fin se avino a hablar de ello en serio—. Somos fuertes e inteligentes, y las niñas también. Estaremos bien. Podemos permitírnoslo.»

Lo que quería decir era que sí, que una campaña nos costaría sacrificios. Tendríamos que renunciar a algunas cosas: el tiempo, nuestros ratos juntos, nuestra privacidad. Era demasiado pronto para calcular con exactitud la magnitud de esas renuncias, pero sin duda sería muy grande. Para mí, era como gastar dinero sin conocer el saldo de la cuenta. ¿Hasta dónde llegaba nuestra resiliencia? ¿Cuál era nuestro límite? ¿Qué nos quedaría al final? La incertidumbre por sí sola era como una amenaza, algo que podía ahogarnos. Al fin y al cabo, me había criado en el seno de una familia que creía en la previsión, que realizaba simulacros de incendio en casa y llegaba con antelación a todas partes. Al crecer en una comunidad de clase trabajadora con un progenitor discapacitado, había aprendido la enorme importancia de la planificación y la vigilancia. Podía marcar la diferencia entre la estabilidad y la pobreza. Los márgenes siempre parecían estrechos. Una semana sin sueldo podía dejarte sin electricidad; un trabajo escolar sin entregar podía bajarte la nota y tal vez dejarte fuera de la universidad.

Como había perdido a un compañero de clase por un incendio y había visto morir a Suzanne antes de que tuviera la oportunidad de ser adulta de verdad, había aprendido que el mundo podía ser brutal y arbitrario, que el trabajo duro no siempre garantizaba resultados positivos. En el futuro cobraría todavía más conciencia de ello, pero incluso entonces, mientras estábamos sentados en nuestra tranquila casa de ladrillo en nuestra tranquila calle, no podía ahuyentar el deseo de proteger lo que teníamos, de cuidar de nuestras niñas y olvidarme de lo demás, al menos hasta que fueran un poco mayores.

Sin embargo, también estaba la otra cara de la moneda, y tanto Barack como yo lo sabíamos. Habíamos contemplado la destrucción del Katrina desde nuestra posición lejana y privilegiada. Habíamos visto a padres alzando a sus bebés por encima del agua y a familias de afroamericanos intentando conservar la entereza en medio de la depravación deshumanizadora que se daba en el Superdome. Mis diversos empleos —desde el ayuntamiento hasta la universidad, pasando por Public Allies— me habían ayudado a comprender lo difícil que era para algunas personas conseguir cosas como atención médica básica y una vivienda. Había visto la fina línea que separaba la precariedad de la ruina. Barack, por su parte, había pasado mucho tiempo escuchando a obreros despedidos de las fábricas, a jóvenes veteranos del ejército que intentaban salir adelante con discapacidades de por vida, a madres hartas de mandar a sus hijos a escuelas que no funcionaban bien. En otras palabras, teníamos claro lo absurdamente afortunados que éramos, y ambos nos sentíamos obligados a evitar la autocomplacencia.

Consciente de que no me quedaba otra opción que pensar en ello, abrí finalmente la puerta y dejé entrar aquella posibilidad. Barack y yo discutimos a fondo la idea no una sino muchas veces, incluso durante nuestro viaje a Hawái para visitar a Toot en Navidad. Algunas de nuestras conversaciones estaban llenas de crispación y lágrimas, y otras eran serias y positivas. Constituían la prolongación de un diálogo que veníamos manteniendo desde hacía diecisiete años. ¿Quiénes éramos? ¿Cuáles eran nuestras prioridades? ¿Qué podíamos hacer?

En resumidas cuentas, el desenlace fue el siguiente: dije que sí porque creía que Barack sería un magnífico presidente. Destilaba una seguridad en sí mismo que pocas personas poseen. Estaba dotado del intelecto y la disciplina necesarios para el puesto, del temperamento para sobrellevar todas las dificultades que traería consigo y de una empatía poco común que lo impulsaría a estar siempre muy pendiente de las necesidades del país. Por otro lado, estaba rodeado de personas buenas, inteligentes y dispuestas a echar una mano. ¿Quién era yo para frenarlo? ¿Qué derecho tenía a anteponer mis necesidades, o incluso las de nuestras hijas, a la posibilidad de que Barack fuera un presidente que ayudara a mejorar la vida de millones de personas?

Dije que sí porque lo amaba y tenía fe en lo que era capaz de conseguir.

Dije que sí, aunque al mismo tiempo albergaba un pensamiento doloroso que no estaba preparada para compartir: lo apoyaría durante la campaña, pero estaba convencida de que no lograría llegar hasta el final. Hablaba muy a menudo y con mucha pasión sobre la importancia de superar las divisiones que aquejaban el país, apelando a una serie de ideales elevados que creía que la mayoría de la gente compartía de forma innata, pero yo sabía lo bastante acerca de esas divisiones para no albergar demasiadas esperanzas. Al fin y al cabo, Barack era un hombre negro en Estados Unidos. En el fondo, yo no creía que pudiera ganar.

Esta es mi familia, hacia 1965, vestida para una celebración. Nótese la expresión protectora de mi hermano Craig y cómo me toma cuidadosamente de la muñeca.

Nos criamos en el apartamento de encima del de mi tía abuela Robbie Shields, que en la imagen me sostiene en brazos. Durante los años en que me impartió clases de piano tuvimos muchas riñas, pero siempre sacaba lo mejor de mí.

Mi padre, Fraser Robinson, trabajó más de veinte años para la ciudad de Chicago supervisando las calderas en una planta de filtración de aguas situada a orillas del lago. Aunque cada vez le costaba más caminar debido a la esclerosis múltiple, no faltó un solo día al trabajo.

El Buick Electra 225 (o *Deuce and a Quarter*, como lo llamábamos nosotros) era la joya de mi padre y motivo de muchos recuerdos felices. Cada verano íbamos de vacaciones al Dukes Happy Holiday Resort de Michigan, que es donde se hizo esta foto.

Cuando empecé preescolar en 1969, mi barrio del South Side de Chicago era una mezcla racialmente diversa de familias de clase media. Pero, cuando muchas familias más acomodadas empezaron a mudarse a las afueras, un fenómeno conocido como «fuga blanca», la demografía cambió rápidamente. En quinto curso, la diversidad había desaparecido. ARRIBA: mi clase de preescolar; yo soy la segunda por la derecha en la tercera fila. ABAJO: mi clase de quinto; yo estoy en el centro, tercera fila.

Aquí estoy en Princeton (IZQUIERDA). Me inquietaba la idea de ir a la universidad, pero hice muy buenas amigas allí, entre ellas Suzanne Alele (ARRIBA), que me enseñó a vivir con alegría.

Barack y yo vivimos una temporada en el apartamento de la segunda planta de Euclid Avenue donde me había criado. En aquel momento, ambos éramos jóvenes abogados. Yo empezaba a cuestionar mi rumbo profesional y cómo desarrollar una labor importante a la vez que era fiel a mis valores.

Nuestra boda, el 3 de octubre de 1992, fue uno de los días más felices de mi vida. Craig sustituyó a mi padre, que había fallecido hacía un año y medio, y me llevó al altar.

Desde el principio de nuestra relación supe que Barack sería un padre fantástico. Siempre le han gustado mucho los niños y se ha consagrado a ellos. Cuando llegó Malia en 1998, los dos estábamos encantados. Nuestra vida había cambiado para siempre.

Sasha nació unos tres años después que Malia y completó nuestra familia con sus mofletes y su espíritu indomable. Los viajes que hacíamos por Navidad a Hawái, el estado natal de Barack, se convirtieron en una tradición importante para nosotros, una época para reencontrarnos con su familia y disfrutar del calor.

Malia y Sasha siempre han estado muy unidas y sigo derritiéndome con su ternura.

Durante tres años fui directora de la delegación de Public Allies en Chicago. Es una organización que se dedica a ayudar a los jóvenes a labrarse una carrera en el sector de los servicios públicos. Aquí aparezco (A LA DERECHA) con un grupo de jóvenes líderes de la comunidad en un acto con Richard M. Daley, el entonces alcalde de Chicago.

Más tarde trabajé en el centro médico de la Universidad de Chicago, donde intenté mejorar las relaciones de la comunidad y creé un servicio que ayudaba a miles de habitantes del South Side a acceder a una sanidad asequible.

Como madre que trabajaba a tiempo completo y con un marido que se ausentaba frecuentemente de casa, conocía bien el obstáculo al que se enfrentan muchas mujeres: intentar compaginar las necesidades de la familia con las exigencias del trabajo.

Conocí a Valerie Jarrett (IZQUIERDA) en 1991, cuando era subdirectora de gabinete en la oficina del alcalde de Chicago. Pronto se convirtió en una amiga y consejera de confianza para Barack y para mí. Aquí estamos durante la campaña de mi marido al Senado de EE.UU. en 2004.

De vez en cuando, nuestras hijas visitaban a su padre durante la campaña. En esta fotografía de 2004, Malia está viendo otro discurso de su padre por la ventana del autobús.

Barack anunció su candidatura a la presidencia en Springfield, Illinois, un gélido día de febrero de 2007. Para la ocasión le había comprado a Sasha un gorro rosa demasiado grande y me preocupaba que se le cayera, pero milagrosamente consiguió llevarlo puesto en todo momento.

Aquí estamos en plena campaña, acompañados como siempre de una docena de periodistas o más.

Me gustaba hacer campaña, animada por los vínculos que había establecido con los votantes por todo Estados Unidos. Y, sin embargo, el ritmo podía ser agotador. Arañaba momentos de descanso cuando podía.

En los meses previos a las elecciones generales tuve acceso a un avión de campaña, lo cual mejoró mi eficiencia e hizo que viajar fuese mucho más divertido. En la imagen aparece mi equipo, que estaba muy unido (DE IZQUIERDA A DERECHA): Kristen Jarvis, Katie McCormick Lelyveld, Chawn Ritz (nuestra azafata de vuelo aquel día) y Melissa Winter.

Joe Biden fue un espléndido compañero de campaña para Barack por muchos motivos, entre ellos que nuestras respectivas familias congeniaron al instante. Desde el principio, Jill y yo hablamos de nuestra intención de ayudar a las familias de los militares. Aquí estamos en 2008, tomándonos un descanso durante la campaña en Pennsylvania.

En 2008, después de una campaña difícil en primavera y verano, hablé en la convención nacional demócrata de Denver, lo cual me permitió contar mi historia por primera vez en horario de máxima audiencia. Después, Sasha y Malia salieron al escenario a saludar a Barack por vídeo.

El 4 de noviembre de 2008, la noche de las elecciones, mi madre, Marian Robinson, se sentó junto a Barack y ambos siguieron los resultados en silencio.

Malia tenía diez años y Sasha solo siete en enero de 2009, cuando su padre hizo el juramento como presidente. Sasha era tan pequeña que tuvo que subirse a una plataforma para que la vieran durante la ceremonia.

Ya como presidente y primera dama oficiales de Estados Unidos, Barack y yo asistimos a diez bailes inaugurales aquella noche y en todos ellos bailamos sobre el escenario. Después de las celebraciones estaba agotada, pero este precioso vestido diseñado por Jason Wu me dio energía, y mi marido (mi mejor amigo, mi compañero en todo) siempre consigue que cada momento que pasamos juntos sea íntimo.

Aún recuerdo esta imagen de la carita de Sasha mirando por un cristal antibalas en su primer día de colegio. En aquel momento no pude evitar preocuparme por cómo afectaría aquella experiencia a nuestras hijas.

Laura Bush ejerció de amable anfitriona para mí y las niñas en una primera visita a la Casa Blanca. Sus hijas, Jenna y Barbara, enseñaron a Sasha y Malia lo más divertido del lugar, por ejemplo cómo utilizar este pasillo inclinado como tobogán.

Tuvimos que adaptarnos a la presencia constante de agentes del Servicio Secreto de Estados Unidos en nuestra vida, pero con el tiempo muchos acabaron siendo buenos amigos.

Wilson Jerman (EN LA IMAGEN) empezó a trabajar en la Casa Blanca en 1957. Como tantos otros mayordomos y empleados de la residencia, ha servido con dignidad a muchos presidentes.

El huerto de la Casa Blanca estaba concebido como un símbolo de la nutrición y la vida saludable, un trampolín desde el cual pude lanzar una iniciativa de mayor envergadura como es Let's Move! Pero también me encantaba porque allí podía mancharme las manos de tierra con los niños.

Quería que la Casa Blanca fuera un lugar en el que todo el mundo se sintiera cómodo y los niños pudieran ser ellos mismos. Tenía la esperanza de que vieran sus historias reflejadas en la nuestra y pudieran saltar a la comba con la primera dama.

Barack y yo sentíamos un aprecio especial por la reina Isabel, que a él le recordaba a su pragmática abuela. En nuestras visitas, la reina me enseñó que la humanidad es más importante que el protocolo o la formalidad.

Conocer a Nelson Mandela me brindó la perspectiva que necesitaba después de dos años en la Casa Blanca: que el cambio real se produce lentamente, no en unos meses o años, sino a lo largo de décadas o de toda una vida.

Para mí, un abrazo es la manera de disipar los artificios y conectar. Aquí estoy en la Universidad de Oxford con las chicas de la Elizabeth Garrett Anderson School de Londres.

Nunca olvidaré el espíritu de optimismo y resistencia de los soldados y los parientes de militares a los que conocí en el Walter Reed Medical Center.

Cleopatra Cowley-Pendleton, la madre de Hadiya Pendleton, lo hizo todo bien, pero aun así no pudo proteger a su hija de la triste aleatoriedad de la violencia de las armas. Al reunirme con ella antes del entierro de Hadiya en Chicago, me sentí abrumada por lo injusto de la situación.

Cuando podía, intentaba estar en casa para recibir a las niñas cuando volvían del colegio. Era una de las ventajas de vivir encima de la oficina.

Barack siempre mantuvo una saludable separación entre el trabajo y la familia. Cada noche subía a cenar a casa y estaba presente en todo momento. En 2009, las niñas y yo derribamos aquel muro y lo sorprendimos en el Despacho Oval por su cumpleaños.

Cumplimos la promesa que hicimos a Malia y Sasha de que si Barack era elegido presidente, tendríamos un perro. De hecho, acabamos teniendo dos. Bo (EN LA IMAGEN) y Sunny siempre aportaban alegría.

Cada primavera intentaba aprovechar mis discursos inaugurales para inspirar a los estudiantes de posgrado y ayudarlos a vislumbrar el poder de su propia historia. Aquí estoy preparándome para hablar en Virginia Tech en 2012. Al fondo puede verse a Tina Tchen, mi incansable jefa de gabinete durante cinco años, haciendo muchas cosas a la vez con su teléfono, cosa que ocurría a menudo.

Los perros gozaban de libertad para deambular por casi toda la Casa Blanca. Les gustaban especialmente el jardín y la cocina. Aquí los vemos en la despensa con el mayordomo, Jorge Davila, probablemente esperando que les dieran algo de comida.

Estamos profundamente agradecidos al personal que nos hizo la vida fácil durante ocho años. Llegamos a conocer a sus hijos y nietos y también celebramos los grandes momentos con ellos, por ejemplo, el cumpleaños de Reggie Dixon, el ayudante del ujier, en 2012.

Ser la primera familia conllevaba privilegios y también algunos desafíos inusuales. Barack y yo intentábamos que las niñas llevaran una vida normal.

ARRIBA, IZQUIERDA: Barack, Malia y yo animando a las Vipers, el equipo de baloncesto de Sasha.

ARRIBA, DERECHA: las niñas se relajan en el *Bright Star,* el avión de la primera dama.

Nos cercioramos de que las niñas tuvieran la oportunidad de hacer cosas de adolescentes, como aprender a conducir, aunque tuvieran que hacer las prácticas con el Servicio Secreto.

El 4 de julio siempre hay mucho que celebrar, ya que coincide con el cumpleaños de Malia.

Si algo he aprendido en la vida es el poder que te otorga la voz. Siempre que podía intentaba decir la verdad y poner de relieve las historias de personas que a menudo se ven desplazadas.

En 2015, mi familia acompañó al congresista John Lewis y otros iconos del movimiento por los derechos civiles para conmemorar el cincuenta aniversario de la marcha por el puente Edmund Pettus en Selma, Alabama. Aquel día recordé lo lejos que ha llegado nuestro país y lo mucho que nos queda aún por recorrer.

16

Casi en el preciso instante en que acordamos que sería buena idea que se presentara, Barack se convirtió en una especie de mancha humana, una versión pixelada del hombre al que conocía, un hombre que de manera bastante repentina tenía que estar en todas partes a la vez, empujado por la fuerza del gran proyecto y endeudado con ella. Faltaba menos de un año para las primarias, que comenzarían en Iowa. Barack tenía que contratar personal rápidamente, atraer a quienes pudieran extender cheques abultados para financiar la campaña y decidir cómo presentaba su candidatura de la manera más sonora posible. El objetivo era aparecer en el radar de la gente y permanecer en él hasta el día de las elecciones. Las campañas podían ganarse y perderse en los primeros movimientos.

Toda la operación sería supervisada por dos David sumamente implicados: Axelrod y Plouffe. Axe, como lo llamaban todos, tenía una voz suave, unas maneras elegantes y un bigote frondoso que le recorría todo el labio superior. Antes de dedicarse a la asesoría política había sido periodista del *Chicago Tribune* y gestionaría todo lo relacionado con mensajes y medios de comunicación para Barack. Plouffe, que a sus treinta y nueve años poseía una sonrisa aniñada y un gran amor por los números y la estrategia, se encargaría de la campaña en general. El equipo crecía a buen ritmo, y se reclutó a gente experimentada para que se ocupara de las finanzas y planificar los actos.

Alguien tuvo la sensatez de proponer a Barack que anunciara formalmente su candidatura en Springfield. Todo el mundo estaba de acuerdo en que sería un buen telón de fondo en mitad de Estados Unidos para la que se esperaba que fuese una campaña diferente, dirigida desde cero en gran medida por recién llegados al proceso político. Esa era la piedra angular de las esperanzas de Barack. Sus años como dinamizador comunitario le habían demostrado que en nuestra democracia mucha gente se sentía ignorada y privada de derechos. Project VOTE! lo había ayudado a ver qué era posible si esa gente tenía el poder de participar. Su campaña presidencial sería una prueba de esa idea. ¿Funcionaría su mensaje a mayor escala? ¿Saldrían personas suficientes en su ayuda? Barack era consciente de que era un candidato inusual y quería llevar a cabo una campaña también inusual.

El plan preveía que hiciera el anuncio desde la escalinata del viejo Capitolio, un monumento histórico que, por supuesto, resultaría visualmente más atractivo que cualquier centro de convenciones o gran estadio. Pero eso lo situaba al aire libre, en medio de Illinois y en pleno mes de febrero, cuando las temperaturas a menudo eran bajo cero. La decisión me pareció bienintencionada, si bien en general poco práctica, y no contribuyó a mejorar mi confianza en el equipo de campaña que en ese momento más o menos dirigía nuestra vida. No me gustaba imaginarnos a las niñas y a mí intentando sonreír bajo la nieve o soportando un viento gélido, y a Barack tratando de mostrarse enérgico cuando en realidad estaba aterido. Pensé en toda la gente que decidiría quedarse en casa en lugar de exponerse durante horas al frío. Yo era originaria del Medio Oeste y sabía que el clima podía estropearlo todo. También sabía que Barack no podía permitirse un fiasco prematuro.

Aproximadamente un mes antes, Hillary Clinton había anunciado rebosante de confianza su candidatura. John Edwards, un excompañero de candidatura de Kerry procedente de Carolina del Norte, también había lanzado su campaña un mes antes, frente a un hogar de Nueva Orleans que había quedado arrasado por el huracán Katrina. En total, competirían nueve demócratas. El terreno de juego estaría abarrotado y la competencia sería feroz.

El equipo de Barack estaba planteándose anunciarlo en un lugar al aire libre, pero mi labor no era cuestionar nada. Insistí en que la avanzadilla instalara al menos un calefactor en el podio para evitar que a Barack se lo viera demasiado incómodo en los informativos nacionales. Por lo demás, me mordí la lengua. Mi control ya era escaso. Estaban planificando mítines y estrategias y reclutando voluntarios. La campaña estaba en marcha y no había vuelta atrás.

En el que debió de ser un acto de supervivencia inconsciente, me centré en algo que pudiera controlar, en ese caso buscar unos gorros aceptables para que Malia y Sasha los lucieran en el acto de presentación. Les había encontrado abrigos nuevos, pero había olvidado los gorros hasta que casi fue demasiado tarde.

Con el día del anuncio a la vuelta de la esquina, empecé a visitar apresuradamente los grandes almacenes de Water Tower Place después del trabajo. Allí rebuscaba en vano entre las menguantes ofertas de ropa de invierno. Poco después dejé de preocuparme tanto por que Malia y Sasha parecieran hijas de un futuro presidente y más por que pareciera que al menos tenían madre. Al final, en la que probablemente fue mi tercera salida encontré algo: dos gorros de punto, uno blanco para Malia y otro rosa para Sasha, ambos de la talla pequeña de mujer; a Malia le iba ceñido y a Sasha, con aquella carita de niña de cinco años, le quedaba holgado. No eran de alta costura, pero quedaban bastante monos y, lo que era más importante, las niñas no pasarían frío, con independencia de lo que el invierno de Illinois nos deparara. Fue un triunfo pequeño, pero un triunfo no obstante, y era mío.

El día del anuncio, 10 de febrero de 2007, hizo una mañana radiante y despejada, uno de esos sábados luminosos de mediados de invierno cuya imagen es mucho mejor que su sensación. La temperatura rondaba los once grados bajo cero. Nuestra familia había llegado a Springfield el día anterior y se hospedaba en una suite de tres habitaciones de un hotel del centro. Estaba situada en una planta que el equipo de campaña había alquilado en su totalidad para albergar a unos veinticinco familiares y amigos que también se desplazaron desde Chicago.

Ya empezábamos a notar la presión de una campaña nacional. El anuncio de Barack se había programado inadvertidamente el mismo día que State of the Black Union, un foro que cada año organizaba Tavis Smiley, una personalidad de la radiodifusión pública que, como era de suponer, se enfadó por ello. Smiley manifestó su descontento al personal de campaña, e indicó que la decisión mostraba desconsideración hacia la comunidad afroamericana y que acabaría perjudicando a la candidatura de Barack. Me sorprendió que las primeras andanadas llegaran de la comunidad negra. Entonces, un día antes del anuncio, la revista *Rolling Stone* publicó un artículo sobre Barack que narraba la visita del periodista a la Trinity Church de Chicago, de la que todavía éramos miembros, aunque nuestra asistencia se había visto notablemente reducida tras el nacimiento de las niñas. El texto citaba un sermón furioso y provocador que el reverendo Jeremiah Wright había pronunciado muchos años antes en relación al trato que los negros recibían en nuestro país. En él daba a entender que los estadounidenses estaban más interesados en mantener la supremacía blanca que en Dios.

Aunque el artículo era en gran medida positivo, el titular anticipaba «Los orígenes radicales de Barack Obama», que, como imaginábamos ya entonces, pronto se utilizaría como arma arrojadiza por parte de los medios conservadores. Era un desastre en ciernes, sobre todo porque estábamos en vísperas del arranque de la campaña y porque estaba previsto que el reverendo Wright dirigiera la llamada a la oración antes del discurso. Barack tuvo que hacer una llamada difícil y preguntarle al pastor si estaría dispuesto a pasar a un segundo plano y darnos su bendición entre bastidores. Barack dijo que Wright se había sentido herido, pero que pareció entender lo que estaba en juego, lo cual nos llevó a creer que no se obcecaría con su decepción y nos prestaría su apoyo.

Aquella mañana caí en la cuenta de que habíamos llegado a un punto de no retorno. Estábamos exponiendo literalmente a nuestra familia ante el pueblo estadounidense. En principio, la jornada debía ser una gran fiesta de estreno de campaña que todo el mundo había pasado semanas preparando. Y, como cualquier anfitrión paranoico, no podía desterrar el temor de que, llegado el momento, no apareciera nadie. A diferencia de Barack, yo podía ser escéptica. Seguía aferrándome a las preocupaciones que me atenazaban desde la infancia. ¿Y si no éramos lo bastante buenos? A lo mejor todo lo que nos habían dicho era una exageración. A lo mejor Barack era menos popular de lo que su gente creía. A lo mejor no había llegado su momento. Intenté aparcar todas mis dudas cuando accedimos por una entrada lateral a un escenario situado dentro del viejo Capitolio, todavía incapaz de ver lo que acontecía delante de él. Para que los empleados pudieran ponerme al día, dejé a Sasha y a Malia con mi madre y Kaye Wilson, «Mama Kaye», una antigua mentora de Barack que en los últimos años había adoptado el papel de segunda abuela de nuestras hijas.

Me dijeron que había bastante público. De hecho, había empezado a aparecer gente antes de que amaneciera. El plan era que Barack saliera primero y, momentos después, las niñas y yo nos uniríamos a él en la plataforma, subiríamos los escalones y nos volveríamos para saludar a los asistentes. Yo ya había dejado claro que no nos quedaríamos sobre el escenario los veinte minutos que durara el discurso. Pedir a dos niñas pequeñas que no se movieran y fingieran interés era excesivo. Si parecían aburrirse, si alguna estornudaba o empezaba a inquietarse, la causa de Barack se vería perjudicada. Lo mismo ocurría en mi caso. Conocía el estereotipo que debía encarnar: la esposa-muñeca inmaculadamente acicalada, con una sonrisa postiza y mirando embelesada a su marido como si estuviera escuchando hasta la última palabra que pronunciaba. Yo no era así y nunca lo sería. Podía prestarle mi apoyo, pero no ser un robot.

Después de recibir instrucciones y de una breve oración con el reverendo Wright, Barack salió a saludar al público. Su aparición fue recibida con un estruendo que pude oír desde el Capitolio. Cuando fui a buscar a Sasha y a Malia estaba muy nerviosa.

—¿Estáis preparadas? —les pregunté.

—Mamá, tengo calor —respondió Sasha, y se quitó el gorro rosa.

—Cariño, tienes que llevarlo. Fuera hace mucho frío.

Cogí el gorro y volví a ponérselo.

—Pero no estamos fuera, estamos dentro —repuso.

Así era Sasha; nuestra pequeña de cara redonda siempre decía la verdad. No podía rebatir su lógica, así que intenté transmitir con la mirada un mensaje a una empleada veinteañera que, casi con total certeza, no tenía hijos: «Dios mío, si no empezamos ya, vamos a perder a estas dos».

En un acto de piedad, asintió e indicó que nos dirigiéramos a la entrada. Había llegado el momento.

Había asistido a bastantes actos políticos de Barack y lo había visto interactuar en numerosas ocasiones con grandes grupos de votantes. Había estado en arranques de campaña, galas benéficas y fiestas en noches electorales. Había visto públicos integrados por viejos amigos y seguidores. Pero Springfield era totalmente distinto.

Los nervios desaparecieron en el momento en que subimos al escenario. Yo estaba pendiente de Sasha para asegurarme de que sonreía y no tropezaba por culpa de las botas. «Mira al frente, cariño —le dije sosteniéndole la mano—. ¡Sonríe!» Malia iba por delante y, con la cabeza alta y una sonrisa de oreja a oreja, llegó a donde estaba su padre y saludó. Hasta que no subimos todos los escalones no pude divisar al público, o al menos intentarlo. El bullicio era enorme. Aquel día asistieron más de quince mil personas, que se extendían desde el Capitolio en una panorámica de trescientos grados y nos envolvían con su entusiasmo.

Nunca había pasado un sábado en un mitin político por elección propia. El atractivo de plantarse en un gimnasio al aire libre o en el auditorio de un instituto a escuchar promesas y tópicos idealistas nunca había tenido mucho sentido para mí. Me preguntaba qué hacía toda aquella gente allí. ¿Por qué se habían puesto otro par de calcetines para pasar frío durante horas? Entendía que la gente se abrigara para escuchar a un grupo musical cuyas letras se sabía de memoria o que soportara la Super Bowl bajo la nieve por un equipo al que había seguido desde la infancia, pero ¿por política? Nunca había experimentado algo parecido.

Entonces fui consciente de que nosotros éramos el grupo musical. Éramos el equipo que estaba a punto de saltar al campo. De repente me invadió una sensación de responsabilidad. Debíamos algo a cada una de aquellas personas. Estábamos pidiéndoles que depositaran su fe en nosotros, y teníamos que corresponderlas, llevar ese entusiasmo por cincuenta estados durante veinte meses hasta llegar a la Casa Blanca. Antes no lo creía posible, pero ahora tal vez sí. Me di cuenta de que aquello era el diálogo de la democracia, un contrato forjado persona a persona. «Si dais la cara por nosotros, nosotros la daremos por vosotros.» Tenía quince mil razones más para querer que Barack ganara.

Estaba plenamente comprometida ya. La familia entera lo estaba, aunque nos asustara un poco. No podía ni imaginar el futuro que nos aguardaba. Pero allí estábamos los cuatro, delante del público y las cámaras, desnudos, salvo por los abrigos y un gorro rosa un poco grande para una cabeza tan pequeña.

Hillary Clinton era una oponente seria y formidable. En los sondeos gozaba de una imponente ventaja entre los votantes potenciales de las primarias demócratas; Barack iba diez o veinte puntos por detrás y Edwards lo seguía de cerca. Los votantes demócratas conocían a los Clinton y estaban hambrientos de victoria. Mucha menos gente era capaz de pronunciar el nombre de mi marido. Todos, Barack, el equipo de campaña y yo, sabíamos mucho antes del anuncio que, con independencia de su talento político, un negro llamado Barack Hussein Obama siempre sería una posibilidad remota.

En la comunidad negra también nos enfrentábamos a ese obstáculo. Igual que me había ocurrido a mí al principio con la candidatura de Barack, muchos negros no acababan de creerse que mi marido tuviera posibilidades reales de ganar. Muchos no pensaban que un negro pudiera alzarse vencedor en zonas predominantemente blancas, lo cual significaba que con frecuencia irían sobre seguro y apostarían por la mejor alternativa. Una faceta del desafío al que Barack se enfrentaba era distanciar a los votantes negros de su vieja lealtad a Bill Clinton, que se había mostrado inusualmente cómodo con la comunidad afroamericana y gracias a ello había establecido muchos contactos. Barack ya había generado simpatías entre una gran variedad de votantes de Illinois, incluida la zona de granjas rurales blancas del sur del estado. Ya había demostrado que podía llegar a todos los sectores demográficos, pero mucha gente no conocía todavía ese aspecto de él.

El escrutinio a Barack sería más intenso de lo habitual y la lente siempre se vería aumentada. Sabíamos que como candidato negro no podía permitirse un solo tropiezo. Tendría que hacerlo todo doblemente bien. Para Barack, y para cualquier candidato que no se apellidara Clinton, la única esperanza para imponerse en la nominación era recaudar mucho dinero, empezar a gastarlo rápidamente e intentar que un buen resultado en las primarias iniciales diese a la campaña impulso suficiente para superar a la maquinaria de su oponente.

Todas nuestras esperanzas estaban depositadas en Iowa. Teníamos que ganar allí o retirarnos. Es curioso que ese estado, mayoritariamente rural y con una población blanca que supera el noventa por ciento, sea el barómetro político de la nación. Quizá no era el lugar más propicio para que un negro residente en Chicago intentara definirse, pero la realidad era esa. Iowa iba en cabeza en las primarias presidenciales, y así había sido desde 1972. Miembros de ambos partidos ejercían su voto en las asambleas de partido (caucus) en pleno invierno y toda la nación permanecía atenta. Si te dabas a conocer en Des Moines y Dubuque, tu candidatura cobraba relevancia automáticamente en Orlando y Los Ángeles. También sabíamos que si desempeñábamos un buen papel en Iowa los votantes negros de todo el país recibirían el mensaje de que podían empezar a creer. El hecho de que Barack fuera senador en la vecina Illinois, lo cual permitió que su nombre se popularizara y que estuviera al corriente de los asuntos de la zona, había convencido a David Plouffe de que contaba al menos con cierta ventaja en Iowa, una ventaja que intentaríamos aprovechar.

Eso significaba que yo me desplazaría a Iowa con periodicidad casi semanal. A primera hora de la mañana embarcaría en un vuelo de United Airlines en O'Hare y participaría en tres o cuatro actos de campaña al día. Desde el principio dije a Plouffe que, aunque sería un placer colaborar, debían llevarme de vuelta a Chicago a tiempo para acostar a las niñas. Mi madre había accedido a reducir su horario laboral para estar más tiempo con ellas cuando yo viajara. Barack también pasaría muchas horas en Iowa, aunque rara vez aparecimos juntos allí; de hecho, en cualquier otro lugar tampoco. Me había convertido en lo que denominan una «suplente del candidato», un reemplazo que podía reunirse con votantes en un centro comunitario de Iowa City mientras él hacía campaña en Cedar Falls o recaudaba dinero en Nueva York. El personal de campaña solo nos metía a los dos en la misma sala cuando lo consideraba realmente importante.

En aquel momento Barack viajaba con un enjambre de obsequiosos asistentes, y a mí me asignaron fondos para contratar a dos personas, lo cual, teniendo en cuenta que solo pensaba trabajar como voluntaria de campaña dos o tres días por semana, me parecía mucho. No tenía ni idea de qué clase de apoyo necesitaba. Melissa Winter, que fue mi primer fichaje y más tarde se convertiría en mi jefa de equipo, venía recomendada por el planificador de Barack. Había trabajado en la oficina del senador Joe Lieberman en Capitol Hill y participó en su campaña del año 2000 a la vicepresidencia. Entrevisté en nuestro salón de Chicago a Melissa, una mujer rubia con gafas que rondaba los cuarenta años, y me impresionó su humor irreverente y su atención casi obsesiva a los detalles, que sabía que sería importante cuando intentara integrar las actividades de campaña en mi agenda, ya de por sí apretada, del hospital. Era ingeniosa, sumamente eficiente y rápida. Además, llevaba lo bastante en el mundo de la política como para no inmutarse con su intensidad y su ritmo. Melissa, a la que solo le llevaba unos años, parecía más una compañera y aliada que otros empleados de campaña mucho más jóvenes que había conocido. Se convirtió en una persona a la que confiaba (y sigo confiando a día de hoy) todos los aspectos de mi vida.

Katie McCormick Lelyveld completó nuestro pequeño trío cuando la fiché como directora de comunicaciones. A pesar de no haber cumplido treinta años, ya había participado en una campaña presidencial y había trabajado para Hillary Clinton cuando fue primera dama, lo cual hacía que su experiencia fuera doblemente relevante. Katie, una mujer valiente, inteligente y siempre vestida de manera impecable, se encargaría de batallar con periodistas y equipos de televisión para asegurarse de que la cobertura de los actos fuera la adecuada y, gracias a un maletín de piel en el que guardaba quitamanchas, caramelos de menta, un juego de costura y un par de medias extra, de que yo no fuera hecha un desastre cuando corríamos de un avión o un acto de campaña a otro.

Durante años había visto en las noticias a los candidatos presidenciales recorriendo Iowa, donde interrumpían torpemente a humildes ciudadanos que estaban tomando café en un restaurante, posaban delante de una enorme vaca hecha de mantequilla o comían brochetas de a saber qué en la feria agrícola. Sin embargo, ignoraba qué era importante para los votantes y qué era simple pavoneo.

Los asesores de Barack intentaron desmitificar Iowa y me explicaron que mi misión principal era pasar tiempo con demócratas en todos los rincones del estado, dirigirme a pequeños grupos, animar a los voluntarios e intentar ganarme a líderes de la comunidad. La gente de Iowa, decían, se tomaba en serio su papel de creadores de tendencias políticas. Investigaban a los candidatos y hacían preguntas serias sobre política. Acostumbrados como estaban a meses de atento cortejo, tampoco sería fácil ganárselos con una sonrisa y un apretón de manos. Según me contaron, algunos esperaban durante meses para mantener una conversación cara a cara con todos los candidatos antes de comprometerse con uno. Lo que no especificaron fue cuál debía ser mi mensaje allí. No me dieron un guion, ni temas de debate ni consejos, así que imaginé que tendría que arreglármelas yo sola.

Mi primer acto de campaña tuvo lugar a principios de abril en un modesto hogar de Des Moines. En el salón se dieron cita varias docenas de personas, algunas acomodadas en sofás y sillas plegables que habían llevado expresamente y otras sentadas en el suelo con las piernas cruzadas. Mientras escrutaba la habitación y me preparaba para hablar, lo que vi probablemente no debería haberme sorprendido, pero lo hizo, o al menos un poco. Encima de las mesitas auxiliares había los mismos tapetes blancos que mi abuela Shields tenía en casa. Vi algunas figuritas de porcelana que se parecían a las que adornaban las estanterías del piso de Robbie en Euclid Avenue. Un hombre sentado en la primera fila me sonrió con afecto. Estaba en Iowa, pero me sentía como en casa, y me di cuenta de que sus habitantes eran como los Shields y los Robinson. No soportaban a las personas estúpidas. No confiaban en la gente que se daba aires. Detectaban a un impostor a un kilómetro de distancia.

Llegué a la conclusión de que debía ser yo misma y expresarme con naturalidad, y eso hice.

> Permítanme que les hable de mí. Me llamo Michelle Obama y me crie en el South Side de Chicago, en un pequeño apartamento situado en la segunda planta de una casa muy parecida a esta. Mi padre era un empleado municipal que supervisaba las calderas en una planta de filtración de aguas. Mi madre se quedaba en casa criándonos a mi hermano y a mí...

Hablé de todo: de mi hermano, de los valores que nos inculcaron y del célebre abogado al que conocí en el trabajo, el hombre que me había robado el corazón con su carácter terrenal y su visión del mundo, el hombre que aquella mañana había dejado los calcetines tirados por casa y que a veces roncaba cuando dormía. Les conté que conservaría mi puesto de trabajo en el hospital y que aquel día mi madre iría a recoger a las niñas al colegio.

No edulcoré mis sentimientos hacia la política. Ese mundo no era un lugar adecuado para los bondadosos, dije, y expliqué que el hecho de que Barack hubiera presentado su candidatura me generaba ciertos conflictos, ya que me preocupaba cómo pudiera afectar la celebridad a nuestra familia. Pero estaba allí porque creía en mi marido y en lo que podía conseguir. Sabía lo mucho que leía y la profundidad con la que meditaba las cosas. Les dije que era el presidente listo y decente que yo elegiría para ese país, aunque por egoísmo habría preferido tenerlo más en casa todos esos años.

Durante semanas conté la misma historia: en Davenport, Cedar Rapids, Council Bluffs; en Sioux City, Marshalltown, Muscatine… En librerías, sedes sindicales, un hogar para ancianos exmilitares y, cuando se suavizó el clima, en porches y parques públicos. Cuanto más hablaba, más se afianzaba mi voz. Me gustaba mi historia y me sentía cómoda contándola. Y mi público era gente que, pese a la diferencia en el color de la piel, me recordaba a mi familia: empleados de correos que tenían sueños más ambiciosos, igual que le ocurrió a Dandy en su día; profesoras de piano con conciencia cívica como Robbie; amas de casa que participaban en la Asociación de Padres y Profesores como mi madre, y obreros que lo hacían todo por su familia, igual que mi padre. No fue necesario ensayar o tomar notas. Solo decía lo que de verdad sentía.

En el proceso, varios periodistas e incluso algunos conocidos empezaron a hacerme la misma pregunta con ligeras variaciones: ¿qué se sentía al ser una mujer negra de un metro ochenta que se había formado en instituciones de la Ivy League y hablaba en presencia de ciudadanos de Iowa mayoritariamente blancos? ¿No me parecía extraño?

Nunca me gustó esa pregunta. Siempre parecía ir acompañada de una tímida sonrisa y esa coletilla de «no te lo tomes mal» que la gente suele utilizar cuando aborda el tema de la raza. En mi opinión, era una idea que nos subestimaba a todos, ya que daba por sentado que lo único que veíamos eran las diferencias.

Me enfurecía sobre todo porque la pregunta era la antítesis de lo que estábamos experimentando la gente a la que había conocido y yo: el hombre con un logotipo de una semilla de maíz en el bolsillo delantero, el estudiante universitario con un jersey negro y dorado o la jubilada que llevó un cubo de helado lleno de galletas de azúcar en las que había glaseado el sol naciente, que era nuestra imagen de campaña. Aquella gente salía a mi encuentro después de las charlas y parecía ansiosa por hablar de lo que compartíamos, por contarme que su padre también padecía esclerosis múltiple o que sus padres eran iguales que los míos. Muchos decían que nunca se habían interesado por la política, pero que algo en nuestra campaña les hizo pensar que merecería la pena. Tenían intención de presentarse voluntarios en su oficina local, aseguraban, e intentarían convencer a su pareja o a un vecino de que los acompañara.

Aquellas interacciones me parecían naturales y auténticas. Me descubrí abrazando a gente espontáneamente y recibiendo a cambio otro fuerte abrazo.

Fue por aquella época cuando llevé a Malia al pediatra para una revisión, cosa que ocurría cada tres o seis meses para hacer un seguimiento del asma que padecía desde que era bebé. El asma estaba controlada, pero el médico me alertó de otra cosa: su índice de masa corporal, un indicador de salud que incluye la altura, el peso y la edad, estaba empezando a aumentar. No era una crisis, dijo, pero sí una tendencia que había que tomarse en serio. Si no modificábamos ciertos hábitos, con el paso del tiempo podía convertirse en un verdadero problema y agravar el riesgo de hipertensión y diabetes tipo 2. Al ver mi mirada de preocupación, me aseguró que era habitual y que tenía solución. Los índices de obesidad infantil estaban creciendo en todo el país. Había visto muchos ejemplos de ello en la consulta, a la que acudían mayoritariamente afroamericanos de clase trabajadora.

La noticia fue como un jarro de agua fría. Me había esforzado mucho para que mis hijas estuvieran felices y sanas. ¿Qué había hecho mal? ¿Qué clase de madre era si ni siquiera me había percatado del cambio?

Al hablar más con el médico empecé a distinguir un patrón. Ahora que Barack casi siempre estaba ausente, la comodidad se había convertido en el factor más importante en mis decisiones domésticas. Salíamos más a comer. Como tenía menos tiempo para cocinar, a menudo compraba comida para llevar cuando volvía del trabajo. Por la mañana llenaba las fiambreras de las niñas de comidas preparadas Lunchables y zumos Capri Sun. Los fines de semana solíamos acudir al McAuto después del ballet y antes del fútbol. Nada de aquello era tan inusual o terrible si se hacía de manera excepcional, nos dijo el doctor. Sin embargo, en exceso era un problema.

Obviamente, algo tenía que cambiar, pero no sabía cómo hacerlo. Cada solución parecía exigir más tiempo: en el supermercado, en la cocina, cortando hortalizas o pelando una pechuga de pollo, justo en un momento en el que mi tiempo parecía estar en vías de extinción.

Entonces recordé una conversación que había mantenido semanas antes con una vieja amiga a la que me encontré en un avión. Según me contó, su marido y ella habían contratado a un joven llamado Sam Kass para que preparara comidas saludables en su casa. Casualmente, descubrimos que, hacía años, Barack y yo habíamos conocido por separado a Sam a través de amigos distintos.

Nunca imaginé que sería de esas personas que contratan a alguien para que venga a tu casa y cocine para tu familia. Me parecía un gesto un poco aburguesado que podía suscitar miradas de escepticismo entre mis parientes del South Side. A Barack, el del Datsun con el suelo agujereado, tampoco le apasionaba la idea; no encajaba con su arraigada frugalidad de dinamizador comunitario ni con la imagen que quería proyectar como candidato a la presidencia. Pero a mí me parecía la única opción sensata. Había que hacer algo. Nadie podía gestionar mis programas en el hospital. Nadie podía hacer campaña como mujer de Barack Obama. Nadie podía ejercer de madre de Malia y Sasha a la hora de acostarse. Pero tal vez Sam Kass podía prepararnos la cena algunas noches.

Lo contraté para que viniera a casa un par de veces por semana y dejara listo un plato que pudiéramos consumir esa noche y otro que yo pudiera sacar de la nevera y calentar al día siguiente. En casa de la familia Obama era una figura un tanto atípica: un joven blanco de veintiséis años con la cabeza afeitada y reluciente y barba permanente de un día, pero las chicas se aficionaron a sus chistes malos tan rápido como a su cocina. Les enseñó a trocear zanahorias y escaldar verdura, y nos distanció, a toda la familia, de la homogeneidad fluorescente del supermercado para acercarnos al ritmo de las estaciones. Podía ser reverente con la llegada de los guisantes en primavera o cuando maduraban las frambuesas en junio. Esperaba a que los melocotones estuvieran jugosos y en su punto para servírselos a las niñas, porque sabía que entonces podían competir con los dulces. Sam también tenía una opinión formada sobre temas gastronómicos y de salud, concretamente sobre que el sector alimentario vendía comida procesada a las familias con el pretexto de la comodidad y las graves consecuencias que ello tenía para la sanidad pública. Aquello despertó mi curiosidad y me di cuenta de que entroncaba con algunas cosas que había visto mientras trabajaba en el sistema hospitalario, y también con las concesiones que yo misma había hecho como madre trabajadora que intentaba alimentar a su familia.

Una noche, Sam y yo pasamos un par de horas en la cocina comentando ideas para intentar abordar algunos de esos problemas cuando fuera primera dama, si Barack llegaba a la presidencia. Las ideas iban sucediéndose. ¿Y si cultivábamos hortalizas en la Casa Blanca y fomentábamos el consumo de alimentos frescos? ¿Y si luego lo utilizábamos como concepto básico para algo más grande, una iniciativa de salud infantil que ayudara a los padres a esquivar algunos obstáculos con los cuales yo había tropezado?

Hablamos hasta tarde. Entonces miré a Sam y suspiré. «La única pega es que nuestro hombre va treinta puntos por debajo en los sondeos —dije, y ambos nos echamos a reír—. No ganará jamás.»

Era un sueño, pero me gustaba.

En cuanto a la campaña, cada día era otra carrera. Intentaba aferrarme a una especie de normalidad y estabilidad, no solo por las niñas, sino también por mí. Llevaba dos BlackBerry, una para el trabajo y otra para mi vida personal y mis obligaciones políticas, que ahora, para bien o para mal, estaban profundamente entrelazadas. Mis llamadas diarias a Barack solían ser breves y rebosantes de noticias: «¿Dónde estás? ¿Qué tal te va? ¿Cómo están los chicos?». Nos habíamos acostumbrado a no hablar de la fatiga o de nuestras necesidades personales. No tenía sentido, porque en cualquier caso no podíamos satisfacerlas. La vida estaba regida por el reloj.

En el trabajo seguía el ritmo como podía y a veces hablaba con mis empleados del hospital desde el abarrotado asiento trasero de un Toyota Corolla propiedad de un estudiante de Antropología que trabajaba como voluntario de campaña en Iowa, o desde un rincón tranquilo de un Burger King de Plymouth, New Hampshire. Varios meses después del anuncio de Barack en Springfield y con el apoyo de mis compañeros, había decidido hacer horario reducido, ya que sabía que era la única manera de seguir adelante. Viajando dos o tres días a la semana, Melissa, Katie y yo nos habíamos convertido en una familia eficiente. Quedábamos en el aeropuerto por las mañanas y pasábamos el control de seguridad, donde todos los guardias sabían mi nombre. Me reconocían más a menudo, sobre todo mujeres afroamericanas que exclamaban «¡Michelle, Michelle!» cuando me cruzaba con ellas camino de la puerta de embarque.

Algo estaba cambiando, al principio de manera tan gradual que era difícil percatarse de ello. A veces tenía la sensación de estar flo-

tando en un universo extraño, saludando a desconocidos que actua-
ban como si me conocieran y embarcando en aviones que me sacaban de mi mundo habitual. Empezaba a ser popular. Y empezaba a
ser popular porque era la mujer de alguien que además estaba relacionado con la política, cosa que lo hacía doble o triplemente raro.

Según descubrí, pasar por delante del público durante los actos
de campaña era como intentar mantenerse erguido en pleno huracán. Desconocidos bienintencionados y sumamente entusiastas intentaban cogerme de la mano y tocarme el pelo; otros me tendían
bolígrafos, cámaras y bebés sin previo aviso. Yo sonreía, estrechaba
manos y escuchaba historias a la vez que intentaba avanzar. Al final
acababa con pintalabios ajeno en las mejillas y huellas en la blusa,
como si acabara de salir de un túnel de viento.

No tenía tiempo para pensar mucho en ello, pero en el fondo
me preocupaba que estuvieran diluyéndose otras partes de mí desde
que había cobrado notoriedad por ser la esposa de Barack Obama.
Cuando hablaba con periodistas, rara vez me preguntaban por mi
trabajo. Incluían «formada en Harvard» en sus descripciones, pero
ahí solía acabar. Un par de medios de comunicación habían publicado artículos en los que se especulaba que me habían ascendido en
el hospital no por mi esfuerzo o por mis méritos, sino por la creciente relevancia política de mi marido, lo cual era doloroso para mí.
En abril, Melissa me llamó un día a casa para advertirme de una
mordaz columna escrita por Maureen Dowd en *The New York Times*. En ella me describía como una «princesa del South Side» y
afirmaba que castraba a Barack cuando decía en público que no
recogía los calcetines ni volvía a guardar la mantequilla en la nevera.
Para mí siempre había sido importante que la gente viera a Barack
como un ser humano y no como un salvador sobrenatural. Por lo
visto, Maureen Dowd habría preferido que adoptara una sonrisa
postiza y una mirada de adoración. Me pareció raro y triste recibir
una crítica tan dura de otra profesional, una persona que no se había
molestado en conocerme y, no obstante, intentaba contar mi historia de la manera más cínica.

Yo procuraba no tomarme esas cosas como algo personal, pero a veces era difícil.

Con cada acto de campaña, cada artículo publicado y cada indicio de que podíamos estar ganando terreno, nos veíamos un poco más desprotegidos, más expuestos a los ataques. Corrían rumores disparatados sobre Barack: que había estudiado en una madrasa musulmana radical y que el juramento en el Senado lo hizo sobre el Corán. Decían también que se negaba a recitar el Juramento de Lealtad, que no se llevaba la mano al corazón cuando sonaba el himno nacional y que un amigo íntimo suyo que residía en Estados Unidos era terrorista desde los años setenta. Las falsedades eran desmontadas a diario por fuentes informativas respetables, pero aun así circulaban en cadenas anónimas de correos electrónicos que no solo enviaban teóricos de la conspiración desde un sótano, sino también tíos, compañeros y vecinos que no sabían distinguir la realidad de la ficción en internet.

La seguridad de Barack era algo en lo que no quería pensar y mucho menos comentar. Muchos de nosotros habíamos crecido viendo asesinatos en los informativos vespertinos. Los Kennedy habían sido tiroteados. Martin Luther King Jr. había recibido un disparo. Ronald Reagan y John Lennon también. Despertar un interés excesivo conllevaba ciertos riesgos. Pero, por otro lado, Barack era un hombre negro. Para él, los riesgos no eran nada nuevo. Cuando la gente sacaba el tema, yo a veces les recordaba que podían pegarle un tiro yendo a la gasolinera.

Desde mayo, el Servicio Secreto le había asignado protección, cosa que nunca había sucedido tan pronto con un candidato presidencial. Faltaba un año y medio para que pudiera ser nombrado presidente electo, lo cual decía mucho de la naturaleza y la gravedad de las amenazas que recibía. En aquel momento Barack se desplazaba en elegantes todoterrenos negros proporcionados por el gobierno y lo seguía un equipo de hombres y mujeres con traje, auriculares y armas. Un agente montaba guardia en el porche de casa.

Yo casi nunca me sentía insegura. En los viajes atraía a multitudes cada vez más numerosas. Si antes me reunía con veinte personas en pequeñas fiestas celebradas en viviendas particulares, ahora hablaba delante de unas cien en gimnasios de instituto. Los empleados de Iowa aseguraban que mis discursos solían generar muchas promesas de apoyo (medido en «tarjetas de simpatizantes» firmadas, que los trabajadores de campaña recogían y estudiaban meticulosamente). En un momento dado, el personal de campaña empezó a llamarme «la Persuasora» por cómo ayudaba a la gente a decidirse.

Cada día aprendía una nueva lección sobre cómo moverme con más eficiencia y no verme entorpecida por indisposiciones o caos de cualquier índole. Después de haber consumido alimentos de aspecto dudoso en restaurantes de carretera, por lo demás espléndidos, aprendí a valorar la insípida certeza de una hamburguesa con queso de McDonald's. En los trayectos llenos de baches entre poblaciones pequeñas aprendí a proteger la ropa de salpicaduras comprando tentempiés que se desmigajaran en lugar de gotear, ya que sabía que no podía aparecer en las fotografías con un pegote de hummus en el vestido. Empecé a limitar la ingesta de agua porque sabía que en esos viajes casi nunca había tiempo de hacer un alto para ir al baño. Aprendí a dormir con el sonido de los camiones de largo recorrido que viajaban por la interestatal de Iowa pasada la medianoche y, como ocurrió en un hotel con unas paredes especialmente finas, a ignorar a las parejas felices que disfrutaban de su noche de bodas en la habitación contigua.

A pesar de los ocasionales altibajos, ese primer año de campaña estuvo lleno de gratos recuerdos y carcajadas. Siempre que podía, llevaba conmigo a Sasha y a Malia. Eran viajeras resistentes y alegres. Un día, en una feria al aire libre que se celebraba en New Hampshire, fui a hablar con los votantes y a estrecharles la mano, y dejé a las niñas con un empleado de campaña para que exploraran las casetas y las atracciones antes de reagruparnos para una sesión fotográfica de una revista. Alrededor de una hora después vi a Sasha y me asusté. Tenía las mejillas, la nariz y la frente cubiertas, meticulosa y exhaustivamente, de pintura blanca y negra. La habían convertido en un oso panda y ella estaba encantada. Al instante pensé en la gente de la revista que nos aguardaba y en que la agenda acababa de descabalarse. Pero entonces volví a mirar aquella cara de panda y suspiré. Mi hija estaba muy mona y contenta. Solo pude reírme y buscar el cuarto de baño más cercano para quitarle la pintura.

De vez en cuando viajábamos los cuatro juntos. La campaña alquiló una caravana en Iowa para que durante unos días pudiéramos visitar pequeñas ciudades y, entre acto y acto, disputar emocionantes partidas de Uno. En agosto pasamos una tarde en la feria estatal de Iowa, donde montamos en los coches de choque y disparamos pistolas de agua para ganar animales de peluche mientras los fotógrafos peleaban por hacerse un hueco y nos plantaban las cámaras en la cara. La auténtica diversión comenzó cuando Barack partió hacia su siguiente destino y nos liberó a las niñas y a mí del tornado de la prensa, la seguridad y los empleados que se habían marchado con él, no sin antes revolucionarlo todo a su paso. Cuando él no estaba, podíamos pasear solas por la feria, explorarla y sentir el viento al deslizarnos con sacos de arpillera por un gigantesco tobogán amarillo.

Semana tras semana regresaba a Iowa y a través de la ventanilla del avión era testigo del paso de las estaciones, veía cómo se reverdecía la tierra y cómo crecían las cosechas de soja y maíz en hileras trazadas con tiralíneas. Me encantaba la pulcra geometría de aquellos campos, los estallidos de color que en realidad eran establos y las carreteras secundarias llanas que avanzaban en línea recta hasta el horizonte. Me encantaba Iowa, aunque no parecía que fuésemos a ganar allí pese a lo mucho que estábamos trabajando.

Durante casi un año, Barack y su equipo habían invertido recursos en Iowa, pero según la mayoría de las encuestas continuaba segundo o tercero por detrás de Hillary y John Edwards. La carrera parecía muy ajustada, pero Barack perdía. En el ámbito nacional, el panorama era aún peor: Barack iba siempre a la zaga de Hillary por quince o veinte puntos, una realidad con la que me topaba cada vez que pasaba frente a las pantallas que emitían las noticias por cable en los aeropuertos o los restaurantes en los que hacíamos una parada.

Meses antes me había hartado tanto de los comentarios vociferantes de CNN, MSNBC y Fox News que en casa desterré esos canales y por la noche seguía una dieta más equilibrada de E! y HGTV. Al final de un día frenético no hay nada mejor que ver a una pareja joven que encuentra su casa soñada en Nashville o a una futura novia diciendo sí al vestido.

Sinceramente, no creía a los expertos y tampoco me convencían los sondeos. En mi fuero interno estaba segura de que se equivocaban. El clima que describían desde sus asépticos estudios urbanos no era el que yo veía en los vestíbulos de las iglesias y los centros de ocio de Iowa. Los expertos no se reunían con equipos de «Estrellas de Barack», estudiantes de secundaria que trabajaban como voluntarios después del entrenamiento de rugby o el club de teatro. No estrechaban la mano a una abuela de raza blanca que imaginaba un futuro mejor para sus nietos mestizos. Tampoco parecían ser conscientes de lo gigantesca que era ya nuestra organización. Estábamos creando una enorme base para la campaña —al final éramos doscientos empleados repartidos en treinta y siete oficinas—, la más grande en toda la historia de los caucus de Iowa.

Teníamos a los jóvenes de nuestra parte. La organización se alimentaba del idealismo y la energía de personas de veintidós a veinticinco años que lo habían dejado todo y se habían desplazado a Iowa para participar en la campaña. Todos eran portadores de alguna permutación del gen que muchos años atrás había llevado a Barack a aceptar el puesto de dinamizador en Chicago. Su espíritu y su talento todavía no se habían visto reflejados en las encuestas. Cada vez que les hacía una visita, me llenaba de esperanza al interactuar con auténticos creyentes que cada noche se pasaban cuatro o cinco horas yendo puerta por puerta o llamando a los votantes, creando redes de seguidores incluso en las poblaciones más pequeñas y conservadoras a la vez que se aprendían de memoria las complejidades de la postura de mi marido con respecto al confinamiento del ganado porcino o su plan para reformar el sistema de inmigración.

Para mí, los jóvenes que gestionaban nuestras sucursales encarnaban la promesa de la siguiente generación de líderes. No estaban cansados y ahora se sentían motivados y unidos. Estaban conectando de manera más directa a los votantes con su democracia, ya fuera en la sucursal de su calle o en una página web a través de la cual podían organizar reuniones y rondas de llamadas. Como Barack solía decir, no solo estábamos trabajando para unos comicios, sino para que la política fuera mejor en el futuro: menos motivada por el dinero, más accesible y, en última instancia, más esperanzadora. Aunque no acabáramos ganando, estábamos haciendo unos progresos importantes. De un modo u otro, su labor dejaría huella.

Cuando el frío volvió, Barack no ignoraba que solo disponía de una oportunidad para cambiar las tornas en Iowa, a saber: causar una buena impresión en la cena Jefferson-Jackson, un ritual que el Partido Demócrata organizaba cada año en todos los estados. En época de elecciones presidenciales, en Iowa se celebraba a principios de noviembre, unas ocho semanas antes de los caucus de enero, y tendría cobertura de los medios nacionales. La premisa era que todos los candidatos pronunciaran un discurso —sin notas ni teleprónter— y que trataran de congregar al máximo número posible de seguidores. Era, en esencia, una asamblea gigantesca y competitiva.

Durante meses, los comentaristas de la televisión por cable dudaron de que Iowa fuera a respaldar a Barack en el caucus e insinuaban que, pese a tratarse de un candidato dinámico e inusual, no lograría traducir el entusiasmo en votos. La multitud que asistió a la cena Jefferson-Jackson fue nuestra respuesta. Habían llegado unos tres mil seguidores de todo el estado, lo cual demostró que éramos organizados, activos y más fuertes de lo que nadie creía.

Aquella noche, John Edwards lanzó una pulla a Clinton desde el escenario cuando dijo veladamente que la sinceridad y la honradez eran importantes. Un sonriente Joe Biden reconoció la impresionante y ruidosa presencia de seguidores de Barack con un sardónico «¡Hola, Chicago!». Hillary, que estaba resfriada, también aprovechó la oportunidad para cargar contra Barack. «"Cambio" es solo una palabra —dijo—, si no posees fuerza y experiencia para llevarlo a cabo.»

Barack fue el último en hablar y lo hizo con una defensa entusiasta de su mensaje fundamental: que nuestro país había llegado a un momento crucial, una oportunidad para dejar atrás no solo el miedo y los fracasos de la administración Bush, sino también la gestión polarizada de la política que imperaba mucho antes, incluida, por supuesto, la administración Clinton. «No quiero pasarme el próximo año o los próximos cuatro años librando las mismas batallas que teníamos en los años noventa —dijo—. No quiero enfrentar al Estados Unidos rojo con el Estados Unidos azul. Quiero ser el presidente de los Estados Unidos de América.»

El auditorio prorrumpió en vítores. Yo miraba hacia el escenario llena de orgullo. «Estados Unidos, ha llegado nuestro momento —añadió Barack—. Ha llegado nuestro momento.»

Aquella noche su actuación dio a la campaña justamente lo que necesitaba y logró que Barack avanzara posiciones. Tomó la delantera más o menos en la mitad de los sondeos realizados en Iowa y estaba cobrando impulso ahora que se acercaban los caucus.

Después de Navidad, a falta de una semana para el final de la campaña en Iowa, parecía que la mitad del South Side hubiera emigrado a la gélida Des Moines. Aparecieron mi madre y Mama Kaye. También vinieron mi hermano y Kelly con sus hijos. Sam Kass estaba allí. Valerie, que en otoño había empezado a trabajar como asesora de Barack, fue con Susan y mi grupo de amigas y sus respectivos maridos e hijos. Me conmovió la presencia de algunos compañeros del hospital, amigos nuestros de Sidley & Austin y profesores de Derecho que habían impartido clases con Barack. Y, en sintonía con la ética de la campaña de aprovechar cada momento, todos se apuntaron al esprint final personándose en una sucursal del partido, visitando casas a una temperatura de cero grados, elogiando a Barack y recordando a la gente que participara en el caucus. La campaña se vio reforzada también por centenares de personas que la última se-

mana viajaron hasta Iowa desde todo el país. Se alojaban en habitaciones de invitados de seguidores locales y cada día visitaban incluso las ciudades más pequeñas y recorrían caminos de tierra apartados.

Yo apenas estuve en Des Moines, ya que participaba en cinco o
seis actos diarios en distintos puntos del estado. Me desplazaba con
Melissa y Katie en una furgoneta de alquiler que conducía un grupo rotatorio de voluntarios. Barack hacía lo mismo y empezaba a
tener la voz ronca.

Independientemente de los kilómetros que tuviéramos que recorrer, procuraba llegar a tiempo al Residence Inn, nuestro hotel
situado en el oeste de Des Moines, para acostar a Malia y a Sasha a
las ocho. Por supuesto, ellas no parecían darse cuenta de mis ausencias, ya que se pasaban el día rodeadas de primos, amigos y canguros,
jugando en la habitación del hotel y saliendo de excursión por la
ciudad. Una noche abrí la puerta con ganas de tumbarme en la cama
para disfrutar de unos momentos de silencio y encontré utensilios
de cocina esparcidos por toda la habitación. Había rodillos sobre la
colcha, tablas de cortar sucias en la mesita y tijeras en el suelo. Las
pantallas de las lámparas y el televisor estaban cubiertos de una ligera capa de… ¿harina?

«¡Sam nos ha enseñado a hacer pasta! —anunció Malia—. Nos
hemos dejado llevar un poco.»

Me eché a reír. No sabía cómo encajarían el hecho de pasar su
primera Navidad lejos de su bisabuela y de Hawái, pero, afortuna-
damente, un paquete de harina en Des Moines parecía un buen
sustituto para una toalla en Waikiki.

Días después, un jueves, llegaron los caucus. Barack y yo fuimos
a comer a una zona de restaurantes del centro de Des Moines y
luego visitamos varias sedes de campaña para saludar a tantos votantes como pudiéramos. Aquella noche nos reunimos con un grupo
de amigos y familiares en un restaurante, donde les agradecimos su
apoyo en los que habían sido once meses frenéticos desde el anuncio
en Springfield. Yo volví antes a mi habitación de hotel con la intención de prepararme para el discurso que Barack pronunciaría tanto

si ganaba como si perdía. Al cabo de unos instantes entraron Katie y Melissa con noticias frescas de la sala de guerra: «¡Hemos ganado!».

Enloquecimos de alegría y nos pusimos a gritar tan fuerte que el Servicio Secreto llamó a la puerta para cerciorarse de que todo iba bien.

En una de las noches más frías del año, una cifra récord de habitantes de Iowa, casi el doble que cuatro años antes, había acudido a sus sedes locales. Barack había ganado entre blancos, negros y jóvenes. Más de la mitad de los asistentes no habían participado nunca en un caucus y es probable que ese grupo contribuyera a la victoria. Los presentadores de la televisión por cable habían llegado por fin a Iowa y estaban cantando alabanzas a aquel niño prodigio de la política que había superado cómodamente a la maquinaria Clinton, así como a un excandidato a la vicepresidencia.

Aquella noche, cuando Barack pronunció el discurso ganador, los cuatro (Barack, Malia, Sasha y yo) estábamos en el escenario del Hy-Vee Hall y me sentía espléndida, incluso un poco escarmentada. A lo mejor lo que Barack había dicho todos esos años era posible, pensé. Todos aquellos viajes a Springfield, todas sus frustraciones por no causar un impacto mayor, todo su idealismo, su teoría, inusual y seria, de que las personas eran capaces de olvidar lo que las separaba, de que al final la política podía funcionar. Tal vez había acertado en todo momento.

Habíamos conseguido algo histórico, algo monumental; no solo Barack, no solo yo, sino también Melissa y Katie, Plouffe, Axelrod y Valerie, además de todos los jóvenes empleados, todos los voluntarios, todos los profesores, agricultores, jubilados y estudiantes de secundaria que aquella noche apoyaron algo nuevo.

Era pasada la medianoche cuando Barack y yo llegamos al aeropuerto para marcharnos de Iowa, sabedores de que no regresaríamos en varios meses. Las niñas y yo fuimos a Chicago para volver al trabajo y a la escuela, y Barack se dirigió a New Hampshire, donde faltaba menos de una semana para las primarias.

Iowa nos había cambiado a todos. A mí en particular me había infundido una fe real. Ahora nuestra misión era compartirla con el resto del país. En los próximos días, nuestros organizadores de Iowa viajarían a otros estados (Nevada, Carolina del Sur, Nuevo México, Minnesota y California) para seguir difundiendo el mensaje de que, tal como se había demostrado ya, el cambio era posible.

17

Un día, cuando estaba en primer curso, un niño de mi clase me dio un puñetazo. El puño salió de la nada como si fuera un cometa y golpeó mi cara con todas sus fuerzas. Estábamos haciendo cola en el comedor, charlando sobre cualquier cosa que con seis y siete años considerásemos importante en aquel momento, como quién corría más rápido o por qué las ceras de colores se llamaban así, cuando recibí el golpe. No sé por qué. No recuerdo el nombre de aquel niño, pero sí que lo miré estupefacta y dolorida; se me estaba hinchando el labio inferior y se me habían llenado los ojos de lágrimas. Estaba demasiado conmocionada para mostrar enfado, así que me fui corriendo a casa a buscar a mi madre.

El niño se llevó una reprimenda de la profesora, y mi madre fue a la escuela para verlo en persona porque quería valorar hasta qué punto constituía una amenaza. Mi abuelo Southside, que debía de estar en casa aquel día, se puso furioso e insistió en acompañarla. Yo no lo sabía, pero hubo una conversación entre adultos y se impuso algún tipo de castigo. Recibí una compungida disculpa del niño y me dijeron que no debía preocuparme más por él.

«Ese chico estaba asustado y enfadado por cosas que no tenían nada que ver contigo —me dijo mi madre en la cocina mientras removía la cena en el fogón, y negó con la cabeza como si supiera más de lo que estaba dispuesta a contar—. Tiene demasiados problemas.»

Así hablábamos de los abusones. De niña era fácil entenderlo:

los abusones eran personas asustadas que se ocultaban detrás de una apariencia aterradora. Lo había visto en DeeDee, la matona de mi barrio, e incluso en Dandy, mi abuelo, que podía ser grosero y prepotente con su propia esposa. Atacaban porque se sentían arrinconados. Los evitabas si podías y te enfrentabas a ellos si no quedaba más remedio. Según mi madre, que probablemente querría que en su lápida se leyera: «Vive y deja vivir», la clave era no permitir nunca que los insultos o las agresiones de un abusón te afectaran en lo personal.

Si ocurría, podías sufrir mucho.

Más adelante, aquello se convirtió en un auténtico desafío para mí. Hasta que no tuve algo más de cuarenta años e intenté ayudar a que mi marido saliera elegido presidente, no pensé en aquel día de primer curso en la cola del comedor. No recordaba lo confuso que era caer en una emboscada y cómo dolía recibir un golpe inesperado.

Pasé gran parte de 2008 intentando no preocuparme por los puñetazos.

Empezaré dando un salto hasta un recuerdo alegre de ese año, porque conservo muchos. El Cuatro de Julio, coincidiendo con el décimo cumpleaños de Malia y cuatro meses antes de las elecciones generales, visitamos Butte, una histórica ciudad de minas de cobre situada en el boscoso sudoeste de Montana, con el oscuro perfil de las montañas Rocosas a lo lejos. Era un lugar impredecible perteneciente a un estado que, según nuestro equipo de campaña, también podía serlo. En las últimas elecciones, Montana se había decantado por George W. Bush, pero a su vez había elegido a un gobernador demócrata. Parecía un buen lugar para que Barack lo visitara.

Más que nunca, hasta el último minuto de cada jornada estaba calculado. Barack estaba siendo observado, calibrado y evaluado. La gente anotaba los estados que visitaba, en qué restaurante desayunaba y qué tipo de carne pedía para acompañar los huevos. Con él viajaban permanentemente unos veinticinco periodistas que llenaban la parte trasera del avión de campaña, así como los pasillos y los comedores de hoteles de pequeñas poblaciones, y lo seguían de un destino a otro inmortalizándolo todo con sus bolígrafos. Si un candidato presidencial contraía un resfriado, se informaba de ello. Si alguien iba a una peluquería cara o pedía mostaza de Dijon en un TGI Fridays (como había hecho ingenuamente Barack años antes, lo cual mereció algún que otro titular en *The New York Times*), se publicaba y luego era diseccionado de cien maneras en internet. ¿Era débil el candidato? ¿Un esnob? ¿Un hipócrita? ¿Un auténtico estadounidense?

Sabíamos que era parte del proceso, una prueba mediante la cual decidir quién tenía temple para alzarse como líder y símbolo del país. Era como si cada día radiografiaran tu alma para buscar insistentemente cualquier indicio de falibilidad. No salías elegido si no te sometías al escrutinio absoluto de la mirada estadounidense, que repasaba toda tu historia, incluidos tus vínculos sociales, tus decisiones profesionales y tus declaraciones de la renta. Y esa mirada era, con toda probabilidad, más intensa y abierta a manipulaciones que nunca. Acababa de empezar una era en la que los clics eran contabilizados y monetizados. Facebook se había popularizado no hacía mucho. Twitter era relativamente nuevo. La mayoría de los adultos estadounidenses tenían teléfono móvil, y buena parte de esos teléfonos móviles disponían de cámara. Nos hallábamos al borde de algo que creo que nadie comprendía aún del todo.

Barack ya no solo intentaba ganarse el apoyo de los votantes demócratas; estaba cortejando a todo el país. Después de los caucus de Iowa, en un proceso que a veces era tan riguroso y desagradable como alentador y definitorio, Barack y Hillary Clinton se habían pasado el invierno y la primavera de 2008 trabajando duro en todos los estados y territorios, peleando cada voto por el privilegio de convertirse en un candidato que rebasara fronteras (John Edwards, Joe Biden y el resto de los contendientes habían abandonado a finales de enero). Los dos candidatos habían medido sus fuerzas y, a mediados de febrero, Barack cosechó una ventaja pequeña pero, en última instancia, decisiva. «¿Ahora es el presidente?», me preguntaba a veces Malia sobre el escenario con la alegre música atronando a nuestro alrededor. Su mente joven era incapaz de comprender nada salvo el objetivo final.

—Vale, ¿ahora ya es presidente?

—No, cariño. Todavía no.

Hasta junio, Hillary no reconoció que no tenía el número de delegados necesario para ganar. Esa demora había malgastado preciados recursos de la campaña, lo cual impidió a Barack reorientar la batalla hacia John McCain, su oponente republicano. En marzo, el veterano senador por Arizona se había convertido en el candidato más probable del Partido Republicano, y se presentaba como un héroe de guerra inconformista con un historial de bipartidismo y una dilatada experiencia en materia de seguridad nacional, lo cual dejaba entrever que su liderazgo sería distinto del de George W. Bush.

Aquel Cuatro de Julio fuimos a Butte con dos propósitos, como sucedía por entonces con casi todo. Barack había pasado cuatro días haciendo campaña en Missouri, Ohio, Colorado y Dakota del Norte. Apenas había tiempo para que aparcara la campaña y celebrara el cumpleaños de Malia, y no podía desaparecer del campo de visión de los votantes en la festividad más simbólica del país. Así que, en lugar de eso, embarcamos nosotras en un avión para tratar de conseguir ambas cosas: un día en familia que pasaríamos a la vista de la ciudadanía. Nos acompañaron Maya, la hermanastra de Barack, su marido Konrad y su hija Suhaila, una preciosa niña de cuatro años.

Cualquier padre de una criatura nacida en una fecha importante sabe que existe cierta línea entre la celebración individual y las festividades más universales. La buena gente de Butte pareció entenderlo. Había carteles de «¡Feliz cumpleaños, Malia!» colgados en los escaparates de la avenida principal. Los transeúntes le manifestaban sus buenos deseos, imponiéndose al estruendo de los timbales y las flautas que interpretaban «Yankee Doodle» mientras nuestra familia veía el desfile del Cuatro de Julio desde unas gradas. La gente a la que conocimos fue amable con las niñas y respetuosa con nosotros, incluso cuando confesaba que votar a un demócrata supondría un distanciamiento poco menos que inimaginable de la tradición.

Aquel mismo día la campaña organizó un picnic en un prado con vistas a las escarpadas montañas que marcan la divisoria continental. La reunión pretendía ser un mitin para varios centenares de seguidores locales y una celebración de cumpleaños informal para Malia. Me conmovió toda la gente que apareció para conocernos, pero al mismo tiempo sentía algo más íntimo y urgente que no tenía nada que ver con el lugar en el que estábamos. Me sorprendió la ternura que implica ser progenitor, la extraña curva temporal que se produce cuando de repente te das cuenta de que tus bebés han crecido, que sus extremidades ya no son rechonchas sino esbeltas y que sus ojos transmiten sabiduría. Para mí, el Cuatro de Julio de 2008 fue el umbral más importante que hemos cruzado: hace diez años, Barack y yo llegamos a la planta de maternidad creyendo que sabíamos mucho de la vida cuando en realidad no sabíamos absolutamente nada.

Me había pasado casi toda la década anterior buscando el equilibrio entre familia y trabajo, averiguando cómo ser cariñosa con Malia y Sasha y pasar tiempo con ellas a la vez que intentaba ser honesta en mi vida profesional. Pero el eje se había desplazado; ahora intentaba compaginar la maternidad con algo totalmente distinto y más confuso: la política, Estados Unidos y la misión de Barack, que era hacer algo importante. La magnitud de lo que estaba aconteciendo en la vida de Barack, las exigencias de la campaña y el escrutinio al que nuestra familia se veía sometida parecían estar creciendo con rapidez. Después de las asambleas de Iowa, había decidido solicitar una excedencia en el hospital, ya que sabía que era imposible seguir allí y ser eficiente. Poco a poco, la campaña iba consumiéndolo todo. Después de Iowa había estado demasiado ocupada para ir a la oficina a empaquetar mis cosas o despedirme como era debido. Ahora era madre y esposa a tiempo completo, aunque una esposa con una causa y una madre que quería impedir que sus hijas se vieran devoradas por dicha causa. Había sido doloroso alejarme de mi trabajo, pero no tenía alternativa: mi familia me necesitaba, y eso era más importante.

Así que allí estaba, en un picnic de campaña en Montana, dirigiendo a un grupo compuesto mayoritariamente por desconocidos que cantó el «Cumpleaños feliz» a una sonriente Malia, sentada en la hierba con una hamburguesa en el plato. Sabía que los votantes veían a nuestras hijas como unas niñas dulces y la cercanía de mi familia como algo adorable. Pero a menudo me preguntaba qué les parecía todo aquello a las niñas, cuál era su punto de vista. Intenté desterrar cualquier sentimiento de culpabilidad. Para el fin de semana siguiente habíamos planeado una fiesta de verdad en la que un montón de amigas de Malia dormirían en nuestra casa de Chicago, y no habría el menor atisbo de política. Además, aquella noche celebraríamos una reunión más privada en el hotel. Aun así, mientras las niñas corrían de un lado a otro por la zona del picnic y Barack y yo estrechábamos la mano y abrazábamos a posibles votantes, pensaba si recordarían aquella salida como algo divertido.

Por aquel entonces miraba a Sasha y a Malia con una nueva intensidad en el corazón. Al igual que me ocurría a mí, ahora había desconocidos llamándolas por su nombre, gente que quería tocarlas y hacerles fotos. El invierno anterior, el gobierno consideró que las niñas y yo estábamos lo bastante expuestas como para asignarnos protección del Servicio Secreto, lo cual significaba que cuando Sasha y Malia iban al colegio o a su campamento diurno de verano, al que solía llevarlas mi madre, las seguían unos agentes en un segundo vehículo. En el picnic todos teníamos a un agente flanqueándonos, buscando cualquier indicio de amenaza o interviniendo sutilmente si una persona bienintencionada se entusiasmaba o nos tocaba en exceso. Por fortuna, las niñas no parecían ver a aquellos hombres como guardaespaldas, sino como más amigos adultos, nuevas incorporaciones al creciente grupo de gente con la que viajaban, a los que solo se les distinguía por sus auriculares y su discreta vigilancia. Sasha solía describirlos como «la gente secreta».

Las niñas hacían que la campaña resultara más relajada, aunque solo fuera porque no les preocupaba mucho el resultado. Para Barack y para mí, tenerlas allí era un alivio, un recordatorio de que al final nuestra familia era más importante que cualquier recuento de seguidores o avance en los sondeos. A ellas no les interesaba demasiado el alboroto que rodeaba a su padre. No pretendían construir una democracia mejor o llegar a la Casa Blanca. Lo único que anhelaban (y mucho) era un perrito. En los ratos de tranquilidad les encantaba jugar al pilla-pilla o a las cartas con el personal de campaña, y buscaban una heladería en cada lugar nuevo que visitábamos. Lo demás solo era ruido.

A día de hoy, Malia y yo seguimos riéndonos de que solo tuviera ocho años cuando Barack, sin duda movido por su sentido de la responsabilidad, le hizo una pregunta al ir a acostarla.

—¿Qué te parecería que papá se presentara a las elecciones presidenciales? —le dijo—. ¿Crees que es buena idea?

—¡Claro, papá! —respondió ella, y le pellizcó la mejilla.

Aquella respuesta alteraría prácticamente la vida entera de Malia, pero ¿cómo iba a saberlo ella? Después, se dio media vuelta y se durmió.

Aquel día visitamos el museo de la minería de Butte, libramos una batalla con pistolas de agua y golpeamos un balón de fútbol en el césped. Barack pronunció su discurso y estrechó el número de manos habitual, pero se las arregló para volver con nosotras. Sasha y Malia se le subieron encima, riéndose y entreteniéndolo con sus ideas. Vi benevolencia en la sonrisa de Barack y admiré su capacidad para bloquear las distracciones periféricas y ejercer de padre cuando tenía la oportunidad. Hablaba con Maya y Konrad y me rodeaba con el brazo cuando íbamos de un sitio a otro.

Nunca estábamos solos. Había empleados a nuestro alrededor, agentes custodiándonos, periodistas esperando para hacernos una entrevista y curiosos fotografiándonos desde lejos. Pero eso había pasado a ser lo normal. En el transcurso de la campaña, los días estaban tan programados que nuestra privacidad y nuestra autonomía se esfumaron poco a poco, y Barack y yo dejamos casi todos los aspectos de nuestra vida en manos de un grupo de veinteañeros sumamente inteligentes y capaces, aunque aún no sabía lo doloroso que podía ser renunciar al control sobre mi vida. Si necesitaba algo de la tienda tenía que pedir a alguien que me lo trajera. Si quería hablar con Barack, por lo general debía enviar una solicitud a través de uno de sus jóvenes empleados. A veces aparecían en mi calendario actos y actividades de los cuales yo no tenía constancia.

Pero poco a poco, por una cuestión de supervivencia, estábamos aprendiendo a vivir de manera más pública, aceptando la realidad tal como era.

Antes de que acabara la tarde en Butte, Barack, las niñas y yo concedimos una entrevista para televisión, cosa que no habíamos hecho nunca. Solíamos insistir en que la prensa se mantuviera alejada de nuestras niñas y solo permitíamos que les hicieran fotos en actos de campaña públicos. No sé qué nos llevó a aceptar aquella vez. Según recuerdo, el personal de campaña dijo que sería positivo que la ciudadanía pudiera ver más de cerca a Barack en su vertiente paterna, y en aquel momento me pareció bien. Al fin y al cabo, Barack quería a nuestras niñas. Quería a todos los niños. Precisamente por eso sería un fantástico presidente.

Pasamos unos quince minutos hablando con Maria Menounos, de *Access Hollywood*, sentados en un banco del parque que alguien había cubierto con una tela para darle un aire más festivo. Malia llevaba trenzas y Sasha un vestido rojo sin mangas. Como siempre, estaban preciosas. Menounos fue amable y mantuvo una conversación informal mientras Malia, la profesora júnior de la familia, ponderaba con seriedad cada pregunta. Contó que a veces se avergonzaba de su padre cuando intentaba estrechar la mano a sus amigas, y que nos molestaba a todas cuando su equipaje de campaña bloqueaba la puerta de casa. Sasha hizo todo lo que pudo por permanecer quieta y concentrarse, y solo interrumpió una vez la entrevista para preguntarme cuándo iríamos a comprar helado. Por lo demás, escuchó a su hermana e intervino de cuando en cuando si se le ocurría algún detalle de relevancia. «¡Antes papá llevaba el pelo a lo afro!», exclamó hacia el final, y todos nos echamos a reír.

Días después, ABC emitió la entrevista en cuatro partes con una acogida de lo más entusiasta, y fue citada en otros informativos con empalagosos titulares como «Se levanta el telón de las hijas de Obama en una entrevista» y «Las dos niñas de los Obama lo cuentan todo». De repente, los comentarios infantiles de Malia y Sasha aparecían publicados en periódicos de todo el mundo.

Barack y yo nos arrepentimos de inmediato de lo que habíamos hecho. La entrevista no tenía nada de escabroso. No se formuló ninguna pregunta malintencionada ni se ofreció ningún detalle especialmente revelador. Aun así, teníamos la sensación de haber tomado una decisión equivocada al lanzar su voz a la esfera pública mucho antes de que pudieran comprender qué significaba aquello en realidad. Nada en aquel vídeo perjudicaría a Sasha y Malia, pero ahora era del dominio público y viviría para siempre en internet. Habíamos cogido a dos niñas que no habían elegido aquella vida y, sin pensarlo detenidamente, las habíamos arrojado a las fieras.

En aquel momento ya sabía algo sobre las fieras. Éramos el blanco de todas las miradas, lo cual insuflaba una extraña energía a todo. Oprah Winfrey me enviaba mensajes de ánimo. Stevie Wonder, mi ídolo de la infancia, cantaba en actos de campaña, bromeaba y me llamaba por mi nombre de pila como si nos conociéramos de toda la vida. Aquella atención me desorientaba, sobre todo porque no creía haber hecho gran cosa para merecerla. Nos sostenía la fuerza del mensaje que Barack estaba difundiendo, pero también la promesa y el simbolismo del momento. Si Estados Unidos elegía a su primer presidente negro, ello no hablaría solo de Barack, sino también del país. Para muchos, y por muchos motivos, era algo muy importante.

Por supuesto, Barack se llevaba la mayor parte: la adulación pública y el inevitable escrutinio que cargaba a su espalda. Cuanto mayor era tu popularidad, más detractores tenías. Casi parecía una norma no escrita, sobre todo en política, donde los adversarios dedicaban dinero a investigar a la oposición y contrataban gente para que indagara en el pasado del candidato en busca de algo que pudiera calificarse de turbio.

Mi marido y yo no estamos cortados por el mismo patrón. Por eso uno eligió la política y el otro no. Él era consciente de los rumores y las percepciones erróneas que se filtraban en la campaña como un vapor tóxico, pero casi nunca le molestaba. Barack había vivido otras campañas. Había estudiado la historia de la política y se había empapado de su contexto. Y, en general, no era una persona que se inquietara fácilmente o que perdiera el norte por algo tan abstracto como las dudas o el dolor.

Yo, en cambio, seguía aprendiendo a desenvolverme en la vida pública. Me consideraba una mujer de éxito y segura de sí misma, pero a la vez era aquella niña que decía a la gente que quería ser pediatra y que en el colegio decidió tener un expediente de asistencias inmaculado. Dicho de otro modo, me preocupaba lo que la gente pensara. Me había pasado la juventud buscando la aprobación de terceros, coleccionando responsablemente estrellas de oro y evitando situaciones sociales caóticas. Con el tiempo había logrado no medir mi valía en relación con logros convencionales, pero tendía a pensar que, si era diligente y honesta en el trabajo, evitaría a los abusones y siempre sería yo misma.

Sin embargo, esa idea pronto sería desmentida.

Tras la victoria de Barack en Iowa, mi mensaje de campaña se volvió más apasionado, casi proporcionalmente al número de gente que asistiera a los mítines. Había pasado de reunirme con centenares de personas a participar en actos con un millar o más. Recuerdo uno en Delaware, al que asistí con Melissa y Katie, en el que vi una quíntuple cola de gente que daba a la vuelta a la manzana en la que se encontraba el auditorio, ya abarrotado. Me sorprendió en el mejor de los sentidos. Al público siempre le decía lo mismo: que me dejaba sin habla el entusiasmo y la implicación que estaba aportando la ciudadanía a la campaña de Barack. Para mí, su compromiso y el trabajo diario que llevaban a cabo para que saliera elegido eran aleccionadores.

En cuanto a mi discurso, inspirándome en la teoría de campaña que tan bien había funcionado en Iowa, desarrollé una estructura flexible, aunque no utilizaba teleprónter ni me preocupaba si me iba un poco por la tangente. No pulía los discursos y nunca sería tan elocuente como mi marido, pero hablaba con el corazón. Explicaba que mis dudas iniciales sobre el proceso político habían ido disminuyendo con el paso de las semanas y se habían visto reemplazadas por algo más alentador y esperanzado. Me di cuenta de que muchos experimentábamos las mismas dificultades y preocupaciones por nuestros hijos y el futuro. Igual que yo, muchos creían que Barack era el único candidato capaz de materializar un cambio real.

Barack quería sacar a los soldados estadounidenses de Irak. Quería revocar la bajada de impuestos que George W. Bush había aprobado para los superricos. Quería una atención sanitaria asequible para todos los ciudadanos. Era un programa ambicioso, pero cada vez que entraba en un auditorio lleno de seguidores entusiasmados parecía que, como nación, estábamos preparados para ver más allá de nuestras diferencias y conseguirlo. Se respiraba orgullo en aquellas salas, un espíritu de unión que dejaba a un lado el color de la piel. El optimismo era grande y vigorizante, y lo surfeé como si fuera una ola. «¡La esperanza ha vuelto!», declaraba en cada acto.

Un día de febrero estaba en Wisconsin cuando Katie recibió una llamada de un miembro del equipo de comunicaciones de Barack para informar de que había un problema. Al parecer, yo había dicho algo controvertido en el discurso que, horas antes, había pronunciado en un teatro de Milwaukee. Katie estaba confusa, y yo también. Lo que había dicho en Milwaukee no era distinto de lo que acababa de decirle al público de Madison, que a su vez no era distinto de lo que le había dicho a la gente durante meses. Nunca había habido problemas. ¿Por qué ahora sí?

Aquel mismo día lo vimos con nuestros propios ojos. Alguien había cogido una grabación de mi discurso, que duró unos cuarenta minutos, y la había reducido a diez segundos en los que todo quedaba descontextualizado y se ponía énfasis en unas pocas palabras.

De repente empezaron a circular fragmentos de los discursos de Milwaukee y Madison centrados en la parte en la que decía que me sentía animada. La versión completa era la siguiente:

¡Este año hemos aprendido que la esperanza ha vuelto! Y permítanme que les diga una cosa: por primera vez en mi vida adulta me siento verdaderamente orgullosa de mi país, no solo porque a Barack le ha ido bien, sino porque creo que la gente anhela un cambio. Estaba desesperada por ver a nuestro país avanzar en esa dirección y no era la única que se sentía frustrada y decepcionada. He visto a gente que desea cerrar filas en torno a cuestiones comunes básicas y eso me llena de orgullo. El mero hecho de ser testigo de ello es un privilegio.

Pero lo habían eliminado casi todo, incluidas mis referencias a la esperanza y la unidad y lo conmovida que estaba. Los matices habían desaparecido y la mirada iba dirigida a una sola cosa. Y lo que contenían los vídeos, que, según nos dijeron, estaban emitiéndose una y otra vez en las cadenas de radio y los debates televisivos conservadores, era esto:

Por primera vez en mi vida adulta me siento verdaderamente orgullosa de mi país.

No me hizo falta ver las noticias para saber cómo estaban tergiversándolo: «No es patriota. Siempre ha odiado Estados Unidos. Así es ella de verdad; el resto es una pantomima».

Aquel fue el primer puñetazo y, por lo visto, me lo había propinado yo misma. Al intentar expresarme de manera informal había olvidado la importancia que podía tener cada frase. Sin ser consciente de ello, había ofrecido a mis detractores un festín de catorce palabras. Igual que cuando estaba en primer curso, no lo vi venir.

Aquella noche volví a Chicago con una sensación de culpabilidad y desánimo. Sé que Melissa y Katie estaban utilizando la BlackBerry para repasar discretamente las noticias negativas, aunque se cuidaron de comentarme nada, ya que sabían que eso solo empeoraría las cosas. Las tres llevábamos casi un año trabajando juntas y habíamos recorrido más kilómetros de los que podíamos contar, siempre contra reloj para que yo estuviera en casa con mis niñas por la noche. Habíamos visitado auditorios de todo el país, ingerido más comida rápida de la que habríamos querido y participado en actos de recaudación de fondos tan opulentos que teníamos que esforzarnos para no quedarnos boquiabiertas. Mientras Barack y su equipo de campaña se desplazaban en vuelos chárter y cómodos autobuses, nosotras seguíamos quitándonos los zapatos en lentos controles de seguridad en los aeropuertos, viajando en clase turista con United y Southwest y confiando en la benevolencia de los voluntarios que nos trasladaban al lugar donde se celebraba el acto, que en ocasiones se encontraba a ciento cincuenta kilómetros de distancia.

En general me parecía que habíamos hecho un trabajo excelente. Había visto a Katie subirse a una silla para dar órdenes a fotógrafos que le doblaban la edad y regañar a periodistas que hacían preguntas fuera de tono. Había visto a Melissa organizar cada detalle de mi agenda, coordinar magistralmente varios actos de campaña en un solo día y teclear en su BlackBerry para evitar problemas potenciales a la vez que procuraba que no me perdiera nunca una función de la escuela, el cumpleaños de una vieja amiga o la oportunidad de ir al gimnasio. Ambas lo habían dado todo por ese proyecto y habían sacrificado su vida personal para que yo intentara preservar una pizca de la mía.

En el avión iba sentada debajo de una luz de techo, preocupada por si lo había echado todo a perder con aquellas catorce palabras estúpidas.

En casa, cuando hube acostado a las niñas y mandado a mi madre a Euclid Avenue para que descansara, llamé al móvil de Barack. Era la víspera de las primarias de Wisconsin y los sondeos daban unos resultados muy ajustados. Barack llevaba una ligera aunque creciente ventaja entre los delegados de la convención nacional, pero Hillary había publicado anuncios en los que criticaba a Barack por todo, desde su plan de asistencia sanitaria hasta el hecho de que no aceptara debatir con ella más a menudo. Al parecer, había mucho en juego. La campaña de Barack no podía permitirse una decepción. Me disculpé por lo ocurrido con mi discurso.

—No tenía ni idea de que estuviera haciendo algo mal —le dije—. Llevo meses hablando de lo mismo.

Aquella noche Barack estaba viajando de Wisconsin a Texas. Casi pude oírlo encogerse de hombros al otro lado del teléfono.

—Mira, eso es porque tienes un público muy numeroso —me explicó—. Te has convertido en un pilar de la campaña, lo cual significa que la gente irá a por ti. Las cosas funcionan así.

Como hacía casi siempre que hablábamos, me dio las gracias por el tiempo que estaba dedicando y añadió que lamentaba que tuviera que enfrentarme a situaciones tensas.

—Te quiero, cariño —dijo antes de colgar—. Sé que todo esto es difícil, pero pasará. Siempre pasa.

Estaba en lo cierto y a la vez se equivocaba. El 19 de febrero de 2008 Barack ganó holgadamente las primarias de Wisconsin, lo cual parecía indicar que yo no le había causado ningún perjuicio allí. Aquel mismo día, Cindy McCain arremetió contra mí durante un mitin: «"Estoy orgullosa de mi país". No sé si habían oído antes esas palabras: "Estoy muy orgullosa de mi país"». CNN consideraba que habíamos provocado un «revuelo patriótico» y los blogueros hicieron lo de siempre. Pero al cabo de una semana parecía que la conmoción había amainado casi del todo. Barack y yo hablamos con la prensa y aclaramos que me sentía orgullosa de ver a tantos estadounidenses haciendo llamadas telefónicas a favor de la campaña, contactando con sus vecinos y ganando confianza en el poder que atesoraban dentro de nuestra democracia, cosa que para mí era una experiencia nueva. Después seguimos adelante. En mis discursos de campaña intenté medir más mis palabras, pero el mensaje era el mismo. Todavía me sentía orgullosa y animada. Nada de eso había cambiado.

Y, sin embargo, se había plantado una semilla perniciosa, una imagen de persona descontenta y vagamente hostil que carecía del nivel esperado de elegancia. No sabíamos si era obra de los oponentes políticos de Barack o de otros, pero los rumores y los comentarios sesgados casi siempre contenían mensajes raciales poco sutiles que pretendían azuzar el miedo más profundo e inquietante entre los votantes: «No permitáis que los negros tomen las riendas. No son como vosotros. Su visión no es la vuestra».

Tampoco contribuyó a mejorar las cosas el hecho de que ABC News rastreara veintinueve horas de sermones del reverendo Jeremiah Wright y montara un vídeo estremecedor en el que aparecían crueles e inapropiados arrebatos de ira y resentimiento hacia el Estados Unidos blanco, como si los blancos fueran los culpables de todos los males. Barack y yo nos sentimos consternados al ver aquel reflejo de la vertiente más paranoica del hombre que ofició nuestra boda y el bautizo de nuestras hijas. Ambos nos habíamos criado con familiares que veían la raza bajo un prisma de malhumor y desconfianza. Había experimentado el resentimiento latente de Dandy por las décadas en las que se vio superado profesionalmente debido a su color de piel, y también la preocupación de Southside por que sus nietos no estuvieran seguros en barrios blancos. Barack, por su parte, oía a Toot, su abuela blanca, hacer bruscas generalizaciones étnicas e incluso confesar a su nieto que a veces le daba miedo cruzarse con un negro por la calle. Durante años habíamos convivido con la estrechez de miras de algunos de nuestros mayores y aceptado que nadie es perfecto, sobre todo aquellos que alcanzaron la mayoría de edad en una época de segregación. Tal vez por eso ignorábamos las partes más absurdas de los coléricos sermones del reverendo Wright, aunque nosotros no hubiéramos estado presentes en ellos. Sin embargo, cuando vimos en los informativos una versión extrema de esa virulencia, nos quedamos horrorizados. Aquello era un recordatorio

de que las distorsiones raciales en nuestro país podían ser bidireccio-
nales, de que la desconfianza y los estereotipos no eran patrimonio
exclusivo de una parte.

Entretanto, alguien había encontrado mi trabajo de grado en Princeton, escrito hacía más de dos décadas. Era un estudio sobre los sentimientos de los alumnos afroamericanos con respecto a la raza y la
identidad tras su paso por esa universidad. Por motivos que nunca
entenderé, los medios conservadores lo trataron como una especie de
manifiesto secreto del *black power*, una amenaza que había sido desen-
terrada. Era como si a los veintiún años, en lugar de intentar conseguir un sobresaliente en Sociología y una plaza en la facultad de Derecho de Harvard, hubiera estado urdiendo un plan al estilo de Nat
Turner para derrocar a la mayoría blanca, y ahora por fin tendría la
posibilidad de ponerlo en marcha a través de mi marido. «¿Es Michelle Obama responsable del fiasco Jeremiah Wright?», decía el subtí-
tulo de una columna de internet que firmaba el escritor Christopher
Hitchens, quien atacó así a mi yo universitario insinuando que estaba
excesivamente influenciada por pensadores negros radicales y que,
además, era pésima redactando. «Describirlo como una lectura difícil
sería un error —afirmaba—. La tesis es literalmente ilegible, ya que
no se escribió en ningún lenguaje conocido.»

No solo me pintaba como una intrusa sino como una persona
tan extraña que incluso mi lengua era incomprensible. Era un insulto mezquino y absurdo, por supuesto, pero que se mofara de mi
intelecto, que marginara a mi yo joven, entrañaba una mayor displi-
cencia. En aquel momento Barack y yo éramos demasiado conocidos para que nos invisibilizaran, pero si la gente nos veía como extraños e invasores, nuestra fuerza podía resentirse. El mensaje a
menudo parecía telegrafiado, ya que nunca decía directamente: «Esta
gente no encaja». En la página web *Drudge Report* apareció una foto
de Barack con un turbante y ropas tradicionales somalíes que le
habían puesto durante una visita oficial que hizo a Kenia como
senador, lo cual revivió las viejas teorías de que era un musulmán
enmascarado. Meses después, internet generaría otro rumor anóni-

mo e infundado, que esa vez cuestionaba la ciudadanía de Barack y difundía la idea de que no había nacido en Hawái, sino en Kenia, con lo cual no reuniría los requisitos para acceder a la presidencia.

Durante las primarias de Ohio, Texas, Vermont y Mississippi seguí hablando de optimismo y unidad, y percibí el positivismo de la gente que asistía a los actos de campaña y apoyaba la idea del cambio. Pero el mensaje poco halagador sobre mi persona parecía seguir cobrando fuerza. En Fox News se hablaba de mi «ira militante». En internet corrían rumores de que existía una cinta de vídeo en la que calificaba a los blancos de «blanquitos», lo cual era descabellado y absolutamente falso. En junio, cuando Barack ganó por fin la nominación demócrata, lo saludé alzando el puño en un acto celebrado en Minnesota; el episodio copó los titulares y fue interpretado por un comentarista de Fox como un «gesto terrorista», lo cual dejaba entrever una vez más que éramos peligrosos. Un faldón aparecido en un informativo del mismo canal se refería a mí como «la mamaíta de Obama», cosa que evocaba tópicos sobre los guetos negros de Estados Unidos e implicaba una otredad que me situaba fuera incluso de mi matrimonio.

Empezaba a acusar el cansancio, no físico sino emocional. Los puñetazos dolían, aunque sabía que poco tenían que ver con mi persona. Era como si existiera una caricatura mía sembrando el caos, una mujer de la que siempre oía hablar pero a la que no conocía, un Godzilla demasiado alto, enérgico y castrador llamado Michelle Obama. También era doloroso que a veces me llamaran mis amigos para airear sus preocupaciones, para darme un montón de consejos que creían que debía trasladar al director de campaña de Barack o para que los tranquilizara después de oír una noticia negativa sobre mí, sobre Barack o sobre el estado de la campaña. Cuando afloraron los rumores sobre la cinta en la que presuntamente utilizaba la palabra «blanquitos», una amiga me llamó muy preocupada para preguntarme si aquello era cierto. Me pasé treinta minutos convenciéndola de que no me había vuelto racista y, cuando terminó la conversación, me sentía muy desmoralizada.

En general, pensaba que no podría ganar, que ni la fe ni el esfuerzo, por grandes que fueran, me ayudarían a superar a mis detractores y sus intentos de invalidarme. Era mujer, negra y fuerte, cosa que para algunas personas de cierta mentalidad equivalía a «enfadada». Es otro tópico dañino que se ha utilizado siempre para arrinconar a las mujeres pertenecientes a minorías, una señal inconsciente para que no se preste atención a lo que decimos.

Ahora sí que empezaba a estar enfadada, lo cual me hacía sentir peor, como si estuviera cumpliendo una profecía lanzada por mis detractores, como si hubiera cedido. Es curioso que los estereotipos sean una trampa real. ¿Cuántas «mujeres negras malhumoradas» se han visto atrapadas en la lógica circular de esa expresión? Si no te escuchan, ¿por qué no vas a alzar la voz? Si te tachan de persona malhumorada o emocional, ¿acaso eso no provoca más de lo mismo?

Me sentía agotada por la mezquindad y confusa por el tono personal que había adquirido todo, y tenía la sensación de que no había escapatoria. En mayo, el Partido Republicano de Tennessee difundió por internet un vídeo en el que se reproducían mis comentarios de Wisconsin junto a imágenes de votantes diciendo cosas como: «Me he sentido orgulloso de ser estadounidense desde que era niño». La página web de NPR publicó una noticia con el titular: «¿Michelle Obama es un activo o un lastre?». Debajo, en negrita, incluyeron propuestas de debate: «¿Inusualmente honesta o demasiado directa?» y «Su imagen: ¿majestuosa o intimidatoria?».

Puedo asegurar que esas cosas me dolían.

A veces culpaba a la campaña de Barack de la situación en la que me encontraba. Yo era más activa que las parejas de muchos candidatos, lo cual me convertía en blanco fácil para los ataques. Mi instinto era replicar, alzar la voz contra las mentiras y las generalizaciones injustas o pedir a Barack que hiciera algún comentario, pero su equipo de campaña insistía siempre en que era mejor no responder, seguir adelante y encajar los golpes. «Es solo política», decían, como si no pudiera hacer nada al respecto, como si nos hubiéramos mudado todos a una nueva ciudad o un nuevo planeta llamado «Política» que no se regía por las normas habituales.

Cuando empezaba a desanimarme, me fustigaba aún más con toda una serie de pensamientos desdeñosos: yo no había elegido aquello. Nunca me había gustado la política. ¿Había dejado mi trabajo y entregado mi identidad a aquella campaña y ahora era un lastre? ¿Dónde estaba mi poder?

Un domingo por la noche, aprovechando que Barack estaría en nuestra casa de Chicago hasta el día siguiente, aireé todas mis frustraciones en la cocina.

—No tengo por qué hacer esto —le dije—. Si estoy perjudicando a la campaña, ¿para qué seguir?

Le expliqué que Melissa, Katie y yo nos veíamos superadas por el volumen de solicitudes que recibíamos de los medios de comunicación y por el esfuerzo que suponía viajar con el presupuesto del que disponíamos. No quería estropear nada y deseaba prestarle mi apoyo, pero solo teníamos tiempo y recursos para reaccionar en el momento. Y en lo relativo al creciente escrutinio al que me veía sometida, estaba harta de sentirme indefensa, de que me vieran como una persona totalmente distinta de la que era.

—Puedo quedarme en casa con las niñas, si es lo mejor —dije a Barack—. Seré una esposa normal que se limita aparecer en los actos importantes y sonreír. Quizá sea mucho más fácil para todo el mundo.

Barack fue comprensivo. Noté que estaba cansado, que necesitaba irse a la cama y dormir. A veces detestaba el modo en que se habían desdibujado las líneas entre la vida familiar y la política. Todo el día se veía obligado a resolver problemas en una fracción de segundo y a mantener centenares de interacciones. No quería ser otro problema para él, pero, por otro lado, había consagrado mi existencia a aquello.

—Eres un activo, no un lastre, Michelle. A estas alturas ya deberías saberlo —respondió afligido—. Pero si deseas parar o bajar el ritmo, lo entiendo perfectamente. Puedes hacer lo que quieras.

Me dijo que no me sintiera nunca en deuda con él o con la

maquinaria de la campaña, y que si optaba por seguir adelante pero necesitaba más respaldo y recursos para hacerlo, encontraría la forma de conseguirlos.

Aquello me reconfortó, aunque solo un poco. Todavía me sentía como la alumna de primero que hace cola en el comedor y acaba de recibir un golpe.

Luego dejamos de hablar de política y, agotados, nos fuimos a la cama.

Poco después fui a las oficinas de David Axelrod en Chicago y me senté con él y con Valerie a ver vídeos de algunas de mis apariciones públicas. Ahora me doy cuenta de que era una especie de intervención, intentaban mostrarme qué elementos de ese proceso podía controlar. Ambos me elogiaron por lo mucho que había trabajado y por la eficacia con la que podía congregar a los seguidores de Barack. Pero entonces Axe quitó el volumen de mi discurso de campaña para que pudiéramos examinar con atención mi lenguaje corporal y, más concretamente, mis expresiones faciales.

¿Qué vi? Me vi a mí misma hablando con intensidad y convicción y sin aflojar nunca. Siempre hablaba de los tiempos difíciles a los que hacían frente muchos estadounidenses, así como de las desigualdades que imperaban en nuestras escuelas y nuestro sistema sanitario. Mi rostro reflejaba la seriedad de lo que a mi parecer estaba en juego, lo importante que era la decisión que se le planteaba a nuestra nación.

Pero era demasiado seria, demasiado severa, al menos teniendo en cuenta las expectativas de la gente sobre una mujer. Vi mi expresión igual que lo haría un desconocido, sobre todo si estaba enmarcada en un mensaje poco halagüeño. Entendí cómo había jugado la oposición con aquellas imágenes y cómo me había vendido a la ciudadanía como una especie de arpía cabreada. Era, por supuesto, otro estereotipo, otra trampa. La manera más fácil de despreciar la voz de una mujer es presentarla como una gruñona.

Nadie parecía criticar a Barack por ser demasiado serio o no sonreír lo suficiente. Obviamente, yo era su mujer, no una candidata, así que la gente quizá esperaba de mí más ligereza, más trivialidad. Y aun así, si existían dudas sobre cómo les iba a las mujeres en general en el planeta Política, solo hacía falta ver a Nancy Pelosi, la inteligente y ambiciosa portavoz de la Cámara de Representantes, a quien a menudo calificaban de arpía; o lo que estaba soportando Hillary Clinton cuando los expertos de la televisión por cable y los columnistas diseccionaban cada suceso de la campaña. El género de Hillary se utilizaba incesantemente en su contra y se esgrimían los peores estereotipos: fue tachada de dominante, de gruñona y de bruja. Su voz, decían, era estridente y su risa, socarrona. Hillary era la oponente de Barack, lo cual significaba que en aquel momento no le profesaba especial simpatía, pero no podía evitar admirar su capacidad para levantarse y seguir luchando en medio de tanta misoginia.

Aquel día, al repasar la cinta de vídeo con Axe y Valerie, noté que se me llenaban los ojos de lágrimas. Estaba preocupada. Me había dado cuenta de que la política tenía una vertiente interpretativa que todavía no dominaba pese a llevar más de un año dando discursos. Me comunicaba mejor en lugares pequeños como los de Iowa. En auditorios grandes era más difícil transmitir calidez. Los públicos numerosos requerían expresiones faciales más claras, y debía trabajar en ello. Me preocupaba que fuera demasiado tarde.

Valerie, mi querida amiga desde hacía más de quince años, me cogió de la mano.

«¿Por qué no me lo habéis dicho antes? —pregunté—. ¿Por qué nadie ha intentado ayudarme?»

La respuesta era que nadie había prestado demasiada atención. La percepción en el equipo de campaña de Barack era que todo iba bien hasta que las cosas se torcieron. No me llamaron al despacho de Axe hasta que me convertí en un problema.

Para mí, aquello fue un punto de inflexión. El aparato de campaña existía únicamente para servir al candidato, no a su esposa o familia. Y por mucho que los empleados de Barack me respetaran y valoraran mis aportaciones, nunca me habían dado demasiada orientación. Hasta ese momento nadie se había molestado en viajar conmigo o asistir a mis actos. Nunca había recibido formación para tratar con los medios o pronunciar discursos. Me di cuenta de que nadie cuidaría de mí a menos que yo lo pidiera.

Consciente de que el escrutinio no haría sino intensificarse en los últimos seis meses de campaña, finalmente coincidimos en que necesitaba ayuda. Si pretendía seguir haciendo campaña como un candidato, debía recibir el consiguiente apoyo. Me protegería siendo más organizada e insistiendo en contar con los recursos que necesitaba para desarrollar bien mi trabajo. En las últimas semanas de las primarias, el equipo de Barack amplió mi número de colaboradores con la inclusión de una planificadora y asistente personal: Kristen Jarvis, una bondadosa exempleada de la oficina de Barack en el Senado de Estados Unidos cuya templanza me mantenía con los pies en el suelo en momentos de mucho estrés; además de una especialista en comunicaciones con conocimientos sobre política llamada Stephanie Cutter. Trabajando con Katie y Melissa, Stephanie me ayudó a pulir mi mensaje y mi presentación antes de un importante discurso que pronunciaría ese verano en la Convención Nacional Demócrata. Finalmente nos facilitaron un avión de campaña, lo cual me permitió desplazarme con más eficiencia. Ahora podía conceder entrevistas durante los vuelos, peinarme y maquillarme de camino a un acto o llevar a Sasha y Malia conmigo sin costes adicionales.

Aquello fue un alivio. Todo fue un alivio. Y creo que me permitió sonreír más y bajar un poco la guardia.

Cuando planeábamos mis apariciones públicas, Stephanie me aconsejaba que explotara mis virtudes y recordara mis temas favoritos, que eran mi amor por mi marido y mis hijas, mi vínculo con las madres trabajadoras y mi orgullo como ciudadana de Chicago. Se dio cuenta de que me gustaba bromear y me dijo que no reprimiera el sentido del humor. En otras palabras, estaba bien que fuera yo misma. Poco después del final de las primarias acepté participar en

The View, donde me divertí durante una hora con Whoopi Goldberg, Barbara Walters y las otras presentadoras ante un público en directo, hablando de los ataques que me entraban, pero también riéndome con las niñas, los puños en alto y lo incómodas que eran las medias. Volvía a sentirme a gusto y dueña de mi voz. En general, la acogida del programa fue buena. Llevaba un vestido blanco y negro de ciento cuarenta y ocho dólares que de repente las mujeres se peleaban por comprar.

Empezaba a ser influyente y a disfrutar al mismo tiempo, y me sentía cada vez más abierta y optimista. También intenté aprender de los estadounidenses a los que conocí por todo el país en mesas redondas dedicadas a la conciliación entre trabajo y familia, un tema que me interesaba mucho. Para mí, las lecciones más reveladoras llegaron cuando visité comunidades militares y me reuní con las parejas de algunos soldados, grupos integrados mayoritariamente por mujeres, aunque a veces también había hombres.

«Habladme de vuestra vida», les decía, y después escuchaba las historias de aquellas mujeres con bebés en el regazo, algunas de las cuales todavía eran adolescentes. Algunas me contaron que las habían trasladado de una base a otra ocho veces o más en otros tantos años, y en todos los casos tuvieron que empezar de cero, por ejemplo apuntando de nuevo a sus hijos a clases de música o de refuerzo. También me explicaron lo difícil que podía ser mantener una carrera profesional con tantos traslados: una profesora no encontraba trabajo porque su nuevo estado no reconocía la titulación del anterior, y las manicuristas y las fisioterapeutas se enfrentaban a problemas similares. A muchos padres jóvenes les costaba encontrar guarderías asequibles. Por supuesto, todo ello se veía agravado por los obstáculos logísticos y emocionales de tener a un ser querido destinado durante doce meses o más en un lugar como Kabul o Mosul, o en un portaaviones en el mar de la China Meridional. Conocer a aquellas personas relativizó de inmediato el dolor que yo pudiera sentir. Sus sacrificios eran mucho más grandes que los míos. Durante aquellas reuniones me quedaba absorta y un tanto sorprendida por saber tan poco de la vida militar. Me juré a mí misma que, si Barack tenía la suerte de salir elegido, yo encontraría la manera de apoyar más a esas familias.

Todo eso me dio más vigor para ayudar en el empujón final a Barack y Joe Biden, el afable senador de Delaware que pronto sería nombrado candidato a la vicepresidencia. Me animé a seguir de nuevo mis instintos, rodeada de gente que me respaldaba. En los actos públicos procuraba establecer vínculos personales con asistentes, ya fueran grupos pequeños o multitudinarios, en conversaciones entre bastidores o saludando a los votantes. Cuando estos conseguían verme como una persona, comprendían que las caricaturas eran falsas. He aprendido que es más difícil odiar en las distancias cortas.

El verano de 2008 lo pasé moviéndome más rápido y trabajando más duro, consciente de que podía ser una aportación positiva para Barack. Ahora que se aproximaba la convención, empecé a trabajar por primera vez con una redactora de discursos, una joven con talento llamada Sarah Hurwitz que me ayudó a condensar mis ideas en un breve mitin de diecisiete minutos. Después de semanas de esmerada preparación, subí al escenario del Pepsi Center de Denver a finales de agosto y me situé ante unas veinte mil personas, además de varios millones de espectadores televisivos, dispuesta a explicar al mundo quién era yo realmente.

Aquella noche me presentó mi hermano Craig. Mi madre estaba sentada en la primera fila del palco de personalidades, un poco aturdida por lo gigantesca que se había vuelto la plataforma de nuestras vidas. Hablé de mi padre, de su humildad, de su resistencia y de cómo había influido todo eso en Craig y en mí. Intenté transmitir a los estadounidenses la imagen más íntima posible de Barack y su noble corazón. Cuando terminé, los asistentes se pusieron a aplaudir sin parar y sentí un gran alivio, porque había hecho algo por cambiar la percepción que tenía la gente sobre mí.

Por supuesto, fue un momento importante, grandilocuente y público, y a día de hoy todavía puede encontrarse en YouTube. Pero lo cierto es que, por esas mismas razones, también fue un momento extrañamente pequeño. Mi visión de las cosas empezaba a invertirse, como un jersey al que le das la vuelta lentamente. Los escenarios, el público, las luces y los aplausos comenzaban a adquirir una normalidad que nunca había imaginado. Ahora vivía para los momentos no ensayados ni inmortalizados, en los que nadie actuaba ni juzgaba y todavía era posible una sorpresa de verdad; en los que a veces, sin previo aviso, podías sentir que se abría un pequeño cerrojo en tu corazón.

Para eso debemos volver a Butte, Montana, el Cuatro de Julio. Estaba terminando nuestra jornada. El sol estival se ocultó finalmente tras las montañas del Oeste y empezaba a oírse a lo lejos el estallido de los fuegos artificiales. Aquella noche nos alojábamos en un Holiday Inn Express situado junto a la autopista. Al día siguiente, Barack partiría hacia Missouri y las niñas y yo volveríamos a Chicago. Estábamos todos cansados. Habíamos participado en el desfile y en el picnic. Teníamos la sensación de haber hablado con todos y cada uno de los habitantes de Butte. Y ahora, por fin, podríamos celebrar una pequeña reunión solo para Malia.

Si me hubieran preguntado en aquel momento, habría dicho que no hicimos suficiente por ella, que su cumpleaños pareció una ocurrencia de última hora en la vorágine de la campaña. En una sala de reuniones con fluorescentes y techo bajo situada en el sótano del hotel, nos reunimos con Konrad, Maya y Suhaila, además de unos cuantos empleados que habían trabado amistad con Malia y, ni que decir tiene, los agentes del Servicio Secreto, que siempre andaban cerca ocurriera lo que ocurriese. Hubo globos, una tarta comprada en un supermercado, diez velas y un cubo de helado. Compramos regalos y alguien los envolvió a toda prisa. No es que el ambiente fuera insulso, pero tampoco festivo. Simplemente había sido un día demasiado largo. Barack y yo cruzamos una mirada triste, conscientes de que habíamos fallado.

Pero al final, como tantas otras cosas, era una cuestión de percepción, de cómo decidíamos ver lo que teníamos delante. Barack y yo nos centramos solo en nuestros errores y carencias y los vimos reflejados en aquella habitación anodina y en aquella fiesta organizada a todo correr. Pero Malia estaba buscando algo diferente, y lo vio. Vio caras bondadosas, gente que la quería, una tarta con mucho azúcar glaseado, una hermana pequeña y una prima a su lado y un nuevo año por delante. Había pasado su cumpleaños al aire libre, había visto un desfile y al día siguiente viajaría en avión.

Se acercó a su padre y se lanzó a su regazo. «¡Es la mejor fiesta de cumpleaños de mi vida!», dijo.

No reparó en que a sus padres se les llenaron los ojos de lágrimas, ni tampoco en que la mitad de los allí presentes se habían quedado sin habla. Aquel día cumplía diez años y todo era fantástico.

18

Cuatro meses después, el 4 de noviembre de 2008, voté por Barack. Aquella mañana, a primera hora fuimos juntos al colegio electoral, que se encontraba en el gimnasio de la escuela de primaria Beulah Shoesmith, a solo unas manzanas de nuestra casa de Chicago. Llevamos con nosotros a Sasha y Malia, ambas vestidas y preparadas para el colegio. Incluso el día de las elecciones, o tal vez especialmente el día de las elecciones, me pareció que ir a la escuela sería buena idea. Significaba rutina y confort. Cuando pasamos por delante de los fotógrafos y las cámaras de televisión para entrar en el gimnasio mientras la gente que nos rodeaba decía que aquello era histórico, me alegré de haberles preparado la fiambrera.

¿Cómo sería la jornada? Larga. Por lo demás, nadie lo sabía.

Barack, como ocurre siempre en los días de mucha presión, estaba más tranquilo que nunca. Saludó a los miembros de la mesa electoral, cogió la papeleta y, con semblante relajado, estrechó la mano a todo aquel con quien se encontraba. Supongo que era lógico. Aquella iniciativa estaba a punto de escapar a su control.

Con las niñas observándonos de cerca, nos situamos uno al lado del otro delante de las urnas.

Había votado muchas veces por Barack, tanto en primarias como en elecciones generales, en comicios estatales y nacionales, y aquel viaje a las urnas no era distinto. Para mí, votar era un hábito, un ritual saludable que había que hacer en conciencia y en cada oportunidad que se presentara. De niña, mis padres me llevaban al colegio electoral, y siempre que podía hacía lo mismo con Sasha y Malia para inculcarles lo fácil y lo importante que era.

La carrera de mi marido me había permitido conocer las maquinaciones de la política y el poder. Había constatado que un puñado de votos en todos los distritos electorales podían marcar la diferencia no solo entre dos candidatos, sino también entre un sistema de valores y otro. Si en cada barrio se quedaban en casa unos cuantos vecinos, ello podía determinar lo que nuestros hijos aprenderían en la escuela, qué opciones sanitarias tendríamos o si mandaríamos a nuestras tropas a la guerra. Votar era a la vez sencillo e increíblemente eficaz.

Ese día me quedé mirando unos segundos más la pequeña burbuja alargada junto al nombre de mi marido como candidato a la presidencia de Estados Unidos. Después de casi veintiún meses de campaña, ataques y agotamiento, todo había terminado y esa era la última cosa que tenía que hacer.

Barack me miró y se echó a reír. «¿Todavía no te has decidido? —dijo—. ¿Necesitas más tiempo?»

De no ser por la ansiedad, la jornada electoral podría ser como unas vacaciones, una pausa inimaginable entre todo lo que ha acontecido y lo que acontecerá. Has saltado, pero todavía no has tocado tierra. Aún no sabes cómo será el futuro. Tras unos meses en los que todo va demasiado rápido, el tiempo se ralentiza de manera agónica. En casa ejercí de anfitriona de los familiares y amigos que querían charlar y ayudarme a pasar las horas.

Esa mañana Barack se fue a jugar al baloncesto con Craig y unos amigos en un gimnasio cercano, algo que se había convertido en una especie de ritual para el día de las elecciones. No había nada con lo que Barack disfrutara más que con un agotador partido de baloncesto a todo o nada para calmar los nervios.

—No dejes que nadie le rompa la nariz —le dije a Craig cuando salieron por la puerta—. Luego tiene que salir en la tele.

—Gracias por hacerme responsable de todo —respondió él como solo lo haría un hermano.

Y con eso, se fueron.

Si te fiabas de los sondeos, parecía que Barack iba a ganar, pero también sabía que había estado trabajando en dos posibles discursos para aquella noche: uno para la victoria y otro para la derrota. En aquel momento entendíamos lo suficiente de política y encuestas para no dar nada por sentado. Conocíamos el «efecto Bradley», llamado así por el candidato afroamericano Tom Bradley, quien se presentó a gobernador de California a principios de los años ochenta. Aunque los sondeos siempre le otorgaban ventaja, el día de las elecciones perdió, lo cual sorprendió a todos y dio al mundo una importante lección sobre intolerancia, ya que el patrón se repitió en años posteriores con candidatos negros de todo el país en distintos comicios relevantes. La teoría era que cuando los candidatos pertenecían a una minoría, los votantes a menudo ocultaban sus prejuicios a los encuestadores y solo los expresaban desde la privacidad de la cabina de votación.

Durante toda la campaña me pregunté una y otra vez si Estados Unidos estaba preparado para elegir a un presidente negro, si era lo bastante fuerte para ver más allá de la raza y dejar de lado sus prejuicios. Estábamos a punto de averiguarlo.

En su conjunto, las elecciones generales habían sido menos agotadoras que la enconada batalla de las primarias. John McCain no se había hecho ningún favor al elegir a Sarah Palin, la gobernadora de Alaska, como candidata a la vicepresidencia, pues carecía de experiencia y preparación y pronto se convirtió en objeto de chiste nacional. Y a mediados de septiembre las noticias eran desastrosas. La economía estadounidense entró en una espiral descontrolada cuando Lehman Brothers, uno de los bancos de inversión más grandes del país, se fue a la quiebra repentinamente. El mundo se dio cuenta de que los titanes de Wall Street llevaban años cosechando beneficios gracias a hipotecas basura. La Bolsa se desplomó, los mercados crediticios quedaron congelados y los fondos para las pensiones se esfumaron.

Barack era la persona adecuada para aquel momento de la historia, para un trabajo que nunca iba a ser fácil pero que, debido a la crisis económica, se había complicado exponencialmente. Yo llevaba un año y medio proclamándolo por todo Estados Unidos: mi marido estaba tranquilo y preparado. Las complejidades no lo asustaban. Poseía un cerebro capaz de resolver cualquier dificultad. Yo era parcial, por supuesto, y en lo personal me habría contentado con perder las elecciones y recuperar alguna versión de nuestra vida anterior, pero también creía que como país necesitábamos su ayuda. Había llegado el momento de dejar de pensar en algo tan arbitrario como el color de la piel. Seríamos tontos si no lo elegíamos a él. Aun así, heredaría un caos.

A medida que se acercaba la noche empecé a notar los dedos entumecidos, un hormigueo nervioso que me recorría todo el cuerpo. No podía comer. Perdí el interés en mantener conversaciones banales con mi madre y los amigos que habían venido a verme. En un momento dado subí al segundo piso para disfrutar de un rato de soledad.

Resultó que Barack también necesitaba tiempo para él y se había refugiado allí.

Lo encontré sentado a su mesa, repasando el discurso de la victoria en el pequeño despacho repleto de libros situado junto a nuestra habitación, su «agujero». Me acerqué y empecé a masajearle los hombros.

—¿Estás bien? —le pregunté.

—Sí.

—¿Cansado?

—No.

Entonces sonrió, como si intentara demostrar que era cierto. El día anterior nos habían dado la noticia de que Toot, la abuela de Barack, había fallecido en Hawái a los ochenta y seis años después de padecer un cáncer durante meses. Consciente de que no había podido despedirse de su madre, Barack tenía intención de ver a Toot. Habíamos llevado a las niñas a finales del verano y, diez días antes, Barack había dejado la campaña para poder sentarse con ella y cogerle la mano. Me pareció que estaba triste. Barack perdió a su madre en el arranque de su carrera política, dos meses después de anunciar que se presentaría al Senado estatal. Ahora que estaba alcanzando su apogeo, su abuela no estaría allí para verlo. La gente que lo había criado se había ido.

—Pase lo que pase, me siento muy orgullosa de ti —le dije—. Has hecho muchas cosas buenas.

Barack se levantó y me dio un abrazo.

—Tú también —respondió apretujándose contra mí—. Los dos lo hemos hecho bien.

Yo solo podía pensar en todo lo que aún tenía por delante.

Después de una cena familiar en casa, nos acicalamos y fuimos al centro para seguir los resultados electorales con un reducido grupo de amigos y familiares en una suite que el equipo de campaña nos había reservado en el Hyatt Regency. Los empleados se encontraban en otra parte del hotel para dejarnos un poco de privacidad. En la misma planta, Joe y Jill Biden tenían una suite para acoger a amigos y familiares.

Los primeros resultados llegaron hacia las seis de la tarde, hora del centro de Estados Unidos. Kentucky había elegido a McCain y Vermont a Barack. Después, Virginia Occidental y Carolina del Sur se decantaron por McCain. Mi confianza zozobró un poco, pero aquello no era ninguna sorpresa. Según Axe y Plouffe, que no dejaban de entrar y salir para anunciarnos hasta el último dato que recibían, todo se desarrollaba según lo previsto. Aunque las actualizaciones eran en general positivas, lo último que quería oír era cháchara política. A fin de cuentas, no podíamos controlar nada, con lo cual, ¿qué sentido tenía? Habíamos saltado y, de un modo u otro, ahora tomaríamos tierra. Vimos por televisión que empezaban a concentrarse miles de personas en Grant Park, situado a unos dos kilómetros del lago, donde unas pantallas gigantes estaban emitiendo la programación electoral y donde Barack pronunciaría más tarde uno de sus dos discursos. Había una pareja de policías apostada prácticamente en cada esquina, embarcaciones de la Guardia Costera patrullando el lago y helicópteros sobrevolando la zona. Por lo visto, Chicago al completo estaba conteniendo la respiración a la espera de más noticias.

Connecticut eligió a Barack y New Hampshire también. Lo mismo ocurrió con Massachusetts, Maine, Delaware y Washington, D. C. Cuando anunciaron que se había impuesto en Illinois, oímos cláxones de coches y gritos de emoción desde la calle. Encontré una silla cerca de la puerta de la suite y me senté allí sola a contemplar la escena que estaba desarrollándose. En la habitación reinaba el silencio, y las constantes actualizaciones del equipo político habían dado paso a una calma expectante y casi sobria. A mi derecha tenía a las niñas sentadas en un sofá con sus vestidos rojos y negros y a mi izquierda a Barack, que se había quitado la americana y se había sentado al lado de mi madre, engalanada con un bonito vestido negro y pendientes de plata.

«¿Estás preparada para esto, abuela?», oí que le decía Barack.

Mi madre, que no era dada a exteriorizar sus sentimientos, lo miró de reojo y se encogió de hombros, y ambos esbozaron una sonrisa. Pero más tarde me contó lo agobiada que estaba y que la vulnerabilidad de Barack le había sorprendido tanto como a mí. Estados Unidos lo veía como un hombre poderoso y seguro de sí mismo, pero mi madre también percibió la seriedad del momento y la soledad del puesto que lo aguardaba. Allí estaba aquel hombre, que ya no tenía padre ni madre, a punto de ser elegido líder del mundo libre.

Cuando volví a mirar, vi que mamá y Barack estaban cogidos de la mano.

Eran las diez en punto cuando las cadenas de televisión empezaron a emitir imágenes de mi marido sonriendo. Anunciaban que Barack Hussein Obama sería el cuadragésimo cuarto presidente de Estados

Unidos. Nos pusimos todos de pie y por instinto empezamos a gritar. El equipo de campaña y los Biden entraron en avalancha en la habitación y repartieron abrazos. Era surrealista. Tenía la sensación de haber salido de mi cuerpo y estar contemplando mi reacción.

Lo había conseguido. Todos lo habíamos conseguido. Casi parecía imposible, pero la victoria estaba asegurada.

Fue entonces cuando me pareció sentir que a mi familia y a mí nos habían lanzado por un cañón a un extraño universo submarino. Todo se me antojaba lento, acuoso y un tanto distorsionado, pese a que avanzábamos rápidamente y con unas directrices precisas, acompañados por agentes del Servicio Secreto hasta un montacargas y luego hasta un todoterreno por la puerta trasera del hotel. ¿Respiré aire fresco cuando salimos? ¿Di las gracias a la persona que nos sostuvo la puerta? ¿Sonreí? No lo sé. Era como si intentara volver de golpe a la realidad. Supuse que en parte era fruto del cansancio. Tal como habíamos pronosticado, fue un día muy largo. Vi que las niñas estaban agotadas. Las había preparado para aquel momento de la noche explicándoles que, perdiera o ganara papá, habría una bulliciosa celebración en un parque.

Nuestro convoy, escoltado por la policía, avanzó por Lake Shore Drive rumbo a Grant Park, situado más al sur. Había pasado por aquella calle cientos de veces, desde mis trayectos en autobús al instituto Whitney Young hasta los viajes en coche para ir al gimnasio antes de que amaneciera. Aquella era mi ciudad, un lugar que conocía como la palma de mi mano y, aun así, esa noche parecía haberse transformado en algo distinto y extrañamente silencioso. Era como si nos halláramos suspendidos en el tiempo y el espacio, como si viviéramos un sueño.

Malia iba mirando por la ventanilla del todoterreno, empapándose de todo.

—Papá —dijo un poco compungida—, no veo gente en la calle. Creo que no va a ir nadie a tu celebración.

Barack y yo nos miramos y nos echamos a reír. Entonces nos dimos cuenta de que éramos los únicos coches que circulaban. Ahora, Barack era el presidente electo. El Servicio Secreto lo había despejado todo, había cerrado un tramo de Lake Shore Drive y había bloqueado la totalidad de las intersecciones de la ruta, una medida habitual para un presidente, como averiguaríamos en breve. Pero para nosotros era nuevo.

Todo era nuevo.

Rodeé a Malia con el brazo.

—La gente ya está allí, cariño —le dije—. No te preocupes. Están esperándonos.

Y así fue. En el parque se congregaron más de veinte mil personas para vernos. Oímos un rumor expectante cuando salimos del vehículo y nos condujeron a unas carpas blancas que se habían instalado en la parte delantera del parque, formando un túnel que llevaba al escenario. Había acudido un grupo de amigos y familiares para saludarnos, pero ahora, debido al protocolo del Servicio Secreto, se encontraban al otro lado de un cordón. Barack me rodeó con el brazo, como si quisiera cerciorarse de que seguía allí.

Minutos después los cuatro salimos al escenario, yo cogiendo de la mano a Malia y Barack a Sasha. Vi muchas cosas a la vez. Vi que alrededor del escenario se alzaba un grueso panel de cristal antibalas. Vi un océano de personas, muchas de ellas ondeando pequeñas banderas de Estados Unidos. Mi mente era incapaz de procesarlo. Todo me parecía demasiado grande.

Apenas recuerdo el discurso de Barack esa noche. Sasha, Malia y yo lo observamos desde un lateral del escenario, rodeado de aquellos escudos de cristal, de nuestra ciudad y del bienestar que le procuraban más de sesenta y nueve millones de votos. Lo que conservo fue esa sensación de bienestar, la calma de esa noche de noviembre inusualmente calurosa junto al lago en Chicago. Después de muchos meses participando en frenéticos mítines de campaña ante multitudes a las que se animaba a gritar y corear, el ambiente en Grant Park era distinto. Nos encontrábamos frente a una masa gigantesca y exultante de estadounidenses que también estaba palpablemente pensativa. Lo que oí fue un relativo silencio. Me pareció que casi podía distinguir todas aquellas caras. Mucha gente tenía los ojos llenos de lágrimas.

Es posible que la calma fuera fruto de mi imaginación, o puede que lo viviéramos así porque era muy tarde. Al fin y al cabo, era casi medianoche y todo el mundo había estado esperando. Habíamos esperado mucho mucho tiempo.

La historia continúa

19

No hay manual para nuevas primeras damas de Estados Unidos. Técnicamente no es un trabajo ni tampoco un título oficial en el gobierno. No lleva aparejado un sueldo ni un conjunto definido de obligaciones. Es una especie de extraño sidecar de la presidencia, un asiento que, cuando llegué a él, ya lo habían ocupado más de cuarenta y tres mujeres, cada una de las cuales lo había interpretado a su manera.

Sabía poco sobre las primeras damas que me habían precedido y cómo habían abordado su labor. Sabía que Jackie Kennedy se había dedicado a redecorar la Casa Blanca. Sabía que Rosalynn Carter había asistido a las reuniones del gabinete. Nancy Reagan se había metido en un lío por aceptar vestidos que varios diseñadores de prestigio le habían regalado, y Hillary Clinton había sido objeto de escarnio por desempeñar un papel político en la administración de su marido. En una ocasión, un par de años antes, durante un almuerzo para cónyuges de senadores federales, había visto —con una mezcla de horror y asombro— que Laura Bush posaba, serena y sonriente, para las fotos oficiales con alrededor de un centenar de personas distintas, sin perder ni una sola vez la compostura ni pedir un descanso. Las primeras damas salían en las noticias tomando el té con las esposas de los dignatarios extranjeros; transmitían felicitaciones oficiales en las ocasiones festivas y llevaban vestidos bonitos a los banquetes de Estado. Sabía que era habitual que también escogiesen un par de causas que defender.

Ya entendía que a mí me medirían por otro rasero. Como única primera dama afroamericana que hubiera pisado la Casa Blanca, era «otra» casi por definición. Si a mis predecesoras blancas se les atribuía cierta elegancia, era consciente de que no pasaría lo mismo conmigo. Había aprendido, gracias a los tropiezos de las campañas electorales, que tenía que ser mejor, más rápida, más inteligente y más fuerte que nunca. La elegancia tendría que ganármela. Me dije que muchas estadounidenses no se verían reflejadas en mí o que no conectarían con mi trayectoria. No podría permitirme el lujo de integrarme poco a poco en mi nuevo papel antes de que me juzgaran. Y ya que hablamos de juicios, era tan vulnerable como siempre a los miedos infundados y los estereotipos raciales que acechan justo por debajo de la superficie de la conciencia pública, prestos a ser atizados por rumores e insinuaciones.

La perspectiva de ser primera dama era una gran responsabilidad y me emocionaba, pero ni por un segundo pensé que fuera a asumir un papel fácil y glamuroso. Nadie que lleve pegadas las palabras «primera» y «negra» lo pensaría nunca. Me hallaba a los pies de la montaña y sabía que necesitaba escalarla para ganarme a la opinión pública.

En mi caso, aquello suponía volver a plantearme la pregunta y la respuesta que me perseguía desde el instituto, cuando llegué al Whitney Young y me vi de repente atenazada por la duda. Entonces aprendí que a la confianza a veces hay que llamarla desde dentro. A estas alturas me he repetido las mismas palabras muchas veces, a lo largo de numerosas escaladas.

«¿Soy lo bastante buena? Sí, lo soy.»

Los setenta y seis días que separaban las elecciones de la toma de posesión parecían un período crucial para empezar a establecer el tono de la clase de primera dama que pretendía ser. Después de todo lo que había hecho para dejar atrás el derecho de sociedades y dedicarme a un trabajo más orientado a la comunidad y que para mí tuviera más significado, tenía claro que, para ser feliz, lo mejor que podía hacer era participar de forma activa y trabajar en pos de unos resultados tangibles. Pretendía cumplir las promesas que había hecho a las parejas de militares con las que había hablado durante la campaña: ayudarlas a compartir sus historias y encontrar modos de apoyarlas. Y después estaban mis planes de plantar un huerto y luchar por mejorar la salud y la nutrición infantiles a gran escala.

Tampoco quería adoptar un enfoque informal. Mi intención era llegar a la Casa Blanca con una estrategia bien trabajada y rodeada de un equipo fuerte. Si algo había aprendido de los aspectos más desagradables de la campaña, de la infinidad de maneras en que habían querido hundirme al describirme como una mujer descontenta y hostil o carente de elegancia, era que el veredicto público ocupa enseguida cualquier espacio vacío. Si no sales tú a definirte, no tardarán en definirte otros de forma injusta. No quería ocupar un segundo plano y aceptar un papel pasivo, esperando a que el equipo de Barack me diera instrucciones. Después de pasar por el crisol del último año, no estaba dispuesta a consentir que volvieran a machacarme de aquella manera.

Había tanto que hacer que se me agolpaban las ideas. Pero durante esta transición no fue posible llevar a cabo ningún plan; hacer cualquier cosa por adelantado se hubiese interpretado como presunción. Para una planificadora como yo, esperar de brazos cruzados no era fácil. Por lo tanto, en ese momento metimos la directa. Mi prioridad era cuidar de Sasha y Malia; quería que se instalaran de la forma más rápida y cómoda, lo que significaba cuadrar los detalles de la mudanza y encontrarles una escuela nueva en Washington, un lugar donde fueran felices.

Seis días después de las elecciones volé al D.C. para asistir a las reuniones que había concertado con los directivos de un par de escuelas. En circunstancias ordinarias, me habría concentrado exclusivamente en los factores académicos y la cultura de cada centro, pero ya habíamos renunciado a cualquier pretensión de normalidad. Era preciso tener en cuenta y debatir toda una serie de criterios nuevos y farragosos: los protocolos del Servicio Secreto, los planes de evacuación de emergencia, estrategias para proteger la intimidad de nuestras hijas ahora que serían el blanco de las miradas de toda una nación. Las variables habían aumentado en complejidad de forma exponencial. Había más gente implicada; era necesario sostener más conversaciones antes de tomar cualquier decisión, por pequeña que fuese.

Por suerte, pude conservar a las personas clave de mi equipo de campaña —Melissa, Katie y Kristen— para que trabajaran conmigo durante la transición. Nos pusimos de inmediato a diseñar los pormenores del traslado de mi familia, a la vez que empezamos a contratar personal —planificadores, expertos en diferentes áreas políticas, profesionales de la comunicación— para mis futuras oficinas en el Ala Este, además de entrevistar a candidatos para los empleos de la residencia familiar de la Casa Blanca. Una de las primeras personas a las que contraté fue Jocelyn Frye, una vieja amiga de la facultad de Derecho que poseía un talento analítico excepcional, quien accedió a incorporarse a mi equipo como directora de políticas, con el cometido de ayudar a supervisar las iniciativas que me había propuesto poner en marcha.

Barack, entretanto, andaba ocupado asignando las carteras de su gabinete y reuniéndose con diversos expertos para estudiar las distintas opciones de rescatar la economía. A esas alturas, más de diez millones de estadounidenses estaban en el paro, y la industria automovilística se hallaba sumida en una peligrosa caída libre. Yo notaba en la tensión de la mandíbula de mi marido cuando salía de aquellas sesiones que la situación era peor de lo que comprendían siquiera la mayoría de nuestros compatriotas. También recibía a diario informes escritos de Inteligencia que de repente lo convertían en custodio de los secretos de la nación: las amenazas clasificadas, las alianzas ocultas y las operaciones encubiertas de las que la opinión pública no tenía conocimiento.

Ahora que el Servicio Secreto iba a protegernos durante unos años, la agencia seleccionó nombres en clave para nosotros. Barack era «Renegade» y yo «Renaissance». A las chicas les permitieron escoger su apodo de entre una lista aprobada de opciones aliterativas. Malia pasó a ser «Radiance» y Sasha escogió «Rosebud». (Mi madre recibiría más tarde su propio nombre en clave, «Raindance».)

Cuando se dirigían a mí directamente, los agentes del Servicio Secreto casi siempre me llamaban «señora»: «Por aquí, señora. Un poco más atrás, señora, por favor», o: «Señora, su coche llegará enseguida».

«¿Quién es "señora"?», me daban ganas de preguntarles al principio. A mí, «señora» me sonaba a anciana, con bolso clásico, postura erguida y zapatos cómodos, como si hubiera otra persona sentada por allí cerca.

Pero yo era «Señora». «Señora» era yo. Formaba parte de aquella transformación generalizada, aquella alucinante transición en la que estábamos metidos.

Todo eso me rondaba la cabeza el día que viajé a Washington para visitar escuelas. Después de una de mis reuniones, regresé al aeropuerto nacional Reagan para encontrarme con Barack, que llegaba en un vuelo chárter procedente de Chicago. Como dictaba el protocolo para los presidentes electos, el presidente y la señora Bush nos habían invitado a visitar la Casa Blanca y lo habían programado a fin de que coincidiese con mi viaje para visitar escuelas. Me quedé esperando en la terminal privada mientras aterrizaba el avión de Barack. A mi lado estaba Cornelius Southall, uno de los agentes que dirigían mi equipo de seguridad.

Cornelius era un exjugador de fútbol americano a nivel universitario de hombros cuadrados que antes formaba parte de la seguridad del presidente Bush. Al igual que todos los jefes de mi escolta, era inteligente y estaba entrenado para estar hiperatento en todas las ocasiones, como si fuera un sensor humano. Incluso entonces, mientras los dos observábamos el avión de Barack rodando sobre la pista hasta detenerse a unos veinte metros de distancia, él estaba captando algo antes que yo.

—Señora —me dijo cuando le llegó una información a través de su auricular—, su vida está a punto de cambiar para siempre.

Cuando lo miré intrigada, añadió:

—Ahora verá.

Entonces señaló a la derecha, y me volví para mirar. En ese preciso instante algo enorme dobló la esquina: un serpenteante ejército vehicular que incluía una falange de coches y motocicletas de la policía, una serie de todoterrenos negros, dos limusinas blindadas con banderas de Estados Unidos en el capó, un camión de control de emergencias causadas por sustancias peligrosas, un equipo de asalto que llevaba las ametralladoras a la vista, una ambulancia, un camión de señales equipado para detectar si se acercaba algún proyectil, varias furgonetas de pasajeros y otro grupo de escoltas de la policía. La caravana presidencial. Tenía una longitud de al menos veinte vehículos, todos los cuales avanzaban en perfecta formación, uno detrás de otro, hasta que la flota entera se detuvo en silencio, de tal modo que las limusinas pararon justo delante del avión de Barack.

Me volví hacia Cornelius.

—¿Hay coche de payasos? —pregunté—. No, en serio, ¿a partir de ahora va a viajar con esto?

Cornelius sonrió.

—Todos los días de su presidencia, sí —contestó—. Este será el aspecto que tendrá siempre.

Contemplé el espectáculo: toneladas y toneladas de metal, un escuadrón de comandos, todo a prueba de balas. Todavía no había entendido que la protección de Barack solo era visible a medias. No sabía que también tendría, en todo momento, un helicóptero cerca listo para evacuarlo, que habría francotiradores apostados en los tejados a lo largo de todas las rutas que recorriese, que siempre viajaría con él un médico personal para casos de emergencia o que el vehículo en el que se desplazase contendría una reserva de sangre del tipo adecuado por si necesitaba una transfusión. En cuestión de semanas, justo antes de la toma de posesión de Barack, se dispondría de un nuevo modelo de limusina presidencial, con el apropiado sobrenombre de *La bestia*: un tanque de siete toneladas disfrazado de vehículo de lujo, trucado con cañones ocultos de gas lacrimógeno, neumáticos a prueba de pinchazos y un sistema de ventilación aislado diseñado para sobrevivir a un ataque biológico o químico.

Estaba casada con uno de los seres humanos más protegidos del planeta. Era algo que tranquilizaba e inquietaba a partes iguales.

Miré a Cornelius, quien me indicó con un gesto que avanzara hacia la limusina.

—Ya puede acercarse, señora —dijo.

Solo había estado dentro de la Casa Blanca una vez, un par de años antes. A través de la oficina de Barack en el Senado, me había apuntado con Malia y Sasha a una visita especial que se ofrecía coincidiendo con una de nuestras estancias en Washington, pensando que sería divertido. Los recorridos por la Casa Blanca suelen hacerse sin guía, pero nuestra visita contaba con la presencia de un conservador que nos mostró, a un grupo pequeño, los espléndidos pasillos y varias salas de acceso público.

Contemplamos las arañas de cristal tallado que colgaban del alto techo de la sala Este, donde históricamente se celebraban los bailes y las recepciones más opulentos, e inspeccionamos las mejillas sonrosadas y la expresión sobria de George Washington en el gigantesco retrato de marco dorado que pendía de una pared. Descubrimos, gracias a nuestro guía, que a finales del siglo XVIII la primera dama Abigail Adams había utilizado aquel espacio enorme para tender la colada y que, décadas más tarde, durante la Guerra Civil, habían acuartelado en él de forma temporal a soldados de la Unión. En la sala Este se habían celebrado varias bodas de primeras hijas. También había acogido la capilla ardiente de Abraham Lincoln y la de John F. Kennedy.

Aquel día me descubrí repasando de memoria los diversos presidentes, intentando reconciliar lo que recordaba de mis clases de historia con la imagen de las familias que habían recorrido aquellos mismos pasillos. Malia, que por entonces tenía casi ocho años, parecía más que nada sobrecogida por el tamaño del lugar, mientras que Sasha, con cinco, hacía todo lo posible por no tocar los muchos objetos que estaba prohibido tocar. Mantuvo la compostura como una campeona mientras pasábamos de la sala Este a la sala Verde, que tenía unas delicadas paredes de seda de color esmeralda y venía acompañada de una anécdota sobre James Madison y la guerra de 1812, y la sala Azul, que tenía muebles franceses y llevaba aparejada una historia sobre la boda de Grover Cleveland. Sin embargo, cuando nuestro guía nos preguntó si tendríamos la bondad de seguirlo hasta la sala Roja, Sasha me miró y me soltó, con la voz sonora de una párvula indignada: «¡Oh, nooo, otra sala no!». La hice callar enseguida y le lancé esa mirada de madre que dice: «No me pongas en evidencia».

Pero, con la mano en el corazón, ¿quién podría culparla? La Casa Blanca es un sitio enorme, que dispone de 132 habitaciones, 35 baños y 28 chimeneas a lo largo de seis plantas, todas ellas cargadas de más historia de la que cualquier visita guiada podría empezar a cubrir. Resultaba francamente difícil imaginar que allí se pudiera vivir de verdad. En algún lugar del nivel inferior, un caudal de funcionarios del gobierno entraba y salía del edificio mientras que, en algún punto por encima de nosotros, la primera dama vivía con sus terriers escoceses en la residencia familiar. Con todo, en aquel momento nosotras estábamos en una zona diferente de la casa, la parte atrapada en el tiempo y semejante a un museo donde el simbolismo vivía e importaba, donde se exponía la antigua osamenta de la nación.

Dos años más tarde llegaba de nuevo, en esa ocasión a través de una puerta distinta y con Barack. Íbamos a ver el edificio como nuestro hogar en ciernes.

El presidente y la señora Bush nos dieron la bienvenida en el salón de Recepciones Diplomáticas, pegado al jardín Sur. La primera dama me estrechó la mano con afecto. «Llámame Laura, por favor», dijo. Su marido se mostró igual de hospitalario, poseedor de un magnánimo espíritu tejano que parecía imponerse a cualquier rencor político. A lo largo de la campaña, Barack había criticado el liderazgo del presidente de forma frecuente y detallada, y había prometido a los votantes que corregiría las muchas decisiones que él consideraba erróneas. Bush, como buen republicano, había apoyado la candidatura de John McCain, pero también había prometido que aquella sería la transición más fluida de la historia presidencial, para lo cual había dado instrucciones a todos los departamentos del ejecutivo a fin de que preparasen carpetas con informes para la administración entrante. Incluso por el lado de la primera dama, los miembros de su personal estaban redactando listas de contactos, calendarios y muestras de correspondencia que me sirvieran de ayuda a la hora de orientarme en lo tocante a las obligaciones sociales que el título acarreaba. Detrás de todo aquello se adivinaba amabilidad, un amor genuino al país que siempre apreciaré y admiraré.

Aunque el presidente Bush no hiciera ninguna mención directa, habría jurado que detecté los primeros indicios de alivio en su cara, la certeza de que su mandato casi había terminado, de que, cruzada ya la meta, pronto podría poner rumbo de vuelta a su casa de Texas. Llegaba el momento de ceder el puesto al próximo presidente.

Mientras nuestros maridos se dirigían al despacho Oval para conversar, Laura me acompañó al ascensor privado de paneles de madera que estaba reservado para la primera familia, accionado por un caballeroso ascensorista afroamericano vestido de esmoquin.

Estábamos subiendo las dos plantas que nos separaban de la residencia familiar cuando Laura me preguntó cómo lo llevaban Sasha y Malia. Para entonces ella tenía sesenta y dos años, y su período en la Casa Blanca había pillado a sus dos hijas más mayores que las nuestras. Exmaestra y bibliotecaria, había aprovechado su altavoz como primera dama para fomentar la educación y defender a los enseñantes. Me escudriñó con sus afables ojos azules.

—¿Cómo te encuentras tú? —preguntó.

—Un poco abrumada —reconocí.

Sonrió con lo que me pareció auténtica compasión.

—Lo sé. Créeme que sí.

En su momento, no supe apreciar del todo el significado de lo que me decía, pero más tarde lo recordaría a menudo: Barack y yo nos incorporábamos a una sociedad extraña y muy pequeña formada por los Clinton, los Carter, dos pares de Bush, Nancy Reagan y Betty Ford. Esas eran las únicas personas del planeta que sabían lo que nos esperaba a Barack y a mí, que habían experimentado de primera mano los gozos y los sinsabores únicos de la vida en la Casa Blanca. Por diferentes que fuéramos, siempre compartiríamos ese vínculo.

Laura me guio en un recorrido por la residencia, donde me enseñó una habitación, y luego otra y otra más. La zona privada de la Casa Blanca ocupa unos mil novecientos metros cuadrados en las dos plantas superiores de la estructura histórica principal, esto es, la que se reconoce por las fotos, con sus icónicos pilares blancos. Vi el salón donde comían las primeras familias y asomé la cabeza a la ordenada cocina, donde el personal ya estaba ocupado con los preparativos de la cena. Vi las habitaciones de invitados en la planta de arriba y las exploré como posible alojamiento para mi madre, si lográbamos convencerla de que se mudase con nosotros. (Allí arriba también había un pequeño gimnasio, que fue el lugar donde más se emocionaron tanto Barack como el presidente Bush durante la versión masculina de la visita.) A mí lo que me interesaba era echar un vistazo a las dos habitaciones que me parecían más apropiadas para Sasha y Malia, las que estaban en el mismo pasillo que el dormitorio principal.

Para mí, era clave que las chicas se sintieran cómodas y en casa. Si lo despojábamos de la pompa y el boato —la irrealidad a lo cuento de hadas que suponía mudarse a una casa que incluía chefs, bolera y piscina—, lo que Barack y yo estábamos haciendo era algo que en realidad no quiere ningún padre: arrancar a sus hijas de una escuela que les encantaba en mitad del año escolar, separarlas de sus amigos y meterlas en un nuevo hogar y un nuevo colegio casi sin preaviso. Esa idea me preocupaba, si bien me reconfortaba saber que otras madres y otros hijos lo habían conseguido sin problemas en el pasado.

Laura me llevó a una habitación bonita y muy bien iluminada, contigua al dormitorio principal, que tradicionalmente se usaba como vestidor de la primera dama. Me señaló las vistas al jardín de las Rosas y el despacho Oval a través de la ventana, antes de añadir que la reconfortaba poder mirar y a veces formarse una idea de lo que su marido estaba haciendo. Hillary Clinton, me contó, le había mostrado las mismas vistas cuando realizó su primera visita a la Casa Blanca ocho años antes. Y ocho años antes de aquello, su suegra, Barbara Bush, se las había mostrado a Hillary. Miré por la ventana, tras aquel recordatorio de que formaba parte de un humilde continuo.

En los meses siguientes sentiría el poder de la conexión con esas otras mujeres. Hillary tuvo la amabilidad de compartir conmigo su sabiduría por teléfono, cuando me describió su experiencia buscando escuela para Chelsea. Tuve una reunión con Rosalynn Carter y una conversación telefónica con Nancy Reagan; las dos se mostraron cariñosas y me ofrecieron su apoyo. Y Laura tuvo el detalle de invitarme a que volviese con Sasha y Malia un par de semanas después de aquella primera visita, un día en el que sus hijas, Jenna y Barbara, pudieran enseñar a las mías las «partes divertidas» de la Casa Blanca; les mostraron desde los mullidos asientos del cine privado hasta cómo deslizarse por el pasillo inclinado de la planta de arriba.

Aquello me daba muchos ánimos. Ya esperaba con ganas el día en que pudiera transmitir lo que hubiera aprendido a la siguiente primera dama.

Acabamos mudándonos a Washington justo después de nuestras clásicas vacaciones de Navidad en Hawái, para que Sasha y Malia pudieran empezar en la escuela al mismo tiempo que sus nuevos compañeros volvían de la pausa navideña. Todavía faltaban unas tres semanas para la toma de posesión y tuvimos que buscar un acomodo temporal, para lo que alquilamos varias habitaciones en la última planta del hotel Hay-Adams, en el centro de la ciudad. Nuestras ventanas daban a la plaza Lafayette y el jardín Norte de la Casa Blanca, donde veíamos el estrado y las gradas de metal que estaban montando para el desfile de la toma de posesión. En un edificio situado enfrente del hotel alguien había colgado una pancarta enorme que ponía: «Bienvenidas, Malia y Sasha». Al verla se me hizo un nudo en la garganta de la emoción.

Después de mucha investigación, dos visitas y numerosas conversaciones, habíamos optado por matricular a nuestras hijas en la escuela Sidwell Friends, un colegio privado cuáquero de excelente reputación. Sasha entraría en el segundo curso del centro de infantil, que estaba situado en la zona residencial a las afueras de Bethesda, Maryland, mientras que Malia estudiaría quinto en el campus principal, que ocupaba una manzana tranquila a unos pocos kilómetros al norte de la Casa Blanca. Cada una de las niñas tendría que ir a la escuela acompañada por una caravana de vehículos con un grupo de agentes armados del Servicio Secreto, varios de los cuales también se apostarían ante las puertas de sus aulas y las seguirían durante cada descanso, recreo y entrenamiento deportivo.

Vivíamos en una especie de burbuja, aislados en parte del mundo cotidiano. No recordaba la última vez que había hecho un recado por mi cuenta o había paseado por el parque por diversión. Cualquier movimiento requería una charla previa con los equipos tanto de seguridad como de programación. La burbuja se había formado a nuestro alrededor poco a poco a lo largo de la campaña, a medida que aumentaba la popularidad de Barack y se volvía más preciso establecer barreras entre nosotros y la sociedad en general —y, en algunos casos, entre nosotros y nuestros amigos y familiares—. Estar dentro de la burbuja era una sensación extraña que no me gustaba en especial, aunque también comprendía que era un mal necesario. Con su escolta policial permanente, nuestros vehículos ya no paraban en los semáforos. Rara vez entrábamos o salíamos por la puerta principal de un edificio cuando podían meternos a toda prisa por la entrada de servicio o el muelle de carga de un callejón. Desde el punto de vista del Servicio Secreto, cuanto menos visibles fuéramos, mejor.

Me aferraba a la esperanza de que la burbuja de Sasha y Malia fuera diferente, de que pudieran mantenerlas a salvo pero sin contenerlas, de que su margen de actuación fuese mayor que el nuestro. Quería que hicieran amigos, amigos de verdad: que encontrasen chicos de su edad a los que les cayeran bien por razones que fueran más allá de que eran las hijas de Barack Obama. Quería que aprendiesen, que vivieran aventuras, que cometiesen errores y los superaran. Esperaba que la escuela fuese para ellas una especie de refugio, un lugar donde ser ellas mismas. Sidwell Friends nos atraía por muchos motivos, entre ellos que fuera la escuela en la que había estudiado Chelsea Clinton cuando su padre era presidente. El personal sabía cómo proteger la intimidad de los estudiantes de perfil alto y ya había realizado la clase de ajustes de seguridad que serían necesarios para Malia y Sasha, lo que significaba que no supondrían un golpe tan duro para las arcas del centro. Por encima de todo, la escuela me transmitía buenas sensaciones. La filosofía cuáquera concede una importancia crucial a la comunidad, que se construye sobre la idea de que no debe valorarse a ningún individuo por encima de otro, y eso me parecía un sano contrapunto a las atenciones con las que ahora se colmaba a su padre.

El primer día de clase, Barack y yo desayunamos temprano en nuestra suite de hotel con Malia y Sasha antes de ayudarlas a ponerse los abrigos de invierno. Barack no pudo evitar ofrecerles consejos sobre cómo sobrevivir a un primer día en una escuela nueva («Sonreíd mucho, sed amables, haced caso a vuestros profesores») para añadir, al final, mientras las dos niñas se echaban a la espalda sus mochilas violetas: «¡Y sobre todo no os hurguéis la nariz!».

Mi madre se nos unió en el pasillo, y bajamos juntos en el ascensor.

Fuera del hotel, el Servicio Secreto había levantado una carpa de seguridad que tenía por objeto mantenernos fuera del alcance de los fotógrafos y los cámaras de televisión que estaban apostados a la entrada, ansiosos por obtener imágenes de nuestra familia en transición. Como no había llegado de Chicago hasta la noche antes, Barack tenía la esperanza de acompañar a las niñas todo el camino hasta la escuela, pero sabía que supondría demasiado jaleo, dado el tamaño de su caravana. Se había vuelto excesivamente aparatoso. Percibí la pesadumbre en su rostro cuando Sasha y Malia lo abrazaron para despedirse.

Después mi madre y yo acompañamos a las niñas en lo que sería su nueva variedad de autobús escolar: un todoterreno negro con lunas tintadas hechas de cristal a prueba de balas. Esa mañana intenté transmitir confianza, sonriendo y bromeando con mis hijas. Por dentro, sin embargo, sentía un nerviosismo sordo, la sensación de que a cada paso me adentraba un poco más en lo desconocido. Nuestra primera parada fue el campus de la escuela de primaria, donde Malia y yo tuvimos que abrirnos paso entre un bosque de cámaras de periodistas para entrar en el edificio, flanqueadas por agentes del Servicio Secreto. En cuanto la dejé en manos de su nueva profesora, la caravana nos llevó hasta Bethesda, donde repetí la maniobra con la pequeña Sasha, a la que acompañé hasta un aula muy mona con mesas bajas y anchos ventanales, que recé por que fuera un lugar seguro y alegre.

Volví a la caravana y regresé al Hay-Adams, arrellanada en mi burbuja. Me esperaba una jornada muy intensa, con todos los minutos ocupados por alguna reunión, pero no lograba dejar de pensar en nuestras hijas. ¿Cómo estarían pasando el día? ¿Qué comerían? ¿Las mirarían con la boca abierta, o las harían sentirse a gusto? Más tarde vería en la prensa una foto de Sasha durante el trayecto a la escuela que hizo que se me saltaran las lágrimas. Creo que la tomaron mientras yo estaba dejando a Malia y Sasha esperaba en el coche con mi madre. Tenía la carita redonda pegada al cristal de la ventanilla del todoterreno y miraba hacia fuera, con los ojos abiertos y pensativa, contemplando a los fotógrafos y curiosos con una expresión indescifrable pero sobria.

Cuánto estábamos pidiéndoles. Fue una idea que no me quité de la cabeza no solo aquel día, sino durante los meses y años siguientes.

El ritmo de la transición no aflojaba nunca. Me bombardeaban con centenares de decisiones, todas ellas de una urgencia evidente. Se esperaba que me pronunciase sobre infinidad de cosas, desde las toallas y la pasta de dientes hasta el detergente para la vajilla y la cerveza que compraríamos para la residencia de la Casa Blanca, que escogiera la ropa para la ceremonia de la toma de posesión y los bailes de gala que la seguirían y que organizara los preparativos para las más o menos ciento cincuenta personas, entre amigos cercanos y parientes, que llegarían desde fuera de la ciudad en calidad de invitados. Delegué lo que pude en Melissa y otros miembros de mi equipo de transición. También contratamos a Michael Smith, un diseñador de interiores con mucho talento al que habíamos conocido a través de un amigo de Chicago, para que nos ayudase a amueblar y redecorar la residencia y el despacho Oval.

Descubrí que el presidente electo dispone de una partida de los fondos federales por valor de cien mil dólares para ayudarlo con la mudanza y la redecoración, pero Barack insistió en que lo pagásemos todo de nuestro bolsillo, utilizando lo que habíamos ahorrado gracias a los derechos de autor de su libro. Es así desde que lo conozco: obra con un cuidado especial en todo lo relativo a cuestiones de dinero y ética, para lo que se exige más incluso de lo que marca la ley. Existe una máxima ancestral en la comunidad negra que dice: «Tienes que ser el doble de bueno para llegar la mitad de lejos». Dado que éramos la primera familia afroamericana en la Casa Blanca, se nos veía como representantes de nuestra raza. Sabíamos que cualquier fallo o error de cálculo se sacaría de contexto y se interpretaría como algo más de lo que era.

En general, me interesaba menos redecorar y planificar la toma de posesión que averiguar lo que podía hacer desde mi nueva condición. A mi modo de ver, obligaciones propiamente dichas no tenía ninguna. Que no hubiera una descripción del puesto de trabajo quería decir que no había exigencias profesionales, lo que me concedía libertad para escoger mis prioridades. Deseaba garantizar que cualquier esfuerzo por mi parte contribuyera al cumplimiento de las metas generales de la nueva administración. Constaté con gran alivio que nuestras dos hijas volvían contentas después del primer día de colegio, y el segundo y el tercero. Sasha trajo deberes, cosa que nunca había sucedido antes. Malia ya se había apuntado para cantar en un concierto del coro de la escuela. Nos explicaron que los niños de otros cursos a veces se quedaban un poco embobados cuando las veían, pero todo el mundo era agradable con ellas. Con cada día después de aquel, el viaje en caravana a Sidwell Friends se fue volviendo más rutinario. Al cabo de una semana, más o menos, las chicas se sentían lo bastante cómodas para empezar a ir a la escuela sin mí; mi madre ocupó mi puesto como acompañante habitual, lo que automáticamente hizo que las entregas y recogidas fueran menos aparatosas, al implicar menos agentes, vehículos y armas.

Mi madre en un principio no tenía intención de acompañarnos a Washington, pero yo la puse contra las cuerdas. Las niñas la necesitaban; yo la necesitaba. Quería creer que ella también nos necesitaba a nosotras. Durante los últimos años había sido una presencia casi diaria en nuestras vidas, y su mentalidad práctica había supuesto un bálsamo para las preocupaciones de todos los demás. A sus setenta y un años, sin embargo, no había vivido en ningún sitio que no fuera Chicago. Era reacia a dejar el South Side y su casa en Euclid Avenue. («Adoro a esa gente, pero también adoro mi propia casa —le dijo a un periodista, sin andarse con rodeos—. La Casa Blanca me recuerda a un museo y pienso: "¿Cómo duermes en un museo?.»)

Intenté explicarle que, si se mudaba a Washington, conocería a toda clase de personas interesantes, no tendría que cocinar ni limpiar y dispondría de más espacio en la planta superior de la Casa Blanca del que había tenido nunca en casa. Nada de eso tenía importancia para ella; mi madre era inmune a cualquier variedad de glamour y pompa.

Al final, llamé a Craig. «Tienes que hablar con mamá por mí —le dije—. Por favor, convéncela de que venga.»

De algún modo, aquello funcionó. A Craig se le daba bien ponerse duro cuando hacía falta.

Mi madre acabaría pasando con nosotros en Washington los siguientes ocho años, pero en su momento afirmó que la mudanza era temporal, que solo se quedaría hasta que las niñas estuvieran instaladas. También se negó a que la metieran en ninguna burbuja. Rechazó la protección del Servicio Secreto y evitó a la prensa para mantener un perfil bajo y una huella poco profunda. Tenía encantado al personal doméstico de la Casa Blanca con su insistencia en ocuparse sola de su colada, y durante años entraría y saldría a placer de la residencia cruzando la puerta para acercarse a una droguería CVS o a los grandes almacenes Filene's Basement más cercanos cuando necesitaba comprar algo, haciendo nuevas amigas con las que quedaba para comer fuera de forma regular. Siempre que algún desconocido comentaba que era clavadita a la madre de Michelle Obama, ella se encogía de hombros con educación y decía: «Sí, me lo dicen mucho», antes de seguir con sus asuntos. Como siempre, mi madre hacía las cosas a su manera.

Mi familia entera acudió a la toma de posesión. Asistieron mis tíos y mis primos; asistieron nuestros amigos de Hyde Park, junto con mis amigas y sus parejas. Todo el mundo llevó a sus hijos. Habíamos planificado festejos paralelos para grandes y pequeños a lo largo de toda la semana de la toma de posesión, incluido un concierto para niños, una comida infantil separada que tendría lugar durante el tradicional almuerzo en el Capitolio que seguía a la jura del cargo y una yincana con fiesta final en la Casa Blanca que se celebraría mientras los demás acudíamos a los bailes conmemorativos.

Un beneficio inesperado de los últimos meses de campaña electoral había sido la fusión orgánica y armoniosa de nuestra familia con la de Joe Biden. Aunque habían sido rivales políticos apenas unos meses atrás, Barack y Joe se compenetraban de forma natural, pues los dos eran capaces de alternar con facilidad entre la seriedad de su trabajo y la relajación de la vida familiar.

Jill, la mujer de Joe, me cayó bien de inmediato, porque admiraba su delicada fortaleza y su ética de trabajo. Se había casado con Joe y convertido en madrastra de sus dos hijos en 1977, cinco años después de que la primera mujer y una hija bebé fallecieran en un trágico accidente de tráfico. Más tarde ellos habían tenido una hija. Jill acababa de doctorarse en Educación y se las había ingeniado para enseñar inglés en un instituto de enseñanza superior de Delaware no solo durante los años de Joe en el Senado, sino también a lo largo de sus dos campañas presidenciales. Al igual que yo, estaba interesada en encontrar nuevas maneras de apoyar a las familias de los militares. A diferencia de mí, tenía una conexión emocional directa con el tema: Beau Biden, el hijo mayor de Joe, estaba destinado en Irak con la Guardia Nacional. Le habían concedido un permiso breve para viajar a Washington a fin de que estuviera presente cuando su padre jurara el cargo de vicepresidente.

Y después estaban los nietos Biden, cinco en total, todos ellos tan simpáticos y sencillos como los propios Joe y Jill. Habían aparecido en la Convención Nacional Demócrata de Denver y habían conquistado a Sasha y Malia con su bulliciosa alegría, invitándolas a pasar la noche en la habitación de hotel de Joe, encantados de desentenderse de la política que los rodeaba para dedicarse a hacer nuevas amigas. Agradecimos, siempre, tener cerca a los niños de los Biden.

El día de la toma de posesión amaneció con un frío helador, y las temperaturas no llegaron a superar los cero grados, aunque el viento hacía que pareciesen de diez grados bajo cero. Aquella mañana, Barack y yo fuimos a la iglesia con las niñas, mi madre, Craig y Kelly, Maya y Konrad y Mama Kaye. Oíamos en las noticias que la gente había empezado a hacer cola ante el National Mall antes del amanecer, todos bien abrigados mientras esperaban a que los actos oficiales dieran comienzo. Aunque aquel día acabaría pasando mucho frío, siempre recordaré la cantidad de personas que esperaron a la intemperie durante muchas más horas que yo, convencidas de que valía la pena aguantar la baja temperatura. Más tarde nos enteraríamos de que casi dos millones de personas habían inundado el Mall, llegadas de todas partes del país, un mar de diversidad, energía y esperanza que se extendía a lo largo de más de un kilómetro y medio desde el Capitolio de Estados Unidos y más allá del monumento a Washington.

Después del servicio religioso, Barack y yo nos dirigimos a la Casa Blanca para unirnos a Joe y Jill, junto con el presidente Bush, el vicepresidente Dick Cheney y sus respectivas esposas, y tomarnos un café o un té antes de viajar juntos con una caravana de automóviles hasta el Capitolio para jurar el cargo. En algún momento antes, Barack había recibido los códigos de autorización que le permitirían acceder al arsenal nuclear del país y había asistido a una sesión informativa sobre los protocolos para utilizarlos. Desde entonces en adelante, dondequiera que fuese lo seguiría de cerca un asesor militar que llevaba una maleta de veinte kilos con los códigos de confirmación de lanzamiento y sofisticados dispositivos de comunicación, a la que a menudo se referían como «el balón de fútbol nuclear». También eso pesaba.

Para mí, la ceremonia en sí sería otra de aquellas experiencias extrañas, como a cámara lenta, de una magnitud tan enorme que era incapaz de asimilar del todo lo que sucedía. Nos hicieron pasar a una sala privada del Capitolio antes de la ceremonia, para que las niñas pudieran picar algo y Barack dispusiera de unos minutos para ensayar conmigo cómo pondría la mano encima de la pequeña Biblia roja que ciento cincuenta años antes había pertenecido a Abraham Lincoln. En ese preciso instante, muchos de nuestros amigos, parientes y compañeros buscaban su asiento en el estrado de fuera. Más tarde se me ocurriría que, probablemente, era la primera vez en la historia que tantas personas de color se sentaban delante del público, tanto en directo como televisivo y global, en calidad de vips en una toma de posesión estadounidense.

Tanto Barack como yo sabíamos lo que significaba esa jornada para muchos compatriotas, sobre todo aquellos que habían participado en el movimiento en pro de los derechos civiles. Él se había encargado de incluir entre los invitados a los Aviadores de Tuskegee, los pilotos y miembros del personal de tierra afroamericanos que hicieron historia al combatir en la Segunda Guerra Mundial. También invitó a los conocidos como los Nueve de Little Rock, el grupo de estudiantes negros que en 1957 habían estado entre los primeros en poner a prueba la sentencia del Tribunal Supremo en el caso de Brown contra la Junta de Educación, al matricularse en un instituto de Arkansas con un alumnado blanco en su totalidad, donde habían soportado muchos meses de crueldad y abusos en defensa de sus principios. Todos eran ya ancianos, con el pelo cano y los hombros encorvados, una señal de las décadas transcurridas pero quizá también de la carga que habían llevado por el bien de las futuras generaciones. Barack había comentado a menudo que aspiraba a subir la escalera de la Casa Blanca porque los Nueve de Little Rock se habían atrevido a remontar la escalera de aquel instituto de Arkansas. De todos los continuos a los que pertenecíamos, aquel quizá fuera el más importante.

Faltaban escasos segundos para las doce cuando ese día aparecimos ante el país con nuestras dos hijas. La verdad es que solo recuerdo pequeños detalles: cómo brillaba el sol en la frente de Barack en un momento dado o el silencio respetuoso que se hizo cuando el presidente del Tribunal Supremo, John Roberts, dio inicio a la ceremonia. Recuerdo que Sasha, demasiado pequeña para que su presencia se apreciara entre un mar de adultos, se subió orgullosa a un taburete para resultar visible. Recuerdo lo despejado que estaba el aire. Levanté la Biblia de Lincoln, y Barack colocó encima su mano izquierda para jurar que protegería la Constitución de Estados Unidos y, con un par de frases cortas, acceder solemnemente a hacer suyas todas las preocupaciones del país. Fue un acto ceremonioso y al mismo tiempo lleno de júbilo, una sensación que tendría su reflejo en el discurso de aceptación que Barack iba a pronunciar.

«En este día —dijo—, nos reunimos porque hemos escogido la esperanza antes que el miedo, la unidad de propósito antes que el conflicto y la discordia.»

Vi esa verdad reflejada una y otra vez en el rostro de las personas que lo presenciaban tiritando de frío. Había gente por todas partes, hasta donde alcanzaba la vista. Llenaban hasta el último centímetro del National Mall y la ruta del desfile. Me sentí como si nuestra familia casi estuviera cayendo en sus brazos. Todos juntos, estábamos haciendo un pacto: «Vosotros cuidáis de nosotros, nosotros cuidamos de vosotros».

Malia y Sasha estaban aprendiendo a marchas forzadas lo que significaba hallarse expuestas al escrutinio público. Lo comprendí en cuanto nos metimos en la limusina presidencial y empezamos nuestro lento recorrido hasta la Casa Blanca a la cabeza del desfile. Para entonces, Barack y yo nos habíamos despedido de George y Laura Bush, saludándolos con la mano mientras despegaban del Capitolio en un helicóptero de los Marines. También habíamos comido. A Barack y a mí nos sirvieron *magret* de pato en un elegante comedor de mármol del Capitolio junto a un par de centenares de invitados, entre ellos su nuevo gabinete, varios congresistas y los magistrados del Tribunal Supremo, mientras que las niñas se daban un banquete con sus exquisiteces favoritas —*fingers* de pollo y macarrones con queso— con los hijos de los Biden y un puñado de primos en una sala cercana.

Me maravilló lo bien que se habían portado nuestras hijas a lo largo de toda la ceremonia de la toma de posesión, sin removerse, repantigarse u olvidarse de sonreír. Aún teníamos a muchos millares de personas mirando desde ambos lados de la calle y por la televisión mientras la caravana avanzaba por Pennsylvania Avenue, aunque las lunas tintadas hacían difícil que nadie divisara el interior. Cuando Barack y yo salimos para cubrir caminando un breve tramo del recorrido y saludar al público, Malia y Sasha se quedaron dentro del cálido capullo de la limusina en movimiento. Entonces parecieron caer en la cuenta de que por fin estaban relativamente solas y a resguardo de las miradas.

Para cuando Barack y yo volvimos a entrar en la limusina, las dos estaban que se ahogaban de risa, libres por fin de la ceremoniosa dignidad. Se habían quitado los gorros, se habían revuelto el pelo y estaban revolcándose por el asiento, enzarzadas en una pelea de cosquillas entre hermanas. Poco después por fin se cansaron, se desplomaron sobre los asientos y cubrieron el resto del trayecto con los pies en alto, escuchando a Beyoncé a todo volumen en la radio del automóvil como si fuese un día cualquiera.

Barack y yo sentimos entonces una especie de alivio dulce. Éramos ya la primera familia, pero seguíamos siendo nosotros.

Cuando el sol empezó a ponerse el día de la toma de posesión, la temperatura descendió todavía más. Barack y yo, acompañados por el infatigable Joe Biden, estuvimos las dos horas siguientes en una tribuna de autoridades al aire libre delante de la Casa Blanca, pasando revista a las bandas y carrozas de los cincuenta estados que desfilaron ante nosotros por Pennsylvania Avenue. En un momento dado dejé de sentir los dedos de los pies, incluso después de que alguien me entregara una manta para taparme las piernas. Uno por uno, los invitados de la tribuna fueron excusándose a fin de prepararse para los bailes de la velada.

Eran casi las siete de la tarde cuando terminó la última banda de música y Barack y yo fuimos caminando, a oscuras, hasta la Casa Blanca, donde entramos por primera vez como residentes. En el transcurso de la tarde, el personal había logrado efectuar un extraordinario vuelco en la residencia, sacando el menaje de los Bush para introducir el nuestro. En el espacio de unas cinco horas, habían limpiado a vapor las alfombras para impedir que cualquier resto de pelo de los perros del expresidente activara la alergia de Malia. Entraron y colocaron los muebles, instalaron los adornos florales. Para cuando subimos en el ascensor, nuestra ropa estaba doblada y organizada en los armarios; la despensa estaba surtida con nuestros alimentos favoritos. Los mayordomos de la Casa Blanca que trabajaban en la residencia, en su mayoría varones afroamericanos de nuestra edad o con algunos años más, esperaban erguidos para ayudarnos con cualquier cosa que necesitásemos.

Casi tenía demasiado frío para fijarme en todo aquello. Nos esperaban en el primero de los diez bailes conmemorativos en menos de una hora. Recuerdo que en la planta de arriba vi a muy pocas personas, más allá de los mayordomos, que eran desconocidos para mí. Recuerdo, a decir verdad, que me sentí un poco sola al recorrer un largo pasillo jalonado por una serie de puertas cerradas. Venía de pasar dos años rodeada a todas horas de gente, porque Melissa, Katie y Kristen siempre estaban a mi lado. De repente, estaba sola. Las niñas ya se habían marchado a otra parte de la casa para su velada de diversión. Mi madre, Craig y Maya se alojaban en la residencia con nosotros, pero ya los habían embarcado en un coche rumbo a los festejos de la noche. Me esperaba un peluquero para arreglarme; mi vestido colgaba de un perchero. Barack había desaparecido para darse una ducha y ponerse el esmoquin.

Había sido una jornada increíble y simbólica para nuestra familia y esperaba que para el país, pero también era una especie de ultramaratón. Solo tuve unos cinco minutos a solas para darme un baño caliente y coger fuerzas de cara a lo que venía a continuación. Después, daría unos cuantos bocados al filete con patatas que Sam Kass había preparado, iría a que me retocasen el peinado y el maquillaje, y luego me pondría el vestido de chifón de seda marfil que había escogido para la velada y que había confeccionado en exclusiva para mí un joven diseñador llamado Jason Wu. El vestido tenía un solo tirante, llevaba bordadas delicadas flores de organza, cada una con un minúsculo cristal en el centro, y contaba con una falda larga que caía formando una suntuosa cascada hasta el suelo.

A lo largo de mi vida había llevado muy pocos trajes de noche, pero la creación de Jason Wu obró un milagro pequeño pero poderoso al hacerme sentir ligera, bella y plena una vez más, justo cuando empezaba a pensar que ya no quedaba nada mío que mostrar. El vestido resucitó el elemento de ensoñación que tenía la metamorfosis de mi familia, la promesa de toda aquella experiencia, al transformarme si no en una princesa de sala de baile con todas las de la ley, por lo menos en una mujer capaz de subirse a otra tarima: ya era la FLOTUS —siglas de Primera Dama de los Estados Unidos— del POTUS que era Barack. Era el momento de celebrarlo.

Aquella noche, Barack y yo empezamos por el Baile del Barrio, el primer baile inaugural que se organizaba con la intención de ser, a grandes rasgos, accesible y asequible para todo el mundo, donde Beyoncé —la Beyoncé de verdad— cantó una versión potente y asombrosa del clásico del rhythm and blues «At Last», que habíamos escogido como canción para nuestro «primer baile». De ahí fuimos a un Baile de los Estados Natales y después al Baile del Comandante en Jefe, para luego pasar por el Baile de la Juventud y otros seis más. Nuestra estancia en cada uno de ellos fue relativamente corta y casi idéntica: una banda tocaba el «Hail to the Chief», Barack hacía unos comentarios, intentábamos transmitir nuestro agradecimiento a los asistentes y, mientras todos se ponían en pie y miraban, bailábamos lento «At Last» una vez más.

Yo me agarraba a mi marido, y mis ojos encontraban la calma en los suyos. Continuábamos siendo el dúo del tira y afloja, del yin y el yang que habíamos sido durante veinte años y que seguía conectado y cimentado por un amor visceral. Era algo que siempre me complacía demostrar.

Conforme fue haciéndose tarde, sin embargo, noté que empezaba a venirme abajo.

En teoría lo mejor de la velada era lo que llegaba al final: una fiesta privada para un par de centenares de nuestros amigos en la Casa Blanca. Era allí donde podríamos relajarnos por fin, tomar un poco de champán y dejar de preocuparnos por nuestra apariencia. Desde luego, yo pensaba quitarme los zapatos.

Eran cerca de las dos de la madrugada cuando llegamos allí. Barack y yo cruzamos los suelos de mármol que llevaban hacia la sala Este para encontrarnos la fiesta en su apogeo, un ir y venir de copas y personas elegantes que danzaban bajo las arañas centelleantes. Wynton Marsalis y su banda tocaban jazz en un pequeño escenario situado al fondo de la estancia. Había amigos de casi todas las etapas de mi vida: compañeros de Princeton, de Harvard y de Chicago; representantes de los Robinson y los Shields en buen número. Aquellas eran las personas con las que quería reírme y decir: «¿Cómo demonios hemos llegado todos aquí?».

Pero estaba acabada. Había tocado fondo. También tenía la vista puesta en el futuro, porque sabía que a la mañana siguiente —al cabo de unas horas, en realidad— asistiríamos al Servicio de Oración Nacional y después tendríamos que dar, de pie, la bienvenida a los doscientos invitados que acudirían a visitar la Casa Blanca. Barack me miró y me leyó el pensamiento. «No hace falta que te quedes —dijo—. No pasa nada.»

Los invitados empezaban a acercarse, ansiosos por intercambiar unas palabras. Llegaba un donante de la campaña; llegaba el alcalde de una gran ciudad. «¡Michelle! ¡Michelle!», llamaba la gente. Estaba tan agotada que pensaba que me echaría a llorar.

Mientras Barack cruzaba el umbral y la sala lo engullía al instante, me quedé paralizada durante un momento y luego giré sobre mis talones y hui. No me quedaban fuerzas para formular una excusa digna de una primera dama, ni siquiera para saludar con la mano a mis amigos. Me limité a caminar deprisa por la gruesa alfombra roja, ajena a los agentes que me seguían, ajena a todo hasta que encontré el ascensor de la residencia y luego el pasillo extraño que llevaba a una habitación extraña, donde me quité los zapatos y el vestido y me metí en nuestra cama, nueva y desconocida.

20

La gente me pregunta cómo es vivir en la Casa Blanca. A veces respondo que es algo parecido a como me imagino que debe de ser vivir en un hotel de lujo, si ese hotel de lujo no tuviera otros clientes salvo tú y tu familia. Hay flores por todas partes, y las renuevan casi a diario. El edificio en sí transmite antigüedad e intimida un poco. Las paredes son tan gruesas y el entarimado tan macizo que la residencia parece absorber cualquier sonido con rapidez. Las ventanas son majestuosas y altas, y además están equipadas con cristal a prueba de bombas; se mantienen cerradas en todo momento por motivos de seguridad, lo que contribuye aún más al silencio. Las habitaciones están siempre inmaculadamente limpias. El personal está compuesto por ujieres, chefs, gobernantas, floristas y también electricistas, pintores y fontaneros, todos los cuales entran y salen con discreción y cortesía, procurando pasar desapercibidos, esperando hasta que has salido de una habitación para cambiar las toallas o poner una gardenia fresca en el pequeño jarrón de la mesilla de noche.

Las habitaciones son grandes, sin excepción. Hasta los cuartos de baño y los armarios están construidos a una escala diferente de cualquier cosa que me haya encontrado nunca. A Barack y a mí nos sorprendió la cantidad de muebles que tuvimos que elegir para que cada estancia nos pareciese acogedora. Nuestro dormitorio no solo tenía una cama de matrimonio —preciosa, con cuatro columnas y un dosel de tela de color trigo—, sino también chimenea y un rincón con un sofá, una mesa de centro y un par de sillas tapizadas. Había cinco cuartos de baño para los cinco habitantes de la residencia, más otros diez adicionales. Yo no solo tenía un armario empotrado sino también un espacioso vestidor contiguo: la misma habitación desde la que Laura Bush me había mostrado las vistas del jardín de las Rosas. Con el tiempo, aquel espacio en la práctica se convertiría en mi estudio privado, el lugar donde podía sentarme a leer, trabajar o ver la tele tranquilamente, vestida con una camiseta y unos pantalones de chándal, aprovechando que nadie podía verme.

Comprendía la suerte que teníamos de vivir así. El dormitorio principal de la residencia era más grande que el apartamento entero que mi familia había compartido cuando yo era pequeña en la primera planta de Euclid Avenue. Había un cuadro de Monet colgado delante de la puerta de mi dormitorio y una escultura de bronce de Degas en el comedor. Había sido una niña del South Side y ahora estaba criando a dos hijas que dormían en cuartos diseñados por un interiorista de renombre y que podían encargar a un chef menús personalizados para el desayuno.

A veces pensaba en todo eso y sentía una especie de vértigo.

Intenté, a mi manera, relajar el protocolo. Dejé claro al personal doméstico que nuestras niñas se harían la cama todas las mañanas, igual que en Chicago. También dije a Malia y Sasha que actuaran como siempre: que fuesen educadas y amables y no pidieran nada que no necesitasen o que pudieran conseguir por sí mismas. Pero también era importante para mí que nuestras hijas se sintieran libres hasta cierto punto de la formalidad del lugar. «Sí, podéis jugar a la pelota en el pasillo —les dije—. Sí, podéis rebuscar en la despensa si os apetece algo de picar.» Me aseguré de que supieran que no tenían que pedir permiso para salir afuera a jugar. Me dio ánimos verlas por la ventana una tarde, durante una ventisca, deslizándose por la pendiente del jardín Sur, utilizando a modo de trineo unas bandejas de plástico que el personal de la cocina les había prestado.

Reconozco que, en aquella situación, las niñas y yo éramos personajes secundarios, beneficiarias de los diversos lujos que habían sido concedidos a Barack: éramos importantes porque su felicidad y la nuestra eran interdependientes; nos protegían por un motivo, que era que si nuestra seguridad se veía comprometida también lo estaría su capacidad para pensar con claridad y dirigir la nación. Una descubre que la Casa Blanca se rige por el propósito expreso de optimizar el bienestar, la eficiencia y el poder en general de un solo ser humano, el presidente. Barack estaba rodeado de personas cuyo trabajo consistía en tratarlo como una valiosa gema. A veces la situación recordaba a épocas pretéritas, en las que una casa giraba exclusivamente en torno a las necesidades del hombre, que era lo contrario de lo que quería que mis hijas considerasen normal. A Barack también lo incomodaba tanta atención, aunque tenía poco control sobre aquella cuestión.

Para entonces, disponía de unos cincuenta subalternos cuya misión era leer y responder al correo. Tenía pilotos de helicóptero de los Marines prestos a llevarlo adondequiera que necesitase ir y un equipo de seis personas que preparaban voluminosos cuadernos de informes para que pudiera mantenerse al corriente de la actualidad y tomar decisiones fundamentadas. Tenía un conjunto de chefs que cuidaban de su nutrición y un puñado de encargados de la compra que nos protegían de cualquier clase de sabotaje alimentario, para lo que hacían excursiones anónimas a diferentes comercios, donde escogían la materia prima sin revelar jamás para quién trabajaban.

Desde que lo conocía, Barack nunca había disfrutado realizando tareas como hacer la compra, cocinar ni ningún otro aspecto del cuidado del hogar. No es alguien que guarde herramientas de calidad en el sótano o se quite de encima el estrés del trabajo preparando un *risotto* o podando setos. En su caso, la retirada de toda obligación y preocupación doméstica no era sino una buena noticia, aunque solo fuera porque liberaba su cerebro y le permitía navegar sin ataduras por cavilaciones de ámbito más general, de las que no andaba escaso.

A mí lo que más gracia me hacía era que contase con tres ayudas de cámara militares cuyos deberes incluían vigilar su armario y asegurarse de que sus zapatos relucieran, sus camisas estuvieran planchadas y su ropa de gimnasia se encontrase siempre limpia y doblada. La vida en la Casa Blanca era muy diferente de la vida en su «agujero».

—¿Ves lo arreglado que voy ahora? —me dijo Barack con ojillos burlones un día mientras desayunábamos—. ¿Has visto mi armario?

—Sí que lo he visto —contesté sonriendo—. Y no te corresponde a ti ningún mérito.

Durante su primer mes en el cargo, Barack firmó la ley Lilly Ledbetter de Salarios Justos, que ayudaba a proteger a los trabajadores de la discriminación salarial por causas como el género, la raza o la edad. Ordenó que se pusiera fin al uso de la tortura en los interrogatorios e inició un esfuerzo (si bien en último término no llegaría a buen puerto) para cerrar el centro de detención de la bahía de Guantánamo en un plazo inferior a un año. Renovó el reglamento ético que regía las interacciones de los empleados de la Casa Blanca con los representantes de los grupos de presión y, lo que es más importante, se las ingenió para lograr que el Congreso aprobase un proyecto de ley con un ambicioso paquete de incentivos económicos, a pesar de que ni un solo republicano de la Cámara de Representantes votó a favor. Desde mi punto de vista, parecía que estaba en racha. El cambio que había prometido estaba haciéndose realidad.

Por si fuera poco, llegaba puntual a la cena.

Para las niñas y para mí, esa fue la sorprendente y feliz novedad que trajo la vida en la Casa Blanca con el presidente de Estados Unidos, a diferencia de la vida en Chicago con un padre que trabajaba en un Senado lejano y a menudo estaba de viaje haciendo campaña. Teníamos acceso, por fin, a papá. Su vida era más ordenada. Trabajaba una cantidad increíble de horas, como siempre, pero a las seis y media en punto se subía en el ascensor y llegaba al piso de arriba para disfrutar de una cena en familia, aunque a menudo tuviera que bajar de inmediato otra vez al despacho Oval. Mi madre a veces cenaba con nosotros, si bien había adoptado su propia rutina: bajaba a saludar antes de acompañar a Malia y Sasha a la escuela, pero casi siempre optaba por dejarnos a nuestro aire durante la noche; prefería cenar arriba en el solario adyacente a su dormitorio mientras daban *Jeopardy!* por la tele. Incluso cuando le pedíamos que se quedara, por lo general rehusaba. «Necesitáis tiempo para vosotros», decía.

Durante los primeros meses en la Casa Blanca sentí la necesidad de andarme con ojo en todo momento. Una de mis primeras lecciones fue que podía salir relativamente caro vivir allí. Aunque no pagábamos por alojarnos en la residencia ni por los suministros y el personal, cubríamos los demás gastos cotidianos, que parecían acumularse enseguida, sobre todo dada la calidad propia de hotel de lujo de todos los artículos. Todos los meses recibíamos una factura desglosada que incluía hasta el último producto alimentario y rollo de papel higiénico. Pagábamos por cada invitado que pasaba la noche o comía con nosotros. Y con un personal de cocina digno de la *Guía Michelin* y ansioso por complacer al presidente, tenía que vigilar de cerca lo que servían. Cuando Barack comentaba de pasada que le gustaba el sabor de una fruta exótica en el desayuno o encontrar sushi en el plato de la cena, el equipo culinario tomaba nota y lo incluía en la rotación regular del menú. Solo más tarde, al inspeccionar la factura, nos dábamos cuenta de que algunos de aquellos productos los traían en avión y a un elevado coste.

De todas formas, mi vigilancia en aquellos primeros meses la reservaba, más que nada, para Malia y Sasha. Supervisaba sus estados de ánimo, les preguntaba por sus sentimientos y sus interacciones con otros niños. Intentaba no dramatizar cada vez que me informaban de que habían hecho un nuevo amigo, aunque no cupiera en mí de gozo. A esas alturas ya entendía que no existía un modo sencillo de invitar a nadie a jugar en la Casa Blanca ni de organizar salidas para mis hijas, pero poco a poco fuimos ideando un sistema.

Se me permitía utilizar una BlackBerry personal, pero me habían aconsejado que limitase mis contactos a unos diez de mis amigos más íntimos, las personas que me amaban y apoyaban sin ninguna clase de interés propio. La mayor parte de mis comunicaciones pasaban por Melissa, a la que había nombrado directora adjunta de personal y que conocía los contornos de mi vida mejor que nadie. Ella seguía la pista de todos mis primos y todas mis amistades de la universidad. Dábamos su número de teléfono y su dirección de correo electrónico en lugar de los míos y redirigíamos a ella todas las peticiones. Parte del problema estribaba en que estaban saliendo viejos conocidos y parientes lejanos de debajo de las piedras, todos con una avalancha de preguntas. ¿Podía Barack hablar en la graduación de tal joven? ¿Podía yo dar un discurso para tal asociación benéfica? ¿Asistiríamos a tal fiesta o tal gala de recaudación de fondos? La mayor parte de los mensajes tenían buen fondo, pero era demasiado para que lo asimilase todo de golpe.

Por lo que se refiere a la vida diaria de las niñas, a menudo tenía que confiar en los jóvenes del personal que me ayudaban con la logística. Mi equipo se reunió enseguida con los profesores y los administradores de Sidwell, para tomar nota de las fechas importantes del calendario escolar, aclarar los procesos a seguir cuando la prensa solicitara información y responder a las preguntas de los profesores sobre la gestión en el aula de los temas que tuvieran que ver con la política y la actualidad. Cuando las niñas empezaron a tener una vida social fuera de la escuela, mi asistente personal (o *body person*, como se dice en la jerga política de Washington) se convirtió en el punto de contacto que anotaba los teléfonos de los demás padres y organizaba las salidas y recogidas cuando Malia y Sasha quedaban con amigas. Siguiendo una costumbre que ya tenía en Chicago, procuraba conocer a los progenitores de las nuevas amistades de las niñas, para lo que invité a algunas madres a comer y me presenté a otras durante los actos de la escuela. Debo reconocer que esos contactos podían resultar incómodos. Yo sabía que a veces hacía falta un minuto para que las personas a las que acababa de conocer superasen cualquier idea preconcebida que tuvieran de mí y de Barack, lo que creían saber de mí gracias a la televisión o las noticias, y me vieran simplemente, a ser posible, como la madre de Malia o de Sasha.

Era incómodo explicar a la gente que, antes de que Sasha pudiera asistir al cumpleaños de la pequeña Julia, el Servicio Secreto tendría que pasar por la casa a hacer un barrido de seguridad. Era incómodo pedir el número de la Seguridad Social a cualquier padre o cuidador que fuese a acompañar a un niño a nuestra casa a jugar. Todo era incómodo, pero necesario. No me gustaba que existiera esa extraña frontera que debía cruzarse cada vez que conocíamos a alguien nuevo, pero me aliviaba constatar que Sasha y Malia lo vivían de un modo muy diferente cuando salían como un cohete a recibir a sus amigas de la escuela a las que acababan de dejar en la sala de Recepciones Diplomáticas —o sala Dip, como nos acostumbramos a llamarla—, para cogerlas de la mano y entrar corriendo y riendo. Resulta que a los niños la fama les importa apenas unos minutos. Después de eso, solo quieren divertirse.

Descubrí muy pronto que debía trabajar con mi equipo para planificar y ejecutar una serie de fiestas y banquetes tradicionales, que empezaban casi de inmediato con el Baile de los Gobernadores, una gala de etiqueta que se celebraba todos los febreros en la sala Este. Lo mismo pasaba con la tradicional carrera de los huevos de Pascua, una fiesta familiar al aire libre que databa de 1878 y que reunía a miles de personas. También estaban los almuerzos primaverales a los que asistiría en honor de los cónyuges de los miembros del Congreso y del Senado, parecidos a aquel en el que había visto sonreír a Laura Bush de manera tan imperturbable mientras le sacaban una foto oficial con todos y cada uno de los comensales.

A mí aquellas citas sociales podían antojárseme una distracción de lo que esperaba que fuese una labor de mayor impacto, pero también empecé a pensar en cómo podía mejorar o por lo menos modernizar algunas de ellas, para relajar aunque solo fuera un poquito el envaramiento de la tradición. En general, pensaba que la vida en la Casa Blanca podía mirar hacia delante sin perder un ápice de su historia y tradición. Con el tiempo, Barack y yo daríamos pasos en esa dirección, colgando arte abstracto y obras de artistas afroamericanos en las paredes, por ejemplo, y combinando muebles contemporáneos con los antiguos. En el despacho Oval, Barack cambió un busto de Winston Churchill por otro de Martin Luther King, Jr. También concedimos a los mayordomos de la Casa Blanca la opción de quitarse el esmoquin blanco y vestir de manera más informal los días en que no hubiera actos públicos, para lo que introdujimos la alternativa de un conjunto de chinos y polo.

Barack y yo sabíamos que queríamos democratizar de forma más eficaz la Casa Blanca, para que pareciese menos elitista y más abierta. Cuando organizábamos un acto, quería que asistiera gente corriente y no solo quienes estuvieran acostumbrados a vestir de etiqueta. También quería que hubiese más presencia infantil, porque con niños todo era mejor. Esperaba que la carrera de los huevos de Pascua fuese accesible para más personas, para lo que aumentamos el número de plazas reservadas a niños de la ciudad y familias de militares, que se sumarían a plazas para hijos y nietos de congresistas y demás vips. Por último, si me tocaba sentarme y comer con (mayoritariamente) las esposas de los miembros del Congreso y del Senado, ¿no podía invitarlas también a que me acompañasen a la ciudad y participasen en algún proyecto de servicio a la comunidad?

Tenía claro lo que me importaba. No quería ser una especie de ornamento bien vestido que figurase en las fiestas y las inauguraciones oficiales. Quería hacer cosas que tuvieran sentido y fuesen duraderas. Mi primer empeño real, decidí, sería el huerto.

No era jardinera ni lo había sido en toda mi vida, pero gracias a Sam Kass y los esfuerzos de nuestra familia por comer mejor en casa ya sabía que cuando las fresas estaban más suculentas era en junio, que las lechugas con las hojas más oscuras eran las que tenían más nutrientes y que no era tan difícil hacer chips de kale en el horno. Veía a mis hijas comiendo platos como ensalada de guisantes y macarrones de coliflor con queso y entendía que, hasta hace poco, la mayor parte de lo que sabíamos de comida provenía de la publicidad de la industria alimentaria sobre sus productos preparados, congelados o procesados de cualquier otra manera para mayor comodidad, fuese a través de apetitosos anuncios televisivos o mediante un envase ingenioso que tenía por blanco al agobiado progenitor que recorría el supermercado a toda velocidad. La realidad era que nadie estaba publicitando los productos frescos y sanos: el gratificante crujido de una zanahoria cruda o la dulzura sin parangón de un tomate recién arrancado de la mata.

Plantar hortalizas en la Casa Blanca era mi respuesta a ese problema, y esperaba que supusiera el principio de algo más grande. La administración de Barack estaba centrada en mejorar el acceso a una atención sanitaria asequible, y para mí el huerto era un modo de ofrecer un mensaje paralelo sobre vida sana. Lo veía como una primera prueba, un ensayo que podía ayudarme a determinar lo que sería capaz de conseguir como primera dama, una forma literal de arraigarme en aquel nuevo empleo. Lo concebía como una especie de aula al aire libre, un lugar que los niños pudieran visitar para aprender sobre el cultivo de alimentos. De cara a la galería, un huerto parecía algo elemental y apolítico, el proyecto inofensivo e inocente de una mujer madura con una pala: algo que complacía a los asesores de Barack en el Ala Oeste con su constante preocupación por la «óptica», su desvivirse por qué imagen daría todo de cara al público.

Pero ahí no quedaba la cosa. Tenía pensado aprovechar nuestro trabajo en el huerto para dar pábulo a una conversación pública sobre nutrición, en especial en las escuelas y entre los padres, que a ser posible conduciría a un debate sobre cómo se producía, etiquetaba y comercializaba la comida y cómo afectaba eso a la salud pública. Y al hablar de esos temas desde la Casa Blanca estaría planteando un desafío implícito a las gigantescas corporaciones de la industria de la alimentación y los refrescos y al modo en que manejaban sus negocios desde hacía décadas.

La verdad era que no sabía cómo se recibiría nada de todo aquello, pero después de dar instrucciones a Sam, que se había unido al equipo de la Casa Blanca, para que empezara a dar pasos en la creación del huerto, estaba dispuesta a descubrirlo.

Mi optimismo de esos primeros meses se veía atemperado más que nada por una cosa, que era la política. Entonces vivíamos en Washington, pegados a la desagradable dinámica de rojos contra azules que yo llevaba años intentando evitar, por mucho que Barack hubiese decidido trabajar dentro de ella. Ahora que era presidente, esas fuerzas poco menos que controlaban su día a día. Semanas atrás, antes de la toma de posesión, el presentador de radio conservador Rush Limbaugh había anunciado sin tapujos: «Espero que Obama fracase». Había presenciado horrorizada que los republicanos del Congreso adoptaban la misma postura y ponían trabas a todos los esfuerzos de Barack por atajar la crisis económica, negándose a apoyar medidas que rebajarían los impuestos y salvarían o crearían millones de empleos. El día en que juró el cargo, según algunos indicadores, la economía estadounidense caía tan rápido como al principio de la Gran Depresión, si no más. Se habían perdido setecientos cincuenta mil puestos de trabajo solo en enero. Y aunque Barack había basado su campaña en la idea de que era posible construir un consenso entre partidos, de que los estadounidenses en el fondo estaban más unidos que separados, el Partido Republicano estaba haciendo un esfuerzo deliberado por demostrar que se equivocaba, y encima en pleno período de emergencia nacional.

Todo eso me rondaba la cabeza la tarde del 24 de febrero, cuando Barack habló para una sesión conjunta del Congreso. La finalidad de este acto es, en pocas palabras, servir de discurso del Estado de la Unión para cualquier presidente recién nombrado, al concederle la oportunidad de perfilar los objetivos para el año siguiente en una intervención que se televisa en directo en horario de máxima audiencia, y se efectúa en la Cámara de los Representantes y en presencia de magistrados del Tribunal Supremo, miembros del gabinete, generales del ejército y congresistas. También es una tradición con mucho aparato, en la que los legisladores expresan con teatralidad su aprobación o desaprobación de las ideas del presidente levantándose de un brinco para ovacionarlo o quedándose sentados con cara de pocos amigos.

Ocupé mi asiento en la galería aquella tarde, entre una niña de catorce años que había escrito una sentida carta a su presidente y un cortés veterano de la guerra de Irak, todos esperando a que mi marido llegara. Desde mi posición veía casi toda la Cámara de los Representantes. Era una perspectiva inusual, a vista de pájaro, de los líderes de nuestro país, un océano de blancura y masculinidad ataviada con traje oscuro. La ausencia de diversidad era flagrante —con franqueza, resultaba embarazosa— para tratarse de un país moderno y multicultural. La desproporción era más clamorosa entre los republicanos. En aquel momento solo había siete republicanos que no fueran blancos en el Congreso; ninguno de ellos era afroamericano y solo uno era una mujer. En total, cuatro de cada cinco congresistas eran varones.

Al cabo de unos minutos empezó el espectáculo con un trueno: un golpe de maza y un grito del sargento de armas. El público se puso en pie y aplaudió durante más de cinco minutos mientras los cargos electos buscaban hueco en los pasillos. En el centro de la tormenta, rodeado por un corro de agentes de seguridad y un camarógrafo que caminaba hacia atrás, estaba Barack, estrechando manos y sonriendo mientras avanzaba poco a poco a través de la sala en dirección al estrado.

Yo había observado aquel ritual muchas veces por televisión, en otras ocasiones y con otros presidentes. Pero ver a mi marido allí abajo, entre el gentío, tenía algo que hacía que, de repente, la magnitud de la tarea y la complejidad de tener que ganarse a más de la mitad del Congreso para sacar adelante cualquier iniciativa pareciesen muy reales.

El discurso de Barack esa tarde fue detallado y sobrio, pues reconocía el estado lamentable de la economía, las guerras que seguían en curso, la amenaza persistente de atentados terroristas y la cólera de muchos estadounidenses que sentían que el rescate del gobierno a los bancos constituía una ayuda injusta a los responsables de la crisis financiera. Fue con cuidado de mostrarse realista pero a la vez tocar claves de esperanza, recordando a sus oyentes nuestra fortaleza como nación y nuestra capacidad para recuperarnos de los reveses.

Observé desde la galería mientras los congresistas republicanos permanecían sentados durante la mayor parte del discurso, con cara de enfado y obstinación, ceñudos y de brazos cruzados, con aspecto de niños que no se hubieran salido con la suya. Era como si hubiesen olvidado que había sido un presidente republicano el que nos había metido en aquel embrollo con su acción de gobierno. Más que nada, parecía que solo quisieran que Barack fracasara. Confieso que, en aquel momento y desde aquella perspectiva, me pregunté si en efecto habría algún camino para seguir adelante.

Cuando era pequeña tenía ideas imprecisas sobre cómo podría mejorar mi vida. Iba a jugar a casa de las hermanas Gore y envidiaba el espacio del que disponían, el hecho de que ellas y su familia tuvieran una vivienda entera para ellos solos. Pensaba que significaría algo que mi familia pudiera permitirse un coche mejor. No podía evitar fijarme en quién de mis amigas tenía más pulseras o más Barbies que yo, o quién se compraba modelitos en el centro comercial en vez de tener una madre que ahorraba cosiendo toda la ropa en casa con patrones de Butterick. De niña aprendes a medir mucho antes de entender el tamaño o el valor de nada. Con el tiempo, si tienes suerte, aprendes que has estado midiéndolo todo mal.

Ahora vivíamos en la Casa Blanca. Muy poco a poco empezaba a resultarme familiar, no porque fuese a acostumbrarme algún día a la inmensidad del espacio o la opulencia del estilo de vida, sino porque allí era donde mi familia dormía, comía, reía y vivía. En las habitaciones de las niñas habíamos puesto las crecientes colecciones de recuerdos que Barack había tomado por costumbre traer a casa de sus diversos viajes: bolas de nieve para Sasha y llaveros para Malia. Empezamos a efectuar cambios sutiles en la residencia, a la que añadimos una iluminación moderna que complementase a las tradicionales arañas, y velas aromáticas para darle un toque hogareño. No pensaba perder nunca de vista lo afortunados que éramos de disfrutar de aquel confort, pero lo que empezaba a apreciar más era la humanidad del lugar.

Hasta mi madre, que había expresado su preocupación por la formalidad museística de la Casa Blanca, enseguida descubrió que allí había más cosas que medir. El edificio estaba lleno de personas que no eran tan diferentes de nosotros. Varios de los mayordomos trabajaban en la Casa Blanca desde hacía muchos años y habían cuidado de todas las familias que habían pasado por allí. Su discreta dignidad me recordaba a mi tío abuelo Terry, que, cuando yo era pequeña, vivía en la planta baja de la casa de Euclid Avenue y cortaba el césped con zapatos de cordones y tirantes. Intentaba que el trato que dispensábamos al personal fuera siempre respetuoso y positivo; quería asegurarme de que nunca se sintieran invisibles. Si a los mayordomos les importaba la política, si eran partidarios de un partido u otro, se lo guardaban para ellos. Iban con cuidado de preservar nuestra intimidad, pero también se mostraban siempre abiertos y cordiales, y poco a poco desarrollamos una buena relación. Captaban de forma instintiva cuándo debían concederme algo de espacio o cuándo podía aguantar que me tomaran un poco el pelo. A menudo se gastaban bromas a propósito de sus equipos deportivos favoritos en la cocina, donde les gustaba ponerme al día de los últimos cotilleos del personal o las hazañas de sus nietos mientras yo repasaba los titulares de la mañana. Si televisaban algún partido de baloncesto universitario por la noche, Barack a veces iba a mirarlo un rato con ellos. Sasha y Malia acabaron adorando el espíritu cordial de aquella cocina, que visitaban para hacerse smoothies o palomitas al salir de clase. Muchos trabajadores le tomaron un cariño especial a mi madre, a la que iban a ver al solario de arriba para charlar un rato.

Tardé un poco en ser capaz de reconocer la voz de las diferentes telefonistas de la Casa Blanca que me llamaban para despertarme por la mañana o me pasaban con las oficinas del Ala Este de la planta de abajo, pero pronto también ellas me resultarían conocidas y simpáticas. Hablábamos del tiempo o bromeaba contándoles que a menudo tenía que despertarme horas antes que Barack para pasar por peluquería antes de un acto oficial. Eran charlas breves, pero en cierto modo, de forma modesta, hacían que la vida pareciese un poco más normal.

Uno de los mayordomos más veteranos, un afroamericano de pelo blanco llamado James Ramsey, llevaba en el puesto desde la administración Carter. De vez en cuando me entregaba el último ejemplar de la revista *Jet* sonriendo con orgullo mientras decía: «No se preocupe que aquí estoy yo, señora Obama».

La vida era mejor, siempre, cuando podíamos medir el calor.

Iba por la vida creyendo que nuestra nueva casa era grande y majestuosa hasta el punto de resultar excesiva, pero entonces en abril fui a Inglaterra y conocí a Su Majestad la reina.

Era el primer viaje internacional que Barack y yo hacíamos juntos desde las elecciones. Volamos a Londres en el *Air Force One* para que él pudiera asistir a una cumbre del G20, el grupo compuesto por los máximos dirigentes de las mayores economías del mundo. Era un momento crítico para un encuentro de esa clase. La crisis económica de Estados Unidos había desencadenado réplicas devastadoras en todo el planeta y había dejado en caída libre los mercados financieros mundiales. La cumbre del G20 también señalaría el debut de Barack como presidente en un foro global. Y, como sucedió tantas veces durante aquellos primeros meses en el cargo, su cometido principal era arreglar un desastre ajeno; en aquel caso, absorber la frustración de los otros líderes mundiales, que tenían la impresión de que Estados Unidos había dejado pasar importantes oportunidades de meter en cintura a los banqueros imprudentes y prevenir el desastre con el que se las veían todos en aquel momento.

Dado que empezaba a tener más confianza en que Sasha y Ma-

lia estaban cómodas con sus rutinas escolares, había dejado a mi
madre al mando durante los pocos días que pasaría fuera, consciente de que ella relajaría de inmediato todas mis reglas sobre acostarse pronto y comer toda la verdura que se servía con la cena. Mi
madre disfrutaba ejerciendo de abuela, sobre todo cuando podía
desmontar mis rígidas normas para imponer su estilo, más laxo y
ligero, y mucho más permisivo que cuando nos criaba a Craig y a
mí. Las niñas siempre estaban encantadas cuando la abuela se quedaba al mando.

Gordon Brown, primer ministro de Reino Unido, era el anfitrión de la cumbre del G20, que incluía un día entero de reuniones
sobre economía en un centro de conferencias de la ciudad. Sin
embargo, como suele suceder cuando los dirigentes mundiales se
presentan en Londres de visita oficial, la reina también quiso recibir
a todo el mundo en el palacio de Buckingham con una ceremonia
de bienvenida. A causa de la estrecha relación que existe entre Reino Unido y Estados Unidos, y también, supongo, porque éramos
recién llegados, a Barack y a mí nos invitaron a una audiencia privada previa con la reina antes de la recepción general.

Huelga decir que yo nunca había conocido a nadie de la realeza.
Me dieron a entender que podía elegir entre hacer una reverencia o
estrechar la mano de la soberana. Sabía que debíamos tratarla de «majestad», mientras que su marido, el príncipe Felipe, duque de Edim-
burgo, respondía al título de «alteza real». Aparte de eso, no estaba
segura de qué esperar cuando nuestra caravana atravesó las altas
puertas de hierro de la entrada del palacio, por delante de los curiosos que se agolpaban contra la verja, un contingente de guardias y
un imponente corneta, para luego atravesar un arco interior y llegar
al patio, donde esperaba el jefe de la Casa Real para darnos la bienvenida.

Resulta que el palacio de Buckingham es grande; tanto, que
cuesta explicarlo con palabras. Tiene 775 habitaciones y es quince
veces más extenso que la Casa Blanca. En los años sucesivos, Barack
y yo tendríamos la suerte de volver unas cuantas veces como invi-

tados. En nuestros viajes posteriores dormiríamos en una suntuosa suite de la planta baja del palacio, al cuidado de lacayos de librea y damas de honor. Asistiríamos a un banquete de gala en la sala de baile, donde comeríamos con tenedores y cuchillos chapados en oro. En un momento dado, como parte de una visita guiada, nos explicaron: «Esta es nuestra sala Azul», mientras nuestro cicerone señalaba una estancia inmensa que quintuplicaba en tamaño a la sala homónima de la Casa Blanca. El jefe de ujieres de la reina un día nos llevó a mi madre, a las niñas y a mí al jardín de las Rosas del palacio, que contenía miles de inmaculadas flores abiertas y ocupaba casi media hectárea de terreno, lo que hacía que el puñado de rosales que con tanto orgullo cuidábamos delante del despacho Oval pareciesen algo menos impresionantes. El palacio de Buckingham me resultaba asombroso y a la vez incomprensible.

En aquella primera visita nos acompañaron a las dependencias privadas de la reina y nos hicieron pasar a un salón donde nos esperaban de pie ella y el príncipe Felipe. Por aquel entonces Isabel II tenía ochenta y dos años y era una mujer menuda y elegante de sonrisa delicada, con un regio peinado que retiraba de la frente sus rizos blancos. Llevaba un vestido rosa pálido, un collar de perlas y un bolso negro colgado del brazo. Nos dimos la mano y posamos para una foto. La reina, educada, nos preguntó por el jet lag y nos invitó a sentarnos. No recuerdo con exactitud de qué hablamos después de aquello: un poco de economía y de la situación en Inglaterra, de las diversas reuniones a las que Barack había asistido.

En cualquier encuentro oficial siempre se siente algo de torpeza, pero, según mi experiencia, es necesario ser consciente y superarlo. Reunida con la reina, tuve que hacer acopio de fuerza de voluntad para salir de la ensoñación: para abstraerme del esplendor del entorno y la parálisis que sentía al encontrarme cara a cara con un auténtico icono. Había visto la cara de Su Majestad docenas de veces, en libros de historia, en la televisión y en monedas, pero allí la tenía en carne y hueso, mirándome con atención y haciéndome preguntas. Se mostró cálida y agradable, y yo intenté corresponderla. La reina era un símbolo viviente y tenía mucha práctica siéndolo, pero era humana como el resto de nosotros. Me cayó bien de inmediato.

Esa misma tarde Barack y yo deambulamos como flotando por la recepción palaciega, compartiendo canapés con el resto de los dirigentes del G20 y sus parejas. Charlé con la alemana Angela Merkel y con Nicolas Sarkozy, de Francia. Conocí al rey de Arabia Saudí, al presidente argentino, a los primeros ministros de Japón y Etiopía. Hice lo posible por recordar quién procedía de cada nación y cuál era el cónyuge de cada cual, atenta a no hablar demasiado por miedo a decir algo incorrecto. En general, fue un acto solemne y cordial y un recordatorio de que hasta los jefes de Estado son capaces de conversar sobre sus hijos y bromear acerca del clima británico.

En un momento dado, hacia el final de la fiesta, volví la cabeza y me encontré a la reina Isabel junto a mi codo, y de pronto estábamos solas las dos entre el gentío de la sala. Ella llevaba un par de guantes blancos impolutos y parecía igual de fresca que hacía unas horas, cuando nos habíamos conocido. Me sonrió mirando hacia arriba.

—Qué alta eres —comentó ladeando la cabeza.

—Bueno —repliqué con una risilla—, los zapatos me dan unos centímetros de más. Pero sí, soy alta.

—Los zapatos son molestos, ¿verdad? —dijo ella mientras señalaba con cierta frustración los suyos, negros y de tacón bajo.

Entonces le confesé a la reina que me dolían los pies. Su Majestad reconoció que a ella también. Nos miramos con una expresión idéntica que venía a decir: «¿Cuánto tiempo más tendremos que estar de pie con los líderes mundiales?». Y con esas, lanzó una risa verdaderamente encantadora.

Daba igual que ella a veces se pusiera una corona de diamantes y que yo hubiera volado hasta Londres en el avión presidencial; solo éramos dos mujeres cansadas y oprimidas por nuestros zapatos. Entonces hice lo que me sale por instinto siempre que siento que he conectado con una persona, que es exteriorizar mis sentimientos: le pasé un brazo por los hombros en señal de afecto.

En aquel momento no podía saberlo, pero estaba cometiendo lo que se consideraría una metedura de pata de proporciones épicas. Había tocado a la reina de Inglaterra, algo que, como pronto descubriría, en principio no había que hacer nunca. Las cámaras recogieron el momento y en los días siguientes se haría eco la prensa de todo el mundo: «¡Ruptura del protocolo!», «¡Michelle Obama se atreve a abrazar a la reina!». Reviví parte de las elucubraciones de la época de la campaña electoral acerca de si era, en términos generales, alguien que carecía de la elegancia que corresponde a una primera dama, y también me preocupé un poco pensando que aquello quizá distrajese la atención de los esfuerzos de Barack en el extranjero. A pesar de todo, procuré no dejar que las críticas me afectasen. Si en el palacio de Buckingham no había hecho lo apropiado, por lo menos había hecho lo más humano. Me atrevería a decir que a la reina no le importó, porque cuando la toqué lo único que hizo fue acercárseme más y ponerme una mano enguantada en la parte baja de la espalda con suavidad.

Al día siguiente, mientras Barack partía para una sesión maratoniana de reuniones sobre la economía, fui a visitar una escuela femenina. Era un colegio público de secundaria ubicado en el centro urbano, en el barrio de Islington, no muy lejos de una urbanización de viviendas de protección oficial. Más del noventa por ciento de las novecientas estudiantes de la escuela eran negras o de una minoría étnica; una quinta parte de ellas eran inmigrantes o solicitantes de asilo. Me atrajo la idea porque era un centro diverso con recursos económicos limitados y aun así había alcanzado un reconocimiento por su excelencia académica. También quería asegurarme de que, cuando visitara un nuevo lugar como primera dama, lo visitara de verdad; es decir, que tuviera ocasión de conocer a las personas que realmente vivían allí, y no solo a quienes las gobernaban. Viajando por el extranjero tenía oportunidades de las que Barack no disponía. Podía huir de las orquestadas cumbres multilaterales y los encuentros

con dirigentes para encontrar nuevos modos de aportar calor añadido a esas visitas, por lo demás tan serias. Pensaba hacerlo en todos
los viajes al extranjero, empezando por Inglaterra.

No estaba del todo preparada, sin embargo, para sentir lo que
sentí cuando entré en la escuela Elizabeth Garrett Anderson y me
hicieron pasar a un salón de actos donde unas doscientas estudiantes
se habían reunido para ver actuar a algunas de sus compañeras y luego oírme hablar. El centro debía su nombre a una pionera de la
medicina que además había sido la primera mujer que fue elegida
como alcaldesa en Inglaterra. El edificio en sí no tenía nada de especial: una caja de ladrillo en una calle como cualquier otra. Pero cuando me senté en una silla plegable situada en el escenario y empecé a
presenciar la actuación —que incluía una escena de Shakespeare,
baile moderno y un coro que entonó una versión preciosa de una
canción de Whitney Houston— algo en mi interior empezó a temblar. Casi me sentí caer de espaldas hacia mi propio pasado.

Bastaba echar un vistazo a las caras del auditorio para saber que,
a pesar de sus méritos, aquellas jóvenes tendrían que trabajar duro
para que las vieran. Había chicas que llevaban *hiyab*, chicas para las
que el inglés era su segunda lengua, chicas que presentaban en su
piel todas las tonalidades de marrón. Sabía que iban a tener que
hacer frente a los estereotipos en los que las encasillarían, a todas las
maneras en que las definirían antes de que tuvieran ocasión de definirse ellas solas. Tendrían que combatir la invisibilidad asociada con
ser pobre, mujer y de color. Tendrían que esforzarse para encontrar
su voz y no dejarse avasallar, para impedir que las derrotaran. Tendrían que esforzarse solo para aprender.

Pero en sus caras se veía la esperanza, y yo la sentía también. Para
mí fue una revelación extraña y discreta: ellas eran yo, la que había
sido. Y yo era ellas, lo que podrían ser. La energía que sentía palpitar
en aquella escuela no tenía nada que ver con los obstáculos; era el
poder de novecientas chicas en lucha.

Cuando acabó la representación y me dirigí hacia el atril para
hablar apenas podía contener la emoción. Eché un vistazo a las no-

tas que me había preparado pero, de repente, sentía poco interés por ellas. Alcé la vista, miré a las chicas y empecé a hablar sin más, explicándoles que, aunque venía de muy lejos y llevaba aquel extraño título de primera dama de Estados Unidos, me parecía más a ellas de lo que creían. Que también yo procedía de un barrio de clase obrera y me había criado en una familia de medios modestos y ánimo cariñoso, y que muy pronto había descubierto que la escuela era el lugar donde podía empezar a definirme a mí misma: que una educación era algo por lo que valía la pena esforzarse, que las impulsaría hacia delante en el mundo.

Entonces solo llevaba dos meses siendo primera dama. En varios momentos me había sentido abrumada por el ritmo, no merecedora de tanto glamour, nerviosa por nuestras hijas e insegura acerca de mi propósito. Hay aspectos de la vida pública, de la renuncia a la propia intimidad para convertirte en el símbolo andante y parlante de una nación, que pueden parecer diseñados a medida para arrancarte una parte de tu identidad. Pero allí, por fin, hablando con aquellas chicas, sentí algo totalmente distinto y puro, un alineamiento de mi antiguo yo con mi nuevo papel. «¿Eres lo bastante buena? Sí, lo sois, todas vosotras.» Expliqué a las estudiantes de la escuela Elizabeth Garrett Anderson que me habían llegado al corazón. Les dije que valían mucho, porque era la verdad. Y cuando acabé de hablar, hice lo más instintivo: abracé a todas y cada una de las chicas que se me pusieron al alcance.

Cuando volvimos a Washington había llegado la primavera. El sol salía más temprano y nos acompañaba un poco más cada día que pasaba. Me fijé en que la pendiente del jardín Sur iba adoptando un verde exuberante. Desde las ventanas de la residencia veía los tulipanes rojos y los racimos lavandas de jacinto que rodeaban la fuente situada al pie de la colina. Mi equipo y yo habíamos dedicado los dos meses anteriores a trabajar para hacer realidad mi idea del huerto, lo que no había sido fácil. Para empezar, habíamos tenido que convencer al Servicio de Parques Nacionales y al equipo que se ocupaba de los terrenos de la Casa Blanca de que nos permitieran usar una parcela en uno de los céspedes más icónicos del mundo. La proposición en sí no fue bien acogida en un principio. Habían pasado décadas desde que se había plantado un jardín de la Victoria en la Casa Blanca, durante la época de Eleanor Roosevelt, y nadie parecía muy interesado en repetir la experiencia. «Creen que estamos locos», me dijo Sam Kass en un momento dado.

Con el tiempo, sin embargo, nos salimos con la nuestra. Al principio nos concedieron un pedacito minúsculo de tierra escondido detrás de las pistas de tenis, junto a un cobertizo. En honor de Sam diré que luchó para conseguir un terreno mejor, hasta que al final obtuvo una parcela de cien metros cuadrados en forma de ele en una parte soleada del jardín Sur, no muy lejos del despacho Oval y los columpios que acabábamos de instalar para las niñas. Nos coordinamos con el Servicio Secreto para asegurarnos de que nuestra labor de cultivo no interfiriese con ninguno de sus sensores o las líneas de tiro que necesitaban para proteger los terrenos. Hicimos pruebas para determinar si la tierra tenía suficientes nutrientes y que no contenía elementos tóxicos como plomo o mercurio.

Y entonces estuvimos listos para empezar.

Varios días después de regresar de Europa, invité a un grupo de estudiantes de la escuela elemental de Bancroft, un centro bilingüe de la zona noroeste de la ciudad. Semanas antes habíamos empleado palas y azadas para preparar el suelo con esos mismos chicos, que ahora volvían para la siembra. Nuestro tramo de tierra no quedaba muy lejos de la valla sur que recorría la calle E, donde a menudo se congregaban turistas para contemplar la Casa Blanca. Me alegraba que, en lo sucesivo, el huerto fuese a formar parte de las vistas.

O al menos esperaba alegrarme más adelante. Porque con un huerto nunca se sabe a ciencia cierta lo que pasará, si al final crecerá algo o no. Habíamos invitado a la prensa a cubrir la siembra. Habíamos invitado a todos los chefs de la Casa Blanca a que nos ayudaran, junto a Tom Vilsack, el secretario de Agricultura de Barack. Habíamos pedido a todo el mundo que mirase lo que estábamos haciendo; ahora había que esperar los resultados. «La verdad —dije a Sam antes de que llegara nadie aquella mañana—, más vale que esto funcione.»

Aquel día me arrodillé con una pandilla de chavales de once años para enterrar con cuidado las semillas y amontonar la tierra alrededor de los frágiles tallos. Después de estar en Europa y ver que la prensa analizaba minuciosamente hasta mi último conjunto (me había puesto una rebeca para conocer a la reina, lo que fue casi tan escandaloso como tocarla), arrodillarme en el suelo con una chaqueta fina y unos pantalones cómodos me supuso un alivio. Los niños me hicieron preguntas, algunas de ellas sobre hortalizas y las tareas pendientes, pero también me plantearon dudas como «¿Dónde está el presidente?» y «¿Por qué no ha venido a ayudar?». Solo hizo falta un poco de tiempo, sin embargo, para que la mayoría de los chicos se concentrasen en cómo les quedaban los guantes de jardinero y en las lombrices del suelo, y no en mí, al parecer. Me encantaba estar con niños. Era, y seguiría siéndolo durante toda mi estancia en la Casa Blanca, un bálsamo para mi espíritu, una manera de escapar por un momento de mis cuitas de primera dama y los complejos que conllevaba que me juzgasen a todas horas. Los niños hacían que volviera a sentirme yo misma. Para ellos no era un espectáculo; solo era una mujer simpática y alta.

A lo largo de la mañana plantamos lechugas y espinacas, hinojo y brócoli. Sembramos zanahorias, berzas, cebollas y guisantes. Plantamos arbustos de bayas y muchas hierbas aromáticas. ¿Cómo acabaría aquello? No lo sabía, como tampoco sabía lo que nos aguardaba en la Casa Blanca ni lo que el futuro le deparaba al país o a ninguno de aquellos niños encantadores que me rodeaban. Lo único que podíamos hacer entonces era tener fe en nuestro esfuerzo y confiar en que, con el sol, la lluvia y el tiempo, algo mínimamente aceptable brotara de la tierra.

21

Un sábado de finales de mayo por la tarde Barack me propuso una cita. En los cuatro meses transcurridos desde que lo habían nombrado presidente había pasado las jornadas enfrascado en la búsqueda de maneras de cumplir las diversas promesas que había hecho a los votantes durante la campaña; ahora llegaba el momento de cumplir una que me había hecho a mí. Íbamos a Nueva York, a cenar y a ver un espectáculo.

Durante años, en Chicago, nuestras noches de cita habían sido una parte sagrada de la semana, un pequeño lujo que habíamos incorporado a nuestra vida y protegíamos a toda costa. Me encanta hablar con mi marido desde el otro lado de una mesa pequeña en un comedor con la luz tenue. Siempre me ha encantado y creo que siempre me encantará. Barack sabe escuchar, es paciente y atento. Adoro cómo inclina la cabeza hacia atrás cuando se ríe. Adoro la claridad de sus ojos, la bondad que lleva dentro. Beber algo y cenar sin prisas siempre ha sido nuestro camino de vuelta al principio, a ese primer verano cálido en el que todo entre nosotros llevaba una carga eléctrica.

Me puse guapa para nuestra cita neoyorquina: traje de cóctel negro, pintalabios y un elegante recogido alto. La perspectiva de una escapada, de pasar un poco de tiempo a solas con mi marido, me llenaba de emoción. Durante los últimos meses habíamos organizado cenas y asistido juntos a actuaciones en el Kennedy Center, pero casi siempre había sido como parte de actos oficiales y con mucha más gente. Aquella tenía que ser una auténtica noche libre.

Barack se había puesto un traje oscuro sin corbata. Dimos un beso a las niñas y a mi madre al atardecer, cruzamos de la mano el jardín Sur y subimos al *Marine One*, el helicóptero presidencial, que nos llevó hasta la base aérea de Andrews. A continuación embarcamos en un pequeño avión de la Fuerza Aérea, volamos al aeropuerto JFK de Nueva York y después nos llevaron en helicóptero hasta Manhattan. Nuestros equipos de planificación y el Servicio Secreto habían programado nuestros movimientos de forma meticulosa, con la misma intención de siempre: maximizar la eficiencia y la seguridad.

Barack (con la ayuda de Sam Kass) había escogido un restaurante cercano al parque de Washington Square que sabía que me encantaría porque optaba por los productos locales, un pequeño y recoleto establecimiento llamado Blue Hill. Mientras nuestra caravana de vehículos recorría el último tramo del trayecto desde el helipuerto de la parte sur de Manhattan hasta Greenwich Village, me fijé en las luces de los coches de policía que cortaban el tráfico de las travesías y sentí una punzada de culpabilidad al ver que nuestra mera presencia en la ciudad entorpecía la vida nocturna del sábado. Nueva York siempre despertaba en mí una sensación de sobrecogimiento, porque era lo bastante grande y bulliciosa para eclipsar cualquier ego. Recordé el asombro que sentí durante mi primer viaje a la ciudad, décadas atrás, con Czerny, mi mentora de Princeton. Sabía que Barack sentía algo más profundo todavía. La energía desbocada y la diversidad de la ciudad se habían demostrado el campo de cultivo ideal para su intelecto e imaginación hacía algunos años, cuando todavía estudiaba en la Universidad de Columbia.

Una vez en el restaurante, nos acompañaron hasta una mesa ubicada en un discreto rincón de la sala, mientras los comensales que nos rodeaban intentaban no mirar con la boca abierta; pero no había modo de disimular nuestra llegada. Cualquiera que entrase detrás de nosotros tendría que someterse a una inspección con magnetómetro manual por parte de un equipo del Servicio Secreto, un proceso que solía ser rápido pero no dejaba de suponer una molestia. Eso hizo que sintiera otra punzada.

Pedimos unos martinis. No hablamos de nada serio. Transcurridos cuatro meses de nuestra vida como POTUS y FLOTUS, todavía estábamos tratando de readaptarnos, de averiguar cómo combinar una identidad con la otra y lo que eso suponía dentro de nuestro matrimonio. Últimamente, casi no había ninguna parte de la complicada vida de Barack que no repercutiera de algún modo en la mía, lo que significaba que había multitud de temas compartidos que podríamos haber tratado —la decisión de su equipo de programar un viaje al extranjero durante las vacaciones de verano de las niñas, por ejemplo; o si se le hacía caso a mi jefa de personal en las reuniones matutinas en el Ala Oeste—, pero en general intentaba evitarlos, no solo esa noche sino todas las noches. Si tenía un problema con algo de lo que sucedía en el Ala Oeste, por lo general confiaba en que fuese mi equipo el que se lo transmitiera al de Barack, y hacía lo posible por mantener los asuntos de la Casa Blanca fuera de nuestro tiempo particular.

En ocasiones Barack quería hablar de trabajo, aunque las más de las veces lo evitaba. Gran parte de su trabajo era realmente agotador, repleto de desafíos enormes y a menudo inabordables, por lo menos en apariencia. A General Motors le quedaban pocos días para declararse en bancarrota. Corea del Norte acababa de realizar una prueba nuclear, y Barack pronto partiría rumbo a Egipto para pronunciar un importante discurso con el propósito de tender una mano abierta a los musulmanes de todo el mundo. Parecía que a su alrededor la tierra nunca dejase de temblar. Cada vez que un viejo amigo iba a vernos a la Casa Blanca, se divertía con la intensidad con la que tanto Barack como yo lo interrogábamos acerca de su trabajo, sus hijos, sus aficiones o cualquier otra cosa. A los dos siempre nos interesaba menos comentar las complejidades de nuestra existencia que empaparnos de chismorreos y noticias cotidianas de casa. Se diría que ambos ansiábamos oír escenas de una vida normal.

Aquella velada en Nueva York comimos, bebimos y conversamos a la luz de las velas, disfrutando de la sensación de que nos habíamos escabullido, por ilusoria que fuese. La Casa Blanca es un lugar extraordinariamente bello y cómodo, una especie de fortaleza disfrazada de hogar, y para los agentes del Servicio Secreto, cuyo cometido era protegernos, habría sido preferible que no saliésemos de sus terrenos nunca. Incluso dentro de ellos, los agentes a cargo de nuestra seguridad preferían que cogiésemos el ascensor y no la escalera, para minimizar el riesgo de tropezar. Si Barack o yo teníamos una reunión en la Casa Blair, situada justo al otro lado de una parte ya cortada de Pennsylvania Avenue, a veces nos pedían que fuéramos con la caravana en lugar de caminar al aire libre. Respetábamos su vigilancia, pero podía llegar a parecer una especie de confinamiento. A veces me costaba encontrar un equilibrio entre mis necesidades y lo que resultaba práctico para otros. Si algún miembro de nuestra familia quería salir al balcón Truman —la encantadora galería curva que da al jardín Sur, que era el único espacio exterior semiprivado que teníamos en la Casa Blanca— antes teníamos que avisar al Servicio Secreto para que pudieran cerrar el tramo de la calle E que tenía a la vista el balcón, para lo que había que echar de allí a los grupos de turistas que se reunían ante las puertas a todas horas del día y la noche. Había muchas ocasiones en las que me apetecía salir al balcón, pero enseguida cambiaba de idea al caer en la cuenta del revuelo que supondría, las vacaciones que interrumpiría, solo porque se me había ocurrido que sería agradable tomarme fuera una taza de té.

Al estar tan controlados nuestros movimientos, el número de pasos que dábamos al día Barack y yo había caído en picado. A resultas de ello, los dos habíamos desarrollado una intensa dependencia del pequeño gimnasio situado en la planta superior de la residencia. Barack corría en la cinta más o menos una hora al día en un intento de desahogar las ganas de ejercicio físico. Yo también me ejercitaba todas las mañanas, a menudo con Cornell, que había sido nuestro entrenador en Chicago y ahora pasaba parte del tiempo en

Washington por nuestra causa, ya que le habíamos pedido que nos visitara al menos un par de veces por semana para animarnos con la pliometría y las pesas.

Dejando de lado los asuntos del país, a Barack y a mí nunca nos faltaban temas de conversación. Aquella noche, mientras cenábamos, hablamos de las clases de flauta de Malia y de la devoción que Sasha aún sentía por su peligrosamente raída mantita, con la que se envolvía la cabeza para dormir por la noche. Cuando le conté la divertida anécdota de la maquilladora que hacía poco había intentado sin éxito poner unas pestañas postizas a mi madre antes de una sesión de fotos, Barack inclinó la cabeza hacia atrás y se echó a reír, exactamente como sabía que lo haría. Además, en la casa teníamos un nuevo y divertido bebé del que hablar: un perro de agua portugués de siete meses, totalmente ingobernable, al que habíamos llamado Bo, regalo del senador Ted Kennedy a nuestra familia y cumplimiento de la promesa que habíamos hecho a nuestras hijas durante la campaña. Las niñas habían adquirido la costumbre de jugar al escondite con Bo en el jardín Sur, y gritaban su nombre agachadas detrás de los árboles mientras él correteaba por la hierba siguiendo sus voces. Todos queríamos a Bo.

Cuando por fin terminamos de cenar y nos levantamos para marcharnos, los comensales que nos rodeaban se pusieron en pie y aplaudieron, lo que me pareció tan amable como innecesario. Es posible que algunos se alegraran de vernos partir.

Éramos un incordio, Barack y yo, una perturbación para cualquier escena normal. No había vuelta de hoja. Lo notamos de forma acusada cuando nuestra caravana de vehículos enfiló por la Sexta Avenida camino de Times Square, donde horas antes la policía había acordonado una manzana entera delante del teatro, donde nuestros vecinos de sala esperaban ya haciendo cola para pasar por unos detectores de metales que en circunstancias ordinarias no habrían estado, mientras que los actores tendrían que esperar cuarenta y cinco minutos extra antes de empezar la función a causa de las comprobaciones de seguridad.

La obra, cuando por fin empezó, fue maravillosa: un drama de August Wilson ambientado en una pensión de Pittsburgh durante la Gran Migración, cuando millones de afroamericanos dejaron el Sur y acudieron en masa al Medio Oeste, como habían hecho mis ancestros por ambos lados. Sentada a oscuras junto a Barack, me quedé absorta, y me emocioné un poco, y durante un ratito pude perderme en la actuación y sentí esa apacible satisfacción que sobreviene cuando se sale una noche libre.

Mientras regresábamos a Washington entrada la noche ya sabía que iba a pasar mucho tiempo antes de que volviéramos a hacer nada parecido. Los oponentes políticos de Barack lo criticarían por llevarme a Nueva York para ir al teatro. El Partido Republicano emitiría un comunicado de prensa antes siquiera de que llegásemos a casa, diciendo que nuestra cita había sido una extravagancia muy cara para el contribuyente, un mensaje que recogerían y debatirían en los telediarios de la televisión por cable. El equipo de Barack haría hincapié en la idea con discreción, instándonos a tener más presentes las consecuencias políticas de nuestros actos, lo que me hizo sentir culpable y egoísta por haber robado un momento para estar a solas con mi marido.

Pero ni siquiera era eso. Siempre habría críticas; los republicanos nunca iban a aflojar. La «óptica» siempre dictaría nuestras vidas.

Era como si, con nuestra cita, Barack y yo hubiésemos puesto a prueba un teorema y demostrado tanto los mejores como los peores aspectos de lo que habíamos sospechado siempre. Lo bueno era que podíamos tomarnos un respiro y disfrutar de una velada romántica como hacíamos años atrás, antes de que su vida política lo dominara todo. Podíamos, como primera pareja, sentirnos cercanos y conectados, disfrutar de una cena y un espectáculo en una ciudad que amábamos los dos. Lo malo era constatar el egoísmo inherente a la toma de esa decisión, saber que había exigido horas de reuniones por adelantado entre equipos de seguridad y policía local. Había acarreado trabajo de más para nuestro personal, para el teatro, para los camareros del restaurante, para las personas cuyos coches habían

desviado de la Sexta Avenida, para los policías a pie de calle. Formaba parte de la gravedad con la que ahora vivíamos. Había demasiadas
personas implicadas, demasiados afectados, para que nada pareciese
una simple diversión.

Desde el balcón Truman divisaba al completo el huerto que cobraba forma en la esquina sudoeste del jardín. Para mí, era una estampa
gratificante: un Edén en miniatura que progresaba, compuesto de
jóvenes zarcillos y brotes a medio crecer, tallos de zanahoria y cebo-
lla que empezaban a asomar, hileras de espinacas densas y verdes, con
vistosas flores rojas y amarillas que crecían en los bordes. Estábamos
cultivando comida.

A finales de junio nuestra cuadrilla original de hortelanos en
prácticas de la escuela elemental de Bancroft me acompañó para
recoger nuestra primera cosecha; se arrodillaron conmigo en la tierra y se pusieron a arrancar hojas de lechuga y a desprender vainas
de guisantes de los tallos. En esa ocasión también contaron con la
amenización de Bo, nuestro cachorro, que había resultado ser un
gran amante del huerto y daba vueltas a los árboles brincando antes
de tumbarse boca arriba a tomar el sol entre los arriates.

Después de nuestra cosecha de esa jornada, Sam y los colegiales,
en la cocina, prepararon ensaladas con las lechugas y los guisantes
recién cogidos, que luego se comieron con pollo al horno, seguido
de cupcakes decoradas con bayas del huerto. En diez semanas, el
jardín había generado más de cuarenta kilos de productos, a partir
de apenas unos doscientos dólares en semillas y mantillo.

El huerto era popular y el huerto era sano, pero también sabía
que para algunos no sería suficiente. Entendía que me observaban
con ciertas expectativas, sobre todo las mujeres, quizá sobre todo las
mujeres trabajadoras, que se preguntaban si iba a enterrar mi educación y experiencia gestora para encasillarme en el papel de primera
dama de toda la vida, una jaula empapelada de hojas de té y lino rosa.
A la gente parecía preocuparle que no fuese a mostrar todo mi ser.

Al margen de lo que decidiera, sabía que era inevitable decepcionar a alguien. La campaña me había enseñado que hasta mi último movimiento y expresión facial se interpretaría de una docena de modos distintos. O bien era agresiva y colérica o bien, con mi jardín y mis mensajes sobre alimentación sana, era una decepción para las feministas, que esperaban de mí cierta estridencia. Varios meses antes de que eligieran a Barack expliqué en una entrevista para una revista que mi objetivo principal en la Casa Blanca sería continuar desempeñando mi papel de «mamá en jefe» de nuestra familia. Lo había dicho sin pensar, pero la expresión caló y tuvo eco en la prensa. Algunas estadounidenses parecieron hacerla suya, porque entendían de sobra la cantidad de organización y empuje que hace falta para criar hijos. Otras, entretanto, parecían vagamente horrorizadas, pues presuponían que significaba que, como primera dama, solo me dedicaría a hacer manualidades con limpiapipas con mis hijas.

La verdad era que pretendía hacer las dos cosas —trabajar con dedicación y ser una madre atenta—, como siempre había hecho. La única diferencia era que ahora había mucha gente mirando.

Mi manera preferida de trabajar, por lo menos al principio, era con discreción. Quería ser metódica en la elaboración de un plan general y esperar a tener confianza plena en lo que presentaba antes de dar a conocer al público ningún proyecto. Como dije a mi equipo, prefería pasarme de hondo que de amplio en lo tocante al tratamiento de los temas. A veces me sentía como un cisne en un lago, consciente de que mi trabajo consistía en parte en flotar y aparentar serenidad, mientras que por debajo no paraba de pedalear con las patas. El interés y el entusiasmo que habíamos despertado con el huerto —la atención positiva de los medios, el aluvión de cartas llegadas de todo el país— no hacían sino confirmarme que podía crear opinión en torno a una buena idea. Ahora quería poner sobre la mesa un tema más ambicioso e impulsar soluciones de mayor calado.

En el momento en que Barack juró el cargo, casi un tercio de los niños estadounidenses padecían sobrepeso u obesidad. A lo largo de las tres décadas anteriores los índices de obesidad infantil se habían triplicado. Los diagnósticos infantiles de hipertensión y diabetes tipo 2 alcanzaban cifras récord. Hasta los mandos militares informaban de que la obesidad era uno de los motivos más habituales para descalificar a los candidatos a entrar en el ejército.

El problema estaba entrelazado con todos los aspectos de la vida familiar, desde el elevado precio de la fruta fresca hasta los extendidos recortes en la financiación de actividades deportivas y de recreo en las escuelas públicas. La televisión, el ordenador y los videojuegos competían por el tiempo de los niños, y en algunos barrios quedarse en casa parecía una opción mucho más segura que salir a jugar, como hacíamos Craig y yo cuando éramos unos niños. Muchas familias de las zonas deprimidas de las grandes ciudades carecían de comercios de alimentación en su barrio. Los compradores rurales de amplias regiones del país compartían esas carencias en lo tocante al acceso a productos frescos. Entretanto, las porciones de los restaurantes cada vez eran más grandes. El mensaje publicitario de los cereales azucarados, la comida preparada para calentar en el microondas y el tamaño extragrande en todos los artículos se descargaba directamente en el cerebro de los niños que veían dibujos animados.

Cualquier intento de mejorar, aunque solo fuera una parte del sistema alimentario, sin embargo podía provocar una reacción adversa. Si intentaba declarar la guerra a las bebidas azucaradas dirigidas al consumidor infantil, lo más probable era que me hicieran frente no solo las grandes productoras del sector, sino también los granjeros que proveían el maíz que se usaba en muchos edulcorantes. Si hacía campaña en pro de unos menús más sanos en las escuelas, entraría en rumbo de colisión con los grandes grupos de presión empresariales que a menudo dictaban qué comida acababa en la bandeja de un niño de doce años en el comedor del colegio. Durante años, los expertos en salud pública y sus defensores se habían visto superados por el complejo industrial de la alimentación y los refrescos, mejor organizado y con más financiación. Los menús escolares en Estados Unidos eran un negocio que movía seis mil millones de dólares al año.

Aun así, a mí me parecía que era el momento adecuado para impulsar un cambio. No era ni la primera ni la única persona que había puesto esos temas sobre la mesa. A lo largo y ancho de Estados Unidos cobraba fuerza un incipiente movimiento en pro de la alimentación saludable. En ciudades de todo el país la gente empezaba a experimentar con los huertos urbanos. Republicanos y demócratas habían abordado el problema tanto a escala estatal como local, invirtiendo en vida sana, construyendo más aceras y jardines comunitarios; un botón de muestra de que existía terreno político común que explorar.

A mediados de 2009, mi pequeño equipo y yo empezamos a coordinarnos con los responsables de políticas del Ala Oeste y a reunirnos con expertos de dentro y fuera del gobierno para formular un plan. Decidimos centrar nuestros esfuerzos en los niños. Conseguir que los adultos cambien de hábitos es duro y políticamente espinoso. Teníamos la certeza de que nuestras opciones mejorarían si intentábamos ayudar a los niños a pensar en la comida de otro modo y a que hicieran ejercicio desde una edad temprana. ¿Y quién iba a enfadarse con nosotros si buscábamos genuinamente lo mejor para los niños?

Mis propias hijas habían acabado la escuela y ya disfrutaban de las vacaciones de verano. Me había comprometido a pasar tres días por semana trabajando en mi condición de primera dama y a reservar el resto del tiempo para mi familia. En vez de apuntar a las niñas a escuelas de verano, decidí organizar lo que yo llamaba el Campamento Obama, en el que invitábamos a unas cuantas amigas y nos íbamos de excursión por los alrededores, para conocer mejor la zona en la que vivíamos. Fuimos a Monticello y a Mount Vernon y exploramos las cuevas del valle del Shenandoah. Visitamos la Oficina de Moneda y Timbre para ver cómo se hacían los dólares y fuimos a la casa de Frederick Douglass, en la parte sudeste de Washington, para mostrarles que una persona esclavizada podía convertirse en un erudito y un héroe. Durante una temporada pedí a las niñas que escribieran una breve redacción después de cada salida, que resumieran lo que habían aprendido, aunque con el tiempo empezaron a protestar y lo dejé correr.

Siempre que podíamos, programábamos esas excursiones a primera hora de la mañana o a última de la tarde, a fin de que el Servicio Secreto pudiese despejar las instalaciones o acordonar la zona por adelantado sin causar demasiadas molestias. Seguíamos siendo un incordio, lo sabía, aunque sin Barack incordiábamos un poco menos. Y en lo tocante a las niñas, en cualquier caso procuraba desentenderme de los remordimientos. Quería que nuestras hijas pudieran moverse con la misma clase de libertad de la que gozaban los demás niños.

Un día, aquel mismo año, había tenido un encontronazo con el Servicio Secreto cuando Malia fue invitada a unirse a un grupo de amigos del colegio que, espontáneamente, decidió hacer una escapada para comprar helado. Como por motivos de seguridad ella no tenía permiso para subirse al coche de otra familia, y como Barack y yo teníamos ocupado hasta el último minuto de la agenda con semanas de antelación, dijeron a Malia que tendría que esperar una hora mientras el jefe de su dotación de seguridad llegaba desde el extrarradio, lo que, por supuesto, conllevó una retahíla de llamadas telefónicas de disculpa y retrasó a todos los implicados.

Esa era exactamente la clase de pesantez que no deseaba para mis hijas. No podía contener mi irritación. A mis ojos, no tenía sentido. Teníamos agentes apostados en prácticamente todos los pasillos de la Casa Blanca. Podía asomarme a la ventana y ver vehículos del Servicio Secreto aparcados en la avenida circular. Pero, por algún motivo, a ella no le bastaba con mi permiso para salir a juntarse con sus amigos. No podía hacerse nada sin el jefe de su dotación.

«Así no es como funcionan las familias ni como funciona el helado —dije—. Si tienen que proteger a una niña, tienen que poder moverse como una niña.» Después insistí en que los agentes revisaran los protocolos para que, de cara al futuro, Malia y Sasha pudieran salir de la Casa Blanca con seguridad y sin un aparato de planificación previa tan descomunal. Para mí fue otra pequeña puesta a prueba de los límites. Barack y yo para entonces habíamos descartado la idea de ser espontáneos; nos habíamos rendido a la evidencia de que ya no había cabida para la impulsividad o el capricho en nuestras vidas. Pero en el caso de nuestras hijas, lucharíamos para mantener viva esa posibilidad.

En algún momento de la campaña electoral de Barack, la gente había empezado a prestar atención a mi ropa. Si no la gente, por lo menos los medios de comunicación, lo que llevó a los blogueros de moda a fijarse, lo que a su vez pareció provocar toda clase de comentarios en internet. No sé a qué se debió exactamente —quizá a que soy alta y no me dan miedo los modelos atrevidos—, pero esa era en apariencia la realidad.

Cuando llevaba calzado plano en vez de tacones, salía en las noticias. Mis perlas, mis cinturones, mis rebecas, mis vestidos de confección de J. Crew, mi elección, al parecer osada, del blanco para el vestido de la toma de posesión... cualquier cosa parecía desencadenar una avalancha de opiniones y reacciones inmediatas. Llevé un vestido sin mangas de color berenjena al discurso de Barack para la sesión conjunta del Congreso y otro vestido negro sin mangas y con falda de tubo para mi foto oficial de la Casa Blanca, y de pronto mis brazos merecían titulares. A finales de verano de 2009 hicimos un viaje en familia al Gran Cañón del Colorado, y arremetieron contra mí por una aparente falta de dignidad cuando me retrataron bajando del *Air Force One* (a cuarenta grados, debo añadir) vestida con pantalones cortos.

Parecía que a la gente le importase más mi ropa que nada que yo dijese. En Londres me había bajado del escenario, después de haberme sentido conmovida hasta las lágrimas hablando a las chicas de la escuela Elizabeth Garrett Anderson, solo para enterarme de que la primera pregunta que un periodista que cubría el acto había planteado a uno de mis ayudantes había sido: «¿Quién diseñó su vestido?».

Aquellas cosas me desanimaban, pero intentaba replanteármelo como una oportunidad de aprender, de utilizar todo el poder que pudiera encontrar dentro de una situación en la que nunca había deseado verme. Si la gente hojeaba una revista con la intención primordial de ver qué ropa llevaba, esperaba que también reparase en que al lado tenía a la pareja de un soldado, o que leyera mis declaraciones sobre salud infantil. Cuando *Vogue* me propuso sacarme en portada al poco de que Barack fuera elegido, mi equipo se debatió sobre si me haría parecer frívola o elitista en un momento de tribulaciones económicas, pero al final decidimos aceptar. Siempre tenía importancia que apareciera una mujer de color en la portada de una revista. Además, insistí en escoger mis propios modelos, y usé vestidos de Jason Wu y Narciso Rodriguez, un brillante diseñador de origen latino, para las fotografías.

Sabía un poco de moda, aunque no mucho. Como madre trabajadora, la verdad era que había estado demasiado ocupada como para dedicar mucho tiempo a pensar en lo que me ponía. Durante la campaña había comprado casi todo mi vestuario en una boutique de Chicago en la que tuve la suerte de conocer a una joven vendedora llamada Meredith Koop. Meredith, que se había criado en Saint Louis, era aguda, sabía mucho sobre los diferentes diseñadores y tenía un sentido juguetón del color y la textura. Después de la elección de Barack, logré convencerla de que se mudara a Washington y trabajara conmigo como asesora personal y estilista de vestuario. Muy pronto se convirtió también en una amiga de confianza.

Un par de veces al mes, Meredith entraba en mi vestidor de la residencia con varios percheros rodantes y nos pasábamos una hora o dos probando prendas y emparejando conjuntos con los diversos compromisos que tuviera en la agenda para las siguientes semanas. Yo pagaba de mi bolsillo toda la ropa y los accesorios, excepto algunos artículos especiales, como ciertos trajes de alta costura que me ponía para los actos formales, que me prestaban los propios diseñadores y más tarde se donaban a los Archivos Nacionales, en cumplimiento del código ético de la Casa Blanca. Por lo que respecta a mis elecciones, intentaba ser un tanto impredecible, evitar que alguien adscribiera un mensaje a lo que vestía. Era un equilibrio difícil. En teoría tenía que destacar sin eclipsar a los demás, no desentonar pero tampoco ser invisible. Como mujer negra, además, sabía que me criticarían si me percibían como amiga de la ostentación y el lujo, y lo mismo si me pasaba de informal. En consecuencia, mezclaba estilos. Combinaba una exclusiva falda de Michael Kors con una camiseta comprada en Gap; un día me vestía con algo adquirido en Target y, al siguiente, con un Diane von Furstenberg. Quería poner en el candelero y rendir tributo a los diseñadores estadounidenses, en especial a los menos consagrados, aunque eso a veces frustrara a los modistos de la vieja guardia, como por ejemplo Óscar de la Renta, que supuestamente expresó su descontento porque no lucía sus creaciones. Para mí, esas decisiones no eran más que una manera de aprovechar mi curiosa relación con la mirada del público para dar un espaldarazo a un conjunto diverso de jóvenes promesas.

Todo o casi todo lo que sucedía en el mundo de la política estaba sujeto a la «óptica», y yo lo tenía en cuenta para elegir cada uno de mis conjuntos. Era algo que exigía tiempo, sin embargo, y dinero; más dinero del que me había gastado nunca en ropa. También exigía una meticulosa investigación por parte de Meredith, sobre todo en los viajes al extranjero: a menudo pasaba horas asegurándose de que los diseñadores, los colores y los estilos que escogíamos prestaran el debido respeto a los pueblos y los países que visitábamos. Meredith también compraba ropa para Sasha y Malia cuando se acercaba algún acto público, lo que sumaba a los gastos generales, pero también ellas eran blanco de las miradas. Yo suspiraba en ocasiones cuando veía a Barack sacar el mismo traje oscuro del armario y marcharse al trabajo sin necesidad de pasarse un peine siquiera. Su mayor dilema de vestuario ante un acto público era si llevar americana, si se ponía corbata o no.

Meredith y yo nos esforzábamos para estar siempre preparadas. En el vestidor, cuando me probaba un traje nuevo, me agachaba, daba zancadas y hacía el molinillo con los brazos para asegurarme de que podría moverme. Cualquier prenda que me constriñera demasiado la devolvía al perchero. Cuando viajaba, llevaba conjuntos de repuesto, en previsión de un cambio de tiempo o de programación, por no hablar de imponderables de pesadilla como el vino derramado o las cremalleras rotas. Aprendí también que era importante meter siempre en la maleta un vestido apropiado para un funeral, porque a veces avisaban a Barack con muy poca antelación para que estuviera presente en el sepelio de soldados, senadores y líderes mundiales.

Llegué a depender mucho de Meredith, pero también de Johnny Wright, mi peluquero, un locuaz huracán humano que se reía a carcajadas, y de Carl Ray, mi meticuloso artista de maquillaje de voz aterciopelada. Aquel trío, a quienes el resto de mi equipo llamaba «la trifecta», me dio la confianza que necesitaba para salir ante el público a diario, aunque todos supiéramos que cualquier despiste provocaría una andanada de mofas y comentarios desagradables. Nunca había pensado que acabaría siendo una de esas personas que contratan a otros para cuidar su imagen, y al principio la idea me resultó desconcertante. Pero no tardé en descubrir una verdad de la que nadie habla: hoy en día, la práctica totalidad de las mujeres con un perfil público —políticas, famosas, lo que sea— tienen su propia versión de Meredith, Johnny y Carl. Es poco menos que una obligación, un precio inherente a nuestro doble rasero social.

¿Cómo se habían ocupado otras primeras damas de su pelo, su maquillaje y su guardarropa? No tengo ni idea. Varias veces, en el transcurso de aquel primer año en la Casa Blanca, me descubrí acudiendo a libros escritos por otras primeras damas o que trataban sobre ellas, pero siempre acababa dejándolos. Casi prefería no saber en qué éramos iguales y en qué nos diferenciábamos.

Lo que sí hice, en septiembre, fue almorzar por fin con Hillary Clinton, un encuentro que tuvo lugar en el comedor de la residencia. Después de su nombramiento, y un poco para mi sorpresa, Barack había escogido a Hillary como secretaria de Estado; los dos habían logrado curarse las heridas de batalla de la campaña de las primarias y construir una relación de trabajo productiva. Hillary fue franca conmigo al reconocer que había juzgado mal la disposición del país a tener una mujer profesional y activa como primera dama. Cuando era la esposa del gobernador de Arkansas, ella conservó su empleo en un bufete de abogados a la vez que ayudaba en los esfuerzos de su marido por mejorar la atención sanitaria y la educación. Al llegar a Washington con la misma energía y ganas de contribuir, sin embargo, se había topado con un rechazo frontal y la habían puesto en la picota por desempeñar un papel político dentro de la campaña de la Casa Blanca para reformar la atención sanitaria. Le habían transmitido un mensaje de una franqueza clamorosa y brutal: los votantes habían elegido a su marido, no a ella. Las primeras damas no pintaban nada en el Ala Oeste. Hillary había intentado hacer demasiado y demasiado rápido, al parecer, y chocó contra un muro.

Yo, por mi parte, procuraba tener presente ese muro y aprender de la experiencia de las otras primeras damas, para lo que iba con cuidado de no inmiscuirme de forma directa o descarada en los asuntos del Ala Oeste. En lugar de eso, delegaba en mi personal la comunicación diaria con el equipo de Barack, y ellos intercambiaban consejos, sincronizaban nuestras agendas y repasaban todos los planes. Los asesores del presidente, en mi opinión, podían excederse en su preocupación por las apariencias. En un momento dado, varios años más tarde, cuando decidí dejarme flequillo, mi personal sintió la necesidad de consultar antes la idea con la gente de Barack, solo para asegurarse de que no hubiera ninguna pega.

Con la economía por los suelos, el equipo de Barack velaba constantemente por que la Casa Blanca no transmitiera en modo alguno una imagen que pudiera entenderse como frívola o despreocupada, dados los tiempos difíciles que corrían. Eso a mí no siempre me parecía bien. Sabía por experiencia propia que, incluso en las malas rachas, y quizá especialmente en las malas rachas, no pasaba nada por reírse. Por el bien de los niños, en concreto, había que encontrar modos de divertirse. En ese frente, mi equipo llevaba un tiempo a la greña con el personal de comunicación de Barack a propósito de la idea que se me había ocurrido de celebrar una fiesta de Halloween para niños en la Casa Blanca. El Ala Oeste —y en especial David Axelrod, que a esas alturas era consejero superior de la administración, y el secretario de Prensa Robert Gibbs— opinaba que el gesto se percibiría como demasiado ostentoso, demasiado caro, y que podía hacer que el público se distanciara de Barack. «La óptica es mala», decían. Yo discrepaba, con el argumento de que una fiesta de Halloween para niños locales y familias de militares que no hubieran visto nunca la Casa Blanca era un uso la mar de apropiado para una parte ínfima del presupuesto que la Oficina Social destinaba al entretenimiento.

Axe y Gibbs no llegaron a otorgar su consentimiento expreso, pero en algún momento dejaron de presentar batalla contra nosotros. A finales de octubre, para mi satisfacción, había una calabaza de cuatrocientos cincuenta kilos en el césped de la Casa Blanca. Una banda de esqueletos tocaba jazz mientras una araña negra gigante descendía del pórtico Norte. Me planté delante de la Casa Blanca disfrazada de leopardo —con pantalones negros, una camiseta con manchas y un par de orejas de gato enganchadas a una diadema— mientras Barack, que nunca había sido muy dado a los disfraces, ni siquiera antes de que «la óptica» importase, se situó a mi lado vestido con un aburrido jersey. (Hay que decir en su descargo que Gibbs apareció disfrazado de Darth Vader, listo para divertirse un rato.) Aquella noche repartimos bolsas de galletas, frutos secos y M&M en una caja decorada con el sello presidencial mientras más de dos mil princesas, parcas, piratas, superhéroes, fantasmas y jugadores de fútbol americano correteaban por el césped hacia nosotros. Por lo que a mí respectaba, «la óptica» era muy buena.

El huerto rendía, estación tras estación, enseñándonos toda clase de cosas. Plantamos melones que salieron pálidos e insípidos. Padecimos crueles aguaceros que arrastraron nuestra capa superior de suelo. Los pájaros se merendaron nuestros arándanos; los escarabajos iban a por los pepinos. Cada vez que algo se torcía un poco, con la ayuda de Jim Adams, el horticultor del Servicio de Parques Nacionales que era nuestro jefe de jardinería, y Dale Haney, el superintendente de los terrenos de la Casa Blanca, hacíamos pequeños retoques y seguíamos adelante, saboreando la abundancia que era la tónica general. Nuestras cenas en la residencia ya incluían a menudo brócolis, zanahorias y kale cultivados en el jardín Sur. Empezamos a donar una parte de cada cosecha a Miriam Kitchen, una entidad benéfica local que daba de comer a personas sin hogar. También comenzamos a preparar conservas de hortalizas, que luego regalábamos a los dignatarios que nos visitaban, junto con tarros de miel de nuestras colmenas. Entre el personal, el huerto se convirtió en una fuente de orgullo. Aquellos que al principio se habían mostrado escépticos no tardaron en hacerse fans. Para mí, el huerto era algo sencillo, próspero y saludable, un símbolo de fe y diligencia. Era bello a la vez que poderoso. Y hacía feliz a la gente.

A lo largo de los meses anteriores mi personal del Ala Este y yo habíamos hablado con expertos en salud infantil para que nos ayudaran a desarrollar los pilares sobre los que cimentar nuestra campaña. Daríamos a los padres mejor información para ayudarlos a escoger opciones saludables para sus familias. Trabajaríamos para crear unas escuelas más saludables. Intentaríamos mejorar el acceso a los alimentos nutritivos. Y encontraríamos más maneras para que los jóvenes practicaran alguna actividad física. Sabedores de que el modo en que presentásemos nuestro trabajo importaría tanto o más que el contenido, volví a reclutar a Stephanie Cutter, que entró en el equipo como asesora para ayudar a Sam y Jocelyn Frye a dar forma a la iniciativa, mientras que mi equipo de comunicaciones recibió el encargo de desarrollar una cara pública divertida para la campaña. Entretanto, el Ala Oeste al parecer andaba preocupada con mis planes, temerosa de que se me presentara como la encarnación repelente del estado-niñera en un momento en que el polémico rescate de un banco y de una empresa del sector del automóvil había dejado a los estadounidenses más recelosos que nunca de cualquier acción que oliera a intervención estatal.

Mi objetivo, sin embargo, era que aquello fuese más allá del gobierno. Esperaba aprender de lo que Hillary había compartido conmigo acerca de sus experiencias, dejarle la política a Barack y centrar mis esfuerzos en otro frente. Por lo que respectaba a lidiar con los directores generales de las industrias de los refrescos y los proveedores de menús escolares, creía que valía la pena hacer un llamamiento humano antes que uno regulatorio, colaborar en vez de buscar pelea. Y por lo que respectaba al estilo de vida de las familias, quería hablar directamente con las madres, los padres y, sobre todo, los niños.

No me interesaba seguir los dictados del mundo político ni aparecer en los programas de noticias del domingo por la mañana. En lugar de eso, concedí entrevistas a revistas de salud orientadas a padres y niños: jugué con un hula-hop en el jardín Sur para demostrar que hacer ejercicio podía ser divertido y aparecí como invitada en *Barrio Sésamo*, donde hablé de hortalizas con Elmo y Caponata. Siempre que conversaba con periodistas desde el huerto de la Casa Blanca mencionaba que muchos estadounidenses tenían problemas para acceder a productos frescos en sus comunidades e intentaba reseñar los costes sanitarios asociados al aumento de los niveles de obesidad. Quería asegurarme de contar con la aprobación de todos aquellos a los que necesitaríamos para que la iniciativa fuera un éxito, adelantarme a cualquier objeción que pudiera plantearse. Con ese fin, pasamos semanas y semanas celebrando discretas reuniones con empresarios, además de con congresistas. Organizamos grupos temáticos para hacer sondeos de mercado de la marca que habíamos escogido para el proyecto, para lo que contamos con la ayuda voluntaria de profesionales de las relaciones públicas que nos ayudaron a pulir el mensaje.

En febrero de 2010 estaba por fin preparada para compartir mi visión. Una fría tarde de martes, mientras Washington, D. C., se sacudía aún de encima una ventisca histórica, me planté ante un atril en el comedor de Estado de la Casa Blanca rodeada de niños y secretarios del gabinete, estrellas del deporte y alcaldes, junto con personajes importantes de la medicina, la educación y la producción de alimentos, además de un grupo de periodistas, para anunciar con orgullo nuestra nueva iniciativa, que habíamos decidido llamar Let's Move! («¡Movámonos!»). Se centraba en un objetivo: acabar en una generación con la epidemia de obesidad infantil.

Lo que más me importaba era que no solo estábamos anunciando una serie de deseos a modo de brindis al sol. El esfuerzo era real y el trabajo ya estaba empezado. No solo Barack había firmado un memorándum ese mismo día en el que creaba una iniciativa federal pionera, la primera al respecto hasta entonces, sobre obesidad infantil, sino que los tres principales proveedores de menús escolares habían anunciado que rebajarían la cantidad de sal, azúcar y grasa de los productos que servían. La Asociación de Bebidas Refrescantes de Estados Unidos había prometido mejorar la claridad de su etiquetado en cuanto a los ingredientes. Habíamos convencido a la Academia Americana de Pediatría de que animase a los médicos a hacer que las medidas de índice de masa corporal fueran un elemento estándar en las revisiones infantiles, y habíamos persuadido a Disney, NBC y Warner Bros. de que emitieran anuncios de servicio público e invirtieran en programas especiales que animasen a los niños a optar por un estilo de vida saludable. Los líderes de doce ligas deportivas profesionales también habían accedido a publicitar una campaña, «60 Minutos de Juego al Día», para ayudar a que los niños se movieran más.

Y eso era solo el principio. Teníamos planes para fomentar la apertura de fruterías en los barrios urbanos y las zonas rurales conocidos como «desiertos alimentarios», para impulsar la inclusión de una información nutricional más precisa en los envases de la comida y para rediseñar la envejecida pirámide alimentaria de modo que

fuese más accesible y estuviera en consonancia con la investigación
más reciente en materia de nutrición. De paso, trabajaríamos para
hacer que la comunidad empresarial rindiese cuentas por las decisiones que tomase a propósito de cualquier tema que tuviera un
impacto en la salud de los niños.

Haría falta compromiso y organización para sacar todo aquello
adelante. Yo lo sabía, pero era exactamente la clase de trabajo que
me gustaba. Abordábamos un tema importantísimo, pero ahora disponía de la ventaja de actuar desde una plataforma importantísima.
Empezaba a darme cuenta de que todo lo que me parecía raro en
mi nueva existencia —la extrañeza de la fama, la atención porme-
norizada que se prestaba a mi imagen, la vaguedad de mis atribucio-
nes— podía ponerse al servicio de unos objetivos reales. Me sentía
llena de energía. Allí, por fin, tenía un modo de mostrar todo mi ser.

22

Una mañana de primavera nos pidieron a Barack, a las niñas y a mí que bajásemos de la residencia al jardín Sur. Un hombre al que no había visto nunca nos esperaba en la calzada. Tenía un rostro afable y un bigote canoso que le otorgaba un aire de dignidad. Se presentó como Lloyd.

—Señor presidente, señora Obama —dijo—, hemos pensado que tanto a ustedes como a las niñas les agradaría un pequeño cambio de ritmo, así que hemos organizado un zoo para ustedes. —Nos sonrió abiertamente—. Hasta ahora, ninguna familia presidencial había participado en algo como esto.

El hombre señaló hacia su izquierda y miramos en esa dirección. A unos treinta metros de distancia, holgazaneando a la sombra de los cedros, había cuatro grandes y hermosos felinos: un león, un tigre, una lustrosa pantera negra y un esbelto guepardo moteado. Desde donde yo estaba, no veía ninguna cerca ni tampoco cadena alguna. Parecía que no había nada que los mantuviese aislados de nosotros. Todo eso me parecía muy raro. Era sin duda un cambio de ritmo.

—Gracias. Es usted muy atento —dije esperando parecer cortés—. ¿Estoy en lo cierto…, Lloyd, al pensar que no hay vallas ni nada similar? ¿No es un poco peligroso para las niñas?

—Así es. Sí, lo hemos tenido en cuenta, por supuesto —respondió Lloyd—. Pensamos que su familia disfrutaría más de los animales si pueden moverse en libertad, como sucedería en la naturaleza. Para su seguridad, los hemos sedado. No constituyen ningún peligro para ustedes. —Hizo un gesto tranquilizador—. Adelante, acérquense. ¡Que lo disfruten!

Barack y yo tomamos a Malia y Sasha de la mano y atravesamos el césped aún cubierto de rocío del jardín Sur. Los animales eran más grandes de lo que esperaba, gráciles y fibrosos, y movían la cola mientras permanecían atentos a nuestra aproximación. Nunca había visto algo así: cuatro felinos juntos y comportándose de manera sociable. El león se removió ligeramente cuando nos acercamos más. Reparé en que la pantera nos seguía con la mirada y en que las orejas del tigre se tensaban un poco. Entonces, sin previo aviso, el guepardo salió disparado de la sombra directamente hacia nosotros a una velocidad pasmosa.

Entré en pánico, agarré a Sasha del brazo, salí corriendo con ella césped arriba, de vuelta hacia la casa, confiando en que Barack y Malia estarían haciendo lo mismo. A juzgar por el ruido, podía deducir que los animales se habían puesto en pie y venían tras nosotros.

Lloyd seguía junto a la entrada, con aspecto imperturbable.

—¡Pensé que había dicho que estaban sedados! —dije a voz en cuello.

—¡No se preocupe, señora! —gritó en respuesta—. ¡Tenemos un plan de contingencia para esta situación!

Y se echó a un lado mientras un puñado de agentes del Servicio Secreto salían en tropel por la puerta que había detrás de él, llevando lo que parecían armas cargadas con dardos tranquilizantes. En ese instante, Sasha se soltó de mi mano.

Me volví hacia el césped, horrorizada al ver cómo mi familia era perseguida por animales salvajes, que a su vez eran perseguidos por agentes que iban disparándoles.

—¿Este es su plan? —grité—. ¿Me toma el pelo?

En ese preciso momento, el guepardo dejó escapar un gruñido y se abalanzó sobre Sasha con las garras extendidas. Parecía volar. Un agente disparó y, aunque no acertó al animal, lo asustó lo suficiente para que diese media vuelta y se retirase colina abajo. Me sentí aliviada durante una décima de segundo, pero entonces lo vi: un dardo tranquilizante blanco y naranja clavado en el brazo derecho de Sasha.

Di un respingo en la cama, con el corazón acelerado y el cuerpo empapado en sudor, mientras mi marido, acurrucado, dormía plácidamente a mi lado. Había tenido una pesadilla espantosa.

Seguía teniendo la sensación de que mi familia y yo estábamos cayendo de espaldas mientras confiábamos en que algo pararía la caída. Confiaba en el sistema que se había establecido para darnos apoyo en la Casa Blanca, pero no dejaba de sentirme vulnerable al saber que todo, desde la seguridad de nuestras hijas hasta la organización de mis actividades, estaba casi enteramente en manos de otras personas, muchas de las cuales eran al menos veinte años más jóvenes que yo. Mi infancia en Euclid Avenue me había enseñado que la autosuficiencia lo era todo. Me habían educado para ser capaz de resolver mis propios asuntos, pero ahora me parecía casi imposible. Otros se encargaban de resolverlo todo por mí. Antes de ir a un lugar cualquiera, había personas que recorrían el camino que yo iba a tomar, cronometrando al minuto cuánto tardaría en hacerlo, planificando de antemano mis pausas para ir al cuarto de baño. Había agentes que llevaban a mis hijas a jugar con sus amigos. Personal doméstico que recogía nuestra ropa sucia. Había dejado de conducir o de llevar encima dinero en efectivo o las llaves de casa. Tenía ayudantes que se encargaban de contestar a las llamadas de teléfono que recibía, asistir a reuniones y redactar declaraciones en mi nombre.

Todo eso era maravilloso y práctico, ya que me permitía tener más tiempo para centrarme en las cosas que consideraba más importantes. Pero de vez en cuando me hacía sentir —a mí, siempre tan detallista— como si hubiese perdido el control de los detalles. Era entonces cuando empezaban a acecharme los leones y los guepardos.

Además, había muchas cosas que no podían preverse, un desorden más general que marcaba el ritmo en los confines de nuestra vida cotidiana. Cuando una está casada con el presidente aprende enseguida que el mundo rebosa de caos, que los desastres ocurren sin previo aviso. Hay fuerzas visibles e invisibles prestas a hacer pedazos cualquier tranquilidad que una pueda sentir. Es imposible dejar de prestar atención a las noticias: un terremoto arrasa Haití; una junta explota a mil quinientos metros de profundidad bajo una plataforma petrolífera junto a la costa de Luisiana, lo que hace que se viertan millones de barriles de crudo en el golfo de México; una revolución sacude Egipto; un hombre armado abre fuego en el aparcamiento de un supermercado en Arizona, matando a seis personas e hiriendo de gravedad a una congresista estadounidense.

Todo era grande y todo era importante. Cada mañana, leía el resumen de prensa que mi equipo me enviaba y sabía que Barack estaría obligado a absorber y reaccionar a cada nuevo acontecimiento. Lo culparían por cosas que no podía controlar, lo presionarían para que resolviese espinosos problemas en países lejanos, se esperaría de él que tapase un agujero en el fondo del mar. Parecía como si su trabajo consistiese en tomar el caos y transformarlo de alguna manera en liderazgo sereno. Todos los días de la semana, todas las semanas del año.

Hacía cuanto estaba en mi mano para evitar que las turbulentas incertidumbres del mundo afectasen a mi trabajo cotidiano como primera dama, pero a veces no había forma de lograrlo. La manera en que Barack y yo nos comportábamos frente a la inestabilidad era importante. Éramos conscientes de que representábamos al país y estábamos obligados a dar un paso al frente y estar presentes cuando se producía alguna tragedia, adversidad o confusión. Parte de nuestro quehacer, tal como lo entendíamos, consistía en servir de ejemplo de racionalidad, compasión y coherencia. Una vez que se controló finalmente el vertido de petróleo de BP —el peor en la historia de Estados Unidos—, muchos estadounidenses seguían preocupados, y parecían poco dispuestos a creer que volver al golfo de México de vacaciones no entrañaba ningún riesgo, lo cual repercutía de manera negativa en la economía local, por lo que hicimos un viaje familiar a Florida, durante el que Barack nadó en el mar con Sasha, y distribuimos a la prensa una foto en la que se veía a ambos chapoteando alegres en las olas. Fue un pequeño gesto, pero el mensaje era más grande: «Si él confía en el agua, usted también puede hacerlo».

Cuando alguno de los dos o ambos viajábamos a un lugar en el que se había producido una tragedia, a menudo era para recordar a los estadounidenses que no debían pasar por alto el dolor ajeno. Siempre que podía, intentaba destacar los esfuerzos de los equipos de ayuda, educadores o voluntarios locales: los que más daban cuando las cosas se complicaban. Cuando viajé a Haití con Jill Biden tres meses después del terremoto de 2010, sentí que el corazón se me encogía al ver pirámides de escombros donde antes había habido casas, lugares donde decenas de miles de personas —madres, abuelos, bebés— habían sido sepultadas vivas. Visitamos un grupo de autobuses reconvertidos donde los artistas locales estaban llevando a cabo terapia artística con los niños desplazados, quienes, a pesar de las pérdidas que habían sufrido, y gracias a los adultos que los rodeaban, aún conservaban la esperanza.

El duelo y la resiliencia van de la mano. Esto es algo que constaté no solo en una ocasión sino en muchas mientras fui la primera dama de mi país.

Cada vez que podía visitaba hospitales militares donde las tropas estadounidenses se recuperaban de las heridas de guerra. La primera vez que fui al Centro Médico Militar Nacional Walter Reed, situado a unos quince kilómetros de la Casa Blanca estaba previsto que mi visita durara noventa minutos, pero acabé pasando unas cuatro horas allí.

El Walter Reed solía ser la segunda o la tercera parada para los miembros del ejército que habían sido evacuados de Irak y Afganistán. Muchos de ellos eran tratados primero en la zona de guerra y a continuación los atendían en una instalación médica militar en Landstuhl, Alemania, antes de ser trasladados a Estados Unidos. Algunos pasaban solo unos pocos días en el Walter Reed; otros permanecían meses allí. El hospital disponía de cirujanos militares de primer nivel y ofrecía excelentes servicios de rehabilitación, capaces de tratar las heridas de guerra más devastadoras. Gracias a los modernos avances en los blindajes, ahora los miembros del ejército estadounidense sobrevivían a explosiones que en otra época los habrían matado. Esa era la buena noticia. La mala era que, tras casi una década de estar involucrados en dos conflictos caracterizados por ataques por sorpresa y artefactos explosivos ocultos, esas heridas eran abundantes y graves.

Por mucho que siempre hubiese intentado estar preparada para cualquier cosa en la vida, no había forma de prepararse para los encuentros que tuve en los hospitales militares y en los diferentes hogares de la fundación Fisher House, alojamientos donde, gracias a la organización benéfica del mismo nombre, las familias de los militares podían vivir durante un tiempo mientras atendían a un ser querido que había resultado herido. Como ya he dicho, de niña aprendí muy poco sobre el mundo militar. Mi padre había estado dos años en el ejército, pero mucho antes de que yo naciese. Hasta que Barack empezó a hacer campaña, no había tenido contacto con el ajetreo ordenado de una base militar o las humildes viviendas adosadas que albergaban a los miembros del ejército que tenían familia. Para mí, la guerra siempre había sido algo terrorífico, pero también abstracto, relacionado con paisajes que ni siquiera podía imaginar y con personas a las que no conocía. Ahora sé que esa manera de verla había sido todo un lujo.

Cuando llegaba a un hospital, por lo general me recibía la enfermera que estuviera al cargo, me daban un uniforme médico para que me lo pusiera y me ordenaban que me desinfectase las manos cada vez que entrase en una habitación. Antes de abrir una nueva puerta, me ponían al tanto de quién era la persona a la que visitaba y cuál era su situación, a grandes rasgos. Además, a cada paciente se le preguntaba previamente si le gustaría que lo visitase. Unos pocos declinaron la oferta, a buen seguro porque no se sentían muy bien, o quizá por motivos políticos. En cualquier caso, lo entendía. Lo último que deseaba era ser una molestia para alguien.

Mi visita a cada habitación duraba tanto o tan poco como la persona quisiese. Todas las conversaciones eran privadas, sin periodistas ni personal de mi equipo observando. A veces el estado de ánimo era sombrío; otras, luminoso. Con la excusa de algún banderín de un equipo o de las fotografías colgadas en la pared, hablábamos de deportes, de nuestros respectivos estados de origen o de nuestros hijos. O de Afganistán y lo que les había pasado allí. A veces comentábamos lo que necesitaban, y también lo que no les hacía ninguna falta, que —como solían decirme— era que nadie se apiadase de ellos.

En una ocasión, me encontré un pedazo de cartulina roja pegada a una puerta con un mensaje escrito con rotulador negro que lo decía todo:

AVISO PARA TODOS LOS QUE ENTREN AQUÍ:

Si entras en esta habitación con lástima o para sentir lástima por mis heridas, vete a otra parte. Las heridas que sufrí las recibí haciendo un trabajo que adoro, para personas a las que quiero, defendiendo la libertad de un país por el que siento un amor profundo. Soy extraordinariamente duro y me recuperaré por completo.

Eso era resiliencia. Era el reflejo de un espíritu de autosuficiencia y orgullo que había visto por todas partes en el ejército. Un día me senté con un hombre que había partido joven y sano a una misión en el extranjero, dejando atrás a su mujer embarazada, y había vuelto tetrapléjico, incapaz de mover los brazos o las piernas. Mientras conversábamos, su bebé —un recién nacido minúsculo con la cara sonrosada— descansaba sobre su pecho envuelto en una manta. Conocí a otro militar al que le habían amputado una pierna y que me hizo muchas preguntas sobre el Servicio Secreto. Me explicó animadamente que había albergado esperanzas de entrar en el él después de dejar el ejército, pero que, dada la lesión que había sufrido, estaba intentando buscarse otro plan.

También estaban las familias. Me presentaba a las mujeres y los maridos, las madres y los padres, los primos y los amigos que me encontraba junto a la cama, personas que a menudo habían tenido que hacer una pausa en sus vidas para estar cerca de sus familiares. A veces eran los únicos con los que podía hablar, porque su ser querido yacía inmovilizado en la cama, profundamente sedado o dormido. Algunos procedían de varias generaciones de servicio en el ejército, mientras que otras eran novias adolescentes que habían pasado a ser esposas justo antes de una movilización, y cuyo futuro había dado un vuelco súbito y complicado. He perdido la cuenta de las madres con las que he llorado, afligidas por un pesar tan profundo que lo único que podíamos hacer era entrelazar nuestras manos y rezar en silencio entre lágrimas.

Lo que vi de la vida militar fue una lección de humildad. Jamás a lo largo de toda mi existencia me había encontrado con una fortaleza y una lealtad como las que hallé en esas habitaciones.

Un día en San Antonio, Texas, percibí un pequeño alboroto en el pasillo del hospital militar que estaba visitando. Las enfermeras entraban y salían a toda prisa de la habitación en la que yo estaba a punto de entrar. «No quiere quedarse en la cama», oí que alguien murmuraba. En el interior, me encontré a un joven ancho de espaldas de la Texas rural que había sufrido múltiples heridas y cuyo cuerpo estaba gravemente quemado. Era evidente que padecía grandes dolores mientras intentaba sacudirse las sábanas de encima y deslizar los pies hasta el suelo.

Todos tardamos un minuto en comprender lo que estaba haciendo. A pesar de su dolor, intentaba ponerse en pie para saludar a la esposa de su comandante en jefe.

En algún momento a principios de 2011, Barack mencionó a Osama bin Laden. Acabábamos de terminar de cenar y Sasha y Malia habían salido corriendo a hacer sus deberes, dejándonos a los dos solos en el comedor de la residencia.

«Creemos que sabemos dónde está —dijo Barack—. Puede que vayamos e intentemos sacarlo de allí, aunque no hay nada seguro.»

Bin Laden era el hombre más buscado en todo el mundo, y durante años había evitado que lo detectasen. Capturarlo o matarlo había sido una de las máximas prioridades de Barack cuando asumió el cargo. Yo sabía que sería importante para el país, para los muchos miles de militares que habían dedicado años a protegernos de Al-Qaeda, y en particular para todos aquellos que habían perdido seres queridos el 11 de septiembre.

Por el gesto de Barack, deduje que aún quedaba mucho por resolver. Las variables suponían claramente una carga pesada para él, aunque sabía que no debía hacerle demasiadas preguntas o empeñarme en que me contase los detalles. Siempre habíamos comentado entre nosotros cuestiones profesionales para conocer la opinión del otro, pero también sabía que ahora pasaba el día rodeado de asesores expertos. Tenía acceso a toda clase de información secreta y, por lo que a mí respectaba, sobre todo en cuestiones relacionadas con la seguridad nacional, no necesitaba que le diese mi opinión. En general, esperaba que el tiempo que pasaba con las niñas y conmigo fuese siempre un respiro, aunque el trabajo siempre acechaba cerca. Al fin y al cabo, vivíamos literalmente encima del negocio.

Barack, que siempre había sido muy capaz de compartimentar, lograba estar, de un modo admirable, presente y atento cuando se hallaba con nosotras. Era algo que habíamos aprendido juntos a lo largo del tiempo a medida que nuestras vidas eran cada vez más ajetreadas e intensas. Había que levantar barreras; había que proteger los límites. Bin Laden no estaba invitado a la cena, como tampoco lo estaba la crisis humanitaria en Libia ni los republicanos del Tea Party. Teníamos hijos, y los hijos necesitan espacio para hablar y crecer. El tiempo que pasábamos en familia era cuando las grandes inquietudes y las preocupaciones urgentes quedaban abrupta e implacablemente reducidas a la nada, para que lo pequeño pudiera ocupar su espacio. Barack y yo nos sentábamos a cenar y escuchábamos historias del patio de recreo de Sidwell o los detalles del proyecto de investigación de Malia sobre animales en peligro de extinción, y sentíamos que esas eran las cosas más importantes del mundo. Porque lo eran. Merecían serlo.

No obstante, incluso mientras comíamos el trabajo iba acumulándose. Por encima del hombro de Barack podía ver el pasillo por el que se llegaba al comedor, donde los asistentes depositaban sobre una mesita nuestros boletines informativos nocturnos, normalmente cuando estábamos en mitad de la cena. Eso formaba parte del ritual de la Casa Blanca: cada noche nos traían dos archivadores, uno para mí y otro mucho más grueso y forrado en cuero para Barack. Cada uno contenía documentos de nuestras respectivas oficinas que debíamos leer a lo largo de la noche.

Después de meter a las niñas en la cama, Barack solía desaparecer en la sala de los Tratados con su archivador, mientras que yo me llevaba el mío a la sala de estar de mi vestidor, donde pasaba una o dos horas cada noche o de madrugada revisando su contenido; casi siempre eran notas de mi equipo, borradores de los próximos discursos y documentación relativa a decisiones que había que tomar en relación con mis iniciativas.

Un año después de lanzar Let's Move! estábamos viendo resultados. Nos habíamos coordinado con varias fundaciones y proveedores de alimentos para instalar seis mil bufets de ensaladas en otras tantas cantinas escolares y estábamos reclutando a chefs locales para que ayudasen a que los colegios sirvieran comidas que no solo fuesen sanas sino también sabrosas. Walmart, que era entonces el mayor proveedor de alimentos del país, se había unido a nuestro proyecto comprometiéndose a reducir la cantidad de azúcar, sal y grasa en sus productos alimentarios y a reducir los precios de los alimentos frescos. Y habíamos convencido a los alcaldes de quinientas ciudades y pueblos de todo el país para que se implicasen en la lucha contra la obesidad infantil a escala local.

Pero lo más importante era que, a lo largo de 2010, me había esforzado para contribuir a impulsar para su aprobación en el Congreso un nuevo proyecto de ley de alimentación infantil que ampliaría el acceso de los niños a alimentos sanos y de calidad en los colegios públicos e incrementaría por primera vez en treinta años la proporción de reembolso en comidas que contaban con subsidio federal. Pese a que, por lo general, me satisfacía mantenerme al margen de la política y del desarrollo de las diversas políticas, esa había sido mi gran lucha, la cuestión por la que estaba dispuesta a lanzarme al ring a pelear. Había pasado horas llamando por teléfono a los senadores y los diputados para intentar convencerlos de que nuestros niños se merecían algo mejor de lo que tenían hasta entonces. Había hablado sobre el asunto interminablemente con Barack, sus asesores y cualquiera que estuviese dispuesto a escucharme. La nueva ley incorporaba más frutas y hortalizas frescas, cereales integrales y productos lácteos bajos en grasa a unos cuarenta y tres millones de comidas que se servían a diario. También regulaba la comida basura que se vendía a los niños a través de máquinas expendedoras dentro del recinto escolar al tiempo que proporcionaba fondos a los colegios para la creación de huertos y para el uso de productos de cultivo local. Para mí era algo claramente bueno, una manera potente y pegada al terreno de afrontar la obesidad infantil.

Barack y sus asesores también presionaron para que se aprobase el proyecto de ley. Una vez que los republicanos se hicieron con el control de la Cámara de los Representantes en las elecciones de mitad de mandato, Barack hizo de la iniciativa una prioridad en sus negociaciones con los legisladores, consciente de que su capacidad de llevar a cabo cambios legislativos amplios estaba a punto de verse reducida. A principios de diciembre, antes de que el nuevo Congreso tomase posesión, el proyecto de ley superó los últimos obstáculos y, once días más tarde, posé orgullosa junto a Barack mientras él firmaba la entrada en vigor de la ley, rodeados de niños en una escuela de primaria cercana.

«Si no hubiese conseguido que se aprobase este proyecto de ley —bromeó con los periodistas—, habría tenido que dormir en el sofá.»

Como con el huerto, estaba intentando cultivar algo: una red de simpatizantes, un coro de voces que hablasen muy alto en defensa de los niños y de su salud. Entendía que mi trabajo complementaba el éxito que Barack había alcanzado al aprobar la Ley de Salud Asequible de 2010, que aumentó considerablemente el número de estadounidenses con acceso a un seguro sanitario. Además, ahora estaba concentrada en lograr poner en marcha un nuevo proyecto llamado Joining Forces. En este caso se trataba de una colaboración con Jill Biden, cuyo hijo Beau había vuelto recientemente sano y salvo de su misión en Irak. Ese trabajo también serviría para respaldar la labor de Barack como comandante en jefe.

Conscientes de que a nuestros militares y a sus familias les debíamos más que un agradecimiento simbólico, Jill y yo habíamos estado colaborando con un grupo de miembros de nuestros equipos para identificar maneras concretas de apoyar a la comunidad militar y hacerla más visible. Barack había puesto las cosas en marcha ese mismo año con una auditoría que abarcaba toda la administración, en la que se pedía a cada agencia que encontrase nuevas formas de apoyar a las familias de los militares. Por mi parte, contacté con los más poderosos consejeros delegados de empresas del país y conseguí que algunos de ellos se comprometiesen a contratar a una cantidad significativa de veteranos y cónyuges de militares. Jill recabó el compromiso de las universidades de formar a los profesores para que comprendiesen mejor las necesidades de los hijos de los militares. También queríamos combatir el estigma que rodeaba los problemas de salud mental que habían sufrido algunos de nuestros militares al regresar a casa, y teníamos la intención de presionar a los guionistas y los productores de Hollywood para que incluyesen historias de militares en sus películas y sus programas de televisión.

Los asuntos en los que yo trabajaba no eran sencillos, pero eran más manejables que buena parte de lo que retenía a mi marido al final del día en su despacho. Como siempre desde que lo conocí, por la noche era cuando la mente de Barack viajaba sin distraerse. Era durante esas horas de sosiego cuando tomaba perspectiva o absorbía nueva información, añadiendo nuevos datos al ya de por sí inmenso mapa mental que llevaba consigo. Los ujieres solían venir a la sala de los Tratados varias veces a lo largo de la tarde para traer nuevas carpetas con más documentos, recién generados por el personal que estaba trabajando hasta tarde en las oficinas del piso de abajo. Si Barack tenía hambre, un ayuda de cámara le llevaba un platito de higos o nueces. Por suerte, había dejado de fumar, aunque a menudo mascaba un chicle de nicotina. La mayoría de las noches permanecía en su despacho hasta la una o las dos de la madrugada, leyendo notas, reescribiendo discursos y respondiendo a mensajes de correo electrónico mientras en el televisor tenía puesta la ESPN con el volumen bajo. Siempre hacía una pausa para darnos un beso de buenas noches a las niñas y a mí.

A esas alturas, ya estaba acostumbrada a su dedicación a la siempre inacabada tarea de gobernar. Durante años, las niñas y yo habíamos compartido a Barack con sus electores, que ahora eran más de trescientos millones. Cuando lo dejaba solo en la sala de los Tratados por la noche, a veces me preguntaba si eran conscientes de la suerte que tenían.

Su última tarea de la jornada, casi siempre pasada la medianoche, consistía en leer cartas de ciudadanos estadounidenses. Desde el inicio de su presidencia, Barack había pedido al personal encargado de su correspondencia que incluyese diez cartas o mensajes de los electores en su boletín de información, seleccionados de entre los aproximadamente quince mil que llegaban cada día. Leía cada uno de ellos con detenimiento, anotando comentarios en los márgenes para que un miembro del personal pudiese preparar una respuesta o trasladar el problema a algún secretario de su gabinete. Leía cartas de soldados; de presos; de enfermos de cáncer que tenían dificultades para pagar las primas sanitarias y de personas que habían perdido sus hogares en un desahucio; de personas homosexuales que esperaban poder casarse legalmente y de republicanos que pensaban que estaba llevando el país a la ruina; de madres, abuelos y niños; de personas que valoraban lo que hacía y de otras que querían que supiese que era un idiota.

Lo leía todo; lo consideraba parte de la responsabilidad que su cargo conllevaba. El suyo era un trabajo duro y solitario —muchas veces, a mí me parecía que era el más duro y solitario del mundo—, pero sabía que tenía la obligación de mantenerse abierto, de no encerrarse y dejar nada fuera. Mientras los demás dormíamos, él bajaba las barreras y permitía que todo entrase.

Los lunes y los miércoles por la noche, Sasha, que entonces tenía diez años, entrenaba con el equipo de natación en el gimnasio de la American University, a unos pocos kilómetros de la Casa Blanca. A veces iba a verla, e intentaba pasar desapercibida en la pequeña habitación junto a la piscina donde los padres podían sentarse y observar el entrenamiento a través de una ventana.

Moverse por una ajetreada instalación deportiva a las horas de máxima afluencia para hacer ejercicio era todo un desafío para los agentes de mi equipo de seguridad, pero se las apañaban. Por mi parte, me había hecho experta en caminar con rapidez y con la mirada baja cuando atravesaba espacios públicos, lo que ayudaba a que todo fuese más eficiente. Pasaba a toda velocidad entre universitarios concentrados en su sesión de pesas y clases de zumba en pleno desarrollo. A veces nadie reparaba en mi presencia; otras veces sentía la perturbación sin tener siquiera que levantar la mirada, y notaba el revuelo que provocaba y que la gente empezaba a murmurar o, en alguna que otra ocasión, simplemente gritaba: «¡Eh, esa es Michelle Obama!». Pero nunca era más que un pequeño revuelo, que se calmaba enseguida. Era como una aparición, que se esfumaba visto y no visto.

Las noches de entrenamiento, los asientos junto a la piscina estaban por lo general vacíos, salvo por un puñado de padres que charlaban distraídamente o consultaban sus iPhones mientras esperaban a que sus hijos terminasen. Buscaba un sitio tranquilo donde sentarme y me concentraba en la natación.

Disfrutaba de cualquier ocasión que me permitiera observar a mis hijas en el contexto de sus propios mundos, libres de la Casa Blanca y de sus padres, en los espacios y las relaciones que ellas mismas se habían creado. Sasha era una buena nadadora, entusiasta de la braza y empeñada en pulir la mariposa. Llevaba un gorro de piscina azul marino y un bañador de una sola pieza, y se impulsaba con energía mientras hacía sus largos, se detenía cada cierto tiempo para escuchar los consejos de su entrenador, y charlaba de manera distendida con sus compañeros de equipo durante las pausas preestablecidas.

Para mí no había nada más gratificante que ser testigo de esos momentos, sentarme sin que la gente que me rodeaba reparara apenas en mí y presenciar el milagro de cómo una niña —nuestra niña— crecía y se realizaba. Habíamos lanzado a nuestras hijas a toda la extrañeza e intensidad de la vida en la Casa Blanca, sin saber cómo les afectaría o qué aprenderían de la experiencia. Intentaba hacer que el contacto de nuestras hijas con el resto del mundo fuese lo más positivo posible, consciente de que Barack y yo teníamos una oportunidad única de mostrarles la historia de cerca. Cuando Barack tenía viajes al extranjero que coincidían con las vacaciones escolares, viajábamos en familia, sabiendo que sería una experiencia educativa. En el verano de 2009, las habíamos llevado en un viaje que incluyó visitas al Kremlin, en Moscú, y al Vaticano, en Roma. En siete días habían conocido al presidente ruso, recorrido el Panteón y el Coliseo romanos y atravesado la «puerta del no retorno» en Ghana, el punto de partida de innumerables africanos que fueron vendidos como esclavos.

Evidentemente, era mucho lo que debían asimilar, pero yo estaba aprendiendo que cada niña absorbía lo que podía y desde su propia perspectiva. Sasha había vuelto a casa de nuestros viajes de verano para empezar tercero. Mientras paseaba por su aula durante la noche de los padres en Sidwell ese otoño, me topé con una breve redacción titulada «Qué hice en mis vacaciones de verano» escrita por ella, colgada junto a las de sus compañeros de clase en una de las paredes. «Fui a Roma y conocí al Papa —había escrito Sasha—. Le faltaba parte del pulgar.»

Yo no habría sabido decir cómo era el pulgar del papa Benedic-
to XVI, si le faltaba una parte o no. Pero habíamos llevado a una
niña de ocho años observadora y práctica a Roma, Moscú y Accra,
y eso es lo que había traído consigo de vuelta. Por aquel entonces,
Sasha veía la historia a la altura de la cintura, su altura.

Por mucho que intentábamos crear una separación entre ellas y
los aspectos más tensos del trabajo de Barack, sabía que Sasha y Malia tenían muchas cosas que digerir. Se relacionaban con los acontecimientos mundiales como muy pocos niños lo hacían, conviviendo
con el hecho de que las noticias en ocasiones sucedían justo bajo
nuestro techo, de que su padre a veces tenía que ausentarse para
atender emergencias nacionales y que siempre, pasara lo que pasase,
habría una parte de la población que lo detestaría abiertamente. Para
mí, esa era otra versión de los leones y los guepardos, que a veces
parecían estar muy cerca.

Durante el invierno de 2011 habíamos oído noticias de que
Donald Trump, presentador de un programa de telerrealidad y cons-
tructor neoyorquino, empezaba a barajar la posibilidad de postular-
se a la candidatura a la presidencia por el Partido Republicano cuando llegase el momento en el que Barack se presentase a la reelección
en 2012. Aunque sobre todo daba la impresión de que se limitaba a
armar alboroto en general, con sus apariciones en programas de la
televisión por cable para hacer críticas gimoteantes e inexpertas de
la política exterior de Barack y para poner en duda que fuese ciu-
dadano estadounidense. Durante la campaña anterior, los llamados
birthers habían intentado alimentar una teoría de la conspiración
según la cual el certificado de nacimiento hawaiano de Barack era
falso y en realidad él había nacido en Kenia. Trump estaba contri-
buyendo activamente a reavivar ese argumento, haciendo afirmaciones cada vez más extravagantes en televisión, empeñado en que la
noticia del nacimiento de Barack publicada en 1961 en los periódicos de Honolulú era fraudulenta y que ninguno de sus compañeros
de guardería lo recordaba. Mientras tanto, en su afán por conseguir
clics y audiencia, algunos medios de comunicación —los más con-

servadores, en particular— estaban insuflando oxígeno alegremente a esas afirmaciones sin fundamento.

Todo era disparatado y malintencionado, por supuesto, y los prejuicios y la xenofobia que subyacían estaban apenas disimulados. Pero también era peligroso, pues se hacía de manera deliberada para provocar a los extremistas y los chiflados. Temía la reacción. Cada cierto tiempo, el Servicio Secreto me informaba de las amenazas más serias que llegaban, y consideraban que había personas capaces de provocar agitación. Intentaba no preocuparme, pero a veces no podía evitarlo. ¿Y si una persona inestable cargaba un arma y venía a Washington? ¿Y si esa persona iba detrás de nuestras hijas? Donald Trump, con sus insinuaciones estridentes e irresponsables, estaba poniendo en peligro la seguridad de mi familia. Y eso nunca se lo perdonaría.

Sin embargo, no nos quedaba más remedio que dejar los miedos a un lado, seguir confiando en la estructura establecida para protegernos y limitarnos a vivir. La gente empeñada en definirnos como «otros» llevaba ya años haciéndolo. Nosotros procurábamos elevarnos sobre sus mentiras y distorsiones, y confiábamos en que la manera en que Barack y yo vivíamos nuestras vidas mostraría a todos la verdad sobre quiénes éramos. Había vivido con inquietud seria y bienintencionada por nuestra seguridad casi desde el día en que Barack decidió presentar su candidatura a la presidencia. «Rezamos para que nadie os haga daño», me decían mientras me agarraban de la mano en los actos de campaña. Lo había oído de personas de todas las razas, todos los orígenes, todas las edades: un recordatorio de la bondad y la generosidad que existían en nuestro país. «Rezamos cada día por ti y por tu familia.»

Sus palabras me acompañaban. Sentía la protección de esos millones de personas decentes que rezaban por nuestra seguridad. Barack y yo también recurríamos a nuestra fe personal. Ahora íbamos muy rara vez a la iglesia, sobre todo porque se había convertido en todo un espectáculo, con periodistas que nos gritaban preguntas mientras entrábamos a misa. Desde que el escrutinio al que fue sometido el reverendo Jeremiah Wright había sido uno de los problemas de la primera campaña presidencial de Barack, desde que sus rivales habían intentado usar la fe como un arma —al sugerir que Barack era un «musulmán enmascarado»—, habíamos tomado la decisión de practicar nuestra fe en privado y en casa, donde rezábamos cada noche antes de cenar y organizamos unas cuantas sesiones de catequesis en la Casa Blanca para nuestras hijas. No nos integramos en ninguna iglesia en Washington, porque no queríamos someter a otra congregación a los ataques malintencionados que había sufrido la Trinity, nuestra iglesia en Chicago. Pero suponía un sacrificio. Yo echaba de menos el afecto de la comunidad espiritual. Cada noche miraba a Barack al otro lado de la cama y lo veía con los ojos cerrados, rezando sus plegarias.

Meses después de que los rumores de los *birthers* lograsen tener repercusión, la noche de un viernes de noviembre un hombre aparcó su coche en un tramo cerrado de Constitution Avenue y empezó a disparar por la ventanilla con un rifle semiautomático, apuntando hacia las plantas superiores de la Casa Blanca. Una bala impactó contra una de las ventanas de la sala Oval Amarilla, donde me gustaba sentarme a veces a tomar el té. Otra se incrustó en el marco de una ventana, y algunas más rebotaron en el tejado. Barack y yo estábamos fuera esa noche, y Malia también, pero Sasha y mi madre estaban allí, aunque no se enteraron ni les pasó nada. Tardaron meses en reemplazar el cristal blindado de la ventana de la sala Oval Amarilla, y muchas veces me quedé mirando el grueso cráter redondo que había dejado la bala, que me recordaba lo vulnerables que éramos.

En general, entendía que lo mejor para todos nosotros era hacer caso omiso del odio y no pensar demasiado en los riesgos, incluso cuando otras personas se sentían impelidas a sacar el tema. Un tiempo después, Malia entró en el equipo de tenis del instituto en Sidwell, que entrenaba en las pistas del colegio en Wisconsin Avenue. Estaba allí un día cuando una mujer, madre de otro alumno, se le acercó mientras señalaba hacia la concurrida calle que pasaba junto a las pistas y le preguntó: «¿No tienes miedo ahí fuera?».

Mi hija, a medida que se hacía mayor, estaba aprendiendo a hablar con su voz y descubriendo sus propias formas de marcar los límites que necesitaba. «Si me pregunta si pienso en mi muerte cada día —le dijo a la mujer tan educadamente como pudo—, la respuesta es no.»

Un par de años más tarde, esa misma madre se me acercó en un acto para padres en la escuela y me entregó una sentida nota de disculpa, en la que me decía que comprendió enseguida el error que había cometido al hacer recaer preocupaciones sobre una niña que no podía hacer nada al respecto. Agradecí mucho que hubiese pensado tanto sobre ello. En la respuesta de Malia había percibido tanto resiliencia como vulnerabilidad, un eco de todo aquello con lo que convivíamos y que intentábamos mantener a raya. También había entendido que lo único que nuestra hija podía hacer, ese día y todos lo que vendrían después, era volver a la pista y golpear otra bola.

Evidentemente, todas las dificultades eran relativas. Sabía que mis hijas estaban creciendo con más ventajas y abundancia de las que la mayoría de las familias podían siquiera imaginar. Nuestras niñas tenían un hogar precioso, comida en la mesa, adultos entregados a su alrededor, y nada más que aliento y recursos para contribuir a su educación. Volqué todo lo que tenía en Malia y Sasha y su desarrollo, pero como primera dama era consciente también de que tenía una obligación más amplia. Sentía que debía más a los niños en general, y a las niñas en particular. En cierto modo, ese sentimiento se debía a la respuesta que la gente solía expresar ante la historia de mi vida: la sorpresa ante el hecho de que una chica negra de ciudad hubiese pasado por universidades de la Ivy League y por trabajos de ejecutiva para acabar en la Casa Blanca. Sabía que mi trayectoria era poco habitual, pero no había ningún motivo de peso por el que debiera serlo. A lo largo de mi vida había habido muchísimas veces en que había sido la única mujer de color —o incluso la única mujer, sin más— sentada a una mesa de reuniones o compartiendo una junta directiva, o codeándome en tal o cual reunión de gente importante. Si había sido la primera en hacer alguna de esas cosas, quería asegurarme de que no acabaría siendo la única, otras vendrían detrás de mí. Como mi madre, franca enemiga de toda hipérbole, aún sigue diciendo cada vez que alguien empieza a hablar con entusiasmo de Craig y de mí, y de nuestros diversos logros: «No son especiales en absoluto. El South Side está repleto de chicos así». Solo teníamos que ayudarles a hacerse un hueco en esos lugares.

Iba dándome cuenta de que las partes importantes de mi historia no estaban tanto en el valor superficial de mis éxitos como en lo que subyacía a estos: las muchas formas discretas en que había ido afianzándome a lo largo de los años, y las personas que habían contribuido a reforzar mi confianza con el paso del tiempo. Me acordaba de todas ellas, de cada persona que me animó a que siguiese adelante, esforzándose por inocular en mí la defensa contra los desprecios y las humillaciones que sin duda recibiría en los sitios hacia los que me encaminaba, todos esos entornos creados principalmente por y para personas que no eran ni negras ni mujeres.

Pensaba en mi tía abuela Robbie y sus exigentes estándares de piano, en cómo me había enseñado a levantar la cabeza y tocar con pasión en un piano de cola pequeño, a pesar de que solo había conocido un piano vertical con teclas rotas. Pensaba en mi padre, que me enseñó a recibir y lanzar un balón de fútbol americano, igual que a Craig. En el señor Martinez y el señor Bennett, mis profesores en Bryn Mawr, que nunca desestimaban mis opiniones. En mi madre, mi más firme apoyo, cuya vigilancia había evitado que languideciera en una deprimente clase de segundo curso. En Czerny Brasuell, que en Princeton me había estimulado y había alimentado mi cerebro de maneras nuevas. Y, entre otras, en Susan Sher y Valerie Jarrett —que siguen siendo buenas amigas y colegas muchos años después—, quienes, cuando yo era una joven profesional, me enseñaron lo que era la vida de una madre trabajadora y me abrieron puertas diferentes una y otra vez, convencidas de que tenía algo que ofrecer.

Eran personas que, por lo general, no se conocían entre sí y nunca tendrían ocasión de hacerlo, y con muchas de las cuales yo misma había perdido contacto. Pero para mí formaban una importante constelación. Eran quienes me apoyaban, quienes creían en mí, mi coro de góspel personal que nunca dejaba de cantar: «¡Vamos, chica, tú puedes!».

No lo había olvidado. Había intentado, incluso como abogada júnior, devolver mi deuda a las generaciones siguientes fomentando la curiosidad donde la detectaba, atrayendo a personas más jóvenes a las conversaciones importantes. Si una ayudante me hacía una pregunta sobre su futuro, le abría la puerta de mi despacho, le contaba mi trayectoria y le daba algunos consejos. Si alguien quería orientación o ayuda para establecer algún contacto, hacía lo que estaba en mi mano para dársela. Más tarde, durante mi época en Public Allies, vi de primera mano los beneficios de una estructura más formal de tutoría. Por experiencia propia, sabía que cuando alguien muestra interés genuino por que aprendas y te desarrolles, aunque solo sea durante diez minutos en un día ocupado, eso tiene su importancia. Tiene su importancia especialmente para las mujeres, para personas pertenecientes a minorías y para cualquier otra a la que la sociedad enseguida pasa por alto.

Teniendo eso presente lancé un programa de liderazgo y tutoría en la Casa Blanca, al que invité a veinte niñas de segundo y tercer curso de institutos de Washington y alrededores para que nos acompañasen en encuentros mensuales que incluían charlas informales, excursiones y sesiones sobre asuntos como cultura financiera y la elección de una carrera profesional. El programa se desarrolló casi siempre a puerta cerrada, para no lanzar a esas chicas a la refriega mediática.

Poníamos a cada adolescente en relación con una tutora que propiciaría una relación personal con ella, compartiría sus fuentes de información y su propia historia vital. Valerie fue una de las tutoras; Cris Comerford, la primera mujer en ser jefe de cocina de la Casa Blanca, también lo fue; Jill Biden también; así como toda una serie de mujeres que ocupaban altos cargos tanto en el Ala Este como en el Ala Oeste de la Casa Blanca. A las estudiantes las elegían los directores o los orientadores académicos de sus respectivos centros, y permanecían con nosotras hasta que se graduaban. Teníamos chicas procedentes de familias militares, de familias inmigrantes, una madre adolescente, una chica que había vivido en un albergue para indigentes. Todas ellas eran jóvenes inteligentes y curiosas. No muy distintas de mí ni de mis hijas. Fui testigo de que con el tiempo las chicas hicieron amistades y establecieron vínculos entre ellas y con las mujeres adultas que las rodeaban. Pasé horas hablando con ellas en un gran círculo, comiendo palomitas ruidosamente e intercambiando ideas sobre solicitudes de ingreso en la universidad, imagen corporal y chicos. Ningún tema estaba vetado. Acabábamos riéndonos muchísimo. Más que nada, esperaba que eso fuera lo que sacasen en claro de cara al futuro: la naturalidad, la sensación de comunidad, el estímulo para hablar y hacerse oír.

Les deseaba lo mismo que a Sasha y a Malia: que al aprender a sentirse cómodas en la Casa Blanca pudiesen sentirse cómodas y tener confianza en cualquier ambiente, participar en cualquier reunión y alzar la voz en el seno de cualquier grupo.

Llevábamos ya más de dos años viviendo dentro de la burbuja de la presidencia y buscaba maneras de ampliar su perímetro como pudiese. Barack y yo seguíamos abriendo las puertas de la Casa Blanca a más gente, en particular a niños, y confiábamos en conseguir que sintiesen su grandeza como algo inclusivo, incorporando un poco de vitalidad en la formalidad y la tradición. Cada vez que venían dignatarios extranjeros en visita oficial invitábamos a escolares de la zona para que contemplasen la pompa de una ceremonia oficial de bienvenida y pudiesen probar la comida que iba a servirse en la cena de Estado. Cuando venían músicos para una actuación nocturna, les pedíamos que llegasen temprano para que participasen en un taller con jóvenes. Queríamos recalcar la importancia de poner a los niños en contacto con el arte, y demostrar que eso no era un lujo sino una necesidad para su experiencia educativa global. Disfrutaba al ver que alumnos de instituto confraternizaban con artistas contemporáneos como John Legend, Justin Timberlake y Alison Krauss, así como con leyendas tales como Smokey Robinson y Patti LaBelle. Me hacía recordar lo que había vivido de pequeña: el jazz en casa de Southside, los recitales de piano y los seminarios de opereta que organizaba mi tía abuela Robbie, las excursiones familiares a los museos del centro... Sabía bien cómo contribuían el arte y la cultura al desarrollo de un niño. Y hacía que me sintiese como en casa. Barack y yo nos mecíamos siguiendo el ritmo en la primera fila de cada actuación. Incluso mi madre, que por lo general evitaba las apariciones en público, bajaba a la planta noble cada vez que había música en directo.

También incorporamos celebraciones de la danza y otras artes, y trajimos a artistas emergentes para que mostrasen sus trabajos más recientes. En 2009 organizamos el primer recital de poesía e improvisación verbal que se celebraba en la Casa Blanca en toda su historia, y vimos a un joven compositor llamado Lin-Manuel Miranda ponerse en pie y dejarnos a todos asombrados con un fragmento de un proyecto en el que acababa de empezar a trabajar, y que describía como un «álbum conceptual sobre la vida de alguien que creo que encarna el hip-hop [...], el secretario del Tesoro Alexander Hamilton».

Recuerdo que estreché su mano y le dije: «Eh, buena suerte con el asunto ese de Hamilton».

Un día cualquiera, pasaban infinidad de cosas ante nosotros: glamour, excelencia, desolación, esperanza. Todo ello convivía codo con codo, y al mismo tiempo teníamos dos hijas que intentaban llevar sus propias vidas aparte de lo que sucedía en casa. Hacía todo lo que podía por mantenernos a las niñas y a mí integradas en la vida cotidiana. Mi objetivo era el que siempre había tenido: encontrar normalidad donde pudiera, reabrir pequeños espacios de vida corriente para mí misma. Durante las temporadas de fútbol y lacrosse iba a muchos de los partidos que Sasha y Malia jugaban como locales, me sentaba en las gradas junto a otros padres y declinaba educadamente cuando alguien pedía hacerse una foto conmigo, aunque siempre estaba encantada de charlar un rato. Cuando Malia empezó a jugar al tenis, sobre todo veía sus partidos a través de la ventanilla de un vehículo del Servicio Secreto aparcado con discreción cerca de las pistas, para evitar crear distracciones. Solo salía a darle un abrazo cuando había terminado.

Con Barack, prácticamente habíamos renunciado a cualquier tipo de normalidad o sensación de levedad en sus movimientos. Asistía a las funciones de teatro en el colegio y a los eventos deportivos de las niñas cuando podía, pero sus oportunidades para socializar eran muy limitadas, y la presencia de su equipo de seguridad nunca pasaba desapercibida. De hecho, la idea era justo esa, para así mandar al mundo el mensaje de que nadie podría hacer daño al presidente de Estados Unidos. Por razones evidentes, yo me alegraba de eso. No obstante, en ocasiones costaba hacerlo compatible con las normas de la vida en familia.

Lo mismo pensó Malia un día mientras Barack y yo íbamos con ella a uno de los eventos de Sasha en el colegio de Sidwell. Los tres estábamos atravesando un patio exterior abierto y pasamos junto a un grupo de niños de guardería en mitad de su recreo, colgados de unas barras y correteando por la zona de juegos pavimentada de viruta. No estoy segura de si los niños habían avistado al escuadrón de francotiradores del Servicio Secreto vestidos de negro y desplegados por los tejados de los edificios de la escuela con sus rifles de asalto, pero Malia sí los vio.

Llevó sus ojos de los francotiradores a los niños, y después a su padre, y con una mirada socarrona le dijo: «¿De verdad, papá? ¿En serio?».

Lo único que Barack pudo hacer fue sonreír y encogerse de hombros. No había manera de escapar a la importancia de su trabajo.

Como es evidente, ninguno de nosotros salíamos nunca de la burbuja. La burbuja se movía con cada uno de nosotros individualmente. Tras nuestras negociaciones iniciales con el Servicio Secreto,

Sasha y Malia estaban haciendo cosas como ir a los *bar mitzvahs* de sus amigos, lavar coches con el propósito de recaudar fondos para el colegio, e incluso quedar con sus amigos en el centro comercial, siempre con agentes y a menudo también con mi madre como acompañante, pero al menos ahora podían moverse tanto como los demás chicos de su edad. Los agentes de Sasha, incluidos Beth Celestini y Lawrence Tucker —a quien todo el mundo llamaba L.T.—, eran muy queridos en Sidwell. Los niños imploraban a L.T. que los empujase en los columpios durante el recreo. Las familias a menudo preparaban cupcakes de más para los agentes cuando los niños celebraban algún cumpleaños en clase.

Con el tiempo, todos cogimos cariño a nuestros agentes. Preston Fairlamb dirigía mi equipo por aquel entonces, y Allen Taylor, que había estado conmigo desde la campaña, tomaría el relevo más adelante. Cuando estábamos en público permanecían callados e hiperalertas, pero cuando nadie los veía, o en los viajes de avión, se soltaban, contaban historias y gastaban bromas. «Blandengues impasibles», los llamaba yo en broma. A lo largo de todas las horas que pasamos juntos y de todos los kilómetros que recorrimos, nos hicimos amigos de verdad. Me afligía por sus pérdidas y celebraba cuando sus hijos alcanzaban algún hito importante. Siempre fui consciente de la seriedad de sus obligaciones, de lo que estaban dispuestos a sacrificar por mantenerme a salvo, y nunca lo di por supuesto.

Como mis hijas, me cuidaba de que mi vida privada concordara con mi vida oficial, con la ayuda del Servicio Secreto, que hacía lo posible por otorgarme un margen de flexibilidad. Había aprendido que había maneras de mantener un perfil bajo cuando lo necesitaba. En lugar de desplazarme con comitiva, a veces me permitían hacerlo en una furgoneta sin distintivos y con una escolta más reducida. De cuando en cuando podía hacer una escapada de compras, y entraba y salía del sitio antes de que nadie reparase en que estaba allí. Cuando Bo hubo reventado o hecho trizas minuciosamente todos y cada uno de los perros de juguete que le había conseguido el

personal que se encargaba de nuestras compras habituales, una mañana me lo llevé a una tienda para mascotas de Alexandria y, durante un ratito, disfruté de un glorioso anonimato mientras buscaba juguetes para que Bo los mascase mientras él, tan encantado con
la novedad de la salida como yo, mordisqueaba su correa a mi lado.

Cada vez que iba a algún sitio sin armar revuelo lo vivía como
una pequeña victoria, un ejercicio de mi libre albedrío. Al fin y al
cabo, era una persona que prestaba atención a los detalles. No había
olvidado lo gratificante que podía ser ir tachando elementos en la
lista de la compra. Unos seis meses después de la excursión a la tienda para mascotas hice una escapada de incógnito al Target local, ta-
pada con una gorra de béisbol y gafas de sol. Los miembros de mi
equipo de seguridad llevaban pantalones cortos y zapatillas de deporte y se quitaron los auriculares, e hicieron lo posible por pasar
desapercibidos mientras nos seguían a mi ayudante Kristin Jones y
a mí por la tienda. Recorrimos todos y cada uno de los pasillos.
Escogí crema facial Oil of Olay y cepillos de dientes nuevos. Cogimos suavizante y detergente de lavadora para Kristin, y encontré un
par de juegos para Sasha y Malia. Y, por primera vez en varios años,
pude elegir una tarjeta para regalársela a Barack por nuestro aniversario.

Volví a casa entusiasmada. A veces, las cosas más pequeñas parecían enormes.

A medida que pasaba el tiempo iba añadiendo nuevas aventuras
a mi rutina. Empecé a quedar para cenar con amigos de vez en
cuando, en un restaurante o en sus casas. En ocasiones iba al parque
y daba largos paseos a lo largo del río Potomac. En esas excursiones
me acompañaban agentes que iban delante y detrás de mí, pero discretamente y a cierta distancia. En años posteriores empezaría a salir
de la Casa Blanca para asistir a clases en distintos gimnasios de la
ciudad, donde me colaba en la sala en el último momento y de
donde salía en cuanto acababa la clase para evitar causar molestias.
La actividad más liberadora de todas resultó ser el esquí alpino, un
deporte que apenas había practicado pero que enseguida se convir-

tió en pasión. Aprovechando los inviernos inusualmente duros que tuvimos durante nuestros primeros dos años en Washington, hice varias excursiones de día con las niñas y algunos amigos a una pequeña estación llamada, de manera muy apropiada, Liberty Mountain, cerca de Gettysburg, donde descubrimos que podíamos llevar cascos, bufandas y gafas y mezclarnos entre la multitud. Cuando me deslizaba pendiente abajo por una pista de esquí estaba al aire libre, en movimiento y sin que nadie me reconociese; todo a la vez. Para mí era como volar.

Mezclarse era importante. De hecho, mezclarse lo era todo: una manera de sentir que era yo misma, de seguir siendo Michelle Obama del South Side dentro de ese más amplio torrente de la historia. Entretejí mi antigua vida en la nueva, mis inquietudes privadas en mi quehacer público. En Washington había hecho unas cuantas amigas nuevas: un par de madres de los compañeros de clase de Sasha y Malia y unas cuantas personas a las que había conocido con motivo de las ocupaciones propias de la Casa Blanca. Eran mujeres a las que les importaba menos mi apellido o la dirección de mi hogar y más quién era yo como ser humano. Es curioso lo poco que se tarda en detectar quién está ahí por ti y quién para plantar una especie de bandera. Barack y yo a veces hablábamos con Sasha y Malia mientras cenábamos del hecho de que había personas, niños y adultos, que revoloteaban en torno a nuestros grupos de amigos y parecían un poco demasiado ávidos («sedientos», lo llamábamos).

Había aprendido muchos años antes a tener a mis verdaderos amigos cerca. Seguía manteniendo una conexión profunda con el grupo de mujeres que había empezado a reunirse los sábados para que sus hijos jugasen juntos unos años atrás, en la época de nuestras bolsas de pañales en Chicago, cuando nuestros hijos tiraban alegremente comida desde sus tronas y todas estábamos tan agotadas que nos daban ganas de llorar. Esas eran las amigas que me habían mantenido a flote, que me traían comida cuando estaba demasiado ocupada para hacer la compra, que recogían a las niñas de sus clases de ballet cuando tenía trabajo atrasado que acabar o simplemente necesitaba tomarme un descanso. Varias de ellas habían subido a aviones para acompañarme en paradas poco glamurosas durante el recorrido de la campaña, y me habían dado su apoyo emocional cuando más lo necesitaba. La amistad entre mujeres, como cualquier mujer sabe, se construye a base de mil pequeños favores como esos que una hace por las demás y viceversa, una y otra vez.

En 2011 empecé a hacer un esfuerzo por dedicarle más atención a mis amistades, reuniendo a viejas y nuevas amigas. Cada pocos meses invitaba a unas doce de mis amigas más cercanas a que me acompañasen durante un fin de semana en Camp David, el boscoso lugar de retiro presidencial con aspecto de campamento de verano situado a unos cien kilómetros de Washington, en las montañas del norte de Maryland. Comencé refiriéndome a esos encuentros como «campamento de instrucción», en parte porque reconozco que obligaba a todo el mundo a hacer ejercicio conmigo varias veces al día (y también en algún momento intenté prohibir el vino y el picoteo, aunque eso enseguida se olvidó), pero sobre todo porque me gustaba la idea de ser rigurosa con mis amistades.

Mis amigas solían ser personas de éxito y muy ocupadas, muchas de ellas con ajetreadas vidas familiares y empleos muy exigentes. Sabía que no siempre les resultaba fácil escaparse, pero esa era parte de la idea. Estábamos todas muy acostumbradas a sacrificarnos por nuestros hijos, nuestras parejas y nuestros trabajos. Había aprendido, a lo largo de años de intentar encontrar un equilibrio en mi vida, que no pasaba nada por invertir esas prioridades y preocuparnos solo por nosotras mismas de vez en cuando. Estaba encantada de agitar esa bandera en nombre de mis amigas, de inventar la razón —y el poder de una tradición— para que un grupo entero de mujeres se volviese hacia sus niños, maridos y colegas y les dijese: «Lo siento, chicos, esto lo hago por mí».

Los fines de semana de campamento de instrucción se convirtieron para nosotras en una forma de refugiarnos, conectar y recargar las pilas. Nos alojábamos en acogedoras cabañas con las paredes forradas de madera rodeadas de bosque, íbamos de un sitio a otro en

carritos de golf y montábamos en bici. Jugábamos al balón prisio-
nero y hacíamos flexiones y posturas del perro. A veces también
invitaba a varias mujeres jóvenes del personal, y fue alucinante ver a
lo largo de los años a Susan Sher, a sus sesenta y muchos años, reptar
como una araña por el suelo junto a MacKenzie Smith, la veinteañera encargada de gestionar mi horario, que había jugado al fútbol
en la universidad. Comíamos platos saludables que nos preparaban
los cocineros de la Casa Blanca; hacíamos rutinas de ejercicios bajo
la supervisión de mi entrenador, Cornell, y de varios marines con
cara de niño que nos llamaban «señora». Hacíamos muchísimo ejercicio y hablábamos y hablábamos y hablábamos. Compartíamos reflexiones y experiencias, dábamos consejos o contábamos historias
divertidas, o a veces simplemente asegurábamos a quien estuviese
abriéndonos su corazón en un momento dado que no era la única
que había tenido un hijo adolescente en la edad del pavo o un jefe
al que no podía soportar. A menudo nos tranquilizábamos las unas
a las otras con solo escucharnos. Y, cuando nos despedíamos al final
de cada fin de semana, prometíamos volver a hacerlo pronto.

Mis amigas me complementaban, como siempre lo habían hecho y lo seguirán haciendo. Me animaban cada vez que me sentía
decaída o frustrada, o cuando tenía menos acceso a Barack. Me bajaban a tierra cuando notaba la presión de que se me juzgase, de que
se analizase y discutiese públicamente todo lo que me rodeaba, desde el color de mis uñas hasta el tamaño de mis caderas. Y me ayudaban a remontar las olas grandes y perturbadoras que de vez en
cuando golpeaban sin previo aviso.

El primer domingo de mayo de 2011 fui a cenar con dos amigos
a un restaurante del centro y dejé a Barack y a mi madre en casa a
cargo de las niñas. El fin de semana había sido particularmente ajetreado. Esa tarde, Barack había desaparecido en una serie de reuniones y habíamos pasado la noche del sábado en la cena de corresponsales en la Casa Blanca, donde en su discurso Barack había hecho
varias bromas mordaces sobre la carrera de Donald Trump en *The
Celebrity Apprentice* y sus teorías *birther*. No podía verlo desde donde

estaba sentada, pero Trump se encontraba entre los asistentes. Durante el monólogo de Barack, las cámaras de los medios de comunicación se centraron en él, reconcomiéndose, si bien impasible.

Para nosotros, las noches de los domingos solían ser tranquilas y libres de obligaciones. Las niñas solían estar cansadas después de un fin de semana de deportes y vida social, y Barack, si tenía suerte, a veces podía sacar tiempo durante el día para jugar una ronda de golf en el campo de la base aérea Andrews, lo que lo dejaba más relajado.

Esa noche, tras ponerme al día con mis amigos, volví a casa en torno a las diez y me recibió en la puerta un ujier, como de costumbre. Pero percibí enseguida que pasaba algo, que el nivel de actividad en la planta de abajo de la Casa Blanca no era el habitual. Pregunté al ujier si sabía dónde estaba el presidente.

«Creo que está arriba, señora —me dijo—, preparándose para dirigirse al país.»

Así fue como supe que por fin había sucedido. Sabía que iba a ocurrir, pero no cómo se desarrollaría exactamente. Había pasado los dos últimos días tratando de actuar con total normalidad, fingiendo que no sabía que algo peligroso e importante estaba a punto de acaecer. Después de meses de recopilar información de alto nivel y semanas de meticulosa preparación, tras informes de seguridad y evaluaciones de riesgos y una tensa decisión final, a más de once mil kilómetros de la Casa Blanca y protegidos por la oscuridad, un grupo de élite de los SEAL de la Marina estadounidense había asaltado un misterioso complejo en Abbottabad, Pakistán, en busca de Osama bin Laden.

Barack salía de nuestro dormitorio cuando yo llegaba por el pasillo de la residencia. Llevaba traje y una corbata roja, y parecía completamente tenso por la adrenalina. Había soportado durante meses la presión de esa decisión.

«Dimos con él —dijo—. Y nadie ha resultado herido.»

Nos abrazamos. Osama bin Laden había muerto. Sin que hubiera que lamentar ninguna vida estadounidense. Barack había asumido un riesgo enorme —que podía haberle costado la presidencia— y todo había salido bien.

La noticia ya estaba recorriendo el mundo. La gente se agolpaba en las calles que rodean la Casa Blanca, saliendo de restaurantes, hoteles y edificios de pisos, llenando el aire nocturno con gritos de celebración. El ruido alcanzó tal intensidad que despertó a Malia en su dormitorio, a pesar de que las ventanas de cristal blindado debían dejar cualquier ruido fuera.

De todas maneras, esa noche no hubo ni fuera ni dentro. En las ciudades de todo el país, la gente había salido a la calle, llevaba claramente por un impulso de estar con los demás, unida no solo por patriotismo sino por el duelo colectivo nacido el 11 de septiembre y por los años de preocupación de que volviesen a atacarnos. Pensé en todas las bases militares que había visitado alguna vez, en todos esos soldados que se afanaban por recuperarse de sus heridas, en todas esas personas cuyos familiares habían sido enviados a un lugar remoto para que protegieran nuestro país, en los miles de niños que habían perdido a su padre o a su madre ese día triste y terrible. Sabía que no había manera posible de recuperar esas pérdidas. Ninguna muerte devolvería una vida. No estoy segura de que la muerte de alguien sea nunca motivo de celebración. Pero lo que Estados Unidos tuvo esa noche fue un momento de alivio, una ocasión de sentir su propia resiliencia.

23

Parecía que el tiempo avanzaba a saltos y en bucle. Cada día estaba cargado a rebosar. Cada semana, mes y año que pasamos en la Casa Blanca estuvieron cargados a rebosar. Cuando llegaba el viernes tenía que hacer un esfuerzo para recordar cómo habían ido el lunes y el martes. A veces me sentaba a cenar y me preguntaba cómo y dónde había sido el almuerzo. Incluso ahora me cuesta procesarlo. Todo iba demasiado rápido y había muy poco tiempo para reflexionar. Una sola tarde podía contener dos actos oficiales, varias reuniones y una sesión de fotos. En un día podía visitar varios estados, o hablar ante doce mil personas o recibir a cuatrocientos niños que se ponían a dar saltos de tijera conmigo en el jardín Sur, todo ello antes de arreglarme y ponerme un vestido elegante para asistir a una recepción vespertina. Utilizaba mis días libres, aquellos en los que no tenía obligaciones oficiales, para atender a Sasha y a Malia y ocuparme de sus vidas, antes de volver al modo activo: peluquería, maquillaje y vestuario. De vuelta a la vorágine de la atención pública.

A medida que se acercaba 2012, el año en que Barack iba a presentarse a la reelección, sentía que no podía ni debía descansar. Aún estaba ganándome el cielo. Pensaba a menudo en las deudas que tenía y con quién. Llevaba una historia a cuestas que no era de presidentes y primeras damas. Nunca me sentí vinculada con la historia de John Quincy Adams pero sí con la de Sojourner Truth, ni me había emocionado Woodrow Wilson como lo hacía Harriet

Tubman. Las luchas de Rosa Parks y Coretta Scott King me resultaban más familiares que las de Eleanor Roosevelt o Mamie Eisenhower. Llevaba conmigo sus historias, junto con las de mi madre y mis abuelas. Ninguna de esas mujeres podría haber imaginado una vida como la que yo tenía en ese momento, pero habían confiado en que su perseverancia acabaría resultando, con el tiempo, en algo mejor para alguien como yo. Quería mostrarme ante el mundo de una manera que las honrase a todas ellas, a quiénes habían sido.

Me lo cargaba sobre los hombros como una obligación, con la necesidad imperiosa de no cometer ningún error. Aunque se me consideraba una primera dama popular, no podía evitar que me afectasen las críticas por parte de personas que habían dado por supuestas cosas sobre mí a partir del color de mi piel. Por eso, practicaba mis discursos una y otra vez usando un teleprónter instalado en un rincón de mi despacho. Presionaba al personal encargado de organizar y preparar mi jornada para asegurarme de que todos y cada uno de nuestros actos transcurrieran sin sobresaltos ni retrasos. Presionaba aún más a mis asesores para que continuasen ampliando el alcance de Let's Move! y Joining Forces. Estaba decidida a no desperdiciar ninguna de las oportunidades de las que ahora disponía, pero a veces tenía que darme a mí misma tiempo para respirar.

Barack y yo sabíamos que los meses de campaña que se avecinaban implicarían más viajes, más esfuerzo de planificación y más preocupaciones. Era imposible desentenderse de la reelección: el coste era enorme. (Barack y Mitt Romney, el exgobernador de Massachusetts que acabaría siendo el candidato republicano, iban a recaudar más de mil millones de dólares cada uno para que sus respectivas campañas fuesen competitivas.) Como lo era también la responsabilidad. Las elecciones lo determinarían todo: desde el devenir de la nueva ley de atención sanitaria hasta si Estados Unidos se implicaría en los esfuerzos globales para combatir el cambio climático. En la Casa Blanca vivíamos todos en el limbo de no saber si tendríamos un segundo mandato. Yo procuraba no plantearme siquiera la posibilidad de que Barack perdiese las elecciones, pero no por ello esa posibilidad dejaba de existir; era un temor con el que ambos cargábamos en privado, sin que ni él ni yo nos atreviésemos a expresarlo.

El verano de 2011 resultó ser especialmente traumático para Barack. Un grupo de obstinados congresistas republicanos se negó a autorizar la emisión de nuevos bonos del Estado —un proceso rutinario, en cierto modo, que también se conocía como «elevar el techo de deuda»— a menos que aplicase una serie de dolorosos recortes en programas gubernamentales como la Seguridad Social, Medicaid y Medicare, a los que Barack se oponía porque perjudicarían a las personas que peor estaban pasándolo. Entretanto, los datos mensuales de empleo que publicaba el Departamento de Trabajo mostraban un crecimiento continuado pero lento, lo que indicaba que, en el proceso de recuperación de la crisis de 2008, el país aún no estaba donde debía. Mucha gente culpaba de ello a Barack. El alivio que siguió a la muerte de Osama bin Laden hizo que su grado de popularidad se disparase hasta alcanzar su valor máximo en dos años, pero a continuación, apenas unos pocos meses después, como consecuencia de la refriega en torno al techo de deuda y del temor a una nueva recesión, se habían hundido hasta mínimos históricos.

Cuando comenzaba ese desasosiego viajé a Sudáfrica para una visita de buena voluntad que estaba organizada desde hacía varios meses. Sasha y Malia acababan de terminar el curso, así que pudieron acompañarme, junto con mi madre y los hijos de Craig, Leslie y Avery, que eran por aquel entonces adolescentes. Tenía previsto dar el discurso inaugural de un foro para mujeres jóvenes de todo el continente africano patrocinado por Estados Unidos, pero también habíamos completado mi programa de actividades con actos comunitarios relacionados con el bienestar y la educación, así como con visitas a líderes locales y a los trabajadores del consulado estadounidense. Terminaríamos con un corto desplazamiento a Botsuana, donde me reuniría con su presidente y visitaría una clínica comunitaria para el tratamiento del VIH, y a continuación disfrutaríamos de un breve safari antes de regresar a casa.

En cuanto llegamos nos dejamos arrastrar por la energía de Sudáfrica. En Johannesburgo recorrimos el Museo del Apartheid, y bailamos y leímos libros con niños pequeños en un centro comunitario en una de las barriadas de población negra al norte de la ciudad. En un estadio de fútbol de Ciudad del Cabo nos reunimos con activistas sociales y trabajadores sanitarios que usaban programas deportivos para jóvenes para educar a los niños sobre el VIH/sida, y conocimos al arzobispo Desmond Tutu, el legendario teólogo y activista que había contribuido a acabar con el apartheid en Sudáfrica. Tutu, que tenía entonces setenta y nueve años, era un hombre fornido de mirada centelleante y risa incontenible. Cuando supo que estaba en el estadio para promover el ejercicio físico se empeñó en hacer flexiones conmigo delante de un corro de muchachos que nos jaleaba.

Durante los pocos días que estuvimos en Sudáfrica sentí que flotaba. Esa visita era muy distinta de aquel primer viaje que había realizado a Kenia en 1991, cuando me desplazaba con Barack en *matatus* y empujé el Volkswagen averiado de Auma por el arcén de una carretera polvorienta. Es posible que lo que sentía se debiera en parte al jet lag, pero sobre todo emanaba de algo más profundo y regocijante. Era como si nos hubiésemos sumergido en las corrientes cruzadas de la cultura y la historia, y eso nos hiciese cobrar conciencia súbitamente de nuestra relativa pequeñez dentro de un marco temporal más amplio. Al ver los rostros de las setenta y seis jóvenes que habían sido seleccionadas para asistir al foro sobre liderazgo porque estaban llevando a cabo un trabajo importante en sus comunidades, me costó contener las lágrimas. Me dieron esperanza. Mi hicieron sentir vieja en el mejor sentido. Nada menos que el sesenta por ciento de la población africana tenía entonces menos de veinticinco años. Esas mujeres, todas ellas menores de treinta años, y alguna de tan solo dieciséis, estaban creando organizaciones sin ánimo de lucro, formando a otras mujeres para que fuesen emprendedoras y arriesgándose a acabar en la cárcel por denunciar la corrupción del gobierno. Y ahora estaban estableciendo contactos entre ellas, formándose y recibiendo nuestro aliento. Confiaba en que eso no hiciese sino redoblar sus fuerzas.

Pero el momento más increíble de todos tuvo lugar al poco tiempo de llegar, el segundo día de nuestro viaje. Había visitado con mi familia la sede de la Fundación Nelson Mandela en Johannesburgo, acompañada por Graça Machel, una conocida filántropa que estaba casada con Mandela, cuando nos informaron de que él, en persona, estaría encantado de recibirnos en su casa, que no estaba lejos.

Fuimos allí de inmediato, cómo no. Nelson Mandela tenía entonces noventa y dos años. Unos meses antes había estado hospitalizado por problemas pulmonares. Me dijeron que rara vez recibía visitas. Barack lo había conocido hacía seis años, como senador, cuando Mandela visitó Washington, y desde entonces tenía en su despacho una foto enmarcada de su encuentro. Hasta mis hijas —Sasha, a sus diez años, y Malia, a punto de cumplir trece— comprendían lo importante que era eso. Incluso mi madre, siempre impertérrita, parecía un poco anonadada.

Ninguna otra persona que estuviera viva había dejado una huella más profunda en el mundo que Nelson Mandela, al menos en mi opinión. Cuando era joven, en los años cuarenta, se afilió al Congreso Nacional Africano y empezó a desafiar con valentía al gobierno sudafricano formado solo por blancos y sus políticas abiertamente racistas. Tenía cuarenta y cuatro años cuando lo esposaron y lo encarcelaron por su activismo, y setenta y uno cuando por fin lo liberaron, en 1991. Tras sobrevivir a veintisiete años de penurias y aislamiento en prisión, y a pesar de que el régimen del apartheid torturó y asesinó a muchos de sus amigos, Mandela fue capaz de negociar con líderes del gobierno —en lugar de luchar contra ellos— y gestionar una transición milagrosamente pacífica hacia una verdadera democracia en Sudáfrica, para acabar convirtiéndose en su primer presidente.

Mandela vivía en una calle residencial arbolada, en un edificio de estilo mediterráneo protegido por muros beis de hormigón. Graça Machel nos condujo a través de un patio sombreado por árboles hasta el interior de la casa, donde su marido reposaba en una butaca en una sala amplia y luminosa. Tenía el pelo blanco y ralo y llevaba una camisa *batik* marrón. Alguien le había puesto una manta blanca sobre el regazo. Estaba rodeado por familiares de varias generaciones, todos los cuales nos recibieron calurosamente. Algo en la luminosidad de la habitación, la locuacidad de la familia y la media sonrisa del patriarca me recordó a cuando iba de niña a casa de mi abuelo Southside. Estaba nerviosa antes de ir, pero al estar allí me relajé.

Lo cierto es que no sé si el patriarca era del todo consciente de quiénes éramos o sabía por qué habíamos aparecido por allí. A esas alturas era un anciano, su atención iba y venía y tenía ligeros problemas de oído.

—¡Esta es Michelle Obama! —le dijo Graça Machel acercándose a su oído—. La mujer del presidente estadounidense.

—Ah. Maravilloso —murmuró Nelson Mandela—. Maravilloso.

Me observó con genuino interés, aunque la verdad es que yo podría haber sido cualquier otra persona. Parecía evidente que dispensaba el mismo grado de afecto a todo aquel con quien se cruzase. Mi interacción con Mandela fue al mismo tiempo silenciosa y profunda; quizá más profunda aún debido al silencio. Ya había dicho casi todo lo que tenía que decir en sus discursos y cartas, sus libros y cantos de protesta, que habían quedado grabados no solo en su historia personal sino en la de toda la humanidad. Pude sentir todo eso en el breve rato que pasé con él: la dignidad y el espíritu que había extraído igualdad de un lugar donde no la había.

Seguía pensando en Mandela cinco días más tarde mientras volábamos de vuelta a Estados Unidos, viajando hacia el norte y el oeste primero sobre el continente africano y después a través del Atlántico a lo largo de una noche larga y oscura. Sasha y Malia dormían a pierna suelta cubiertas por mantas junto a sus primos; mi madre echaba una cabezada en un asiento cercano. Más atrás, los

miembros del personal y del Servicio Secreto veían películas o recuperaban el sueño perdido. Los motores zumbaban. Sentía que
estaba sola y que no lo estaba. Nos dirigíamos a casa, a esa ciudad
extraña y familiar que era Washington, con su mármol blanco y sus
ideologías en conflicto, donde tanto quedaba por luchar y ganar.
Pensé en las jóvenes africanas que había conocido en el foro de liderazgo: todas ellas estarían ya volviendo a sus respectivas comunidades para retomar su trabajo, para perseverar con todas las dificultades con las que se encontrarían.

Mandela había ido a prisión por sus principios. No había podido ver crecer a sus hijos, como tampoco más tarde a muchos de sus
nietos. Pero no guardaba rencor ni había dejado de pensar nunca
que en algún momento lo mejor de su país acabaría imponiéndose.
Había trabajado y había esperado, resistente y sin desfallecer, hasta
ser testigo de ello.

Regresé a casa con el impulso de ese espíritu. La vida estaba
enseñándome que el progreso y el cambio se producen lentamente,
no en dos años ni en cuatro, ni siquiera a lo largo de toda una vida.
Estábamos plantando las semillas del cambio, cuyos frutos quizá nunca llegásemos a ver. Debíamos tener paciencia.

Tres veces a lo largo del otoño de 2011 Barack propuso proyectos
de ley que crearían miles de puestos de trabajo para los estadounidenses, en parte aportando dinero a los estados para que contratasen
más profesores y personal de respuesta ante emergencias. Las tres
veces los republicanos los habían bloqueado, impidiendo incluso
que llegaran a votarse.

«Lo más importante que queremos conseguir —había declarado el líder de la minoría en el Senado, Mitch McConnell, a un
periodista un año antes mientras exponía los objetivos de su partido— es que el presidente Obama no tenga un segundo mandato.»
Era así de sencillo. Los republicanos en el Congreso estaban entregados a conseguir, por encima de cualquier otra cosa, que Barack

fracasase. Parecía que para ellos lo prioritario no era el gobierno del país o el hecho de que la gente necesitaba trabajo, sino su propio poder.

Me parecía desmoralizador, indignante y, a veces, devastador. Era política, sí, pero en su forma más sectaria y cínica, aparentemente desconectada de cualquier otro fin más elevado. Sentía emociones que quizá Barack no podía permitirse experimentar. Él permanecía encerrado en su mundo, por lo general imperturbable, sorteando los obstáculos y llegando a acuerdos allá donde podía, aferrándose a ese optimismo sereno y responsable que siempre lo había guiado. Llevaba ya quince años en política, y yo seguía viéndolo como un antiguo caldero de cobre, curtido por el fuego y abollado pero aún brillante.

Volver a las giras de campaña —como Barack y yo empezamos a hacer en el otoño de 2011— se convirtió en una especie de bálsamo. Nos sacó de Washington y nos llevó de nuevo a comunidades de todo el país, lugares como Richmond y Reno, donde podíamos darnos abrazos y estrechar las manos de nuestros votantes, además de escuchar sus ideas y preocupaciones. Era una ocasión para sentir la energía de base que siempre había sido tan esencial para la visión que Barack tenía de la democracia, y para recordar que los ciudadanos estadounidenses son por lo general mucho menos cínicos que sus representantes políticos. Solo necesitábamos que acudiesen a las urnas. Había sentido una gran decepción ante los millones de personas que se habían abstenido en las elecciones de mitad de legislatura de 2010, lo que en la práctica había significado que Barack tuviese que lidiar con un Congreso dividido y apenas capaz de aprobar una sola ley.

A pesar de las dificultades, había también mucho por lo que sentirse esperanzada. Para cuando 2011 llegó a su fin, los últimos soldados estadounidenses habían abandonado Irak, y en Afganistán estaba llevándose a cabo una reducción progresiva de los efectivos desplegados. Además, habían entrado en vigor importantes disposiciones de la Ley de Cuidado de Salud Asequible, que permitían que los jóvenes estuviesen durante más tiempo cubiertos por las pólizas de sus padres e impedían que las compañías pusiesen un tope a la cobertura de un paciente a lo largo de su vida. Eran avances, me decía a mí misma, pasos dentro de una trayectoria más larga.

Incluso con todo un partido político conspirando para ver fracasar a Barack, no teníamos más remedio que seguir adelante con optimismo. La situación era parecida a cuando aquella madre de Sidwell preguntó a Malia en el entrenamiento de tenis si temía por su vida. ¿Qué se puede hacer, en realidad, más que salir y golpear otra bola?

Así que trabajamos. Ambos trabajamos. Yo me volqué en mis iniciativas. Bajo el estandarte de Let's Move! seguimos cosechando resultados. Mi equipo y yo convencimos a Darden Restaurants, la compañía matriz de cadenas como Olive Garden y Red Lobster, para que introdujera cambios en los tipos de comida que ofrecía y en la manera de prepararlos. Se comprometieron a renovar sus menús, reduciendo las calorías y la cantidad de sal y ofreciendo alternativas más saludables en los platos para niños. Habíamos apelado a los ejecutivos de la compañía —tanto a su conciencia como a su cuenta de resultados— y los habíamos convencido de que la cultura alimentaria en Estados Unidos estaba cambiando, y que era sensato desde un punto de vista empresarial subirse a la nueva ola. Darden servía cada año cuatrocientos millones de comidas a los estadounidenses. A esa escala, incluso un cambio muy pequeño —como eliminar las tentadoras fotos de vasos de refrescos con hielo de los menús infantiles— podía tener importantes consecuencias.

El poder de una primera dama es algo curioso: tan sutil e indefinido como el propio papel. Pero estaba aprendiendo a sacarle partido. No tenía autoridad ejecutiva, no comandaba un ejército ni ejercía una diplomacia formal. La tradición me decía que proyectase una especie de luz suave, que halagase al presidente con mi entrega; que halagase a la nación al no enfrentarme a ella, sobre todo. Pero estaba empezando a ver que, si la empleaba con cuidado, la luz era mucho más poderosa que todo eso. Ejercía influencia por ser algo así como una curiosidad: una primera dama negra, una profesional, una madre con hijas pequeñas. Parecía que los ciudadanos querían sintonizar con mi ropa, mis zapatos y mis peinados, pero también tenían que verme en el contexto de dónde estaba y por qué. Estaba aprendiendo cómo establecer una conexión entre mi mensaje y mi imagen, lo que me permitiría orientar la mirada del pueblo estadounidense. Podía ponerme un atuendo interesante, gastar una broma y hablar sobre la cantidad de sal en las comidas infantiles sin resultar completamente aburrida. Podía aplaudir en público a una empresa que estaba contratando a miembros de la comunidad militar o echarme al suelo para hacer una competición de flexiones con Ellen DeGeneres en directo en su programa (y ganarla, lo que me permitirá vanagloriarme de ello de por vida) en nombre de Let's Move!

Era hija de la cultura de masas, y eso suponía una ventaja. Barack a veces se refería a mí como «don Público», y me pedía que diese mi opinión sobre eslóganes y estrategias de campaña porque sabía que me mantenía felizmente inmersa en la cultura popular. Aunque me había movido por las altas esferas de sitios como Princeton o Sidley & Austin, y aunque en alguna ocasión podía ponerme diamantes o un vestido de gala, nunca había dejado de leer la revista *People* o de disfrutar de una buena comedia de situación. Veía los programas de Oprah y Ellen mucho más a menudo que *Meet the Press* o *Face the Nation*, y, todavía a día hoy, disfruto con el limpio regocijo que proporciona un programa televisivo sobre remodelaciones de hogar.

Lo que quiero decir con todo ello es que veía formas de conectar con los estadounidenses que Barack y sus asesores del Ala Oeste no percibían del todo, al menos en un principio. En lugar de hacer entrevistas con los grandes periódicos o las cadenas de televisión por cable, empecé sentándome con influyentes «mamás blogueras» que llegaban a un público femenino enorme y muy afín. Al reparar en que los jóvenes de mi equipo interactuaban con sus teléfonos, y

Malia y Sasha empezaban a recibir noticias y a chatear con sus amigos del instituto a través de las redes sociales, caí en la cuenta de que ahí también había una oportunidad que debía aprovechar. Redacté mi primer tuit en el otoño de 2011 para promocionar Joining Forces, y a continuación contemplé cómo se propagaba a toda velocidad por el extraño e ilimitado éter donde la gente pasaba una parte cada vez mayor de su tiempo.

Fue una revelación. Una revelación tras otra. Con mi poder sutil, estaba descubriendo que podía ser fuerte.

Si los periodistas y las cámaras de televisión querían seguirme, iba a llevarlos a donde quería que fuesen. Por ejemplo, podían venir a vernos a Jill Biden y a mí mientras pintábamos una pared en una vivienda adosada como otra cualquiera en la zona noroeste de Washington. No había nada intrínsecamente interesante en dos señoras con rodillos de pintura, pero sí servía como cebo para cierto anzuelo.

Llevaba a todo el mundo ante la puerta de la casa del sargento Johnny Agbi, que era un médico militar de veinticinco años destinado en Afganistán cuando atacaron su helicóptero de transporte y su columna vertebral resultó destrozada, lo que le provocó lesiones cerebrales y exigió una prolongada rehabilitación en el Walter Reed. Estaban adaptando la planta baja de su casa para que pudiese moverse por ella en silla de ruedas —ampliando la anchura de las puertas, rebajando la altura del fregadero de la cocina— como parte de una iniciativa conjunta entre una organización sin ánimo de lucro llamada Rebuilding Together y la empresa propietaria de Sears y Kmart. Ese era el milésimo hogar que habían renovado en beneficio de veteranos necesitados. Las cámaras lo grabaron todo: al soldado, su casa, la bondad y la energía invertidas. Los periodistas nos entrevistaron no solo a Jill y a mí, sino también al sargento Agbi y a la gente que había hecho el trabajo de verdad. Para mí, así es como debía ser. Ahí es donde debía ponerse la mirada.

El día de las elecciones —6 de noviembre de 2012—, la procesión iba por dentro. Barack, las niñas y yo habíamos vuelto a Chicago, a nuestra casa en Greenwood Avenue, y estábamos atrapados en el purgatorio de esperar a saber si todo un país nos aceptaba o nos rechazaba. Esa votación fue para mí más tensa que cualquiera de las anteriores que había vivido. Sentía que era un referendo no solo sobre la eficacia política de Barack y el estado del país, sino también sobre su carácter, sobre nuestra mera presencia en la Casa Blanca. Nuestras hijas habían creado por su cuenta un grupo sólido, y dentro de una sensación de normalidad que yo no quería desmantelar una vez más. Tras haber invertido en ello cuatro años de nuestra vida familiar, estaba tan implicada que me resultaba imposible no tomármelo todo como algo un poco personal.

La campaña nos había dejado exhaustos, quizá más todavía de lo que habíamos previsto. Mientras trabajaba en mis iniciativas y me mantenía al tanto de asuntos como las reuniones entre padres de alumnos y profesores y de supervisar los deberes de las niñas, había hablado en actos de campaña con una media de tres ciudades al día, tres días a la semana. Y el ritmo de Barack había sido aún más extenuante. Todas las encuestas le daban solo una mínima ventaja sobre Mitt Romney. Para colmo, había salido mal parado de su primer debate en octubre, lo que desató una oleada de ansiedad de última hora entre donantes y asesores. Podíamos ver el agotamiento reflejado en los rostros de nuestro abnegado personal. Aunque procuraban que no se les notase nunca, seguro que estaban inquietos ante la posibilidad de que Barack tuviese que abandonar el cargo al cabo de unos meses.

Durante todo ese tiempo, Barack permaneció tranquilo, aunque yo notaba que la presión le estaba afectando. En las últimas semanas le veía un poco desmejorado e incluso más flaco que de costumbre mientras mascaba sus chicles de nicotina con un vigor poco habitual. Había observado con preocupación de esposa cómo trataba de hacerlo todo: tranquilizar a los agoreros, culminar la campaña y, al mismo tiempo, gobernar el país, lo que incluyó responder a un ataque terrorista contra diplomáticos estadounidenses en Bengasi (Libia) y coordinar la amplia respuesta federal tras el paso del huracán Sandy, que arrasó el litoral oriental apenas una semana antes de las elecciones.

Cuando empezaron a cerrar los colegios electorales de la Costa Este esa noche, me dirigí a la tercera planta de nuestra casa, donde habíamos montado una especie de salón de peluquería y maquillaje improvisado donde prepararnos para la parte pública de la velada que teníamos por delante. Meredith había planchado y preparado ropa para mi madre, para las niñas y para mí. Johnny y Carl estaban peinándome y maquillándome. A fin de mantener la tradición, Barack había salido a jugar al baloncesto unas horas antes y a su vuelta se había encerrado en su despacho para dar los últimos retoques a su discurso.

Teníamos un televisor en el tercer piso, pero preferí no encenderlo. Si había noticias, buenas o malas, quería oírlas directamente de boca de Barack o de Melissa, o de alguna otra persona cercana a mí. El parloteo de los presentadores de noticias con sus mapas electorales interactivos siempre me había puesto de los nervios. No quería los detalles, solo quería saber cómo sentirme.

Eran ya las ocho de la noche en el Este, lo que significaba que deberían estar llegando los primeros resultados. Cogí mi BlackBerry y envié mensajes de correo electrónico a Valerie, Melissa y Tina Tchen, que en 2011 había pasado a ser mi nueva jefa de gabinete, para preguntarles qué sabían.

Esperé quince, treinta minutos, pero nadie contestó. Sentí que la habitación donde me encontraba empezaba a estar extrañamente silenciosa. Mi madre se hallaba en la cocina en el piso de abajo, leyendo una revista. Meredith estaba preparando a las niñas para la velada. Johnny me pasaba una plancha por el pelo. ¿Estaba siendo paranoica, o la gente no me miraba a los ojos? ¿Sabían algo que yo desconocía?

A medida que pasaba el tiempo, mi corazón empezó a acelerarse. Sentí que comenzaba a fallarme el equilibrio. No me atrevía a poner las noticias porque de pronto estaba segura de que serían malas. A esas alturas estaba acostumbrada a apartar de mi cabeza los pensamientos negativos y a aferrarme a los positivos hasta que me viese inevitablemente obligada a hacer frente a algo desagradable. Resguardé mi confianza dentro de una pequeña ciudadela, en lo alto de una colina, en el interior de mi propio corazón, pero con cada minuto que la BlackBerry permanecía muda en mi regazo sentía que las murallas empezaban a agrietarse y las dudas comenzaban a hacer estragos. Quizá no nos habíamos esforzado lo suficiente. Quizá no nos merecíamos otro mandato. Empezaron a temblarme las manos.

Estaba a punto de desmayarme de la ansiedad cuando Barack subió trotando la escalera, con su sonrisa grande y confiada de siempre. Hacía ya tiempo que había dejado de estar preocupado. «Estamos dándoles una paliza —dijo, sorprendido de que yo aún no lo supiera—. Está prácticamente resuelto.»

Resultó que en la planta inferior el ambiente había sido todo el tiempo exultante, pues el televisor del sótano no había dejado de ofrecer buenas noticias. Mi problema había sido que, por algún motivo, me había quedado sin cobertura en la BlackBerry, y los mensajes que escribí no llegaron a enviarse ni recibí tampoco los de los demás. Me había dejado atrapar en mi propia cabeza. Nadie se había dado cuenta de lo preocupada que estaba, ni siquiera quienes se encontraban en la habitación conmigo.

Esa noche Barack ganó en todos los estados en contienda salvo en uno. Ganó entre los jóvenes, las personas pertenecientes a minorías y las mujeres, como había hecho en 2008. A pesar de todo lo que los republicanos habían llevado a cabo para tratar de impedirlo, a pesar de todos sus intentos de obstaculizar su presidencia, su visión se había impuesto. Habíamos pedido a los estadounidenses permiso para seguir trabajando —para rematar la faena— y nos lo habían concedido. El alivio fue inmediato. «¿Somos lo suficientemente buenos? Sí, lo somos.»

Avanzada ya la madrugada, Mitt Romney llamó para reconocer su derrota. De nuevo nos vimos vestidos con ropa elegante y saludando desde un escenario, los cuatro Obama y un montón de confeti, encantados de contar con cuatro años más.

La certeza que la reelección trajo consigo me dio estabilidad. Teníamos más tiempo para avanzar en nuestros objetivos. Podríamos ser más pacientes en nuestro impulso de progreso. Podríamos mantener a Sasha y a Malia inscritas en su colegio; nuestro personal no se quedaría sin trabajo; nuestras ideas seguían siendo importantes. Y cuando se cumpliesen los cuatro años siguientes se habría acabado de verdad, lo cual era lo que me hacía más feliz. Nada de campañas, nada de sudar la gota gorda con las sesiones de estrategia, o las encuestas, los debates o los índices de popularidad. Nunca más. El final de nuestra vida política estaba por fin a la vista.

Lo cierto es que el futuro llegaría con sus propias sorpresas; algunas gozosas, otras inefablemente trágicas. Cuatro años más en la Casa Blanca significaban cuatro años más de estar en primera línea como símbolos, absorbiendo y respondiendo a todo lo que pudiese acontecerle al país. Barack y yo habíamos hecho campaña con la idea de que aún teníamos la energía y la disciplina necesarias para ese tipo de trabajo, que teníamos ánimo suficiente para asumirlo. Y ahora el futuro se nos echaba encima, quizá más rápido de lo que imaginábamos.

Cinco semanas más tarde un hombre armado entró en la escuela de primaria Sandy Hook en Newtown, Connecticut, y empezó a matar niños.

Yo acababa de dar un breve discurso al otro lado de la calle, frente a la Casa Blanca, y tenía previsto visitar a continuación un hospital infantil cuando Tina me informó de lo que había pasado. Mientras yo hablaba, ella y otros asistentes habían visto los titulares de la noticia en sus teléfonos, y habían intentado ocultar sus emociones mientras terminaba mi alocución.

La noticia que Tina me dio era tan terrorífica y triste que apenas fui capaz de procesar lo que estaba explicándome.

Mencionó que había hablado con el Ala Oeste. Barack estaba solo en el despacho Oval. «Ha pedido que vayas —me dijo Tina—. Cuanto antes.»

Mi marido me necesitaba. Sería la única vez en ocho años que solicitó mi presencia en mitad de la jornada laboral, y que ambos tuvimos que reestructurar nuestros horarios para poder estar a solas durante un momento de débil consuelo. Normalmente, el trabajo era el trabajo y el hogar era el hogar, pero para nosotros, como para mucha gente, la tragedia de Newtown hizo añicos todas las ventanas y derribó todas las vallas. Barack y yo nos abrazamos en silencio en cuanto entré en el despacho Oval. No había nada que decir. No había palabras.

Lo que mucha gente no sabe es que el presidente lo ve casi todo, o al menos tiene acceso a casi cualquier información disponible relacionada con el bienestar del país. Barack, que era un hombre de datos, siempre pedía más, no menos. Intentaba tener una visión lo más amplia y lo más detallada de cada situación, incluso aunque fuera mala, para así poder dar una respuesta verdaderamente informada. Tal como él lo entendía, formaba parte de su responsabilidad, de aquello para lo que lo habían elegido: mirar las cosas de frente en lugar de apartar la mirada, permanecer en pie cuando los demás estábamos dispuestos a dejarnos caer.

Eso significa que cuando lo vi ese día ya lo habían informado en detalle sobre el escabroso y horripilante escenario del crimen en Sandy Hook. Le habían hablado de la sangre acumulada en el suelo de las aulas y los cuerpos de veinte niños de primer curso y seis docentes despedazados por un rifle semiautomático. Su sorpresa y su duelo nunca serían comparables al de los miembros de los equipos de respuesta que se habían apresurado a asegurar el edificio y a evacuar a los supervivientes de la matanza; no eran nada comparados con los de los padres que tuvieron que soportar una interminable espera en el ambiente gélido del exterior del edificio, mientras rezaban por ver de nuevo el rostro de sus hijos; y eran menos aún frente al de aquellos cuya espera sería en vano.

Aun así, esas imágenes se le quedaron grabadas a fuego en la mente. Podía ver en sus ojos que estaba roto, que eso había afectado a su fe. Empezó a describírmelo, pero se detuvo al darse cuenta de que era preferible ahorrarme el dolor adicional.

Como yo, Barack adoraba a los niños de una manera profunda y genuina. Aparte de ser un padre cariñoso, a menudo llevaba chavales al despacho Oval para enseñarles el lugar. Le gustaba coger a los bebés en brazos. Veía con ilusión cada ocasión que tenía de visitar una feria de ciencia en un colegio o de asistir a un evento deportivo juvenil. El invierno anterior había incorporado un nuevo grado de disfrute a su existencia cuando se ofreció voluntario para ser ayudante del entrenador de los Vipers, el equipo de baloncesto de la escuela de secundaria de Sasha.

Tener niños cerca hacía que todo le resultase más liviano. Sabía mejor que nadie la promesa que se había perdido con esas veinte jóvenes vidas.

Permanecer en pie después de lo sucedido en Newtown sería a buen seguro lo más duro que tendría que hacer en toda su vida. Cuando Malia y Sasha volvieron a casa del colegio esa tarde, Barack y yo las recibimos en la residencia y las abrazamos con fuerza, intentando disimular la urgente necesidad que teníamos simplemente de tocarlas. Era difícil saber qué decir y qué no decir acerca del tiroteo a nuestras hijas. Éramos conscientes de que muchos padres en todos los rincones del país se enfrentarían al mismo problema.

Unas horas más tarde Barack dio una rueda de prensa en la planta de abajo, en la que intentó hilvanar palabras que pudiesen servir de algo parecido al consuelo. Se secó las lágrimas mientras los clics de las cámaras de los fotógrafos se oían furiosamente a su alrededor, consciente de que en realidad no había consuelo posible. Todo lo que podía hacer era ofrecer su determinación —algo a lo que suponía que se sumarían ciudadanos y legisladores de todo el país— de evitar más masacres aprobando unas leyes básicas y razonables sobre la venta de armas.

Lo vi dar un paso al frente siendo consciente de que yo misma no era capaz de hacerlo. En casi cuatro años como primera dama, había tenido que consolar a otras personas en muchas ocasiones. Había rezado con algunas cuyos hogares habían sido arrasados por un tornado en Tuscaloosa, Alabama, donde enormes extensiones del pueblo habían quedado hechas trizas en un instante. Había abrazado a hombres, mujeres y niños que habían perdido seres queridos en la guerra en Afganistán, o a manos de un extremista que abrió fuego en una base militar en Texas o como consecuencia de la violencia callejera en una esquina próxima a sus casas. En los cuatro meses anteriores, había visitado a personas que habían sobrevivido a tiroteos masivos en un cine en Colorado y en el interior de un templo sij en Wisconsin. Cada vez había sido desolador. Siempre había intentado llevar la parte más apacible y abierta de mí misma a esos encuentros, transmitir mi propia fuerza mostrándome cariñosa y presente, acompañando discretamente el dolor de los demás. Pero dos días después del tiroteo en Sandy Hook, cuando Barack viajó hasta Newtown para hablar en una vigilia celebrada en honor de las víctimas, no fui capaz de acompañarlo. Estaba tan estremecida por lo acontecido que no me quedaban fuerzas que transmitir. Había sido primera dama durante casi cuatro años, y había habido ya demasiados asesinatos, demasiadas muertes absurdas y evitables, y demasiada poca reacción. No estaba segura de qué consuelo podía ofrecer a alguien cuyo hijo de seis años había sido asesinado en la escuela.

Lo que hice, como tantos otros padres, fue aferrarme a mis hijas con una mezcla de temor y amor. Se acercaba la Navidad, y Sasha formaba parte de un grupo local de niños que habían sido seleccionados para participar junto al Ballet de Moscú en dos representaciones de *El cascanueces*, que tendrían lugar el mismo día de la vigilia en Newtown. Barack consiguió colarse en la última fila y asistir al ensayo general antes de partir hacia Connecticut. Yo fui a la función vespertina.

El ballet fue tan bello y sobrenatural como siempre lo es cualquier interpretación de esa historia, con su príncipe en un bosque a la luz de la luna y su despliegue de encantos arremolinándose. Sasha hacía de ratón, vestida con leotardos negros, orejas peludas y cola, e interpretó su papel mientras un trineo ornamentado se deslizaba entre una música orquestal *in crescendo* y una lluvia de centelleante nieve de atrezo. No despegué la mirada de ella durante toda la función. Me sentía agradecida con todo mi ser por tenerla. A Sasha le brillaban los ojos en el escenario; al principio parecía que no conseguía creerse que estuviese allí, como si toda la situación le resultase deslumbrante e irreal. Y lo era, por supuesto. Pero era todavía lo bastante joven para entregarse por completo, al menos de momento, y dejarse ir a través de ese cielo donde nadie hablaba y todo el mundo bailaba, y siempre estaba a punto de llegar un día de fiesta.

Pido un poco de paciencia, porque lo que sigue no será necesariamente más llevadero. Ojalá Estados Unidos fuese un lugar sencillo, con una historia sencilla; ojalá pudiese narrar mi parte en ella tan solo a través del cristal de lo que era ordenado y grato; ojalá no hubiese pasos atrás y cada pena, cuando llegase, al menos resultara ser, en última instancia, redentora.

Pero Estados Unidos no es así, ni yo tampoco. Y no voy a intentar retorcer esto hasta darle una forma perfecta.

La segunda legislatura de Barack sería más fácil que la primera en muchos aspectos. Habíamos aprendido muchísimo en cuatro años: nos habíamos rodeado de las personas adecuadas y habíamos construido sistemas que, por lo general, funcionaban bien. Ahora sabíamos lo suficiente para evitar algunas de las ineficiencias y los pequeños errores que cometimos la primera vez, empezando por el día de la toma de posesión en enero de 2013, cuando pedí que la tribuna desde la que íbamos a presenciar el desfile estuviese completamente caldeada para que esa vez no se nos congelasen los pies. Tratando de reservar energías, esa noche solo organizamos dos bailes inaugurales, en lugar de los diez a los que habíamos asistido en 2009. Nos quedaban cuatro años por delante, y si había aprendido algo era a relajarme y a marcar mi propio ritmo.

Estaba sentada al lado de Barack durante el desfile después de que hubiese renovado su juramento al país y, conforme observaba cómo la sucesión de carrozas y bandas de música hacían y deshacían una elegante formación, me noté capaz de disfrutar más que en la primera toma de posesión. Desde donde me encontraba, apenas podía distinguir los rostros de los participantes: eran miles, cada uno con su propia historia. Y otros miles habían acudido a Washington para participar en las numerosas actividades que se celebraron en los días previos a la toma de posesión, mientras que decenas de miles más habían venido a verlas.

Más tarde, deseé casi desesperadamente haber podido avistar a una persona en particular, una esbelta niña negra que llevaba una reluciente diadema dorada y un uniforme azul de *majorette*, que había ido con la banda del King College Prep desde el South Side de Chicago para participar en alguna de las actividades paralelas. Quise creer que, no sé cómo, podía haberla visto en mitad de la marea de gente que recorrió la ciudad esos días; Hadiya Pendleton, una niña en ascenso, de quince años, que estaba disfrutando de su gran momento y había venido en autobús hasta Washington con sus compañeros de banda. En Chicago, Hadiya vivía con sus padres y su hermano pequeño, a unos tres kilómetros de nuestra casa en Greenwood Avenue. Era una alumna sobresaliente que solía decir a la gente que algún día iría a Harvard. Había empezado a planificar la fiesta de su decimosexto cumpleaños. Le encantaba la comida china y las hamburguesas con queso, y salir a tomar helado con sus amigas.

Me enteré de todo eso unas semanas más tarde, en su funeral. Ocho días después de la investidura, Hadiya Pendleton recibió un disparo y murió asesinada en un parque público de Chicago, no muy lejos de su instituto. Se había resguardado con un grupo de amigos bajo un cobertizo metálico junto a un parque infantil para esperar a que amainase una tormenta. Los habían confundido con pandilleros y un chaval de dieciocho años de una pandilla rival los había cosido a balazos. Hadiya había recibido un disparo en la espalda mientras intentaba huir y esconderse. Dos de sus amigos resultaron heridos. Todo eso sucedió a las dos y veinte de una tarde de martes.

Ojalá la hubiese visto con vida, aunque solo fuese para tener un recuerdo que compartir con su madre, ahora que, de repente, los recuerdos de su hija no aumentarían; eran cosas de las que hacer acopio y a las que aferrarse.

Asistí al funeral de Hadiya porque sentí que era lo que debía hacer. No había acompañado a Barack cuando fue al de Newtown, pero en esa ocasión me tocaba a mí dar un paso al frente. Confiaba en que mi presencia ayudaría a poner la mirada sobre los muchos chavales inocentes que eran asesinados en las calles de las ciudades casi a diario, y en que eso, junto con el horror de Newtown, llevaría a los estadounidenses a exigir unas leyes razonables sobre armas. Hadiya Pendleton venía de una familia del South Side muy unida y de clase trabajadora, muy parecida a la mía. En pocas palabras: podría haberla conocido; incluso, en otra época, podía haber sido yo; y si Hadiya hubiese tomado otro camino de vuelta a casa ese día, o incluso si se hubiera movido quince centímetros hacia la izquierda en lugar de hacia la derecha, ella podría haber llegado a ser como yo.

«Hice todo lo que se suponía que debía hacer», me dijo su madre cuando nos conocimos justo antes de que diese comienzo el funeral, con sus ojos castaños anegados en lágrimas. Cleopatra Cowley-Pendleton era una mujer afable con una voz dulce y el pelo muy corto que trabajaba en el departamento de atención al cliente en una empresa de calificación de solvencia crediticia. El día del funeral de su hija llevaba una enorme flor rosa prendida en la solapa. Cleo y su marido, Nathaniel, habían estado muy pendientes de Hadiya, la habían animado a presentar una solicitud para entrar en el King, un exigente instituto público, y, con la intención de asegurarse de que pasaba el menor tiempo posible en la calle, la habían apuntado a voleibol, al equipo de animadoras y a un grupo religioso de danza en la iglesia. Como mis padres habían hecho por mí en su momento, los de Hadiya se habían sacrificado para que pudiese ver el mundo más allá de su barrio. Tenía previsto viajar a Europa con la banda de música esa primavera, y al parecer había vuelto encantada de su visita a Washington.

«Está todo tan limpio, mamá... —le había dicho a Cleopatra a su vuelta—. Creo que me dedicaré a la política.»

Pero Hadiya Pendleton se convirtió en una de las tres personas que perdieron la vida en distintos incidentes de violencia con armas en Chicago ese mismo día de enero. Era la trigésimo sexta persona que moría asesinada en la ciudad ese año, del que apenas habían transcurrido veintinueve días. Ni que decir tiene que casi todas las víctimas eran negras. Pese a todas sus esperanzas y su esfuerzo, Hadiya se convirtió en un símbolo de lo que va mal.

A su funeral acudió muchísima gente, otra comunidad desgarrada que abarrotaba una iglesia y, en ese caso, se esforzaba por asimilar la imagen de una adolescente en un ataúd forrado de seda morada. Cleopatra se puso en pie y habló sobre su hija. Las amigas de Hadiya lo hicieron también, y contaron historias sobre ella, todas marcadas por una sensación de indignación e impotencia más generalizadas. Eran niñas que preguntaban no solo ¿por qué?, sino ¿por qué tan a menudo? Había ese día allí adultos poderosos —además de mí, también se encontraban presentes el alcalde de la ciudad, el gobernador del estado, Jesse Jackson Jr., y Valerie Jarrett, entre otros—, todos apretados en los bancos y teniendo que lidiar íntimamente con nuestro dolor y nuestra culpa mientras el coro cantaba con tal fuerza que hacía retumbar el suelo de la iglesia.

Para mí era importante ser algo más que un paño de lágrimas. A lo largo de mi vida había oído muchas palabras huecas en boca de personas importantes, las frases de rigor que se pronunciaban en momentos de crisis pero que no iban seguidas de acción alguna. Estaba decidida a ser alguien que decía la verdad, a usar mi voz a favor de quienes carecían de ella siempre que me fuese posible y a no desaparecer para las personas necesitadas. Era consciente de que, cuando hacía acto de presencia en algún sitio, desde fuera se veía como algo espectacular: una repentina tormenta desencadenada por la comitiva, los agentes, los ayudantes y la prensa, y conmigo en el centro. Llegábamos y, poco después, desaparecíamos. No me gustaba cómo afectaba eso a mis interacciones, que en ocasiones mi presencia hiciera que la gente no supiera cómo comportarse y balbucease o se callase. Por eso muchas veces procuraba presentarme con un abrazo, para prolongar el momento y despojarlo así de parte de lo que tenía de simulacro, y para establecer una conexión más cercana.

Intentaba establecer relaciones con las personas que conocía, en especial con aquellas que normalmente no tenían acceso al mundo en el que yo me movía ahora. Quería compartir la luminosidad todo lo que pudiera. Invité a los padres de Hadiya Pendleton para que se sentasen a mi lado mientras Barack pronunciaba el discurso sobre el Estado de la Unión unos días después del funeral, y recibí a la familia en la Casa Blanca durante la carrera anual de los huevos de Pascua. Cleopatra, que se convirtió en una vehemente defensora de la prevención de la violencia, volvió otro par de veces para asistir a sendas reuniones sobre la cuestión. Me propuse escribir a las chicas de la escuela Elizabeth Garrett Anderson, en Londres, que tan profundamente me habían conmovido, para animarlas a que mantuviesen viva la esperanza y siguiesen trabajando, a pesar de su precaria situación. En 2011 había llevado a visitar la Universidad de Oxford a un grupo de treinta y siete chicas de ese colegio, entre las que no solo estaban las más destacadas académicamente, sino también aquellas que, según sus profesores, aún no habían alcanzado todo su potencial. La idea era ofrecerles un atisbo de lo que era posible, mostrarles lo que podían conseguir si se esforzaban. En 2012 había recibido a alumnas de ese mismo colegio en la Casa Blanca durante la visita de Estado del primer ministro británico. Consideraba que era importante acercarse a los niños muchas veces y de distintas formas para que sintiesen que todo era real.

Era consciente de que mis primeros éxitos en la vida habían sido consecuencia del sólido cariño y las altas expectativas que me rodearon de niña, tanto en casa como en la escuela. Fue esta constatación la que impulsó mi programa de tutoría en la Casa Blanca, y fue también esencial para la nueva iniciativa educativa que mi equipo y yo estábamos a punto de lanzar, llamada Reach Higher. Quería animar a los chavales a esforzarse para llegar a la universidad y a que, una vez allí, perseverasen. Sabía que en los años venideros tener formación universitaria sería imprescindible para los jóvenes que quisieran acceder a un mercado laboral global. Reach Higher trataría de ayudarlos en su camino, proporcionando un mayor apoyo a los orientadores escolares y facilitando el acceso a las ayudas económicas federales.

Yo había tenido la fortuna de tener padres, profesores y tutores que me habían repetido un mismo mensaje sencillo: «Tú importas». Como adulta, quería transmitir esas palabras a la siguiente generación. Era el mensaje que daba a mis propias hijas, que tenían la suerte de verlo reforzado a diario por su colegio y sus privilegiadas circunstancias, y estaba decidida a expresarlo de una u otra forma a cualquier persona joven con la que me cruzase. Quería ser justo lo opuesto de la orientadora universitaria que había tenido en el instituto, quien me había dicho despreocupadamente que quizá no daba la talla para entrar en Princeton.

«Todos creemos que tenéis sitio aquí», les había dicho a las chicas de la escuela Elizabeth Garrett Anderson mientras estaban, muchas de ellas un poco sobrecogidas, en el antiguo comedor gótico de Oxford, rodeadas de profesores y alumnos universitarios que habían ido a pasar el día para aconsejarlas. Decía algo parecido cada vez que venían niños de visita a la Casa Blanca: adolescentes de la reserva siux de Standing Rock; niños de escuelas cercanas que se presentaban a trabajar en el huerto; alumnos de instituto que asistían a las jornadas de orientación profesional y a talleres sobre moda, música y poesía; incluso a chavales a los que solo tenía ocasión de dar un breve pero intenso abrazo en un acto más multitudinario. El mensaje era siempre el mismo: «Tienes sitio aquí. Tú importas. Tengo buena opinión de ti».

Tiempo después, un economista de una universidad británica publicaría un estudio que analizaba las notas que obtenían en los exámenes las alumnas de la escuela Elizabeth Garrett Anderson, y descubrió que sus promedios habían subido significativamente después de que yo hubiese establecido contacto con ellas (el equivalente a pasar de un suficiente de media a un sobresaliente). Todo el mérito de esa mejora les correspondía por entero a las chicas, a sus profesores y al trabajo diario que hacían juntos, pero también reafirmaba la idea de que los jóvenes ponen más de su parte si sienten que los demás se interesan por ellos. Era muy consciente del influjo que tenía la atención que dispensaba a los niños.

Dos meses después del funeral de Hadiya Pendleton volví a Chicago. Había instruido a Tina, mi jefa de gabinete, que era abogada y había pasado muchos años en la ciudad, para que volcase su energía en concitar apoyo para la prevención de la violencia allí. Tina era una gran defensora de la política generosa, y tenía una risa contagiosa y más empuje que ninguna otra persona que yo conociese. Sabía qué hilos mover dentro y fuera de la administración para generar un impacto de la magnitud que yo soñaba. Además, su naturaleza y su experiencia no permitirían que su voz pasase desapercibida, especialmente en reuniones dominadas por hombres, donde a menudo se las tenía que ver con ellos. En el transcurso de la segunda legislatura de Barack tendría que tratar con el Pentágono y con varios gobernadores para simplificar los trámites y permitir así que los veteranos del ejército y los cónyuges de militares pudiesen desarrollar sus carreras de manera más eficiente, y también ayudaría a diseñar un ambicioso proyecto nuevo que abarcaba a toda la administración, centrado en la educación juvenil femenina en todo el mundo.

Tras la muerte de Hadiya, Tina había recurrido a sus contactos locales para estimular a los líderes empresariales y filántropos de Chicago a que colaborasen con el alcalde, Rahm Emanuel, en la ampliación de los programas comunitarios dirigidos a jóvenes en situación de riesgo en toda la ciudad. Sus esfuerzos habían contribuido a que se comprometiesen a destinar una suma de treinta y tres millones de dólares en apenas unas pocas semanas. Un frío día de abril, Tina y yo fuimos a Chicago para asistir a una reunión de líderes comunitarios en la que se hablaría de empoderamiento de la juventud, y también para conocer a un nuevo grupo de chicos.

Ese mismo invierno, el programa *This American Life* de la radio pública había dedicado dos horas a contar las historias de alumnos y empleados del instituto William R. Harper en Englewood, un barrio del South Side. El año anterior, veintinueve alumnos del centro habían sido víctimas de disparos, y ocho de ellos habían muerto. Tanto a mi equipo como a mí esos números nos parecían escandalosos, pero lo tristemente cierto es que los colegios de las ciudades de todo el país estaban teniendo que hacer frente a unos niveles epidémicos de violencia con armas. Además de todas esas conversaciones sobre empoderamiento de la juventud, parecía importante sentarse y escuchar de verdad a los jóvenes.

Cuando yo era joven, Englewood era un barrio difícil, pero no tan mortífero como en el presente. Cuando estaba en secundaria iba a Englewood para las prácticas semanales de biología en el laboratorio de un centro de formación profesional que había allí. Ahora, años más tarde, mientras mi comitiva circulaba entre pequeñas casas abandonadas, escaparates tapiados, descampados y edificios calcinados, me daba la impresión de que los únicos negocios prósperos que quedaban abiertos eran las licorerías.

Pensé en mi propia infancia y en mi barrio, y en que la palabra «gueto» se pronunciaba entonces como una amenaza. El mero indicio de gueto, me daba cuenta ahora, hacía que familias estables de clase media escapasen preventivamente hacia las afueras, temiendo que el valor de sus casas se desplomase. «Gueto» indicaba al mismo tiempo que el lugar era de gente negra y que estaba desahuciado. Era una etiqueta que presagiaba el fracaso y que precipitaba su llegada. Provocaba el cierre de las tiendas de la esquina y las gasolineras, minaba la labor de los colegios y de los profesores que intentaban inculcar autoestima a los chavales del barrio. Era una palabra de la que todo el mundo intentaba huir, pero que podía surgir de pronto en una comunidad.

En mitad de West Englewood estaba el instituto Harper, un gran edificio de ladrillo claro con varias alas. Me presentaron a su directora, Leonetta Sanders, una inquieta mujer afroamericana que llevaba seis años en el centro, y a dos trabajadoras sociales que se volcaban en las vidas de los quinientos diez jóvenes inscritos en Harper, la mayoría de los cuales procedían de familias humildes. A una de las trabajadoras sociales, Crystal Smith, se la podía ver a menudo recorriendo los pasillos de aquel instituto entre clase y clase, repartiendo positividad entre los alumnos y haciéndoles llegar el aprecio que sentía por ellos con frases como: «¡Estoy muy orgullosa de ti!» y «¡Sé que estás esforzándote!». Gritaba «¡Te lo agradezco de antemano!» por cada buena decisión que confiaba en que los alumnos tomarían.

En la biblioteca del instituto Harper me incorporé ese día a un círculo de veintidós alumnos —todos afroamericanos, buena parte de ellos de último y penúltimo curso— que estaban sentados en sillas y sofás, vestidos con pantalones caquis y polos. Casi todos estaban deseando hablar. Describían un miedo cotidiano, incluso constante, a las pandillas y la violencia. Algunos explicaban que tenían padres ausentes o adictos; un par de ellos habían pasado una temporada en centros de detención juvenil. Un estudiante de penúltimo curso llamado Thomas había presenciado cómo una buena amiga —una chica de dieciséis años— moría de un disparo el verano anterior. También estaba presente cuando su hermano mayor, cuyo cuerpo había quedado parcialmente paralizado debido a una herida de bala, resultó herido en ese mismo incidente mientras estaba en la calle en su silla de ruedas. Casi todos los chavales que estaban allí ese día habían perdido a alguien —un amigo, un familiar, un vecino— por una bala, mientras que eran pocos los que habían ido alguna vez al centro de la ciudad a ver la orilla del lago o a visitar las atracciones del muelle de la Marina.

En un momento dado, una de las trabajadoras sociales tomó la palabra para decir al grupo: «¡Veintisiete grados y soleado!». Todos empezaron a asentir apesadumbrados. Yo no entendía por qué. «Explicad a la señora Obama lo que pensáis cuando os levantáis por la mañana y oís un parte meteorológico de veintisiete grados y soleado», dijo.

Evidentemente, ella conocía la respuesta, pero quería que yo la oyera.

Todos los alumnos coincidieron en que un día así era mala señal. Cuando hacía buen tiempo, las pandillas estaban más activas y había más tiroteos.

Aquellos chicos se habían acostumbrado a una lógica perversa impuesta por su entorno, según la cual debían permanecer encerrados cuando hacía buen tiempo y cambiar cada día el recorrido que seguían para ir y volver del instituto en función de cómo evolucionasen los territorios que controlaba cada pandilla y las alianzas entre ellas. Me explicaron que a veces el camino más seguro para volver a casa era ir por el centro de la calzada, entre coches que pasaban a toda velocidad por ambos lados, pues eso les permitía detectar mejor cualquier pelea que se descontrolase o a posibles pistoleros. Y les daba más tiempo para huir.

Estados Unidos no es un lugar fácil. Sus contradicciones me sacan de quicio. A veces me encontraba en eventos para recaudar dinero para el Partido Demócrata en inmensos áticos de Manhattan, bebiendo vino con mujeres acaudaladas que afirmaban estar muy preocupadas por la educación y los problemas de la infancia, y a continuación me confesaban discretamente que sus maridos, que trabajaban en Wall Street, jamás votarían a alguien que se plantease siquiera subirles los impuestos.

Y ahora estaba en Harper, escuchando a chicos que hablaban de cómo seguir vivos. Admiraba su resiliencia y deseaba de todo corazón que no les hiciese tanta falta.

Uno de ellos me dirigió una mirada franca.

—Está muy bien que esté usted aquí y tal —me dijo encogiéndose de hombros—, pero ¿qué va a hacer realmente al respecto de todo esto?

Para ellos, yo representaba a Washington en la misma medida que al South Side. Y en lo tocante a Washington, me sentía obligada a ser franca con ellos.

—Sinceramente —empecé a decir—, sé que tenéis una situación muy complicada aquí, pero nadie va a venir a salvaros. La mayoría de las personas de Washington ni siquiera se lo plantean. Muchas de ellas no saben ni que existís.

Expliqué a esos alumnos que el progreso es lento, que no podían permitirse esperar de brazos cruzados a que el cambio se produjera. Muchos estadounidenses no querían que les subieran los impuestos, y el Congreso ni siquiera era capaz de aprobar unos presupuestos, y menos aún de elevarse sobre las luchas partidistas, por lo que no habría inversiones de miles de millones de dólares en educación o cambios de rumbo como por arte magia para su comunidad. Incluso después del espanto de Newtown, el Congreso parecía decidido a bloquear cualquier medida que contribuyese a evitar que las armas cayesen en las manos equivocadas, y los legisladores parecían más interesados en recaudar donaciones de la Asociación Nacional del Rifle para sus campañas que en proteger a los chavales. La política era un desastre, afirmé. A ese respecto, no tenía nada demasiado esperanzador o positivo que decirles.

No obstante, seguí hablando para dar un tono diferente a mi alocución, un tono procedente directamente de la niña del South Side que llevaba dentro. «Usad la escuela», les dije.

Esos chicos llevaban una hora contándome historias trágicas y perturbadoras, pero les recordé que esas mismas historias también reflejaban su perseverancia, su autosuficiencia y su capacidad de superación. Les aseguré que ya tenían lo que se necesitaba para triunfar. Les dije que estaban en una escuela que les ofrecía educación gratuita, y en la que había un montón de adultos comprometidos y preocupados por ellos que los consideraban importantes. Unas seis semanas más tarde, gracias a las donaciones de empresarios locales, un grupo de alumnos de Harper vino a la Casa Blanca a vernos personalmente a Barack y a mí, y también a visitar la Universidad de Howard, para enterarse de qué iba eso de ser universitario. Deseaba que se imaginasen a sí mismos estudiando allí en el futuro.

Nunca fingiré que las palabras o el abrazo de una primera dama basten para cambiar la vida de una persona, o que exista algún camino fácil para alumnos que tienen que hacer frente a una situación como la que viven esos jóvenes de Harper. Ninguna historia es tan sencilla. Eso era algo que sabíamos bien todos los que estábamos en la biblioteca ese día. Pero yo estaba allí para oponer resistencia a la vieja e inapelable historia de lo que implicaba ser negro en Estados Unidos, la que presagiaba el fracaso y precipitaba su llegada. Si encontraba la manera de hacerles ver sus virtudes y ofrecerles algún atisbo de lo que podía ser un camino a seguir, nunca dejaría de hacerlo. Era la pequeña aportación que podía hacer.

24

En la primavera de 2015 Malia nos anunció que un chico que le gustaba bastante la había invitado al baile de fin de curso. Tenía dieciséis años y estaba terminando tercero en Sidwell. Para nosotros seguía siendo la niña entusiasta y piernilarga de siempre, aunque cada día parecía un poco más adulta. Casi me alcanzaba en estatura y ya estaba pensando en la solicitud de ingreso en la universidad. Era buena estudiante, curiosa y dueña de sí, además de una recopiladora de detalles, como su padre. Había empezado a sentir fascinación por las películas y el arte de crearlas, y el verano anterior se le había ocurrido abordar a Steven Spielberg una noche que el director asistía a una cena en la Casa Blanca, y lo había acribillado a preguntas hasta que él le ofreció un contrato en prácticas en una serie de televisión que estaba produciendo. Nuestra niña empezaba a abrirse camino.

En general, por motivos de seguridad, Malia y Sasha no tenían permitido subir al coche de otras personas. Malia se había sacado el permiso de conducir provisional y se movía sola en coche por la ciudad, aunque siempre la seguían unos agentes en su propio vehículo. Por otro lado, desde que nos habíamos mudado a Washington cuando ella contaba diez años, nunca había puesto un pie en un autobús ni en el metro, como tampoco había viajado en el automóvil de alguien que no trabajara para el Servicio Secreto. La noche del baile de fin de curso, sin embargo, haríamos una excepción.

Su pareja para el evento llegó aquella tarde en su coche, pasó el control de seguridad de la entrada sudeste de la Casa Blanca, subió por el camino que rodeaba el jardín Sur, por donde solían llegar los jefes de Estado y otros dignatarios de visita, y acto seguido, armado de determinación —y de valor—, entró en la sala de Recepciones Diplomáticas enfundado en un traje negro.

«Por favor, comportaos, ¿vale?», nos había suplicado Malia a Barack y a mí, con una vergüenza cada vez más visible, mientras bajábamos en el ascensor.

Yo iba descalza, y Barack, con chanclas. Malia llevaba una falda negra larga y una blusa elegante que le dejaba los hombros al descubierto. Estaba preciosa y aparentaba unos veintitrés años.

A mi juicio, conseguimos comportarnos, aunque Malia todavía se ríe al rememorar aquel momento, pues lo vivió como algo insufrible. Barack y yo estrechamos la mano al joven, tomamos algunas fotos y dimos un abrazo a nuestra hija antes de dejarlos marchar. Contábamos con la tranquilidad, tal vez injusta, de que los escoltas de Malia irían pegados al coche del muchacho hasta el restaurante donde cenarían antes del baile y de que permanecerían discretamente de guardia durante el resto de la noche.

Desde el punto de vista de unos padres, no era una mala manera de criar a unas adolescentes, sabiendo que un grupo de adultos vigilantes las seguía en todo momento, con la misión de rescatarlas de cualquier emergencia. Sin embargo, desde la óptica de las adolescentes era, comprensiblemente, un rollo total y absoluto. Como en muchos aspectos de la vida en la Casa Blanca, tuvimos que descubrir por nuestra cuenta lo que eso implicaba para nuestra familia: dónde y cómo trazar los límites, cómo compatibilizar las exigencias de la presidencia con las necesidades de dos chicas que aprendían a madurar por sí mismas.

Cuando empezaron a ir al instituto establecimos unas horas máximas de llegada —primero las once y luego la medianoche—, y, según Malia y Sasha, éramos mucho más estrictos que los padres de buena parte de sus amistades. Si en algún momento me asaltaba una preocupación sobre su seguridad o su paradero, siempre podía contactar con los agentes, aunque procuraba contenerme. Era importante para mí que las chicas confiaran en su equipo de seguridad. En vez de ello, recurría a un método que creo que emplean muchos progenitores: solicitar información a una red de padres que ponían en común todo lo que sabían sobre los lugares a los que la panda iría y si un adulto los supervisaría. Nuestras hijas, claro está, cargaban con un extra de responsabilidad por ser su padre quien era, pues sabían que sus meteduras de pata podían aparecer en los titulares de los medios de comunicación. Tanto Barack como yo éramos conscientes de la injusticia que eso suponía. Ambos habíamos transgredido normas y cometido tonterías durante nuestra adolescencia, y habíamos tenido la suerte de que la mirada de un país entero no estuviera puesta en nosotros.

Malia tenía ocho años cuando Barack se sentó en el borde de su cama, en Chicago, y le preguntó si le parecía bien que aspirara a la presidencia. Ahora pienso en lo poco que ella sabía en ese entonces, lo poco que podíamos saber todos. Llegar a la Casa Blanca durante la infancia era una cosa, pero salir de ella como adulta representaba algo diferente. ¿Cómo iba a imaginar Malia que algún día unos hombres armados la seguirían a un baile de fin de curso, o que alguien le haría fotos fumando un cigarrillo a escondidas para venderlas a webs de cotilleos?

Nuestras hijas se aproximaban a la mayoría de edad durante lo que parecía una época extraordinaria. Apple había empezado a vender el iPhone en junio de 2007, unos cuatro meses después de que Barack anunciara su candidatura a la presidencia. Se vendieron un millón de teléfonos en menos de tres meses. Antes de que finalizara su segundo mandato, se habían vendido mil millones. Su presidencia había sido la primera de una nueva era en la que se trastocarían y desmontarían todas las reglas sobre la privacidad: la era de los selfis, el hackeo de datos, Snapchat y las Kardashian. Nuestras hijas vivían más inmersas en ella que nosotros, en parte porque las redes sociales regían la vida de los adolescentes, y en parte porque su rutina las ponía en un contacto más directo con el resto de los ciudadanos que la nuestra. Cuando Malia y Sasha salían por Washington con sus amigos, después de clase o los fines de semana, sorprendían a desconocidos enfocándolas con sus teléfonos o tenían que lidiar con hombres y mujeres adultos que les pedían —y en ocasiones les exigían— que se hicieran un selfi con ellos. «Es usted consciente de que soy una menor, ¿verdad?», preguntaba Malia a veces después de negarse.

Barack y yo hacíamos lo posible por proteger a nuestras hijas de una visibilidad excesiva. Declinábamos todas las peticiones de entrevistas que los medios les hacían y pugnábamos por mantener al margen del escrutinio popular su vida cotidiana cuanto podíamos. Sus escoltas del Servicio Secreto intentaban pasar más desapercibidos cuando las seguían en público a fin de ayudarlas. Llevaban pantalones cortos de surf y camisetas en vez de trajes, y auriculares de botón en vez de pinganillos y micrófonos de pulsera para no desentonar en los garitos para adolescentes que ellas frecuentaban entonces. Estábamos totalmente en contra de que se publicaran fotografías de nuestras hijas que no guardaran relación con actos oficiales, y la oficina de prensa de la Casa Blanca así se lo comunicaba a los medios. Melissa y otros miembros de mi equipo se convertían en justicieros cada vez que una foto de Malia o de Sasha aparecía en una web de cotilleos: llamaban a los responsables para cantarles las cuarenta y conseguir que retiraran la noticia.

Proteger la privacidad de las chicas implicaba encontrar otras maneras de saciar la curiosidad del público respecto a nuestra familia. Al principio del segundo mandato de Barack, incorporamos a la familia a Sunny, un cachorro de espíritu libre y explorador que no parecía ver mucho sentido a hacer sus necesidades fuera, teniendo en cuenta lo grande que era su nueva casa. Los perros conferían un toque desenfadado a todo. Eran la prueba viviente y ociosa de que la Casa Blanca era un hogar. Consciente de que Malia y Sasha eran, en esencia, territorio vedado, el equipo de comunicación de la Casa Blanca empezó a pedir que dejáramos que los perros realizaran apariciones oficiales. Por las tardes, me encontraba notas en mi cuaderno de informes pidiéndome que aprobara un «encuentro informal con Bo y Sunny» y que permitiera que los perros se relacionaran con periodistas o niños que irían en una visita guiada. Colocaban a los animales en posición estratégica cuando los medios acudían para informar sobre la importancia del comercio y las exportaciones estadounidenses o, más tarde, para oír a Barack apoyar a Merrick Garland, a quien había elegido como candidato para el Tribunal Supremo. Bo protagonizó un vídeo para la tradicional carrera de huevos de Pascua de la Casa Blanca. Sunny y él posaron conmigo para varias fotos como parte de una campaña en internet con el fin de animar a la gente a registrarse para obtener cobertura sanitaria. Eran unos embajadores excelentes, inmunes a las críticas e ignorantes de su fama.

Como a todos los jóvenes, a Sasha y a Malia las cosas se les quedaban pequeñas con el tiempo. Desde el primer año de la presidencia de Barack, lo acompañaban cada otoño mientras él llevaba a cabo delante de los periodistas lo que sin duda era el rito más ridículo de su cargo: indultar a un pavo justo antes de las fiestas de Acción de Gracias. Los primeros cinco años sonreían y soltaban risitas mientras su padre hacía chistes malos. Cuando llegó el sexto año, y ellas contaban trece y dieciséis, ya eran demasiado mayores hasta para fingir que les hacían gracia. Unas horas después de la ceremonia aparecieron por todo internet fotografías de las dos con aspecto de ofendidas —Sasha impasible, Malia con los brazos cruzados—, de pie al lado del presidente, el atril y el pavo, este ajeno a cuanto ocurría alrededor. Un titular de *USA Today* lo resumía de forma bastante irrebatible: «Malia y Sasha Obama, hasta las narices del indulto al pavo de su padre».

La presencia de ambas en la ceremonia, así como en prácticamente todos los actos que se celebraban en la Casa Blanca, pasó a ser opcional. Eran adolescentes felices y equilibradas que, en consecuencia, llevaban una vida rica en actividades e intrigas sociales que nada tenían que ver con sus padres. Como progenitor, uno solo ejer-ce el control hasta cierto punto, de todos modos. Nuestras hijas te-nían sus propios intereses, por lo que no les impresionaban mucho ni siquiera los aspectos más divertidos de los nuestros.

—¿No queréis bajar esta noche a oír tocar a Paul McCartney?

—Mamá, por favor, no insistas.

A menudo se oía música a todo volumen procedente de la ha-bitación de Malia. Sasha y sus amigas, que se habían aficionado a los programas culinarios de la tele por cable, a veces se apoderaban de la cocina de la residencia para decorar galletas o prepararse elabora-dos menús de varios platos. Nuestras dos hijas agradecían el anoni-mato relativo del que gozaban cuando se iban de excursión con el colegio o de vacaciones con las familias de sus amistades (siempre con los escoltas a la zaga). No había nada que le gustara más a Sasha que elegir los tentempiés que iba a tomar en el aeropuerto interna-cional de Dulles antes de embarcar en un vuelo comercial abarro-tado, por la sencilla razón de que era muy diferente del caos presi-dencial que imperaba en la base aérea de Andrews y que se había convertido en la norma para nuestra familia.

Viajar con nosotros tenía sus ventajas, por otra parte. Antes de que la presidencia de Barack llegara a su fin, nuestras chicas disfru-taron del privilegio de ver un partido de béisbol en La Habana, pa-sear por la Gran Muralla China y visitar la estatua del Cristo Re-dentor en Río de Janeiro una noche, en medio de una oscuridad mágica y brumosa. Pero también podía ser un engorro, sobre todo cuando intentábamos ocuparnos de cuestiones que no guardaban relación con la presidencia. A principios del tercer año de Malia en el instituto, por ejemplo, las dos habíamos ido a pasar un día en Nue-va York para realizar visitas programadas a la Universidad de Nueva York y la de Columbia. La cosa había marchado bien durante un rato. Nos habíamos movido por el campus de la Universidad de Nueva York a paso veloz, y nuestra eficiencia se había visto refor-zada por el hecho de que era temprano y muchos estudiantes aún no se habían levantado. Habíamos echado una ojeada a las aulas, nos habíamos asomado a una habitación de la residencia y habíamos charlado con un decano antes de dirigirnos al norte de la ciudad para tomar un almuerzo rápido y pasar a la siguiente visita.

El problema radicaba en que no había manera de ocultar una comitiva de vehículos del tamaño de la que acompaña a una primera dama, y menos aún en la isla de Manhattan, en pleno día laborable. Cuando terminamos de comer, cerca de un centenar de personas se había aglomerado en la acera, delante del restaurante, y la conmoción no hizo más que generar más conmoción. Al salir, docenas de teléfonos móviles nos apuntaban y nos vimos envueltas en un coro de exclamaciones de entusiasmo. Era un clamor amable —«¡Ven a Columbia, Malia!», gritaba la gente—, pero no especialmente útil para una chica que intentaba imaginar su futuro con tranquilidad.

Supe de inmediato lo que tenía que hacer: hacerme a un lado y dejar que Malia visitara el campus siguiente sin mí, enviando en mi lugar a Kristin Jones, mi asistente personal. Si yo no estaba presente, las probabilidades de que la reconocieran se reducían. Ella podría desplazarse más deprisa y con menos escoltas. Sin mí, tal vez incluso parecería una chica como las demás, caminando por el patio interior. Lo menos que le debía era la oportunidad de intentarlo.

De todos modos, Kristin, con poco menos de treinta años y oriunda de California, era como la hermana mayor de mis hijas. Había entrado a trabajar en mi oficina como una joven becaria y, junto con Kristen Jarvis, hasta hacía poco mi directora de viajes, había desempeñado un papel fundamental en nuestra vida familiar, rellenando algunos de aquellos extraños huecos ocasionados por lo apretado de nuestras agendas y por la naturaleza entorpecedora de nuestra fama. «Las Kristin», como las llamábamos, nos sustituían a menudo. Hacían las veces de enlaces entre nosotros y Sidwell, concertaban reuniones y se entrevistaban con profesores, entrenadores y otros padres cuando Barack y yo no estábamos disponibles. Con las chicas se mostraban protectoras y cariñosas, y, a sus ojos, estaban mucho más en la onda de lo que yo lo estaré jamás. Malia y Sasha confiaban en ellas sin reservas y les pedían su consejo respecto a todos los temas, desde el vestuario hasta las redes sociales, pasando por la proximidad cada vez mayor de los chicos.

Esa tarde, mientras Malia visitaba Columbia, me enviaron a una zona de espera segura designada por el Servicio Secreto —resultó ser el sótano de un edificio académico en el campus—, donde me quedé sentada, sola y pasando desapercibida hasta la hora de partir, y lamenté no haber llevado al menos un libro. Dolía un poco estar allí abajo, lo reconozco. Sentía una soledad que seguramente no tenía tanto que ver con el hecho de estar matando el tiempo en una habitación sin ventanas como con la idea de que, me gustara o no, el futuro se nos echaba encima, y nuestro primer bebé pronto sería una adulta y se marcharía.

Si bien aún no había llegado el final, yo ya empezaba a hacer balance. Casi sin darme cuenta me puse a calcular pérdidas y ganancias, a pensar qué habíamos sacrificado y qué podíamos considerar un avance, tanto para el país como para nuestra familia. ¿Habíamos hecho todo lo posible? ¿Saldríamos indemnes de aquello?

Intenté hacer memoria y recordar qué suceso había desviado mi vida de la existencia que había planificado, predecible, acorde con las fantasías de una maniática del control, y que incluía un sueldo estable, una casa donde viviría para siempre, una rutina diaria. ¿En qué momento había decidido apartarme de eso? ¿Cuándo había abierto la puerta al caos? ¿La noche de verano en que había bajado mi cucurucho de helado para besar a Barack por primera vez? ¿O el día que había abandonado mis montones ordenados de documentos y mi trayectoria de abogada que iba camino de convertirse en socia del bufete, convencida de que encontraría algo que me llenaría más?

En ocasiones, el pensamiento se me iba hacia el sótano de aquella iglesia en Roseland, en el Far South Side de Chicago, adonde había ido veinticinco años atrás para estar con Barack mientras hablaba con un grupo de vecinos que luchaba con ahínco contra la desesperanza y la indiferencia. Al escuchar la conversación esa tarde oí algo que me resultaba familiar, pero formulado de un modo distinto. Sabía que era posible vivir en dos planos a la vez, tener los pies plantados en la realidad pero con la mirada puesta en el progreso. Era lo que había hecho de pequeña, en Euclid Avenue, lo que mi familia —y, en general, la gente marginada— siempre había hecho. Para llegar a alguna parte había que construir esa realidad mejor, aunque al principio fuera solo en la mente. O, como Barack lo había expresado esa noche, uno puede vivir en el mundo tal como es y al mismo tiempo trabajar por hacer del mundo el lugar que debería ser.

Hacía solo un par de meses que lo conocía, pero, en retrospectiva, comprendí que fue entonces cuando había dado un giro a mi vida. Desde ese momento, aunque no dije una palabra, estaba destinada a pasar la existencia entera con él, una vida entera con esos ideales.

Todos esos años después continuaba agradecida por los progresos que veía. En 2015 seguía yendo a Walter Reed, si bien parecía que cada vez había menos soldados heridos que visitar, menos miembros del ejército estadounidense en riesgo en el extranjero, menos heridas que requirieran cuidados, menos madres con el corazón destrozado. Para mí, eso era el progreso.

El progreso era que, según los informes de los Centros para el Control de Enfermedades, el índice de obesidad estuviera estabilizándose, sobre todo entre los niños de dos a cinco años. Era que dos mil estudiantes de bachillerato de Detroit hubieran acudido para ayudarme a celebrar el día de la Matriculación, una festividad que habíamos contribuido a instituir como parte de la iniciativa Reach Higher, para señalar la jornada en que los jóvenes se comprometían con sus universidades. El progreso era que el Tribunal Supremo hubiera decidido rechazar la impugnación de la nueva ley de atención sanitaria, lo que prácticamente avalaba que el principal logro de Barack en el ámbito nacional —la garantía de que todos los estadounidenses tuvieran acceso a un seguro médico— permanecería intacto y en vigor cuando mi esposo dejara el cargo. Era una economía que había pasado de sufrir una sangría de ochocientos mil puestos de trabajo anuales cuando Barack llegó a la Casa Blanca a experimentar un crecimiento del empleo durante casi cinco años seguidos.

Yo interpretaba todo eso como pruebas de que, como país, éramos capaces de construir una realidad mejor. Aun así, vivíamos en el mundo tal como era.

Un año y medio después de lo ocurrido en Newtown, el Congreso no había aprobado una sola medida de control de armas de fuego. Bin Laden ya era historia, pero había llegado el Estado Islámico. La tasa de homicidios en Chicago aumentaba en vez de disminuir. Un adolescente negro llamado Michael Brown había sido abatido por un policía en Ferguson, Missouri, y su cuerpo había quedado tendido en medio de la calle durante horas. Otro adolescente negro, Laquan McDonald, había recibido dieciséis tiros efectuados por la policía en Chicago, entre ellos nueve por la espalda. Un chico negro, Tamir Rice, había muerto por disparos de la policía mientras se entretenía con una pistola de juguete. Un hombre negro, Freddie Gray, falleció tras no haber recibido los cuidados médicos que requería después de que lo detuviesen en Baltimore. Un hombre negro, Eric Garner, murió después de que un policía le aplicara una llave de estrangulamiento durante su detención en Staten Island. Todos esos sucesos eran muestras de un fenómeno dañino y persistente en Estados Unidos. Cuando Barack resultó elegido por primera vez, varios comentaristas declararon, con cierta ingenuidad, que nuestro país había entrado en una era «posracial» en la que el color de la piel ya no importaba. Esas eran las pruebas de lo equivocados que estaban. Mientras los estadounidenses se obsesionaban con la amenaza del terrorismo, muchos pasaban por alto el racismo y el tribalismo que estaban desgarrando nuestro país.

A finales de junio de 2015, Barack y yo volamos a Charleston, Carolina del Sur, para acompañar a otra comunidad afligida, esa vez en el funeral de un pastor llamado Clementa Pinckney, una de las nueve personas asesinadas en un tiroteo con motivaciones raciales que se había producido a principios de ese mismo mes en una iglesia episcopal metodista africana conocida simplemente como Mother Emannuel. Las víctimas, todas afroamericanas, habían acogido a un blanco desempleado de veintiún años —a quien nadie de allí conocía— en su grupo de estudios bíblicos. Pasó un rato sentado entre ellos; luego, cuando los demás agacharon la cabeza para rezar, se puso en pie y abrió fuego. Según un testimonio, mientras disparaba dijo: «Tengo que hacerlo, porque violáis a nuestras mujeres y os estáis apoderando del país».

Después de pronunciar unas palabras sentidas en alabanza del reverendo Pinckney y de subrayar el carácter profundamente trágico de la ocasión, Barack sorprendió a todos los presentes con una interpretación lenta y conmovedora del himno «Amazing Grace». Era una invocación a la esperanza, un llamamiento a perseverar. Al parecer, la concurrencia entera se sumó a su canto. Desde hace más de seis años ya, Barack y yo hemos vivido con la conciencia de que incluso nosotros constituíamos una provocación. En un momento en que cada vez más miembros de minorías de todo el país empezaban a desempeñar papeles significativos en el mundo de la política, los negocios y el entretenimiento, nuestra familia se convirtió en el ejemplo más destacado. Nuestra presencia en la Casa Blanca había sido motivo de celebración para millones de estadounidenses, pero también había avivado un temor y un rencor reaccionarios entre otros. Era un odio antiguo, intenso y más peligroso que nunca.

Convivíamos con ello como familia y como país. Y seguíamos adelante, con la mayor dignidad posible.

El mismo día que se celebraba el funeral en Charleston —26 de junio de 2015—, el Tribunal Supremo de Estados Unidos tomaba una decisión histórica al decretar que las parejas del mismo sexo tenían derecho a casarse en los cincuenta estados. Era la culminación de una batalla legal que llevaba librándose de forma metódica desde hacía décadas, estado a estado, tribunal a tribunal, y, como cualquier lucha por los derechos civiles, había requerido la tenacidad y el coraje de mucha gente. A lo largo del día vi varias imágenes de estadounidenses entusiasmados por la noticia. Una multitud jubilosa coreaba «¡El amor ha vencido!» en la escalinata del Tribunal Supremo. Las parejas acudían en masa a ayuntamientos y juzgados del condado para ejercer lo que ahora era un derecho constitucional. Banderas con los colores del arcoíris ondeaban en esquinas de todo el país.

Todo eso nos ayudó a sobrellevar un día triste en Carolina del Sur. Al regresar a la Casa Blanca nos quitamos la ropa de luto, cenamos deprisa con las chicas y Barack se encerró en la sala de los Tratados para poner la ESPN mientras adelantaba con el trabajo atrasado. Me dirigía a mi vestidor cuando atisbé un brillo violáceo a través de una de las ventanas de la residencia orientadas al norte. En ese momento recordé que el personal había planeado iluminar la Casa Blanca con los colores de la bandera del orgullo gay.

Al mirar por la ventana vi que, al otro lado de la verja, en Pennsylvania Avenue, se había congregado una gran muchedumbre en la penumbra del atardecer para contemplar las luces. El camino de acceso norte estaba lleno de empleados que se habían quedado hasta tarde para ser testigos de cómo la Casa Blanca se transformaba para celebrar el matrimonio igualitario. La decisión había emocionado a mucha gente. Desde donde me encontraba, percibía la euforia en el ambiente pero no oía nada. Era una parte extraña de nuestra realidad. La Casa Blanca era una fortaleza silenciosa y aislada del exterior, con unas ventanas y unos muros y paredes tan gruesos que bloqueaban casi todos los sonidos. El helicóptero *Marine One* podía aterrizar a un lado del edificio, levantando vientos huracanados con las aspas del rotor y haciendo entrechocar las ramas de los árboles, sin que oyéramos nada en el interior. En ocasiones, me enteraba de que Barack había llegado a casa de un viaje no por el ruido del helicóptero, sino por el olor del combustible, que por algún motivo conseguía colarse en la casa.

A menudo me alegraba de retirarme a la tranquilidad resguardada de la residencia al final de una larga jornada. Pero aquella noche sentía algo distinto, tan paradójico como el propio país. Tras un día de duelo en Charleston se preparaba una gran fiesta al otro lado de mi ventana. Cientos de personas alzaban la mirada hacia nuestra casa. Yo quería verla como la veían ellos. De pronto, me descubrí desesperada por unirme a la celebración.

Asomé la cabeza por la puerta de la sala de los Tratados.

—¿Te apetece salir a mirar las luces? —pregunté a Barack—. Hay una auténtica multitud ahí fuera.

Se echó a reír.

—Ya sabes que las multitudes no son lo mío.

Sasha estaba en su habitación, absorta en su iPad.

—¿Quieres salir a ver las luces de colores conmigo? —le pregunté.

—Nah.

Ya solo me quedaba Malia, que me sorprendió un poco al apuntarse de inmediato. Había encontrado a mi compinche. Correríamos una aventura juntas —fuera, donde se había aglomerado la gente— sin pedir permiso a nadie.

El protocolo habitual exigía que avisáramos a los agentes del Servicio Secreto apostados junto al ascensor cada vez que quisiéramos salir de la residencia, ya fuera para bajar a ver una película o para pasear a los perros, pero esa noche nos lo saltamos. Malia y yo pasamos a toda prisa por delante de los agentes de servicio sin establecer contacto visual con ellos. Evitamos el ascensor bajando rápidamente por una escalera estrecha. Oía el repiqueteo de unos zapatos de vestir que descendían por los escalones a nuestras espaldas. Eran los agentes, que intentaban alcanzarnos. Malia me dedicó una sonrisa traviesa. No estaba acostumbrada a que incumpliera las normas.

Al llegar a la planta de Estado nos encaminamos hacia las elevadas puertas que daban al pórtico Norte, cuando oímos una voz.

—¿Qué tal, señora? ¿Puedo ayudarla en algo? —Era Claire Faulkner, la ujier del turno de noche, una morena simpática de voz suave. Supuse que los agentes le habían dado el soplo susurrando a sus micrófonos de pulsera, detrás de nosotras.

Volví la vista hacia ella, sin aminorar el paso.

—Oh, solo vamos a salir un rato a ver las luces —respondí.

Claire arqueó las cejas. No le hicimos caso. Al llegar frente a la puerta agarré el grueso pomo dorado y tiré de él. Pero la puerta no se movió. Nueve meses antes, un intruso armado con un cuchillo se las había ingeniado de algún modo para saltar la cerca, irrumpir por esa misma puerta y correr por la planta de Estado antes de que lo placara un agente del Servicio Secreto. Desde entonces el equipo de seguridad cerraba la puerta con llave.

Me di la vuelta hacia el grupo que nos seguía, que ahora incluía también a un agente del Servicio Secreto uniformado, con camisa blanca y corbata negra.

—¿Cómo se abre esta cosa? —pregunté sin dirigirme a nadie en especial—. Tiene que haber una llave.

—Disculpe, señora —dijo Claire—, pero creo que esa no es la puerta que le conviene usar. Todas las cámaras de las cadenas de noticias están enfocando a la fachada norte de la Casa Blanca ahora mismo.

No le faltaba razón. Estaba despeinada e iba vestida con pantalón corto, camiseta y chanclas. No era el atuendo más indicado para una aparición en público.

—Vale —dije—. Pero ¿no hay manera de salir e ir hasta allí sin que nos vean?

Malia y yo nos habíamos embarcado en una cruzada. No estábamos dispuestas a renunciar a nuestro objetivo. Saldríamos de allí como fuera.

Entonces alguien propuso que probáramos las puertas de descarga de la planta baja, donde los camiones entregaban los alimentos y los artículos de oficina, y que estaban en una zona menos visible. La cuadrilla entera se dirigió hacia allí. Malia enlazó el brazo con el mío. Estábamos mareadas de la emoción.

—¡Vamos a salir! —exclamé.

—¡Ya lo creo! —dijo ella.

Bajamos por una escalera de mármol, avanzamos por encima de

alfombras rojas, rodeamos los bustos de George Washington y Benjamin Franklin, dejamos atrás la cocina y, de repente, estábamos al aire libre. El aire húmedo del verano nos golpeó la cara. Vi las luciérnagas que titilaban en la hierba. Y allí estaba, el murmullo del público que daba gritos de entusiasmo y estaba de celebración al otro lado de la verja de hierro. Nos había llevado diez minutos salir de nuestro hogar, pero lo habíamos conseguido. Estábamos fuera, en un extremo de una extensión de césped, ocultas a los ojos de la gente pero con una vista preciosa y muy cercana de la Casa Blanca, bañada en las luces del orgullo gay.

Malia y yo nos apoyamos una contra la otra, contentas por haber encontrado el modo de salir.

Como suele ocurrir en la política, empezaban a fraguarse y a soplar vientos nuevos. Cuando llegó el otoño de 2015, la siguiente campaña presidencial ya estaba en marcha. El bando republicano contaba con numerosos aspirantes, gobernadores como John Kasich y Chris Christie y senadores como Ted Cruz y Marco Rubio, entre más de una docena. Los demócratas, mientras tanto, parecían estar reduciendo sus opciones a lo que sería una pugna entre Hillary Clinton y Bernie Sanders, un senador de Vermont progresista que había sido independiente durante mucho tiempo.

Donald Trump había anunciado su candidatura a principios de verano, desde el interior de la Trump Tower, en Manhattan, donde arremetió contra los inmigrantes mexicanos —«violadores», los llamó— así como contra los «perdedores» que, según él, mandaban en el país. Supuse que solo estaba fanfarroneando, acaparando el protagonismo en los medios sencillamente porque podía. Nada en su forma de comportarse parecía indicar que albergara intenciones serias de gobernar.

Yo seguía la campaña, pero no con tanta atención como en años anteriores. Estaba ocupada trabajando en mi cuarta iniciativa como primera dama, llamada Let Girls Learn («Dejad que las chicas aprendan»), que Barack y yo habíamos lanzado juntos en primavera. Se trataba de un proyecto ambicioso que implicaba a todas las áreas del gobierno y cuyo objetivo era ayudar a chicas adolescentes de todo el mundo a conseguir un mejor acceso a la educación. A lo largo de los siete años que llevaba ya ejerciendo como primera dama, me había impactado una y otra vez lo prometedoras pero también vulnerables que me parecían las jóvenes de nuestro mundo, desde las inmigrantes que había conocido en la escuela Elizabeth Garrett Anderson hasta Malala Yousafzai, la adolescente paquistaní a quien los talibanes habían agredido brutalmente y que había ido a la Casa Blanca para hablar con Barack, Malia y conmigo sobre su lucha en favor de la educación de las chicas. Me horroricé cuando, unos seis meses después de la visita de Malala, 276 alumnas de una escuela nigeriana fueron secuestradas por el grupo extremista Boko Haram, al parecer con la intención de amedrentar a otras familias del país para que no enviaran a sus hijas a estudiar. Eso me impulsó, por primera y única vez durante la presidencia, a sustituir a Barack en su mensaje semanal a la nación, y a pronunciar unas palabras emotivas sobre la necesidad de esforzarnos más por proteger y alentar a las niñas de todo el mundo.

Era algo que me tocaba en lo personal. La educación había supuesto el principal instrumento de cambio en mi vida, mi trampolín para abrirme paso hacia mi futuro. Me espeluznaba que tantas chicas —más de noventa y ocho millones en todo el mundo, de hecho, según las estadísticas de la UNESCO— no tuvieran acceso a ella. Algunas no podían ir a la escuela porque sus familias necesitaban que trabajaran. En ocasiones, el colegio más cercano estaba muy lejos, o era demasiado caro o el riesgo de que sufrieran una agresión en el camino era demasiado grande. En muchos casos, normas de género asfixiantes se combinaban con fuerzas económicas para impedir que las niñas recibieran una educación, lo que a efectos prácticos significaba cerrarles las puertas a oportunidades futuras. Parecía estar extendida la idea —sorprendentemente predominante en algunas partes del mundo— de que no valía la pena escolarizar a las muchachas, a pesar de que los estudios demostraban una y otra vez que educar a las niñas y las adultas de un país les permitía acceder al mercado de trabajo e incrementar el PIB nacional.

Barack y yo nos comprometimos a cambiar la percepción sobre lo que hacía que una joven fuera una persona valiosa. Él consiguió captar cientos de millones de dólares en recursos de diversas áreas de su administración, a través de la Agencia de Estados Unidos para el Desarrollo Internacional y el Cuerpo de Paz, así como también de los departamentos de Estado, Trabajo y Agricultura. Los dos juntos intentamos influir en los gobiernos de otros países para que ayudaran a financiar los programas de educación para niñas y animamos a empresas privadas a que apoyasen la causa.

Para entonces, yo ya había aprendido a hacer un poco de ruido por un objetivo noble. Comprendía que a los estadounidenses les costara conectar con los problemas de los habitantes de países lejanos, así que, para que los sintieran más cercanos, pedí a celebridades como Stephen Colbert que aprovecharan su tirón como estrellas en actos y en las redes sociales. Conseguí que Janelle Monáe, Zendaya, Kelly Clarkson y otras artistas grabaran una canción pop pegadiza compuesta por Diane Warren, titulada «This Is for My Girls» («Para mis chicas»), cuyos beneficios se destinarían a financiar la educación de las niñas a nivel mundial.

Y, finalmente, iba a hacer algo que me resultaba un poco aterrador: cantar como invitada en el hilarante programa nocturno *Carlpool Karaoke*, presentado por James Corden, los dos dando vueltas por el jardín Sur en un deportivo utilitario negro. Entonamos a pleno pulmón «Signed, Sealed, Delivered I'm Yours», «Single Ladies» y, por último —la razón por la que me había prestado a aquello, para empezar—, «This Is for My Girls», con la participación especial de Missy Elliott, quien subió al asiento de atrás y rapeó con nosotros. Yo había practicado con diligencia para mi sesión de karaoke durante semanas, memorizando cada compás de cada canción. El objetivo era que pareciera un momento divertido y desenfadado, pero detrás, como siempre, había trabajo y un propósito más elevado: seguir concienciando a la gente del tema. El segmento del programa en el que aparecí con James consiguió cuarenta y cinco millones de reproducciones en YouTube en los primeros tres meses, por lo que todo el esfuerzo había valido la pena.

A finales de 2015, Barack, las chicas y yo volamos a Hawái para pasar allí la Navidad, como siempre, y alquilamos una casa grande con amplias ventanas que daban a la playa, donde nos reunimos con nuestro grupo habitual de amigos de la familia. Tal como habíamos hecho los últimos seis años, reservamos un momento el día de Navidad para visitar a los militares y sus familiares en una base de los Marines cercana. Y, tal como había ocurrido en las ocasiones anteriores, para Barack las vacaciones lo fueron solo en parte; una parte muy pequeña, en realidad. Atendía llamadas, asistía a sesiones informativas diarias y consultaba a un equipo mínimo de asesores, ayudantes y redactores de discursos que se alojaban en un hotel, no muy lejos. Me preguntaba si, cuando llegara el momento, se acordaría de cómo relajarse de verdad, si él o yo encontraríamos la manera de aflojar el ritmo una vez que todo aquello terminara. ¿Cómo nos sentiríamos cuando por fin pudiéramos ir a algún lugar sin que nos acompañara el tipo que llevaba el maletín nuclear?

Aunque me permitía el capricho de soñar despierta, seguía sin ser capaz de imaginar cómo acabaría nada de aquello.

Cuando regresamos a Washington para acometer nuestro último año en la Casa Blanca, sabíamos que la cuenta atrás había empezado de verdad. Comenzó lo que pronto se convertiría en una larga serie de «últimos»: el último Baile de los Gobernadores, la última carrera de los huevos de Pascua, la última cena de corresponsales de la Casa Blanca. Barack y yo realizamos una última visita juntos a Reino Unido, con una escapada rápida para ver a nuestra amiga, la reina.

Barack siempre había profesado un afecto especial a la reina Isabel, pues decía que le recordaba a su sensata y práctica abuela Toot. Personalmente, me impresionaba mucho su eficiencia, una cualidad forjada por la necesidad a lo largo de una vida entera en el centro del escrutinio público. Un día, varios años atrás, Barack y yo estábamos de pie, saludando juntos a una fila de recepción con ella y el príncipe Felipe. Me fijé en que la reina despachaba a los invitados a toda prisa con un «hola» amistoso pero económico que no dejaba margen para más conversación, mientras que Barack irradiaba una actitud relajada y amable que prácticamente invitaba a la cháchara y luego ofrecía respuestas laboriosas a las preguntas de la gente, con lo que formaba tapón en la fila. Después de todos los años que hacía que conocía a ese hombre, y seguía esforzándome por conseguir que hiciera las cosas más deprisa.

Una tarde de abril de 2016, los dos fuimos en helicóptero desde la residencia del embajador de Estados Unidos en Londres hasta el castillo de Windsor, situado en la campiña, al oeste de la ciudad. Nuestro equipo de avanzada nos informó de que la reina y el príncipe Felipe planeaban ir a recibirnos cuando aterrizáramos y llevarnos en coche al castillo para almorzar. Como siempre en esos casos, nos explicaron el protocolo por adelantado: debíamos saludar formalmente a los miembros de la familia real antes de subir a su vehículo para realizar el breve trayecto. Yo me sentaría delante, junto al príncipe Felipe, de noventa y cuatro años, que iría al volante, y Barack subiría al asiento de atrás, al lado de la reina.

Sería la primera vez en más de ocho años que los dos viajaríamos en un coche conducido por alguien que no fuera del Servicio Secreto, y sin estar acompañados por agentes. Eso parecía importar mucho a nuestros equipos de seguridad, del mismo modo que el protocolo importaba a los equipos de avanzada, que se preocupaban por cada uno de nuestros movimientos e interacciones para asegurarse de que hasta el menor detalle se desarrollara como era debido y sin contratiempos.

Sin embargo, cuando tomamos tierra en un campo que formaba parte de los terrenos del palacio, la reina lo echó todo a rodar de repente al hacerme señas para que fuera con ella en el asiento trasero del Range Rover. Me quedé paralizada, intentando recordar si alguien me había preparado para una contingencia parecida, si era más cortés seguirle el juego o insistir en que Barack ocupara el lugar que le correspondía a su lado.

La reina reparó en mi vacilación de inmediato. Y no quiso saber nada del asunto.

«¿Te han explicado alguna norma sobre esto? —preguntó, restando importancia al tema con un gesto de la mano—. Tonterías. Siéntate donde quieras.»

Para mí, pronunciar discursos en ceremonias de graduación constituía un rito primaveral importante, casi sagrado. Todos los años daba varios, y elegía para ello tanto institutos como universidades, a ser posible centros educativos que en general no recibían visitas de personalidades destacadas (Princeton y Harvard, lo siento, pero ya os las arregláis bien sin mí). En 2015 había regresado al South Side de Chicago para hablar en la graduación del King College Prep, el instituto donde Hadiya Pendleton habría terminado el bachillerato de seguir con vida. En la ceremonia se honró su memoria con una silla vacía que sus compañeros de clase habían decorado con girasoles y telas moradas.

Para mi ronda final de entrega de diplomas como primera dama pronuncié unas palabras en la Universidad Estatal de Jackson, en Mississippi, otra institución histórica negra, y aproveché la oportunidad para abordar el tema de la búsqueda de la excelencia. Hablé en el City College de Nueva York, donde ensalcé el valor de la diversidad y la inmigración. Y el 26 de mayo, casualmente el mismo día que Donald Trump se alzó con la candidatura republicana a la presidencia, estuve en Nuevo México, dirigiéndome a una clase de estudiantes nativos americanos que se graduaban en un pequeño internado y que, en su gran mayoría, ingresarían en la universidad. Cuanto más me sumergía en la experiencia de ser primera dama, más me atrevía a hablar de forma franca y directa sobre lo que significaba estar marginado por raza o género. Mi intención era poner en contexto ante aquellos jóvenes el odio que afloraba en las noticias y los discursos políticos, así como darles una razón para la esperanza.

Intentaba comunicar el único mensaje sobre mí y mi papel en el mundo que sentía que tal vez significaba algo de verdad: que conocía la invisibilidad. La había experimentado en mi propia piel. La invisibilidad había marcado la historia de mi familia. Me gustaba mencionar que era la tataranieta de un esclavo llamado Jim Robinson, que probablemente estaba enterrado en una tumba sin lápida en algún lugar de una plantación en Carolina del Sur. Y frente a aquel atril, en presencia de unos estudiantes que meditaban sobre su futuro, di testimonio de que superar la invisibilidad era posible, al menos en algunos aspectos.

La última entrega de diplomas a la que asistí esa primavera tenía un carácter más personal: se trataba de la graduación de Malia en Sidwell Friends, que se celebraba un cálido día de junio. Nuestra gran amiga Elizabeth Alexander, la autora de un poema para la primera ceremonia inaugural de Barack, habló frente a la clase, de modo que Barack y yo nos sentamos en la fila de atrás y nos limitamos a disfrutar. Yo estaba orgullosa de Malia, que pronto partiría de viaje por Europa con un grupo de amistades. Después de tomarse un año libre, se matricularía en Harvard. También estaba orgullosa de Sasha, que cumplía quince años ese mismo día y estaba contando las horas que faltaban para el concierto de Beyoncé al que iría en vez de celebrar una fiesta de cumpleaños. Iba a estar buena parte del verano en Martha's Vineyard, con unos amigos de la familia, hasta que Barack y yo llegáramos para pasar las vacaciones allí. Haría nuevas amistades y conseguiría su primer trabajo, en una cafetería. También estaba orgullosa de mi madre, que estaba sentada cerca, al sol, con un vestido negro y zapatos de tacón, pues había conseguido vivir en la Casa Blanca y viajar por el mundo con nosotros sin dejar de ser ella misma ni por un segundo.

Estaba orgullosa de todos nosotros, porque casi habíamos llegado al final.

Barack se encontraba junto a mí, en una silla plegable. Advertí que se le saltaban las lágrimas detrás de sus gafas de sol al ver a Malia cruzar el estrado para recoger su diploma. Sabía que estaba cansado. Tres días antes, había dedicado un panegírico a una amiga de la facultad de Derecho que había trabajado para él en la Casa Blanca. Dos días después, un extremista abriría fuego en un club nocturno gay de Orlando, Florida, matando a cuarenta y nueve personas e hiriendo a otras cincuenta y tres. La parte sombría de su trabajo nunca le daba tregua.

Era un buen padre, atento y coherente como su propio padre nunca lo había sido, pero también había sacrificado cosas a lo largo del camino. Había llegado a la paternidad siendo político. Sus votantes y sus necesidades nos habían acompañado desde el principio.

Sin duda le dolió un poco caer en la cuenta de que estaba a punto de gozar de mayor libertad y más tiempo justo cuando nuestras hijas se preparaban para abandonar el nido.

Pero teníamos que dejarlas marchar. El futuro les pertenecía, y así debía ser.

A finales de julio el avión en el que viajaba atravesó una violenta tormenta eléctrica y descendió a trompicones en su aproximación a Filadelfia, donde iba a hablar por última vez en una convención demócrata. Debieron de ser las peores turbulencias que me habían tocado, y mientras Caroline Adler Morales, mi directora de comunicación, en avanzado estado de gestación, temía que se le adelantara el parto por el estrés y Melissa, que ya tenía miedo a volar en circunstancias normales, chillaba desde su asiento, yo solo podía pensar: «Ojalá aterricemos con tiempo para que pueda ensayar mi discurso». Aunque ya me sentía cómoda en los escenarios más grandes, preparar bien mis intervenciones seguía siendo muy importante para mi tranquilidad.

En 2008, durante la primera campaña a la presidencia de Barack, practiqué una y otra vez mi discurso para la convención hasta que fui capaz de colocar las comas mientras dormía, en parte porque nunca había hablado así en directo ante las cámaras, y también porque sentía que había muchas cosas personales en juego. Iba a salir al escenario después de que me hubieran demonizado como a una mujer negra furiosa que no amaba a su país. El discurso de esa noche representaba mi oportunidad de humanizarme, de explicar quién era con mi propia voz y de derribar las caricaturas y los estereotipos con mis propias palabras. Cuatro años después, en la convención en Charlotte, Carolina del Norte, hablé con seriedad de lo que había visto en Barack durante su primer mandato, de que seguía siendo el mismo hombre de principios con el que me había casado, de que «ser presidente no cambia tu esencia, sino que la pone de manifiesto».

Esa vez estaba apoyando a Hillary Clinton, rival de Barack en las reñidas primarias de 2008 si bien luego se había convertido en su leal y eficiente secretaria de Estado. Ningún candidato me había provocado tanto entusiasmo como mi esposo, por lo que a veces me costaba hacer campaña para otros. Sin embargo, me había impuesto a mí misma una norma cuando se trataba de hablar en público sobre algo o alguien de la esfera política: solo decía aquello de lo que estaba absolutamente convencida y que sentía de verdad.

En cuanto aterrizamos en Filadelfia me dirigí a toda prisa hacia el centro de convenciones y llegué con el tiempo justo para cambiarme y repasar dos veces el discurso. Entonces salí y expuse mi verdad. Hablé de las reservas que había tenido en un principio respecto a criar a nuestras hijas en la Casa Blanca y lo orgullosa que estaba de las jóvenes inteligentes en las que se habían convertido. Declaré que confiaba en Hillary porque ella era consciente de las exigencias que traía consigo la presidencia y poseía el temperamento necesario para dirigir el gobierno, porque estaba tan cualificada como los demás candidatos de la historia. Por otro lado, recalqué la crudeza de la alternativa que se le presentaba al país.

Desde que era niña creía en la importancia de alzar la voz contra los abusones sin rebajarse a su nivel. Y, hablando en plata, nos enfrentábamos ahora a un abusón, un hombre que, entre otras cosas, atacaba a las minorías y expresaba su desprecio hacia los prisioneros de guerra, poniendo en entredicho la dignidad de nuestro país con casi todas sus declaraciones. Yo quería que los estadounidenses comprendieran que las palabras importan, que el lenguaje cargado de odio que salía de sus televisores no reflejaba el auténtico espíritu de nuestro país y que podíamos votar contra él. Era a la dignidad a lo que quería apelar, a la idea de que, como nación, podíamos aferrarnos al valor fundamental en el que se había apoyado mi familia desde hacía generaciones. La dignidad siempre nos había ayudado a salir adelante. Era un camino posible, no siempre el más fácil, pero las personas a quienes yo más respetaba en la vida lo seguían todos los días. Barack y yo intentábamos regirnos por una máxima que enuncié esa noche desde el escenario: «Cuando ellos caen bajo, nosotros apuntamos alto».

Dos meses después, solo unas semanas antes de las elecciones, saldría a la luz una grabación de Donald Trump de 2005 en la que, bajando la guardia, se jactaba ante un presentador de televisión de sus agresiones sexuales a mujeres, con un lenguaje tan obsceno y vulgar que puso en un aprieto a los medios, que no sabían cómo citarlo sin infringir las normas de decoro establecidas. Al final, simplemente rebajaron las exigencias sobre el decoro para dar voz al candidato.

Cuando lo oí, apenas daba crédito. Por otro lado, había algo dolorosamente familiar en la jocosidad masculina y amenazadora de esa grabación. «Puedo hacerte daño y luego irme de rositas.» Se trataba de una manifestación de odio que, en general, no se daba entre gente educada, pero que seguía latente en el núcleo de nuestra sociedad supuestamente ilustrada; latente y tan aceptado que alguien como Donald Trump podía darse el lujo de hablar de ello con desenfado. Todas las mujeres que conozco la reconocían. Era justo lo que muchas esperábamos que nuestras hijas no tuvieran que sufrir jamás, aunque era casi inevitable. La dominación es una forma de deshumanización. La materialización más fea del poder.

La sangre me hervía de rabia después de oír la grabación. La semana siguiente tenía programada una intervención en un mitin de campaña de Hillary y, en lugar de hacer un sencillo elogio de sus aptitudes, me sentí impulsada a hablar sobre las palabras de Trump, a contrarrestar su voz con la mía.

Trabajé en mis reflexiones sentada en una habitación de hospital en Walter Reed, donde estaban operando a mi madre de la espalda, y los pensamientos me fluían con rapidez. Yo ya había sido objeto de burlas y amenazas muchas veces; me habían humillado por ser negra, mujer y por hacerme oír. Percibía las burlas dirigidas a mi cuerpo, el espacio literal que ocupaba en el mundo. Había visto a Donald Trump acosar a Hillary Clinton durante un debate, siguiéndola mientras ella hablaba, acercándosele demasiado, intentando apabullarla con su presencia. «Puedo hacerte daño y luego irme de rositas.» Las mujeres aguantan esas vejaciones durante toda su vida, en forma de abucheos, manoseos, agresiones, opresión. Esas cosas nos hieren. Nos minan las fuerzas. Algunas heridas son tan pequeñas que apenas resultan visibles. Otras son enormes y dejan cicatrices que nunca se cierran. Unas y otras se acumulan. Cargamos con ellas siempre, en el colegio, en el trabajo, en casa, mientras criamos a nuestros hijos, en nuestros lugares de culto, cada vez que intentamos avanzar.

Para mí, los comentarios de Trump supusieron otro golpe. No podía permitir que su mensaje quedara sin réplica. Trabajando con Sarah Hurwitz, la hábil redactora de discursos que colaboraba conmigo desde 2008, plasmé mi ira en palabras y luego —una vez que mi madre se recuperó de la operación— las pronuncié un día de octubre en Manchester, New Hampshire. Ante un público lleno de energía, dejé clara mi opinión. «Esto no es normal —aseguré—. Esto no es la política de siempre. Es vergonzoso. Es intolerable.» Expresé la rabia y el miedo que sentía, además de mi fe en que, en esas elecciones, los estadounidenses comprenderían la auténtica naturaleza de las opciones entre las que debían escoger. Puse toda mi alma y mis energías en ese discurso.

Y luego regresé a Washington en avión, rezando por que la gente me hubiera escuchado.

A medida que avanzaba el otoño, Barack y yo empezamos a hacer planes para mudarnos a una casa nueva en enero, tras haber decidido quedarnos en Washington para que Sasha pudiera terminar el bachillerato en Sidwell. Entretanto, Malia estaba en América del Sur, viviendo la aventura de su año sabático, disfrutando la libertad que le proporcionaba el hecho de encontrarse lo más lejos posible del ruido político. Imploré a mi personal del Ala Este que llegaran al final del mandato con paso firme, a pesar de que tenían que pensar en encontrar un nuevo empleo y la batalla entre Hillary Clinton y Donald Trump se volvía más encarnizada cada día y los distraía cada vez más.

El 7 de noviembre de 2016, la tarde anterior al día de las elecciones, Barack y yo hicimos un viaje relámpago a Filadelfia para unirnos a Hillary y a su familia en un mitin final ante una multitud enorme en Independence Mall. Reinaba un ambiente positivo y expectante. Me infundía esperanzas el optimismo que Hillary irradiaba esa noche, así como las numerosas encuestas que le otorgaban una ventaja cómoda. Me animaba lo que creía saber sobre las cualidades que los estadounidenses tolerarían en un líder y las que no. Aunque no daba nada por sentado, intuía que teníamos bastantes posibilidades.

Por primera vez en muchos años, Barack y yo no teníamos un papel que desempeñar la noche de las elecciones. No había una suite de hotel reservada para la espera; no había bandejas de canapés, ni un televisor puesto a todo volumen en cada rincón. No había que ocuparse del peinado, el maquillaje o el vestuario, ni de dar instrucciones a nuestras hijas ni de preparar discursos destinados a ser pronunciados a altas horas de la noche. No teníamos nada que hacer, y estábamos encantados por ello. Era el principio de nuestro paso a un segundo plano, una primera muestra de lo que el futuro nos deparaba. Estábamos comprometidos con la causa, por supuesto, pero el momento que se avecinaba no nos pertenecía. Solo participaríamos en él como testigos. Como sabíamos que faltaba un rato para que los resultados empezaran a conocerse, invitamos a Valerie a ver una película en la sala de proyección de la Casa Blanca.

No recuerdo un solo detalle sobre el filme; ni el título, ni siquiera el género. En realidad, solo estábamos pasando el rato a oscuras. Mi mente no dejaba de dar vueltas al hecho de que el mandato presidencial de Barack estaba a punto de terminar. Nuestra tarea más inmediata sería decir adiós, decenas y decenas de veces, muy emocionados, a medida que el personal al que teníamos tanto afecto y aprecio desfilara hacia la salida de la Casa Blanca. Nuestro objetivo era hacer lo que George y Laura Bush habían hecho por nosotros, facilitando al máximo el traspaso de poder. Nuestros equipos ya empezaban a preparar cuadernos de informes y agendas de contactos para sus sucesores. Antes de marcharse, muchos empleados del Ala Este dejarían notas escritas a mano sobre sus mesas, brindando una amable bienvenida y una oferta permanente de ayuda a quien ocuparía su puesto.

Si bien seguíamos inmersos en nuestros asuntos diarios, habíamos empezado a planear en serio nuestra siguiente etapa. Aunque a Barack y a mí nos hacía ilusión estar en Washington, queríamos construir un legado en el South Side de Chicago, que acogería el Centro Presidencial Obama. También nos propusimos establecer una fundación, cuya misión consistiría en infundir ánimos y valor a una nueva generación de líderes. Los dos nos habíamos fijado muchos objetivos para el futuro, pero el de mayor envergadura se centraba en crear más espacio y apoyo para los jóvenes y sus ideas. Yo sabía también que necesitábamos un descanso: había empezado a hacer pesquisas para encontrar un lugar íntimo donde pudiéramos relajarnos durante unos días en enero, inmediatamente después de que el nuevo presidente jurara el cargo.

Ya solo faltaba el nuevo presidente.

Cuando la película finalizó y se encendieron las luces, el teléfono de Barack emitió un zumbido. Vi que le echaba una ojeada y luego lo miraba de nuevo, con el ceño ligeramente fruncido.

«Vaya —dijo—. Los resultados en Florida son un poco extraños.» Su tono no destilaba una gran preocupación, solo un asomo de alerta, una brasa caliente en la hierba que de pronto comenzaba a brillar. El móvil zumbó de nuevo. Mi corazón empezó a latir más rápido. Sabía que quien le enviaba los mensajes con las últimas novedades era David Simas, el asesor político de Barack, que estaba monitorizando los datos desde el Ala Oeste y que entendía con precisión el álgebra del mapa electoral, condado a condado. Si iba a producirse un cataclismo, Simas lo vería venir pronto.

Escudriñé el rostro de mi esposo, no muy segura de querer oír lo que iba a decir. Fuera lo que fuese, no tenía buena pinta. En ese instante noté un peso plomizo en el estómago, y mi nerviosismo cedió el paso al miedo. Mientras Barack y Valerie discutían los primeros resultados, anuncié que me iba a la planta de arriba. Me encaminé al ascensor con una única esperanza: la de ahuyentar todo aquello de mi mente y conciliar el sueño. Aunque era consciente de lo que con toda probabilidad estaba sucediendo, no me sentía preparada para afrontarlo.

Mientras dormía, la noticia se confirmó: los votantes del país habían elegido a Donald Trump para que sucediera a Barack como presidente de Estados Unidos.

Yo quería ignorar ese dato durante el mayor tiempo posible.

Al día siguiente, al despertar, me encontré con una mañana húmeda y deprimente. Un cielo gris se cernía sobre Washington. No podía evitar interpretarlo como una señal funesta. El tiempo parecía transcurrir muy despacio. Sasha se fue al colegio, luchando contra su propia incredulidad en silencio. Malia telefoneó desde Bolivia, con una inquietud evidente. Dije a ambas que las quería y que todo saldría bien. Intentaba convencerme a mí misma de que no eran palabras vacías.

Al final, Hillary Clinton obtuvo casi tres millones de votos más que su adversario, pero Trump ganó el colegio electoral gracias a menos de ochenta mil votos repartidos por Pennsylvania, Wisconsin y Michigan. No soy experta en política, así que no intentaré analizar los resultados. Tampoco haré conjeturas sobre quién fue responsable o sobre si fue injusto. Solo lamento que no acudiera más gente a votar. Y siempre me preguntaré qué llevó a tantas personas, en especial mujeres, a rechazar a una candidata de una cualificación excepcional y en vez de ello escoger a un misógino como presidente. Fuera como fuese, en aquel momento tocaba apechugar con esos resultados.

Barack había estado despierto durante casi toda la noche, pendiente de los datos y, tal como había ocurrido muchas otras veces, recurrieron a él para que diera la cara como símbolo de estabilidad, para ayudar al país a sobreponerse del impacto. Yo no envidiaba su posición. Dirigió una arenga a su personal en el despacho Oval para levantarles la moral y luego, hacia el mediodía, pronunció unas palabras serenas pero reconfortantes desde el jardín de las Rosas, haciendo un llamamiento —como siempre— a la unidad y la dignidad, pidiendo a los estadounidenses que se respetaran unos a otros y también a las instituciones que había forjado nuestra democracia.

Esa tarde me reuní en mi despacho del Ala Este con mi equipo al completo. Nos apretujamos todos en sofás y sillas de oficina traídas desde otras salas. El grupo se componía en gran parte de mujeres y miembros de minorías, entre ellos varios procedentes de familias de inmigrantes. Muchos estaban deshechos en lágrimas, pues sentían que todas sus vulnerabilidades habían quedado desprotegidas. Se habían volcado en su trabajo porque creían de verdad en las causas que promovían. Yo intentaba decirles a cada oportunidad que debían enorgullecerse de ser quienes eran, que su labor importaba, que unas elecciones no podían borrar de golpe ocho años de cambio.

No todo estaba perdido. Ese era el mensaje que debíamos impulsar. Estaba convencida de ello. La situación no era ideal, pero así era la realidad de nuestro mundo. Teníamos que ser decididos, debíamos seguir avanzando en la dirección del progreso.

Habíamos llegado al final, esa vez de verdad. Me debatía entre mirar hacia atrás y mirar hacia delante, reflexionando sobre una pregunta en particular: ¿qué es lo que perdura?

Éramos la familia presidencial número cuarenta y cuatro, y solo la decimoprimera que había pasado dos mandatos completos en la Casa Blanca. Éramos, y siempre seríamos, la primera familia presidencial negra. Esperaba que, en el futuro, cuando los padres llevaran a sus hijos a visitarla, como había hecho yo con Malia y Sasha cuando su padre era senador, pudieran mostrarles algún recuerdo de nuestro paso por allí. Me parecía importante dejar constancia de nuestra presencia en el contexto histórico más amplio del lugar.

No todos los presidentes encargaban una vajilla de porcelana oficial, por ejemplo, pero me aseguré de que nosotros lo hiciéramos. Durante el segundo mandato de Barack, decidimos redecorar el antiguo comedor familiar, muy cercano al comedor de Estado, rejuvenecerlo, conferirle un aspecto moderno y abrirlo al público por primera vez. En la pared norte de la sala colgamos un impresionante cuadro abstracto amarillo, rojo y azul pintado por Alma Thomas, *Resurrection*, que se convirtió en la primera obra de arte de una mujer negra que pasó a formar parte de la colección permanente de la Casa Blanca. La marca más duradera, sin embargo, estaba al otro lado de las paredes. El huerto llevaba ya siete años y medio produciendo casi mil kilogramos de alimentos al año. Había sobrevivido a nevadas intensas, lluvias torrenciales y granizadas destructivas. Cuando unos vientos fuertes derribaron el árbol de Navidad nacional, de casi trece metros de altura, el huerto no sufrió daños. Antes de marcharme de la Casa Blanca quería dotarlo de un carácter más permanente. Ampliamos su superficie a doscientos sesenta metros cuadrados, más del doble de su tamaño original. Añadimos unos senderos de piedra y bancos, además de una acogedora pérgola construida con la madera procedente de las fincas de los presidentes Jefferson, Madison y Monroe, así como de la casa donde residió el doctor Martin

Luther King Jr. cuando era niño. Por último, una tarde de otoño atravesé el jardín Sur para inaugurar oficialmente el huerto y legarlo a la posteridad.

Ese día me acompañaban seguidores y activistas que habían colaborado con nuestros esfuerzos en favor de la nutrición y la salud infantiles, además de un par de alumnos de la clase original de quinto grado de la escuela de primaria de Bancroft, que ya eran prácticamente adultos. Casi todo mi equipo se encontraba presente, incluido Sam Kass, que había dejado la Casa Blanca en 2014 pero había vuelto para la ocasión.

Me puse sentimental al contemplar a la multitud reunida en el huerto. Estaba agradecida a todos los miembros de mi personal que se habían entregado de lleno a su trabajo, revisando mis cartas escritas a mano, verificando la información de mis discursos, tomando vuelos de un extremo a otro del país para preparar nuestros actos. Había visto a muchos de ellos asumir cada vez más responsabilidades y florecer, tanto desde un punto de vista profesional como personal, incluso bajo el resplandor de los focos más implacables. El peso de ser «los primeros» no recaía solo sobre los hombros de nuestra familia. Durante ocho años aquellos jóvenes optimistas —y un puñado de profesionales curtidos— nos habían cubierto las espaldas. Melissa, la primera persona que había contratado en mi primera campaña, casi una década atrás, y a quien considero una amiga para toda la vida, permaneció a mi lado en el Ala Este hasta el final del mandato, al igual que Tina, mi extraordinaria jefa de gabinete. El puesto de Kristen Jarvis lo había ocupado Chynna Clayton, una joven trabajadora de Miami que se había convertido enseguida en otra hermana mayor de nuestras hijas y en una pieza esencial para el funcionamiento fluido de mi vida.

Para mí, todos aquellos empleados y exempleados eran mi familia. Y estaba muy orgullosa de lo que habíamos conseguido.

Para cada vídeo que había saturado la red rápidamente —yo había aparecido en vídeos ejecutando «bailes tipo mamá» con Jimmy Fallon, haciendo un mate detrás de LeBron James y rapeando sobre la universidad con Jay Pharoah—, nos habíamos planteado algo más que marcar tendencia en Twitter durante unas horas. Y habíamos obtenido resultados. Cuarenta y cinco millones de niños comían desayunos y almuerzos más saludables; once millones de estudiantes dedicaban sesenta minutos al día a la actividad física, gracias a nuestro programa Lets's Move! Active Schools. Los niños consumían más productos integrales en general. La era de la comida rápida y extraabundante estaba tocando a su fin.

A través de mi trabajo con Jill Biden en Joining Forces, habíamos contribuido a convencer a varias empresas de que contrataran o formaran a más de un millón y medio de veteranos y cónyuges de militares. Al esforzarnos desde un principio por solucionar una de las primeras preocupaciones que había oído expresar a la gente durante el período de campaña, habíamos conseguido que los cincuenta estados colaboraran en los acuerdos sobre la convalidación de licencias profesionales que permitiría evitar que las carreras laborales de los cónyuges se estancaran cada vez que se mudaban a otra ciudad.

En el terreno de la educación, Barack y yo habíamos logrado que se destinaran miles de millones de dólares para ayudar a chicas de todo el mundo a escolarizarse como merecían. Más de dos mil ochocientos voluntarios del Cuerpo de Paz habían recibido formación con el fin de implementar programas para chicas a escala internacional. Y en Estados Unidos mi equipo y yo habíamos ayudado a más jóvenes a solicitar becas federales, proporcionando apoyo a los orientadores escolares e implantando el día de la Matriculación a nivel nacional.

Barack, mientras tanto, se las había ingeniado para solventar la crisis económica más grave desde la Gran Depresión. Había ayudado a negociar el Acuerdo de París sobre el cambio climático, sacado a decenas de miles de soldados de Irak y Afganistán, y encabezado los esfuerzos por detener de forma efectiva el programa nuclear iraní. Veinte millones de personas más gozaban de un seguro médico. Y habíamos logrado superar dos mandatos sin grandes escándalos. Nos habíamos impuesto, tanto a nosotros mismos como a nuestros colaboradores, las exigencias más estrictas en materia de ética y honestidad, y al final habíamos salido airosos.

Para nosotros, había cambios más difíciles de medir pero que nos parecían igual de importantes. Seis meses antes de la inauguración del huerto, Lin-Manuel Miranda, el joven compositor a quien había conocido en uno de nuestros primeros actos culturales, regresó a la Casa Blanca. Su rap sobre Alexander Hamilton había evolucionado hasta convertirse en una sensación de Broadway, elevándolo a la categoría de superestrella mundial. *Hamilton*, una celebración musical de la historia y la diversidad de Estados Unidos, nos hace replantearnos nuestras ideas sobre los papeles que las minorías desempeñan en nuestro relato nacional y resalta la importancia de figuras femeninas que llevan mucho tiempo eclipsadas por hombres poderosos. Yo la había visto en el off-Broadway y me gustó tanto que volví a verla cuando se estrenó en un gran escenario. Era pegadiza y graciosa, edificante y desgarradora: la mejor obra de arte de cualquier género que hubiera visto nunca.

Lin-Manuel llevó consigo a Washington a casi toda su compañía, un talentoso elenco multirracial. Los artistas pasaron la tarde con jóvenes procedentes de los institutos locales; dramaturgos, bailarines y raperos en ciernes que deambulaban por la Casa Blanca, componiendo letras y marcando ritmos con sus ídolos. A última hora de la tarde nos juntamos en la sala Este para ver una función. Barack y yo nos sentamos en primera fila, rodeados de jóvenes de razas y orígenes distintos. Llenos de emoción, escuchamos a Christopher Jackson y Lin-Manuel entonar la balada «One Last Time» como número final. Allí estaban: dos artistas, uno negro y otro puertorriqueño, bajo una araña de luces de ciento quince años, flanqueados por los retratos de George y Martha Washington, cantando sobre lo que significaba sentirse «como en casa en esta nación que hemos construido». La fuerza y la autenticidad de aquel momento aún vibran en mi interior.

Hamilton me conmovió porque reflejaba el tipo de historia que yo misma había vivido. Contaba un relato sobre Estados Unidos en el que tenía cabida la diversidad. Más tarde hice la siguiente reflexión: muchos nos pasamos la existencia ocultando nuestro origen, avergonzados o temerosos cuando no encajamos del todo en un ideal preestablecido. Desde pequeños nos bombardean con mensajes que nos aseguran que solo existe una manera de ser estadounidenses y que si tenemos la piel oscura o las caderas anchas, si no experimentamos el amor de un modo determinado, si hablamos otro idioma o venimos de otro país, entonces Estados Unidos no es para nosotros. Hasta que alguien se atreva a empezar a contar ese relato de otra manera.

Me crie con un padre discapacitado y sin mucho dinero, en una casa demasiado pequeña de un barrio que empezaba a degradarse; pero también me crie rodeada de cariño y música, en una ciudad diversa y en un país donde la educación puede llevarte muy lejos. No tenía nada, o lo tenía todo. Todo depende de cómo se narre el relato.

Conforme nos aproximábamos al final de la presidencia de Barack, me formé una visión muy parecida sobre Estados Unidos. Amaba a mi país por las maneras diferentes en que podía contarse su historia. Durante casi una década había disfrutado del privilegio de viajar por él, de ser testigo de sus estimulantes contradicciones y sus enconados conflictos, el dolor de sus gentes, su persistente idealismo y, por encima de todo, su resiliencia. Tal vez mi punto de vista era poco común, pero creo que muchos comparten mi experiencia de aquellos años: una sensación de progreso, el consuelo de la compasión, la alegría de ver que se arrojaba algo de luz sobre los ignorados y los invisibles. Un atisbo de cómo podía llegar a ser el mundo. Esa era nuestra apuesta por la permanencia: una generación emergente que comprendía lo que era posible y sabía que era incluso capaz de más. Fuera lo que fuese lo que nos deparaba el futuro, sería una historia que podíamos forjar nosotros mismos.

Epílogo

Barack y yo salimos por última vez de la Casa Blanca el 20 de enero de 2017 para acompañar a Donald y Melania Trump en la ceremonia de investidura. Ese día yo sentía muchas cosas a la vez: cansancio, orgullo, consternación, impaciencia. Pero, más que nada, me esforzaba por mantener la entereza, consciente de que las cámaras de televisión captarían todos nuestros movimientos. Barack y yo estábamos decididos a efectuar el traspaso de poder con elegancia y dignidad, concluir nuestros ocho años con los ideales y la compostura intactos. Habíamos entrado en la hora final.

Esa mañana Barack había realizado una última visita al despacho Oval para dejar a su sucesor una nota escrita a mano. También nos habíamos reunido en la planta de Estado para despedirnos del personal fijo de la Casa Blanca: mayordomos, ujieres, chefs, encargados de las labores domésticas y floristas, entre otros empleados que habían cuidado de nosotros con simpatía y profesionalidad y que, a partir de ese momento, dispensarían sus atenciones a la familia que se instalaría allí unas horas más tarde. Esas despedidas resultaron especialmente duras para Sasha y Malia, que habían visto casi a diario a muchas de aquellas personas durante la mitad de sus vidas. Yo los abracé a todos e intenté reprimir las lágrimas cuando, como regalo de despedida, nos entregaron dos banderas de Estados Unidos: la que ondeaba el primer día de la presidencia de Barack y la que había ondeado su último día en el cargo, como sujetalibros simbólicos que enmarcaban la experiencia de nuestra familia.

Sentada en el escenario de la investidura frente al Capitolio de Estados Unidos por tercera vez, pugnaba por dominar mis emociones. La vibrante diversidad que se apreciaba en las dos investiduras anteriores brillaba ahora por su ausencia, y en su lugar se respiraba lo que parecía una uniformidad desalentadora, el tipo de ambiente predominantemente blanco y masculino con el que me había encontrado tantas veces en la vida, sobre todo en los círculos más privilegiados, las altas esferas en las que de alguna manera había conseguido colarme desde que me marché del hogar donde me crie. Lo que había aprendido tras haber desempeñado tareas en varios entornos profesionales —desde fichar abogados para Sidley & Austin hasta contratar nuevos empleados en la Casa Blanca— era que la uniformidad engendra más uniformidad, mientras no se haga un esfuerzo consciente por contrarrestarla.

Al pasear la mirada por las cerca de trescientas personas sentadas en el escenario esa mañana, los invitados del presidente electo, me quedó claro que en la nueva Casa Blanca era poco probable que se realizara ese esfuerzo. Tal vez alguien de la administración de Barack habría dicho que «la óptica» no era buena, que lo que el público veía no reflejaba ni la realidad ni los valores del presidente. Pero, en ese caso, quizá sí que los reflejaba. Al comprender esto realicé mis propios ajustes ópticos: dejé de esforzarme incluso por sonreír.

Un traspaso de poder es una transición, el paso a un estado nuevo. Una mano se posa sobre una Biblia; se pronuncia un juramento. Salen los muebles de un presidente y entran los del otro. Los armarios se vacían y vuelven a llenarse. De buenas a primeras, cabezas nuevas descansan sobre almohadas nuevas: nuevos temperamentos, nuevos sueños. Y cuando se acaba el mandato y abandonas la Casa Blanca justo el mismo día, no te queda otro remedio que emprender la labor de redescubrirte a ti mismo, en muchos sentidos.

Así que ahora me encuentro ante un nuevo comienzo, una nueva etapa de la vida. Por primera vez en muchos años, estoy libre de toda obligación como cónyuge de un político, de las expectativas de otras personas. Tengo dos hijas casi adultas que me necesitan menos que antes. Tengo un esposo que ya no lleva el peso del país sobre los hombros. Las responsabilidades que yo sentía —hacia Sasha y Malia, hacia Barack, hacia mi trayectoria profesional y mi país— han cambiado de un modo que me permite pensar sobre lo que vendrá a continuación desde otro punto de vista. Dispongo de más tiempo para reflexionar, para ser simplemente yo misma. Con cincuenta y cuatro años, continúo progresando, y espero no detenerme nunca.

Para mí, forjar tu historia no consiste en llegar a algún lugar o alcanzar una meta determinada. En vez de esto, lo veo como un movimiento hacia delante, como una forma de evolucionar, de intentar avanzar hacia una versión mejor de nosotros mismos. El viaje no se acaba. Me convertí en madre, pero aún me queda mucho que aprender de mis hijas, y mucho que darles. Me convertí en esposa, pero continúo adaptándome a lo que significa amar de verdad y construir una vida con otro ser humano, lo que constituye una constante lección de humildad. Me he convertido, hasta cierto punto, en una persona con poder, y sin embargo hay momentos en los que me siento insegura o me da la impresión de que no se me escucha.

Todo forma parte de un proceso, de una serie de pasos a lo largo de un camino. Forjar tu historia requiere paciencia y rigor a partes iguales. Significa no renunciar a la idea de que hay que seguir creciendo como persona.

Puesto que mucha gente me lo pregunta, lo diré aquí sin rodeos: no tengo la menor intención de presentarme a un cargo público, nunca. Jamás he sido aficionada a la política, y mi experiencia de los últimos diez años ha contribuido poco a cambiar eso. Siguen desanimándome todos sus aspectos desagradables, la división tribal entre rojos y azules, la idea de que debemos elegir un bando y apoyarlo hasta el final, incapaces de escuchar a los demás, de llegar a un acuerdo con ellos o incluso de mostrar un mínimo de cortesía. Creo que, en el mejor de los casos, la política puede ser un medio para conseguir cambios positivos, pero sencillamente no estoy hecha para luchar en esa arena.

Eso no significa que no sienta una honda preocupación por el futuro de nuestro país. Desde que Barack dejó el cargo he leído artículos que me han revuelto el estómago. He pasado noches en blanco, echando humo por las cosas que han ocurrido. Resulta alarmante comprobar que el comportamiento y las prioridades políticas del presidente actual han llevado a muchos estadounidenses a dudar de sí mismos y a recelar y tener miedo de los demás. Ha sido duro contemplar que están desmontándose políticas compasivas que se habían implementado con todo cuidado, mientras nuestros aliados más cercanos se distancian de nosotros y se desprotege y deshumaniza a los miembros más vulnerables de nuestra sociedad. A veces me pregunto cuándo tocaremos fondo.

Sin embargo, no me permito caer en el cinismo. En mis momentos de mayor inquietud, respiro hondo y me obligo a recordar las muestras de dignidad y decencia que he visto en la gente durante toda mi vida, los numerosos obstáculos que ya se han superado. Espero que otros también lo hagan. Todos desempeñamos un papel en esta democracia. Debemos tener presente el poder de cada voto. Yo también me aferro a una fuerza más grande y potente que cualquier cita electoral, líder o noticia en particular: el optimismo. Para mí, es una forma de fe, un antídoto para el miedo. El optimismo reinaba en el pequeño piso de mi familia en Euclid Avenue. Lo percibía en mi padre, en su manera de moverse de un lado a otro como si no tuviera el menor problema de salud, como si la enfermedad que algún día le arrebataría la vida simplemente no existiera. Lo percibía en la tenacidad con que mi madre creía en el barrio, en su decisión de mantenerse fiel a sus raíces aunque el miedo había impulsado a muchos de sus vecinos a hacer las maletas y marcharse. Fue lo primero que me atrajo de Barack, cuando se presentó en mi despacho de Sidley con una gran sonrisa de esperanza. Más tarde, me ayudó a vencer mis dudas y flaquezas lo bastante como para confiar en que, pese a que nuestra familia llevara una vida muy expuesta al público, conseguiríamos permanecer a salvo y también felices.

Y sigue ayudándome. Como primera dama, descubrí el optimismo en las circunstancias más sorprendentes. Estaba allí, en el soldado herido en Walter Reed que combatía la lástima pegando una nota en su puerta para recordar a todo el mundo que era un tipo duro y lleno de esperanza. Vivía en Cleopatra Cowley-Pendleton, quien canalizaba una parte de su dolor por la pérdida de su hija hacia la lucha por conseguir mejores leyes sobre las armas. Estaba allí, en la asistente social del instituto Harper que se aseguraba de manifestar a gritos su amor y aprecio por los estudiantes cada vez que se cruzaba con ellos en el pasillo. Y está allí, siempre, anidado en el corazón de los niños. Los críos se despiertan cada mañana convencidos de la bondad de las cosas, de la magia de todo aquello que es posible. Son todo lo contrario de cínicos; son creyentes hasta la médula. Tenemos que mantenernos fuertes y seguir trabajando por un mundo más justo y humanitario; se lo debemos. Por ellos debemos resistir y mantener la esperanza, reconocer la necesidad de seguir creciendo como personas.

Ahora el retrato de Barack y el mío están colgados en la National Portrait Gallery de Washington, por lo que ambos nos sentimos muy honrados. Dudo que alguien, al analizar nuestra infancia, nuestras circunstancias, hubiera predicho jamás que acabaríamos en una de aquellas salas. Los cuadros son preciosos, pero lo más importante es que están allí para que los jóvenes los vean, para que nuestros rostros ayuden a desmontar la creencia de que, para ocupar un lugar en la historia, hay que tener un aspecto determinado. Si nosotros hemos llegado hasta allí, muchos otros podrán.

Soy una persona común que acabó embarcada en un viaje fuera de lo común. Comparto mi historia con la esperanza de allanar el terreno para otras historias y otras voces, de ampliar las posibilidades y los motivos para que otros lleguen hasta allí también. He tenido la fortuna de pisar castillos de piedra, aulas urbanas y cocinas en Iowa, solo por intentar permanecer fiel a mí misma, por intentar conectar.

Por cada puerta que me han abierto, he intentado abrir la mía a otros. Y este es mi mensaje final: invitémonos unos a otros a entrar. Tal vez entonces podremos empezar a ser menos temerosos, a hacer menos suposiciones erróneas, a librarnos de los sesgos y los estereotipos que nos separan de forma innecesaria. Quizá podamos centrarnos en aquello que tenemos en común. No se trata de ser perfectos. No se trata del lugar al que llegamos al final del recorrido. Hay cosas que nos hacen poderosos: darnos a conocer, hacernos oír, ser dueños de nuestro relato personal y único, expresarnos con nuestra auténtica voz. Y hay algo que nos confiere dignidad: estar dispuestos a conocer y escuchar a los demás. Para mí, así es como forjamos nuestra historia.

Agradecimientos

Como todo lo que he hecho en la vida, estas memorias no habrían sido posibles sin el cariño y el apoyo de mucha gente.

No sería la persona que soy en la actualidad sin la mano firme y el amor incondicional de mi madre, Marian Shields Robinson. Siempre ha sido un pilar para mí y me ha otorgado la libertad para ser yo misma, sin permitir que mis pies se elevaran demasiado del suelo. Su amor inagotable hacia mis hijas y su disposición a anteponer nuestras necesidades a las suyas propias me han proporcionado el consuelo y la seguridad para salir al mundo sabiendo que estaban a salvo y bien cuidadas en casa.

Mi esposo, Barack, mi amor, mi compañero desde hace veinticinco años, y un padre cariñoso y entregado a nuestras hijas, ha sido el mejor aliado de vida que habría podido imaginar. Nuestra historia sigue desarrollándose. Gracias por tu ayuda y tus consejos sobre el libro…, por leerte los capítulos con atención y paciencia, por saber justo en qué momentos convenía dar un suave golpe de timón.

Y a mi hermano mayor, Craig. ¿Por dónde empezar? Has sido mi protector desde el día en que nací. Me has hecho reír más que ninguna otra persona en este mundo. Eres el mejor hermano que habría podido desear, así como un hijo, un esposo y un padre afectuoso y solícito. Gracias por todas las horas que te has dedicado a excavar las capas de nuestra infancia con nuestro equipo. Algunos de mis recuerdos más gratos sobre la escritura de este libro serán de los ratos que hemos pasado juntos, con mamá, sentados en la cocina, reviviendo tantas viejas anécdotas.

Habría sido de todo punto imposible que terminara este libro durante mis años de vida sin un equipo de colaboradores de enorme talento a los que simplemente adoro. Cuando conocí a Sara Corbett, hace poco más de un año, lo único que sabía sobre ella era que mi editora le profesaba un profundo respeto y que sus conocimientos de política eran escasos. Hoy en día confío tanto en ella que pondría mi vida en sus manos, no solo porque posee una mente impresionante y curiosa, sino porque es un ser humano de una bondad y una generosidad inmensas. Espero que esto no sea más que el principio de una larga amistad.

Tyler Lechtenberg ha sido un valioso miembro de confianza del círculo de los Obama durante más de una década. Entró en nuestras vidas como uno de los cientos de jóvenes organizadores sobre el terreno en Iowa, y desde entonces ha estado con nosotros como asesor leal. Lo he visto convertirse en un escritor con un estilo poderoso y un futuro de lo más prometedor.

Y luego está Molly Stern, mi editora, cuyo entusiasmo, energía y pasión me cautivaron al instante. Molly me infundió ánimos en todo momento con su fe inquebrantable en este libro. Estaré eternamente agradecida a ella y también a todo el equipo de Crown, incluidos Maya Mavjee, Tina Constable, David Drake, Emma Berry y Chris Brand, que dieron su apoyo a este proyecto desde el principio. Amanda D'Acierno, Lance Fitzgerald, Sally Franklin, Carisa Hays, Linnea Knollmueller, Matthew Martin, Donna Passanante, Elizabeth Rendfleisch, Anke Steinecke, Christine Tanigawa y Dan Zitt contribuyeron también a hacer posible *Becoming: Mi historia*.

Quiero dar las gracias asimismo a Markus Dohle por poner todos los recursos de Penguin Random House al servicio de esta obra de amor.

No podría funcionar con éxito en este mundo como madre, esposa, amiga y profesional sin mi equipo. Todos los que me conocen bien saben que Melissa Winter es la otra mitad de mi cerebro.

Mel, gracias por estar a mi lado durante cada paso de este proceso. Y, lo que es más importante, gracias por querernos a mis hijas y a mí con locura. No habría yo sin ti.

Melissa es la jefa de gabinete de mi equipo personal. Este grupo pequeño pero enérgico de mujeres trabajadoras e inteligentes es el que se asegura de que yo siempre esté a punto: Caroline Adler Morales, Chynna Clayton, MacKenzie Smith, Samantha Tubman y Alex May Sealey.

Bob Barnett y Deneen Howell, de Williams and Connolly, han sido unos guías inestimables para mí a lo largo del proceso editorial, y les estoy agradecida por sus consejos y su apoyo.

Dedico un agradecimiento especial a todos aquellos que han ayudado de muchas maneras distintas a lograr que este libro vea la luz: Pete Souza, Chuck Kennedy, Lawrence Jackson, Amanda Lucidon, Samantha Appleton, Kristin Jones, Chris Haugh, Arielle Vavasseur, Michele Norris y Elizabeth Alexander.

Por otro lado, quiero dar las gracias a la increíblemente ingeniosa Ashley Woolheater por su concienzuda labor de documentación y a Gillian Brassil por su meticulosidad como verificadora de datos. Muchos de mis exempleados también han contribuido a confirmar detalles críticos y cronológicos a lo largo del proceso; aunque son demasiados para nombrarlos, estoy agradecida a todos y cada uno de ellos.

Gracias a las increíbles mujeres de mi vida que me han mantenido a flote. Ya sabéis quiénes sois y cuánto significáis para mí —mis amigas, mis mentoras, mis «otras hijas»—, y tengo un agradecimiento muy especial para Mama Kaye. Todas me habéis apoyado durante el proceso de escritura y me habéis ayudado a convertirme en una mujer mejor.

El ritmo frenético de mi vida como primera dama me dejaba muy poco tiempo para llevar un diario al estilo tradicional. Por eso estoy tan agradecida a mi querida amiga Verna Williams, decana y titular de la cátedra de Derecho Nippert en la facultad de Derecho de la Universidad de Cincinnati. Me he basado en gran medida en las cerca de mil cien páginas de transcripciones de las conversaciones grabadas que manteníamos bianualmente durante nuestros años en la Casa Blanca.

Estoy muy orgullosa de todos los logros que alcanzamos en el Ala Este. Quiero dar las gracias a los numerosos hombres y mujeres que han consagrado su vida a ayudar a nuestro país, a los miembros de la oficina de la primera dama: los encargados de la elaboración del programa, la planificación, la administración, las comunicaciones, los discursos, la organización de actos sociales y la correspondencia. Gracias al personal, a los becarios de la Casa Blanca y a los empleados de las agencias responsables de desarrollar cada una de mis iniciativas: Let's Move!, Reach Higher, Let Girls Learn y, por supuesto, Joining Forces.

Joining Forces siempre ocupará un lugar especial en mi corazón porque me proporcionó una oportunidad única de conocer mejor la fuerza y la resiliencia de nuestra extraordinaria comunidad militar. A todos los efectivos, veteranos y familiares de militares: gracias por el servicio que prestáis y los sacrificios que hacéis por el país que todos amamos. A la doctora Jill Biden y todo su equipo: ha sido una bendición y un placer trabajar codo con codo con vosotros en favor de esta iniciativa tan importante.

A todos los líderes y activistas de los movimientos en defensa de la nutrición y la educación: gracias por el trabajo duro y desinteresado que lleváis a cabo a diario para aseguraros de que todos los niños cuenten con el cariño, el apoyo y los recursos que necesitan para hacer realidad sus sueños.

Gracias a todos los miembros del Servicio Secreto de Estados Unidos, así como a sus familias, cuyos sacrificios diarios les permiten cumplir tan bien con su trabajo. Y a quienes han estado y aún están al servicio de mi familia, les estaré agradecida toda la vida por su dedicación y profesionalidad.

Gracias a los miles de hombres y mujeres que trabajan duro todos los días con el fin de hacer de la Casa Blanca un hogar para las familias que gozan del privilegio de residir en uno de nuestros monumentos más preciados: ujieres, chefs, mayordomos, floristas, jardineros, trabajadores domésticos, miembros del equipo de mantenimiento. Siempre formaréis parte de nuestra familia.

Por último, quiero dar las gracias a todos los jóvenes con los que coincidí durante mi etapa como primera dama. A todos los espíritus prometedores que me llegaron al corazón a lo largo de esos años, a quienes contribuyeron a que mi huerto creciera; a quienes bailaron, cantaron, cocinaron y partieron el pan conmigo; a quienes se mostraron abiertos al cariño y la orientación que les ofrecí; a quienes me prodigaron miles de abrazos cálidos y deliciosos, abrazos que me levantaban la moral y me animaban a seguir adelante incluso en los momentos más difíciles. Gracias por darme siempre un motivo para abrigar esperanzas.

Créditos de las imágenes

PÁGINA 9: (DE ARRIBA ABAJO) Foto de Chuck Kennedy, McClatchy/ Tribune; © Mark Wilson/Getty Images

PÁGINA 10: (ARRIBA, IZQUIERDA) Fotografía oficial de la Casa Blanca por Joyce N. Boghosian; (ARRIBA, DERECHA) © Karen Bleier/ AFP/Getty Images; (ABAJO, IZQUIERDA) Fotografía oficial de la Casa Blanca por Lawrence Jackson; (ABAJO, DERECHA) Fotografía oficial de la Casa Blanca por Samantha Appleton

PÁGINA 11: (DE ARRIBA ABAJO) Fotografía oficial de la Casa Blanca por Samantha Appleton; fotografía oficial de la Casa Blanca por Chuck Kennedy; fotografía oficial de la Casa Blanca por Pete Souza; fotografía oficial de la Casa Blanca por Samantha Appleton

PÁGINA 12: (DE ARRIBA ABAJO) Fotografía oficial de la Casa Blanca por Lawrence Jackson; fotografía oficial de la Casa Blanca por Samantha Appleton; fotografía oficial de la Casa Blanca por Chuck Kennedy

PÁGINA 13: (DE ARRIBA ABAJO) Fotografía oficial de la Casa Blanca por Pete Souza; fotografía oficial de la Casa Blanca por Pete Souza; fotografía oficial de la Casa Blanca por Chuck Kennedy

PÁGINA 14: (DE ARRIBA ABAJO) Fotografía oficial de la Casa Blanca por Lawrence Jackson; fotografía oficial de la Casa Blanca por Amanda Lucidon; fotografía oficial de la Casa Blanca por Pete Souza

PÁGINA 15: (ARRIBA, IZQUIERDA) Fotografía oficial de la Casa Blanca por Pete Souza; (ARRIBA, DERECHA) Fotografía oficial de la Casa Blanca por Samantha Appleton; (CENTRO) Fotografía oficial de la Casa Blanca por Pete Souza; (ABAJO) Cortesía del archivo familiar Obama-Robinson

PÁGINA 16: (DE ARRIBA ABAJO) Fotografía oficial de la Casa Blanca por Amanda Lucidon; fotografía oficial de la Casa Blanca por Lawrence Jackson

MICHELLE ROBINSON OBAMA fue primera dama de Estados Unidos de 2009 a 2017. Licenciada por la Universidad de Princeton y la Escuela de Derecho de Harvard, inició su carrera como abogada en el bufete Sidley & Austin de Chicago, donde conoció a Barack Obama, su futuro esposo. Más tarde trabajó en el ayuntamiento y en la Universidad de Chicago y en el centro médico de dicha institución. También en esa ciudad fundó la sucursal de Public Allies, una organización que prepara a gente joven para trabajar en el sector de los servicios públicos.

Actualmente, los Obama viven en Washington D.C. y tienen dos hijas, Malia y Sasha.

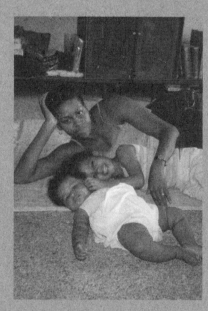